Steffen Kern · Ute Mayer (Hrsg.)

Mein Stück Himmel für heute

Steffen Kern · Ute Mayer
(Hrsg.)

Mein Stück
HIMMEL
für heute

In 366 Andachten
durch die Bibel

SCM
Hänssler

SCM

Stiftung Christliche Medien

SCM Hänssler ist ein Imprint der SCM Verlagsgruppe, die zur
Stiftung Christliche Medien gehört, einer gemeinnützigen Stiftung,
die sich für die Förderung und Verbreitung christlicher Bücher,
Zeitschriften, Filme und Musik einsetzt.

2. Auflage 2020

© 2019 SCM Hänssler in der SCM Verlagsgruppe GmbH
Max-Eyth-Straße 41 · 71088 Holzgerlingen
Internet: www.scm-haenssler.de; E-Mail: info@scm-haenssler.de;

Umschlaggestaltung: Kathrin Spiegelberg, Weil im Schönbuch
Satz: Sarah Kaufmann, Witten
Titelbild: unsplasch.com / Andreas Chu
Druck und Verarbeitung: Finidr s.r.o.
Gedruckt in Tschechien
ISBN 978-3-7751-5996-8
Bestell-Nr. 395.996

INHALT

MEIN STÜCK HIMMEL FÜR HEUTE

Werden Sie Bibelbeweger und entdecken Sie neu die Lust an Gottes Wort!

Die Bibel ist ein einzigartiges Buch. Durch sie redet Gott zu uns. Darum macht dieses Andachtsbuch Lust auf die Bibel und lädt dazu ein, jeden Tag ein Stück Himmel für sich persönlich zu entdecken.

Was wir nicht regelmäßig tun, wird in der Regel mäßig. Darum kommt es darauf an, dass wir uns täglich von der Bibel inspirieren lassen. Diese Inspiration braucht Integration: Es ist ganz Ihre Sache, wie und wann Sie die Bibel in Ihren Alltag integrieren. Nehmen Sie sich 10 oder 15 Minuten pro Tag – morgens, abends, bei einer Tasse Kaffee oder in der U-Bahn – und lesen Sie den angegebenen Bibelabschnitt und den kurzen Impuls für Ihren Tag. Sie werden sehen: Das hat Folgen.

Wer die Bibel bewegt und sich von ihr bewegen lässt, sieht die Welt mit anderen Augen. Wir begegnen Mitmenschen anders. Wir finden, was wir brauchen: Mut, Trost und Hoffnung. Manchmal haben wir auch mehr Fragen als Antworten. Doch oft öffnen sich uns auch neue Horizonte. Aber es kommt darauf an, dass wir die Bibel lesen. Wagen Sie das Abenteuer Bibel!

Dieses Andachtsbuch ist so aufgebaut, dass in einem Jahr die wichtigsten Bücher, Texte und Erzählungen der Bibel vorkommen. Wer die vorgeschlagenen Bibelabschnitte komplett liest, kommt in einem Jahr zumindest durch die wesentlichen Passagen der Bibel. Die lebensnahen Impulse sollen als Türöffner dienen, um sie ein bisschen besser zu verstehen. Wir wünschen Ihnen beim Lesen viel Freude und großartige Entdeckungen!

Allen Autorinnen und Autoren, die an diesem großen Projekt mitgewirkt haben, an dieser Stelle ein ganz herzliches Dankeschön! Wir freuen uns, dass so viele ein Herz für die Bibel haben und wir neu zu Bibelbewegern werden.

Beste Grüße und Gottes Segen
Ihre Ute Mayer und Steffen Kern

JANUAR

1. JANUAR

1. MOSE 1,1-23

DAS ERSTE WORT!

DA SPRACH GOTT: „ES SOLL LICHT ENTSTEHEN!", UND ES ENTSTAND LICHT.
1. MOSE 1,3

Das erste Wort, das Gott in der Bibel sagt. Der Befehl der Bibel, der alles Leben überhaupt erst ermöglicht. Das erste Wort, das je geredet wurde. Das Wort, das am Anfang war.

Dünn sind meine Worte. Wenn es so wäre, dass am Anfang der Mensch mit seinen dünnen Worten gewesen wäre, dann wäre dies alles, worauf wir unser Leben bauen könnten.

Aber im Anfang sprach einer: Es werde Licht, und es wurde Licht. Sein Wort wurde schon laut, als noch kein Ohr da war, es zu hören. Er ergriff das Wort. Es wurde laut, und es wurde genau nach seinem Wortlaut. Es wurde, wie er sagte. Es wurde, sobald er es sagte. Was für eine ungeheure Wortwirkung.

Und das Wichtigste für uns heute: Er kann bis heute ein, zwei Worte sprechen. Er hat für jeden von uns für heute ein Wort. Für den, der in den letzten Zügen seiner Berufsaufgabe liegt und dem die Inflation der Worte das Wort selbst fast verstellen will. Für die, die gerade durchhängt und sich zu allem anderen hingezogen fühlt als zu dem Wort. Und für den, der sich unsicher ist im Blick auf die Perspektiven seines Lebens.

Jeder neue Tag ist nur, weil Gott gesprochen hat. Ich erlebe diesen Tag, weil Gott mit mir spricht. Und da sollte es bei mir nicht Licht werden? Solche Macht hat er auch, es in unseren Gottesdiensten, in unseren Projekten, in meinem Herzen Licht werden zu lassen. Und dann wird was. Ganz viel wird dann. Alles. Dann.

Ralf Albrecht

2. JANUAR

1. MOSE 1,24-31

DAS ERSTE GEGENÜBER!

**SO SCHUF GOTT DIE MENSCHEN NACH SEINEM BILD,
NACH DEM BILD GOTTES SCHUF ER SIE.**

1. MOSE 1,27

„Wer bin ich?", so fragt wohl nicht nur, wer vor dem Spiegel steht. Je nachdem, woran man sich misst, fällt die Antwort aus. Maße dafür gibt es genug, Raster und Schablonen, die das Urteil erleichtern: Outfit, Scheckbuch, Grips und vieles mehr. Nicht nur Kleider machen Leute. Taxiert und gemessen wird immer. Einsortiert und abgehakt, der Mensch als Ware: erste oder dritte Wahl, sympathisch oder unsympathisch, brauchbar oder ausrangiert. „Wer bin ich, was bin ich wert?" – die moderne Fassung der Schneewittchenfrage.

Fragt sich nur, woran gemessen wird. „So schuf Gott die Menschen zu seinem Bild." Schon die ersten Verse der Bibel nennen das Urmaß, an dem der Mensch allein zu messen ist: an seiner Gottesebenbildlichkeit. Der Wert des Menschen hat mit seiner Herkunft und Bestimmung zu tun: Der Mensch ist von Gott gedacht und gemacht als Gottes Gegenüber und Ebenbild.

Damit ist jedem von uns bereits in die Wiege eine unverlierbare Würde gelegt. Gott macht meinen Wert aus. Die Tatsache, dass er mich als sein Gegenüber will.

„Bild" – dieses Wort wird im Alten Testament sonst vor allem für das Verhältnis des Königs in Israel zu Gott verwendet. Er ist Gottes Bild. Aber wenn im ersten Kapitel der Bibel alle Menschen so genannt werden, dann ist schon klar: Gott macht mich zum König.

Wer bin ich heute? Wer ich auch bin, dein bin ich, o Gott! Dein Bild.

Ralf Albrecht

3. JANUAR

1. MOSE 2,1-17

DER ERSTE GARTEN!

DANN PFLANZTE GOTT, DER HERR, EINEN GARTEN IN EDEN, IM OSTEN GELEGEN. DORT HINEIN BRACHTE ER DEN MENSCHEN, DEN ER ERSCHAFFEN HATTE.

1. MOSE 2,8

Alles begann in einem Garten – und alles wird in einer Stadt enden, die einem Garten gleicht, mit Lebensbäumen an den goldenen Straßenrändern. Denn dazu ist der Mensch gemacht. Er soll bebauen und bewahren. Das ist heute unsere Lebensaufgabe.

Zum einen Bebauen. Kreativ sein. Entwickeln. Neues ersinnen. Schaffen. Besonderes können und Freude daran haben. Sich verwirklichen vor Gott und für die Menschen.

Und zum anderen Bewahren. Gerade nichts schaffen. Sondern sich fernhalten. Schützen. Behütend umgehen. Nichts zerstören. Gottes wunderbare Schöpfung in ihrer geschenkten Vielfalt so lassen. Nur nicht eingreifen.

Beides gehört zu 100 Prozent zusammen. Beides sollen wir ganz tun: beherrschen und beschützen. Alles neu ersinnen und nichts Neues erdenken. Das Alte wertschätzend bewahren und auf keinen Fall auf dem Alten ausruhen.

Wie können wir nur diese Quadratur des Kreises hinbringen? Wie können wir heute im Alltag bebauen und bewahren zugleich? Indem alles bei Gott und seiner Kraft beginnt. Und sich alles auf Gott und seine Gemeinschaft bezieht. In ihm leben, weben und sind wir als seine Geschöpfe. Jeden Moment. Wo er nicht baut und bewahrt, schützen und beherrschen wir zerstörerisch und vergeblich. Aber in seinem Namen und durch seine Kraft können wir es. Denn diese Welt ist sein Garten. Ran an die Arbeit!

Ralf Albrecht

4. JANUAR

1. MOSE 2,18-25

DIE ERSTE HILFE!

**UND GOTT DER HERR SPRACH:
ES IST NICHT GUT, DASS DER MENSCH ALLEIN SEI;
ICH WILL IHM EINE HILFE MACHEN, DIE IHM ENTSPRICHT.**

1. MOSE 2,18 (LU)

Der Mensch hat bereits Gott als sein entscheidendes Gegenüber. Er ist vollkommen Mensch in der Verbindung mit Gott. Doch jetzt setzt Gott dem noch eine weitere Krone außer dem Ruhetag und dem Segen obendrauf: die Partnerin.

Allein geht man ein. Das ist nicht gut. Wir sind auf Gemeinschaft hin geschaffen. Die geniale Erfindung Gottes ist die auf lebenslange Gemeinschaft angelegte Beziehung zwischen Mann und Frau. Ein Riesen-Gottesgeschenk!

Gott will es so. Und schafft Geniales, Besonderes, Bestes. Er schafft die Frau. „Hilfe" – das klingt nach wenig und ist im Gegensatz dazu ganz, ganz groß gemeint. „Hilfe" – ein Beiwort, das sonst vor allem von Gott selbst verwendet wird. Der Mann hat durch seine Partnerin geradezu gottstellvertretenden Beistand. „Hilfe", die er unbedingt braucht.

Das meint aber auch, dass wir uns in der Ehe ergänzen. Es ist in der Ehe alles, nur nicht langweilig. Da treffen Plus und Minus aufeinander, da bleibt es spannend. Da gilt es immer wieder zu lieben, zu verstehen, zu vergeben, um Vergebung zu bitten.

Was für ein Geschenk, nicht allein sein zu müssen. Zum einen als Mann und Frau – und zum anderen wenn denn als Single oder … nie ohne Gott. Es ist nicht gut, dass der Mensch allein ist. Doch Hilfe ist da – letztlich und endlich in Gott, meiner Hilfe, allein.

Ralf Albrecht

5. JANUAR

1. MOSE 3

DIE ERSTE SCHULD!

HAT GOTT WIRKLICH GESAGT?
1. MOSE 3,1

Das Böse kommt. Unerklärlich in seinem Ursprung, aber Realität. Nichts kann erklären, und je fantastischer die Erklärung, desto größer ist das Geheimnis. Woher das Böse kommt? Es schert sich nicht darum, ob wir so fragen. Es ist da. Und sät Misstrauen, halbwahr und klug. „Hat Gott wirklich gesagt?" Mit diesem Misstrauensvotum an Gott wird die Wurzel des Misstrauens und der Schuld gelegt.

Adam und Eva jedenfalls machen die bittere Erfahrung, dass Schlange und Sünde, Böses und Böser, nie halten können, was sie versprechen. Das Urübel der Versuchung ist, dass es immer ein böses Erwachen gibt – in Form eines schlechten Gewissens. Menschen verstecken sich vor Gott.

Aber das ist nicht das Ende. Da, wo eigentlich die Sünde alles Leben zerstört, da geschieht mitten in dieser Geschichte genau das Umgekehrte. Das Leben gewinnt. Ein Kind wird geboren – Gott setzt ein Lebenszeichen gegen den Tod. Die alte listige Schlange wird besiegt. Vorevangelium hat man es genannt: ein Nachkomme der Frau wird in die Ferse gestochen werden, aber er wird der Schlange den Kopf zertreten. Und ein letzter kleiner Hinweis ist in unserer Geschichte gegeben: Gottes neue Kleider. Gott opfert Leben, um seine Menschen wieder zu bekleiden, um ihnen Wert und Würde zurückzugeben. Gott gibt ein erstes Opfer, damit die Menschen in seine Nähe zurückkönnen. Gott sei Dank. Das Ende dieser Schuldgeschichte trieft geradezu von Hoffnung und Rettung.

Ralf Albrecht

DIE ERSTEN GESCHWISTER!

SOLL ICH ETWA STÄNDIG AUF IHN AUFPASSEN?

1. MOSE 4,9

Die ersten Brüder – und dann so was: Neid, Streit, Mord! Wie schnell greift das Böse um sich, wenn es sich erst einmal einen Platz in dieser Welt und in unseren Herzen verschafft hat. Und scheinbar nichts kann es aufhalten.

Wo Gott und seine Gebote keinen Raum bekommen, legt die Bosheit rasant zu. Und der unschuldige Abel (Namensbedeutung: „Hauch") kann sein Leben nicht retten. Wir denken an alle unschuldigen Opfer und klagen – so wie ihr Blut zum Himmel schreit! Gott hört es.

Nur eins tut Gott jetzt nicht. Er bestraft nicht Sterben mit Sterben. Er setzt auf das Leben.

Zeichen dafür wird das „Kainsmal". Es ist zum einen Zeichen der Schuld: Dieser hat seinen Bruder umgebracht. Was für ein Makel. Und es ist zum anderen Zeichen der Rettung. Denn wer so gezeichnet ist, darf nicht angetastet werden. Gott sorgt dafür.

Kain lebt mit seiner Schuld und kann sie nicht mehr wiedergutmachen. Furchtbar. Und zugleich lebt Kain mit dem Lebenszeichen Gottes und kann nicht getötet werden. Was für eine Güte.

In der Geschichte der Menschheit und auch in unserem Leben im ganz Kleinen oder auch Größeren gilt dies beides. Wir leben mit dem, was wir angestellt haben, und stehen dafür ein. Wir tragen Verantwortung. Was wir tun, bleibt nicht ohne Folgen. Und zugleich und noch viel mehr tragen wir das Kreuzeszeichen Gottes. Er hat in Jesus unsere Schuld durchkreuzt. Heute – und ewig – können wir leben!

Ralf Albrecht

DIE ERSTE RETTUNG!

ABER MIT DIR WILL ICH MEINEN BUND AUFRICHTEN UND DU SOLLST IN DIE ARCHE GEHEN.

1. MOSE 6,18 (LU)

Gott leidet und ist bekümmert. Der Mensch ist nicht von Grund auf gut und hat eben keinen guten Kern.

Obwohl sich die Sünde innerhalb dreier Kapitel quasi wie eine um sich greifende Virusseuche vollständig durchgesetzt hat, gibt Gott nicht auf. Er setzt alles auf eine Karte: auf seine Gnade.

Der Auftrag aber ist komplett verrückt. Trockenschwimmer Noah baut für Gott ein Rettungsboot. Und verfrachtet am Ende sich und seine Familie und die Tiere hinein. Dann sind sie drin, als Zeichen des Bundes Gottes, der nicht endet. Mit allen musste Noah und müssen wir zurechtzukommen in der Lebensarche als Zeichen des Bundes Gottes: mit den Meckerziegen und albernen Gänsen, mit Trampeltieren und Windhunden, mit Leithammeln und folgsamen Schafen, mit verwöhnten Schoßhündchen und Pechvögeln. Mit Einsiedlerkrebsen und geselligen Pinguinen, giftigen Nattern und lustigen Spaßvögeln, stacheligen Igeln und anschmiegsamen Katzen. Zusammen leben wir mit den fleißigen Bienen und faulen Siebenschläfern, mit stolzen Pfauen und unscheinbaren Kirchenmäusen, mit starken Löwen und scheuen Rehen. Wir brauchen Geduld und eine Prise Humor, sie alle zu ertragen. Und vor allem darf ich nie vergessen, dass ich für die anderen manchmal auch ein ziemlich seltsamer Vogel bin.

Gottes Geduld mit uns ist unendlich groß. Er hört nicht auf, uns zu sich zurückzurufen.

Ralf Albrecht

8. JANUAR

1. MOSE 7

GOTTES NEUSCHÖPFUNG

> DANN SPRACH DER HERR ZU NOAH: „GEH MIT DEINER GANZEN FAMILIE IN DAS SCHIFF, DENN UNTER ALLEN MENSCHEN AUF DER ERDE BIST DU IN MEINEN AUGEN DER EINZIGE, DER GERECHT IST."
>
> 1. MOSE 7,1

Merkwürdig unaufgeregt wird hier eine andere Art Schöpfungsgeschichte geschrieben. Das Szenarium dieser unvorstellbaren Flutkatastrophe wird nicht ausgemalt. Wir lesen von keinen dramatischen Verabschiedungen oder Versuchen anderer Menschen, irgendwie doch noch auf dieses Schiff zu kommen. Gott spricht und gibt Anweisung, was zu tun ist – und er schließt auch die Tür höchstpersönlich.

Interessant sicherlich, bis Noah und seine Familie jedem Tierpaar seinen Platz in diesem schwimmenden Zoo zugewiesen und für die Vorräte und sich selbst Raum gefunden haben.

Aber noch spannender ist die Frage, ob Gott sich nun zu dem stellt, der mit seiner Familie sich manches anhören durfte und bestimmt manchmal überlegt hat, ob er diesen Auftrag richtig gehört und ausgeführt hat.

Was für ein Stück Himmel, als Noah und seine Familie es tatsächlich erleben, dass Gott sich treu auf ihre Seite stellt. Dass er zu allem, was er gesagt hat, steht!

Und: Gott fängt neu an – mit Noah und mit mir.

Christa Albrecht

GOTTES TREUE

SOLANGE DIE ERDE BESTEHT, WIRD ES SAAT UND ERNTE GEBEN, KÄLTE UND HITZE, SOMMER UND WINTER, TAG UND NACHT.

1. MOSE 8,22

Gottes Treue zieht sich wie ein Faden durch dieses Kapitel. Zunächst denkt Gott an Noah und leitet das Ende der Flut ein. Gott höchstpersönlich redet. So wie er Noah in die Arche geschickt hat, befiehlt er ihm jetzt den Auszug. Gehorsam gegenüber Gott hat Noah gerettet und ihm zugleich ermöglicht, Gottes Treue zu erleben.

Eigentlich nach all dem langen Warten ein Zeitpunkt, zu dem man endlich die Ärmel hochkrempelt und sich das Leben wieder bequem einrichtet.

Doch Noah baut zuerst einen Altar. Zeit für einen Dankgottesdienst für die erlebte Treue Gottes. Das ist das Wichtigste.

Und Gott nimmt den Dank an. Er schenkt einen wirklichen Neuanfang. In seinem Versprechen gibt er eine Garantie für alle natürlichen Ordnungen, für alles Lebensnotwendige für Mensch und Tier.

Saat und Ernte, Kälte und Hitze, Sommer und Winter, Tag und Nacht sind ausdrückliche Zeichen der Treue Gottes.

Was für ein Stück Himmel: obwohl wir Menschen den Hang zum Bösen in uns haben, will Gott nicht mehr unmittelbar strafen, sondern Geduld zeigen.

Christa Albrecht

10. JANUAR

1. MOSE 9

GOTTES SELBSTVERPFLICHTUNG

> **ICH SETZE MEINEN BOGEN IN DIE WOLKEN.
> ER IST DAS ZEICHEN MEINES
> UNUMSTÖSSLICHEN BUNDES MIT DER ERDE.**
> 1. MOSE 9,13

Zusagen und Leitlinien sind die ersten Worte Gottes nach der Flutkatastrophe. Und nicht zuletzt der Segen. Damit stellt Gott Noah und seine Familie unter jenen allgemeinen Schöpfungssegen, unter den er den Menschen nach seiner Erschaffung gestellt hat.

Vor Noah liegen große Aufgaben. Die innere Kraft dazu gibt ihm Gott mit seinem Segen.

Aber damit nicht genug. Das Höchste hat Gott Noah bislang noch nicht mitgeteilt. Er verpflichtet sich selbst.

Der Regenbogen als Zeichen der Treue Gottes gilt allen Menschen: denjenigen, mit denen wir gut zurechtkommen, als auch den seltsamen, die wir misstrauisch beäugen. Denen, mit denen wir gerne ins Gespräch kommen, als auch denjenigen, denen wir lieber aus dem Weg gehen.

Der nach der Flut sichtbar werdende Regenbogen in seiner ganzen Farbenpracht, Symbolik und Botschaft wird in den Wolken sichtbar, die zuvor Tod und Untergang über die Erde gebracht haben.

Was für ein Stück Himmel: Gott hält dich und mich aus. Diese Botschaft kann man nicht für sich behalten. Sie hinterlässt Spuren – himmlische Spuren.

Christa Albrecht

11. JANUAR

1. MOSE 11,1-19

GOTTES ABFAHRT

DER HERR ABER KAM AUS DEM HIMMEL HERAB, UM SICH DIE STADT UND DEN TURM ANZUSEHEN, DEN SIE ERBAUTEN.

1. MOSE 11,5

Es beginnt mit guten Vorsätzen. Alle Menschen sprechen dieselbe Sprache. Das verbindet und hält zusammen. Eine neue Bauweise verleitet zu der Idee, die Grenze von Himmel und Erde zu überwinden.

Alle Erbauer wollen sich damit einen Namen machen. Die Stadt und der Turm sollen das neue Zentrum der Macht werden, das zugleich die Zerstreuung der Menschen über die ganze Erde verhindern soll.

Die zu Anfang guten Absichten liegen mittlerweile auf schiefer Ebene. Und die Einheit wird zur Machtbesessenheit missbraucht.

Das fordert Gott zu einer Erdenfahrt heraus. Er muss auf die Erde kommen, um den bis an den Himmel reichenden Turm überhaupt sehen zu können.

Biblischer Humor? Jedenfalls macht dieser Satz deutlich, wie winzig menschliches Vorhaben aus Gottes Sicht ist.

Dass Gott aber nach uns Menschen schaut, dass er in Jesus persönlich auf die Erde kommt und an Pfingsten durch seinen Geist Menschen in seiner Gemeinde zusammenführt – das macht heute mein Stück Himmel entscheidend aus!

Christa Albrecht

12. JANUAR
JOHANNES 1,1-14

DER CHRISTUS-HYMNUS

UND DAS WORT WARD FLEISCH UND WOHNTE UNTER UNS UND WIR SAHEN SEINE HERRLICHKEIT.
JOHANNES 1,14 (LU)

Die Anfangsworte des Johannesevangeliums haben poetischen, ja in Teilen sogar hymnischen Charakter. Sie erinnern stark an den Anfang des 1. Mosebuches (1,1). Mit dieser bewussten Parallelformulierung setzt Johannes ein deutliches Zeichen: So wie mit der Erschaffung der Welt etwas komplett Neues beginnt, beginnt mit dem Wirken Jesu auf der Erde auch eine komplett neue, heilvolle Zeit – eine Neuschöpfung!

In diesen Horizont zeichnet Johannes sein Evangelium. Dabei wird uns Jesus als Schöpfungsmittler vorgestellt, durch den alles geschaffen wurde. Doch Johannes geht einen Schritt weiter: Gott kommt in Jesus auf diese Welt. Er „ward Fleisch und wohnte unter uns" (V. 14). Jesus ist kein Halbgott, der sich eine menschliche Hülle übergestreift hat. Er ist ganz Gott und ganz Mensch. Indem er fleischlich wird, ist er allem ausgesetzt, mit dem auch Menschen zu kämpfen haben. So kommt er uns ganz nah. Johannes verschweigt aber auch nicht, dass viele Jesus ablehnen (V. 10). Gleichzeitig gibt es aber diese große Zusage Gottes: Wer an Jesus glaubt, seinen Namen annimmt, der darf sich Gottes Kind nennen. Was für ein Vorrecht! Als Kinder Gottes gehören wir untrennbar zu ihm und dürfen mit einer Fülle von Segnungen in unserem Leben rechnen (V. 16). Glauben ist ein Geschenk Gottes, das wir dankbar und staunend annehmen dürfen.

Andreas Schmierer

13. JANUAR

JOHANNES 1,19-34

JOHANNES – WEGBEREITER FÜR DEN MESSIAS

SEHT HER! DA IST DAS LAMM GOTTES, DAS DIE SÜNDE DER WELT WEGNIMMT!

JOHANNES 1,29

Die religiöse Elite der Juden ist irritiert: Was macht dieser Johannes mit seinen Anhängern? Für wen hält er sich eigentlich? Also schicken sie Abgesandte zu ihm und fragen ihn direkt: „Wer bist du?" (V. 19). Johannes der Täufer identifiziert sich als die Stimme des Rufenden in der Wüste. Dieses Zitat des Propheten Jesaja (Jesaja 40,3), das hier eingeflochten ist, macht deutlich: Die messianische Heilszeit hat begonnen. Der Täufer ist nicht Christus, die endzeitliche Gestalt des Elia oder „der" Prophet. Er ist nur der Vorbereiter dessen, der nach ihm kommt. Indem sich der Täufer nicht mal als würdig erachtet, die Riemen der Sandalen Jesu zu lösen – was damals ein Sklavendienst war –, wird der kategoriale Unterschied zwischen dem Täufer und Christus deutlich.

Mit dem Motiv des Lammes spielt das Evangelium auf zwei alttestamentliche Traditionen an: einerseits den leidenden Gottesknecht (Jesaja 53,7ff) und andererseits das sündlose Passahlamm, das als Erinnerung an die Errettung aus der Macht der Ägypter geschlachtet wurde. So erkennt der Täufer in Jesus den Messias, der stellvertretend alle Schuld auf sich lädt und – obwohl er selbst unschuldig war – den Sühnetod auf sich nimmt und Erlösung schafft.

In Jesus Christus haben wir alles, was wir zum Leben und Sterben brauchen: Vergebung unserer Schuld und ewige Gemeinschaft mit Gott. Halleluja!

Andreas Schmierer

MENSCHEN ZU JESUS FÜHREN

WIR HABEN DEN MESSIAS GEFUNDEN!
JOHANNES 1,41

Endlich! Die Suche der Anhänger des Johannes hatte ein Ende. Seine Jünger verstehen: Diesem Jesus sollen wir folgen, auch wenn wir längst nicht alles über ihn wissen. Ihm können wir unser Leben anvertrauen. Andreas ist von dieser Entdeckung ganz begeistert und lädt seinen Bruder Simon ein, dem Messias zu folgen. Er kann nicht anders, als diese Freudenbotschaft weiterzusagen. Philippus geht es genauso. Seine Erkenntnis sprudelt bei Nathanael über. In der Begegnung mit Jesus kommt Nathanael aus dem Staunen gar nicht mehr heraus: Jesus hatte ihn schon im Blick, als er noch unterm Feigenbaum versteckt war. „Du bist der Sohn Gottes", bekennt Nathanael anschließend.

Und heute? Wie bringen wir Menschen in diese heilvolle Beziehung mit Jesus? Die Jünger hatten ja den Vorteil, Jesus mit ihren Augen zu sehen, und konnten hinlaufen (V. 42). Doch auch wir können das ganz einfach tun: Bringen wir unsere Freunde im Gebet zu Jesus. Beten wir, dass er sich ihnen zeigt und sie ihn kennenlernen können – und leben wir unseren Glauben lebendig und sind bereit, Fragen zu beantworten. Simon und Nathanael sind zum Glauben gekommen, weil Andreas und Philippus so von Jesus ergriffen waren, dass sie gar nicht anders konnten, als ihnen von dieser lebensverändernden Begegnung zu erzählen und sie zum Abenteuer ihres Lebens einzuladen: Komm und sieh, wer dieser Jesus ist!

Andreas Schmierer

DER WEGWEISER

SIE HABEN KEINEN WEIN MEHR.

JOHANNES 2,3

Das Johannesevangelium lässt uns staunen! Das erste von Jesus berichtete Wunder ist eine Wasser-in-Wein-Verwandlung. Damit wird deutlich: Jesus ist kein Feind des Leibes. Er war selbst bei unterschiedlichen Festen dabei und liebte die Gemeinschaft, das ausgelassene Feiern. So war er auch bei einer Hochzeit in Kana dabei. Doch dann passiert etwas, das die Stimmung kippen lassen könnte: Der Wein geht aus – wie peinlich für den Gastgeber! Maria ergreift die Initiative und weist Jesus auf den Mangel hin. Ihre Haltung imponiert: Sie macht Jesus keine Vorschläge, was er tun soll, sondern bringt das Problem einfach vor ihn und hat das Vertrauen, dass Jesus sich darum kümmert (V. 5). So vertrauensvoll dürfen wir mit Gott reden und ihm zutrauen, dass er weiß, wie uns am besten geholfen ist!

Als aus dem Wasser Wein geworden ist, sind die Menschen vom Wundertäter begeistert. Aber Jesu Zeichen sind mehr als das einmalige, punktuelle, mächtige Eingreifen: Sie sind Wegweiser, die auf sein heilvolles Handeln am Kreuz für alle Menschen hinweisen sollen. Wunder begründen keinen Glauben, es ist die Beziehung zu Gott selbst, aus der Gewissheit erwächst. Jesus ist der Sohn Gottes, der uns die bleibende Gemeinschaft mit unserem Schöpfer schenkt. Er schenkt dieses Leben nicht nur, er ist selbst dieses Leben: „Ich bin der Weg, die Wahrheit und das Leben" (Johannes 14,6).

Andreas Schmierer

16. JANUAR
JOHANNES 3,1–21

DER KERN DES EVANGELIUMS

DENN GOTT HAT DIE WELT SO SEHR GELIEBT, DASS ER SEINEN EINZIGEN SOHN HINGAB.
JOHANNES 3,16

Nikodemus ist ein intelligenter Mann, er hält viel von Jesus und will wissen, was es mit ihm auf sich hat. Jesus erklärt, dass eine Neugeburt, eine Geburt „von oben", notwendig ist. Also wieder zurück in den Bauch der Mutter? Die Lebensuhr zurückdrehen? Nein, es braucht das Geschenk des Heiligen Geistes, der fortan das Leben eines Menschen führt und zum Zentrum unseres Lebens wird. Das ist eine 180-Grad-Wendung. Die Welt dreht sich nicht um mich, sondern um Gott! Das ist das Evangelium. Ich bin davon befreit, alles selbst leisten zu müssen. Gott schenkt mir seinen Geist, der den Glauben in mir bewirkt.

Wer sehen will, wie ultimative Liebe aussieht, der muss ans Kreuz von Golgatha schauen. Wenn Gott schon seinen eigenen Sohn für mich sterben lässt, dann kann ich ihm mein Leben getrost anvertrauen! Das ewige Leben, die Gemeinschaft mit Gott können wir uns nicht erarbeiten. Es gibt sie nur geschenkt – oder gar nicht. Johannes verschweigt aber auch nicht, dass wir Menschen von Natur aus die Finsternis mehr lieben als das helle Licht der Gegenwart Gottes. Hier sind wir aufgerufen, unser Verhalten vor Gott zu bekennen, Vergebung zu empfangen und uns von ihm verändern zu lassen. Alles entscheidet sich im Glauben an Jesus, der die Menschheit am Kreuz von Golgatha mit Gott versöhnte und ausrief: „Es ist vollbracht!" (Johannes 19,30).

Andreas Schmierer

SEELSORGE AM BRUNNEN: JESUS SIEHT TIEFER

GIB MIR DIESES WASSER!
JOHANNES 4,15

Was für ein Gespräch am Brunnen! Ein Gespräch, das so ungewöhnlich ist – aber: Jesus sieht die Frau. Er sieht sie nicht nur an – sie ist bei ihm auch angesehen. Jesus weiß, wie es um die gescheiterten Beziehungen der Frau bestellt ist, sein Blick geht tief hinein in ihr Herz. Dort sieht er ihre Sehnsucht nach bedingungsloser Liebe, Wertschätzung und Reinheit. Wenn die Frau um dieses Wasser von Jesus nun bittet (V. 15), dann wird ihre Sehnsucht deutlich: „Wie schön wäre es, wenn nochmals alles ganz anders werden dürfte. Wenn Freude und Sinn mein Leben prägen könnten. Jesus, kannst du mir Hoffnung geben, dass es noch einmal anders, noch einmal besser werden kann?"

Jesu Seelsorge bleibt nicht an der Oberfläche hängen. Er vertröstet die Frau nicht mit einem gut gemeinten Wort. Jesus geht in die Tiefe. Dahin, wo es schmerzhaft ist, aber wo langfristig Heilung entstehen kann. Im Leben der Frau hat sich nach dieser Begegnung etwas komplett verändert.

Sie lässt nicht nur ihre Wasserkrüge stehen und läuft in die Stadt, um anderen von Jesus zu erzählen. Nein, sie hat auch keine Angst mehr, über ihre Schuld zu sprechen, weil sie dem begegnet ist, der sie vom Herzen her frei gemacht hat. Sie hat ein neues Leben von Jesus geschenkt bekommen und viele weitere Samaritaner sind zum Glauben an Jesus gekommen und bekennen nun, „dass er wirklich der Retter der Welt ist" (V. 42).

Andreas Schmierer

GOTTES WORT WIRKT!

STEH AUF, NIMM DEINE MATTE UND GEH.
JOHANNES 5,8

Das Wort „Bethesda" ist hebräisch und lässt sich mit „Haus der Barmherzigkeit" übersetzen. Aber mal ehrlich: Wo ist in diesem Wettrennen, wer als Erstes ins Wasser kommt, bitte schön Barmherzigkeit? Auf jeden Fall im Herzen Jesu! Wie schon bei der Samariterin hat Jesus ein Auge für den Mann. Ohne große Umschweife stellt er ihm die Frage: „Willst du gesund werden?" (V. 6). Dass Jesus ihm helfen könnte, hat der Kranke nicht im Blick. Mit den drei Aufforderungen, aufzustehen, seine Matte zu nehmen und umherzugehen, durchbricht Jesus den wahrscheinlich jahrzehntelangen Kreislauf der niedergeschlagenen Gedanken des Mannes, der niemanden hat, um ihn ins plätschernde Wasser zu bringen.

Jesus spricht – und es geschieht. Der Mann wurde sofort geheilt. Das zeigt die uneingeschränkte Macht des Schöpfers über seine Geschöpfe. So bezeugt schon der Prophet Jesaja: „Es [mein Wort] wird nicht ohne Frucht zurückkommen, sondern es tut, was ich will und richtet aus, wofür ich es gesandt habe" (Jesaja 55,11). Diese Heilung geschah am Sabbat – für die Juden war das ein Grund, Jesus zu verfolgen. Aber Jesu Perspektive ist eine andere: Keinen Tag länger soll der Mann auf Heilung warten. Der Sabbat hat eine dem Menschen dienende und keine beherrschende Funktion. Warum handelt Jesus so? Vers 17 offenbart es: Jesus ist der Sohn Gottes und hat alle Macht, zu heilen und Sünden zu vergeben.

Andreas Schmierer

19. JANUAR

JOHANNES 6,22-59

UNSER TÄGLICHES BROT

JESUS ERWIDERTE: „ICH BIN DAS BROT DES LEBENS.
WER ZU MIR KOMMT, WIRD NIE WIEDER HUNGERN. WER AN
MICH GLAUBT, WIRD NIE WIEDER DURST HABEN."

JOHANNES 6,35

Die Geschichte vom Manna in der Wüste hat sich tief im Gedächtnis des Gottesvolkes eingegraben. Verständlich, denn unter so unwirtlichen Bedingungen ist das Überleben ein tägliches Wunder. Nun hat Jesus auch ein Wunder getan. 5000 Personen sind satt geworden. Deshalb horchen die Menschen auf. Wer könnte dieser Jesus sein? Was hat er zu bieten?

So sind wir. Wir verehren gerne jemanden, der uns satt macht. In unserer Zeit und Welt vielleicht nicht nur den Magen und vor allem nicht nur mit Brot. Es muss schon ein anderer Hunger sein – nach Anerkennung, nach ehrlicher Liebe, nach einer heilen Welt oder dem neusten Kick. Wer uns an irgendeinem unserer Sehnsuchtspunkte „satt" machen kann, der ist schnell in aller Munde, auch in frommen Kreisen. Doch Jesus ist mehr. Er will nicht, dass wir nur kurzfristig von ihm begeistert sind. Was er bietet, ist auf Stetigkeit angelegt. Er beschenkt uns jeden Tag, an jedem Tag neu. Denn er weiß, dass wir ihn allezeit brauchen. Deshalb steht er uns nicht gegenüber wie ein Teller auf dem Tisch, von dem wir uns bedienen. Er will sich *in uns* niederlassen. Durch seinen Geist wohnt er in uns. Wir können Jesus tatsächlich in uns aufnehmen und von ihm leben wie von unserem täglichen Brot.

Maike Sachs

20. JANUAR

JOHANNES 8,12-20

DAS LICHT WIRD MENSCH

JESUS SAGTE ZU DEN LEUTEN: „ICH BIN DAS LICHT DER WELT. WER MIR NACHFOLGT, BRAUCHT NICHT IM DUNKELN UMHERZUIRREN, DENN ER WIRD DAS LICHT HABEN, DAS ZUM LEBEN FÜHRT."

JOHANNES 8,12

In Jerusalem feiert man gerade das Laubhüttenfest. Es erinnert an die Zeit der Wüstenwanderung, als das Volk Israel in Zelten und Unterkünften aller Art hauste. Als Wegweiser und Schutz war Gott damals in einer Feuersäule bei ihnen, einer Wolke aus Licht. Ohne diese Wolke hätten sie sich verirrt und wären verloren gewesen. Deshalb war Jerusalem in diesen Festtagen hell erleuchtet. Vor allem im Tempelhof stand ein Leuchter, dessen Helligkeit die gesamte Stadt erfüllte.

Jesus lenkt den Blick auf sich, weg von allen Lampen und Leuchten. Er sagt: „Ich bin das Licht. Ich erleuchte nicht nur ein Fest und eine Stadt, ich zünde nicht nur ein Licht an, ich erschaffe auch nicht nur ein Licht. Ich selbst *bin* das Licht." Was kann das anderes heißen als: Ich bin Gott selbst, der Schöpfer und Erhalter des Lebens. Mit mir kommt er in diese Welt – er, euer Schutz, euer Wegweiser, euer Leben.

Da tut sich in wenigen Worten eine gewaltige Dimension auf. Denken Sie auch so groß von Jesus? Das bedeutet doch, dass es ohne ihn kein Leben in diesem Kosmos gibt. Denn das Leben kann ohne Licht nicht sein. Wie rücksichtsvoll von ihm, dass er sich in einem alltäglichen Menschen verbirgt. Wir könnten seinen Anblick sonst wohl nicht ertragen.

Maike Sachs

WOHLBEHÜTET

JESUS SAGT: „ICH BIN DER GUTE HIRTE; ICH KENNE MEINE SCHAFE UND SIE KENNEN MICH, SO WIE MEIN VATER MICH KENNT UND ICH DEN VATER. ICH GEBE MEIN LEBEN FÜR DIE SCHAFE."
JOHANNES 10,14-15

Von wegen dickes Fell! Schafe haben eine ganz sensible Natur. Sie sind nicht dumm und wissen, wo es freundlich, nahrhaft und warm rauskommt. Deshalb vertrauen sie ihrem Schäfer, reagieren darauf, wenn sie ihn hören, und kommen zutraulich an den Zaun. So jedenfalls kann man es beobachten. Umgekehrt kennt der Schäfer seine Tiere. Viele sind ihm vom ersten Lebenstag an vertraut. Unter seiner Obhut sind sie zur Welt gekommen. Er weiß, wofür ein Schaf besonders anfällig ist und ob es sich schon einmal verletzt hat. Außerdem kennt er das, was seinen Tieren guttut, genauso wie die Halme, die sie lieber stehen lassen sollten. Wenn der Schäfer also ein guter Hirte ist, dann ist ein Schaf gut bei ihm aufgehoben.

Aber wollen wir deshalb wirklich „Jesu Schäflein" sein? Leider haben die wolligen Genossen kein so gutes Image bei allen, die sich mit der Schäferei nicht so auskennen. Für die Menschen um Jesus war es ein dicht gefülltes, praktisches Bild. Was wären wir dann heute gern? Das Kind liebevoller Eltern? Die bessere Hälfte eines fürsorglichen Ehepartners? Der Angestellte eines mustergültigen Arbeitsgebers? Na ja, das sind wir ja schon! Einfach mal nachlesen, z.B. in Lukas 15, Epheser 5 oder Matthäus 20. So oder so, bei Jesus wird uns nichts mangeln.

Maike Sachs

22. JANUAR
JOHANNES 11,1–45

GLAUBEN, WAS NICHT ZU SEHEN IST

JESUS SAGTE ZU IHR: „ICH BIN DIE AUFERSTEHUNG UND DAS LEBEN. WER AN MICH GLAUBT, WIRD LEBEN, AUCH WENN ER STIRBT. ER WIRD EWIG LEBEN, WEIL ER AN MICH GEGLAUBT HAT, UND NIEMALS STERBEN. GLAUBST DU DAS, MARTA?"
JOHANNES 11,25–26

Man muss nicht Marta heißen, um mit der Frage von Jesus in Schwierigkeiten zu geraten. Glauben wir das? Glauben wir, dass im Sterben Leben steckt? Die Augen sehen etwas anderes. Tot ist tot. Hier ist die endgültige Grenze menschlicher Machbarkeit erreicht. Und doch geschieht es unendlich oft, dass wir ans Leben glauben, auch wenn gerade etwas zu Ende geht. Es geschieht zum Beispiel, wenn es Abend wird. Wenn wir die Arbeit aus der Hand legen und uns zur wohl verdienten Ruhe ins Bett legen. Dann sind wir sicher, dass der neue Tag kommt, auch wenn es im Augenblick dunkel ist.

Und wie ist es erst im Herbst und Winter? Sehen kahle Bäume aus, als würden sie je Blüten, Blätter und Früchte tragen? Und erst das Samenkorn! Nichts spricht dafür, dass sich das, was da stirbt, verändert. Alles deutet auf Vergänglichkeit hin, nichts auf das neue Leben, das sich unter der Schale schon verbirgt. Unsere Erfahrung spricht durchaus dafür, dass dem Sterben das Leben folgt, mehr noch, dass der Tag, die Natur, der Same sterben müssen, damit überhaupt etwas Neues wachsen kann. Jesus verheißt dasselbe auch uns. Wenn wir ihm das glauben, dann werden wir leben – auch nach unserem Tod.

Maike Sachs

23. JANUAR

JOHANNES 13,1-30

VORBILDLICH

JESUS SAGTE ZU SEINEN JÜNGERN: „IHR NENNT MICH ‚MEISTER' UND 'HERR' UND DAMIT HABT IHR RECHT, DENN DAS BIN ICH. UND WEIL ICH, DER HERR UND MEISTER, EUCH DIE FÜSSE GEWASCHEN HABE, SOLLT AUCH IHR EINANDER DIE FÜSSE WASCHEN."

JOHANNES 13,13-14

Jesus ist ein guter Pädagoge. Was er seine Jünger lehren will, das macht er praktisch. Auch dieses Mal legt er nicht nur die Schrift aus oder erzählt eine Geschichte. Während er seinen Jüngern die Füße wäscht, sollen sie sehen, wie Jesus sich die Nachfolge gedacht hat. Albert Einstein soll einmal gesagt haben, es gebe für den Unterricht an jungen Menschen drei Prinzipien: erstens das Vorbild, zweitens das Vorbild und drittens das Vorbild. Was aber den jungen Menschen recht ist, ist den älteren auf alle Fälle genauso billig. Erst Vorbilder prägen sich ein und machen glaubwürdig, was gesagt worden ist. Und Jesus beherzigt das. Er weiß: Je mehr eine Lehre herausfordert, umso mehr muss der Lernende sehen, wie sie angewendet wird.

Übrigens – nicht nur in Blick auf das Waschen der Füße wird Jesus praktisch. Gehen Sie getrost einmal durch die Bergpredigt und vergleichen sie: Was Jesus sagt, deckt sich absolut mit dem, was er lebt. Es ist beeindruckend! Jesus verlangt nichts, was er nicht selbst umgesetzt hat. Mit jeder Faser seines Seins ist er uns ein Vorbild. Wer sich also fragt, ob sich nach dem Willen von Jesus wirklich leben lässt, der schaue sich erst einmal Jesus an. Es geht. Und es wirkt.

Maike Sachs

32

JESUS BLEIBT

JESUS SAGTE ZU THOMAS: „ICH BIN DER WEG, DIE WAHRHEIT UND DAS LEBEN. NIEMAND KOMMT ZUM VATER AUSSER DURCH MICH."

JOHANNES 14,6

Man kann sich die Ratlosigkeit der Jünger wohl kaum groß genug vorstellen. Für Jesus hatten sie alle Zelte abgebrochen und waren drei Jahre lang durch das Land gezogen. Sie hatten sich mit ihm auf Überzeugungen eingelassen, die einiges an Widerspruch erregten. Umso wichtiger war es, dass Jesus da war. Er war der Garant, dass sie noch auf dem richtigen Weg waren. Sie hatten Dinge mit ihm erlebt, die sie aufgewühlt und irritiert hatten, aber er hatte ihnen geduldig erklärt, wer er ist und was er tat. Und jetzt wollte er sie auf einmal allein lassen.

Zurück ins alte Leben konnten sie kaum. Klar, die Boote und die Zollstation, ihr Arbeitsplatz und ihre Familien, das war alles noch da. Aber sie waren ja nicht mehr dieselben. Wie sollte es weitergehen? Wer würde jetzt ihr Meister sein und ihr Herr? Seltsam, dass Jesus in seiner Antwort nicht an eine andere Person verweist. Für ihn wird es nicht einfach einen Ersatz geben. Das heißt doch: Er selbst wird gehen und doch bleiben. Aus den anderen Kapiteln wissen wir, dass es Gottes Geist ist, der an seine Stelle tritt. Aber auch er wird von nichts anderem reden als von Jesus. Das heißt doch: Wen Jesus einmal in seine Nachfolge ruft, den lässt er nicht hängen. Ob sichtbar oder unsichtbar, Jesus wird bleiben. Er wird der Maßstab sein. Denn Jesus allein genügt.

Maike Sachs

WO JESUS ZU HAUSE IST

JESUS ERWIDERTE: „WER MICH LIEBT, WIRD TUN,
WAS ICH SAGE. MEIN VATER WIRD IHN LIEBEN, UND WIR WERDEN ZU
IHM KOMMEN UND BEI IHM WOHNEN."
JOHANNES 14,23

Warum sind manche Menschen Feuer und Flamme für Jesus und andere nicht? Warum können manche Jesus als historische Gestalt definieren und andere riskieren für ihn Kopf und Kragen? Die Abschiedsworte von Jesus an seine Jünger beschreiben, warum es so ist. Zwischen einem Menschen und dem Gottessohn findet nämlich eine Wechselbeziehung statt. Nur wer sich Jesus zuwendet, für den wird er auch sichtbar. Und nur wer ihn sehen möchte, dem kommt er ganz nah, dem öffnet Gottes Geist die Augen, der findet Halt und Geborgenheit in der Gemeinschaft mit ihm. Jesus überrumpelt also niemanden. Er kommt uns nur so weit entgegen, wie wir es ihm erlauben.

Johannes Nitsch hat seinen Weg zu Jesus einmal mit folgenden Worten beschrieben: „Wie kann ich jemals deine Art begreifen? Du hast die Macht, doch du missbrauchst sie nicht. Du lässt die Freiheit langsam in mir reifen, und ich gewöhne mich allmählich an dein Licht."[1] Aber es ist nicht nur Jesus allein. Vater, Sohn und Heiliger Geist spielen dabei gemeinsam eine Rolle. Ein schier unbegreiflicher Gedanke: Wir haben Anteil an der Gemeinschaft des dreieinigen Gottes. So wie sie einander lieben, so werden wir von ihnen geliebt werden. Sie werden mit uns ihr Wissen teilen und wollen bei uns zu Hause sein.

Maike Sachs

26. JANUAR
1. MOSE 12,1-9

GOTTES SEGEN

ICH WILL DICH SEGNEN … UND DU SOLLST EIN SEGEN SEIN.
1. MOSE 12,2 (LU)

Alles wirklich Neue beginnt mit Gottes Ruf. Ohne den Ruf Gottes ist nichts, was ist. Unsere Frömmigkeit beginnt nicht mit uns, sondern mit der Offenbarung Gottes. Plötzlich und unmittelbar spricht er. Er spricht bis heute durch sein Wort zu uns.

Und der Auftrag, die Berufung, ist groß: raus aus der Komfortzone sind wir gerufen. Dorthin, wo es gilt loszulassen. Immer enger zieht sich der Kreis: aus deinem Vaterland, aus deiner Verwandtschaft, aus deiner Bekanntschaft, aus deinem Vaterhaus.

Es ist, als ob er uns zwei Waagschalen vorlegt: In der einen liegt alles, was uns lieb geworden ist: unsere Beziehungen, alle Lebenskreise. In die andere legt Gott sein Versprechen: „Ich will dich segnen." Und dann fragt er, wenn er redet: Was ist dir wichtiger?

Was würden Sie hergeben für einen neuen Aufbruch mit Gott?

Gott verheißt uns für diese Aufbrüche seinen Segen. Was ist das, der Segen? Dieses Wort kommt aus dem Lateinischen und hat dort die Bedeutung: signare; bezeichnen. Gott segnet dort, wo er ein Leben mit seinem Eigentumszeichen bezeichnet. Gehört mir!

Gesegnete sind Segensträger. Wir haben Segen nicht für uns, wir sind nicht um unserer selbst willen da.

Abraham geht unter dem Segen Gottes, und er ist so Segensträger für andere. Das geht bis hin zu den Menschen, die von Ost und West, von Nord und Süd am Ende der Tage im Reich Gottes zu Tisch sitzen mit Abraham. Nehmen wir mit Platz – ein Stück Himmel!

Christa Albrecht

GOTTES VORSORGE

UND DER PHARAO BESTELLTE LEUTE UM
SEINETWILLEN, DASS SIE ABRAHAM GELEITETEN UND
SEINE FRAU UND ALLES, WAS ER HATTE.

1. MOSE 12,20 (LU)

Was für eine üble, schräge Geschichte! Kaum ist Abraham dem Ruf Gottes uneingeschränkt gefolgt, versagt er doch auf ganzer Linie. Weil ja Gott seine Geschichte nie mit Helden schreibt, sondern trotz all unserer Schwächen und trotz unseres Versagens. Abraham jedenfalls verhält sich vollständig falsch. Er will für seine Frau mitten in der Hungersnot sorgen und macht alles nur viel schlimmer. Notlügen und Halbwahrheiten sind eben keine Hilfe, sondern führen nur zu größeren Schwierigkeiten.

Doch Gott ist damit noch lange nicht am Ende. Er kann Menschen, die in Ägypten gefangen sind, freisetzen. Er kann sie versorgen, er kann ihnen sogar dort Hilfe und Geleit verschaffen. Jetzt Sara und Abraham, dann das Volk Israel, schließlich sogar seinen Sohn Jesus, den er aus Ägypten ruft, geschützt vor der Verfolgung durch Herodes. Er kann auch mich heute versorgen und beschützen. Das ist mein Stück Himmel für heute.

Christa Albrecht

28. JANUAR

1. MOSE 13

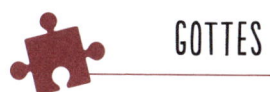

GOTTES FRIEDEN

ES SOLL KEIN ZANK SEIN ZWISCHEN MIR UND DIR.

1. MOSE 13,8 (LU)

Streit entsteht. Streit ist normal. Streit kommt eben, wenn es zu eng wird, wenn Menschen und Besitz groß werden. Und Streit entsteht oft im Kleinen und weitet sich dann aus.

Die großartige Botschaft dieses Abschnitts: Streit kann gelöst werden. Bemühen wir uns um Versöhnung, soviel an uns liegt!

Dazu gehört, dass man zurückstehen und verzichten kann. Dass man selbst den ersten Schritt tut. Dass man den Streitpunkt offen anspricht. Dass man nicht immer dem ersten Blick folgt. Und dass man sich auch einmal im Frieden räumlich trennen kann.

Und jetzt wird Friede. Gerade dort, wo wir verzichten können, den ersten Schritt tun und auch einmal nachgeben können, öffnet sich der Himmel.

Alles kehrt sich letztlich um. Bei Lot wird gesehenes Wasser zur Täuschung. Er ist kurz Lot im Glück, kommt dann aber aus der Spur und in viel Not hinein.

Bei dem anderen wird Staub zur Verheißung. Abraham hält die Zeit des Wartens aus. Und Friede breitet sich bei ihm dort aus, wo er Gottes Gegenwart erlebt – bei den Altären.

Gottes Nähe, das ist mein Stück Himmel für heute. Und wenn es in Wüste und im Staub wäre. Bei ihm habe ich trotzdem Frieden.

Christa Albrecht

29. JANUAR

1. MOSE 15

FÜRCHTE DICH NICHT IN DER KRISE!

FÜRCHTE DICH NICHT, ABRAM! ICH BIN DEIN SCHILD UND DEIN SEHR GROSSER LOHN.

1. MOSE 15,1 (LU)

Wer die komplizierten Konflikte im Nahen Osten verstehen möchte, wird nicht umhinkommen, ihre Wurzeln in der Bibel zu suchen. Von jeher ist die Region ein Schlachtfeld mächtiger Imperien. Es geht um die Gebiete der heutigen Staaten Türkei, Irak, Syrien, Libanon, Jordanien, Israel, Palästina und Ägypten (18-21). Die angedeuteten Nachwehen des Krieges im vorigen Kapitel nimmt Jahwe zum Anlass, Abram zu beruhigen und den Bund mit ihm erneut zu schließen.

Nach dem Krieg, der gemessen an den damaligen Verhältnissen einem Weltkrieg gleichkam, wird der furchtsame Abram zu seiner Beruhigung von Jahwe namentlich angeredet: „Fürchte dich nicht." Gott verspricht ihm Schutz: „Ich bin dir ein Schild", mitten in den Turbulenzen aller Zeiten.

Während Abram seinen Blick auf Land und Erben richtet, lenkt Jahwe den Blick auf sich und bietet ihm sich selbst an als „dein sehr großer Lohn". Auch wenn der Glaube an greifbaren irdischen Gütern festgemacht werden möchte (V. 6), stellt Jahwe sich Abram und seiner leiblichen und geistlichen Nachkommenschaft zur Verfügung. Paulus unterstreicht diese Glaubensgewissheit mit den Worten: „Wenn Gott für uns ist, wer kann da noch gegen uns sein?" (Römer 8,31).

Auch Flüchtlinge hier in Deutschland, die aus dieser krisengeschüttelten Region kommen, brauchen solch tröstende Worte.

Hanna Josua

30. JANUAR
1. MOSE 16

GOTTES SEGEN FÜR ISMAELS NACHKOMMEN

DU WIRST EINEN SOHN BEKOMMEN. NENNE IHN ISMAEL, DENN DER HERR HAT DEINE HILFERUFE GEHÖRT.
1. MOSE 16,11

Zehn Jahre lang warteten der 85-jährige Abram und seine 75-jährige unfruchtbare Frau Sarai vergeblich auf das von Gott verheißene Kind. In seiner Hoffnungslosigkeit bediente sich das Paar einer kulturell zulässigen Lösung. Sarai bot Abram ihre Magd quasi als Leihmutter zwecks Nachkommenschaft an. Doch löste die Schwangerschaft einen heftigen Streit zwischen den beiden Frauen aus. Dann floh Hagar („die Fremde") in Richtung ihrer Heimat.

Jahwe erschien ihr unterwegs, forderte sie zur Rückkehr auf: „Ordne dich ihr unter" (V. 9). Ist das zumutbar? Solch ein Gesichtsverlust? Demut und Unterordnung? Für immer Sklavin bleiben? Viele Fragen ergeben sich daraus.

Als Sklavin hatte Hagar weder Verfügungsgewalt über ihr eigenes Leben noch über das Kind, das sie trug. Sie und ihr Kind gehörten rechtlich Sarai und Abram. Im damaligen Kontext wäre sicherlich von Kindesentführung die Rede.

Ihre Rückkehr zu Sarai bedeutet einen Neuanfang unter ihrer Herrin. In der Gemeinschaft im Hause Abrams ist die Quelle des Segens Gottes zu finden, wie Jahwe ihr ankündigte. Ismael erhält seinen Namen von Jahwe: „Du wirst einen Sohn bekommen. Nenne ihn Ismael, denn der Herr hat deine Hilferufe gehört" (V. 11).

Jahwe duldet keine ungerechte Behandlung im Haus Abrams. Ihre Rückkehr in die Gemeinschaft war durch seine Offenbarung nun gewiss.

Hanna Josua

NAMEN SIND PROGRAMM!

SARA, DEINE FRAU, WIRD EINEN SOHN BEKOMMEN, DEN SOLLST DU ISAAK NENNEN. UND ICH WILL MEINEN EWIGEN BUND MIT IHM UND SEINEN NACHKOMMEN BESTÄTIGEN.

1. MOSE 17,19

Der allmächtige Herr ergreift hier erneut die Initiative und setzt weitere Meilensteine auf dem Weg zur Verwirklichung seiner Verheißung an Abram. Abram erhält durch eine himmlische Namensgebung die Bestätigung der Verheißung: Abraham – Vater vieler Völker. Sarai wird zu Sara – die Prinzessin. Der verheißene Sohn, Isaak – der lacht. Der Bund mit Abraham ist mit einem Zeichen besiegelt, der Beschneidung.

Mitten in den schweren familiären Zwistigkeiten im Hause Abrahams tritt Gott in Aktion, um die Belange des angefochtenen und verzweifelten 99-jährigen Abraham und seiner Familie zu regeln. Denn der Segen Gottes an Hagar setzt die Verheißung an Abraham und Sara nicht außer Kraft (s. oben V. 19).

Als Christen sind wir auf den Namen des allmächtigen Christus getauft. 1. Mose 17 sensibilisiert uns, stets ein Zeugnis für Gottes Verheißungen zu sein. Ein Pfarrer im Libanon fragte mich bei jeder Begegnung: „Wann wirst du endlich ein Josua?" Bei meinem Einwand, Josua sei eine alttestamentliche Person, erwiderte er: „Wann wirst du dann der Lieblingsjünger Jesu, Johannes?" (Mein arabischer Name Hanna heißt übersetzt Johannes.) Als Christen ist unser Name Programm, ungeachtet dessen, was andere darüber sagen. Können andere Menschen Christus in unserem Verhalten sehen?

Hanna Josua

FEBRUAR

JAHWE GANZ PERSÖNLICH IN DER WELT

DER HERR ERSCHIEN IHM NOCH EINMAL BEI DEM EICHENHAIN VON MAMRE.

1. MOSE 18,1

Abraham stellte in den letzten 25 Jahren im christlich-islamischen Dialog den zentralen gemeinsamen Nenner dar, da über Jesu Rolle in den verschiedenen Religionen kein Konsens besteht. Abrahams Persönlichkeit ist geprägt von Gastfreundschaft, Demut und Herzensfreundlichkeit. Kann er somit die erhoffte Rolle in der „Abraham-Ökumene" einnehmen?

1. Mose 18,1-8 ist in seiner theologischen Bedeutung stark symbolisch aufgeladen. Auf unverhoffte und unerwartete Weise erscheint Jahwe Abraham in Hebron ganz persönlich, lange bevor er in Jesus Christus Fleisch annimmt. Mit seiner Erscheinung tritt die ganze Spannung zwischen dem biblischen und koranischen Glauben zum Vorschein. Gott bleibt nicht im Jenseits wie im Koran, sondern zerreißt den Schleier von Raum und Zeit. Er nimmt menschliche Gestalt an, weil wir in seinem Bild erschaffen sind. Im Gegensatz zum unbekannten Gott im Islam macht sich Jahwe für die Sinne Abrahams und seiner Propheten zugänglich. Er spricht direkt mit ihnen.

Abraham fand Gnade in den Augen des Herrn. Dadurch entstand Freundschaft zwischen Jahwe und Abraham. Mit demselben Wort für Freunde werden die Jünger von Jesus in Johannes 15 genannt. Symbol dafür war das Mahl und für uns das Abendmahl, ein Zeichen der Gemeinschaft, Friedfertigkeit, Festlichkeit nach einem Vertragsabschluss. In welcher Beziehung stehen wir zu diesem Gott Abrahams?

Hanna Josua

2. FEBRUAR

1. MOSE 18,9-15

GLAUBEN UND NICHT LACHEN!

DA SAGTE DER HERR ZU ABRAHAM: „WARUM HAT SARA GELACHT UND GEDACHT: ‚SOLLTE ICH WIRKLICH NOCH EIN KIND BEKOMMEN, OBWOHL ICH SCHON SO ALT BIN?' SOLLTE DEM HERRN ETWAS UNMÖGLICH SEIN?"

1. MOSE 18,13-14

Einst fragte mich jemand spöttisch lachend: „Du glaubst doch an Wunder! Warum heilt Gott deine Blindheit nicht?" „Gute Frage an den falschen Adressaten gerichtet!", erwiderte ich. Als Gotteskind darf ich Gott, meinem himmlischen Vater, Unmögliches zumuten. Meinen Lebenslauf kann ich jedoch selbst nicht festlegen und bestimmen. Wenn er mir aber etwas verspricht, tut er dies, auch wenn dies nach menschlichem Ermessen unmöglich ist. Denn er sieht bereits, was bis zum Ende meines Lebens geschehen wird.

Jahwe versprach Abraham und Sara mehrmals ein Kind. Abrahams Not bewegte Jahwe, ihm ein weiteres Mal zu erscheinen. In 1. Mose 18,9-15 wird von einem ungläubigen Lachen Saras über die Gottesworte berichtet. Denn menschlich gesehen stand die Unmöglichkeit seiner Verheißung außer Frage. Jahwe war sogar über ihr Lachen entsetzt (V. 13-14).

Jahwes Appell und die Geburtsankündigung hätten Sara zum Glauben und zur Buße führen sollen. Stattdessen verteidigt sie sich leugnend: „Sara hatte Angst und behauptete: ‚Ich habe nicht gelacht.' Doch er sagte: ‚Doch, du hast gelacht'" (V. 15).

Der Glaubensweg führt Gotteskinder durch Unwegsamkeiten und Unmöglichkeiten. Wie stehen wir zu Gottesworten: glaubend oder lachend?

Hanna Josua

43

IHR STELLENWERT FÜR DIE WELT?

DANN WILL ICH SIE WEGEN DER ZEHN NICHT ZERSTÖREN.
1. MOSE 18,32

Wie gerecht gehen Menschen miteinander in der Welt um? Imperien und Mächtige kommen und gehen auf Kosten der Schwächeren. Der Arabische Frühling, der in erbitterte Bürgerkriege und regionale Kriege ausartete, wirft diese Fragen auf, ebenso wie die Flüchtlingsdebatte in Deutschland. Welche Rolle spielen Christen bei diesen brisanten Diskussionen und Tragödien hinsichtlich Gerechtigkeit in dieser Welt?

Jahwe zeigt die Lebensperspektiven für die sündigen Menschen in Sodom und Gomorra durch seine Offenbarung an Abraham auf (1. Mose 18,16-33). Sie sollen die Gerechten bei sich wohnen lassen. Abraham fragt Jahwe: „Willst du etwa die Gerechten zusammen mit den Schuldigen töten?" (V. 23). Und Jahwe antwortet ihm am Ende der Begegnung: „Dann will ich sie wegen der zehn nicht zerstören." (V. 32).

Zehn Gerechte bürgen für den Erhalt einer ganzen Stadt! Sie müssen sich allerdings ihrer Rolle bewusst sein. Wer eine Quelle des Segens für andere sein möchte, verbindet sich mit Jahwe, wie Abraham es tat. Christen treten für Gerechtigkeit ein. Jesus fasst die Rolle der Christen mit „Salz der Erde" und „Licht der Welt" zusammen. Leben wir diesen Stellenwert bewusst unserem Umfeld vor? Christen sollen als solche an ihren Taten und Worten erkannt werden. Wer sich seines Stellenwertes in den Augen Gottes bewusst ist, kann nicht umhin, ein Zeugnis in dieser Welt zu sein.

Hanna Josua

4. FEBRUAR
1. MOSE 21

EINE AMBIVALENTE ENTSCHEIDUNG

DAS GEFIEL ABRAHAM GAR NICHT.
1. MOSE 21,11

Was macht ein Vater, der sich zwischen zwei Söhnen entscheiden muss, wie uns in 1. Mose 21 berichtet wird? Sara gebar den lang ersehnten und verheißenen Sohn, Isaak. Er wurde wie sein Bruder Ismael durch die Beschneidung in den Bund Gottes aufgenommen. Das Haus Abrahams war zunächst darüber hocherfreut.

Plötzlich gerät die Familie aus den Fugen, als Sara den pubertierenden Ismael seinen kleinen Halbbruder verspotten sieht. Sie ordnet an: Ismael muss hinausgetrieben werden. Es „gefiel Abraham gar nicht" (V. 11), den Sohn, der kulturell, emotional und in jeglicher Hinsicht zu seiner Familie gehörte, vom Vaterherz wegzuschicken. Welche Entscheidung trifft Abraham nun in dieser ambivalenten Situation?

Der milde und erhabene Vater – so die Bedeutung seines ursprünglichen Namens Ab-Ram – muss auf Sara hören und auf Gottes Geheiß hin eine bittere Entscheidung treffen, obwohl Ismael auch gesegnet wird. Entscheidend ist für Gott nicht, was menschlich, sondern was göttlich ist: „Denn in Isaak soll dir ein Same genannt werden"(V. 12).

Dieser „Same" kündigt Christus an (Matthäus 1,1). Nicht der Fehltritt Ismaels, sondern der Heilsweg ist entscheidend für Gott.

Es gibt im Leben viele selbst gemachte berufliche und private Kinder, die uns möglicherweise Herzblut kosteten. Wofür entscheiden wir uns in ambivalenten, prekären und schmerzhaften Situationen: fürs menschlich oder göttlich Gemachte?

Hanna Josua

5. FEBRUAR

1. MOSE 22,1-19

SCHROFFE BERGE UND STEILE FRAGEN

IN DIESEM AUGENBLICK RIEF DER ENGEL DES HERRN IHN VOM HIMMEL: „ABRAHAM! ABRAHAM!" „JA", ANTWORTETE ER. „ICH HÖRE."

1. MOSE 22,11

Im jüdischen Sprachgebrauch wird in Kapitel 22 von der „aqedah" gesprochen. Der Bindung Isaaks. Es geht bei diesem hebräischen Begriff im Kern darum, wie ein Opfer gebunden wird. Festgebunden mit Fesseln. Der jüdische Sprachgebrauch fokussiert dieses eine Substantiv: „aqedah". Aber das Zentrale hier ist: Diese Banden werden gelöst. Das Opfer, das hier schon auf dem Holz liegt, wird befreit. Isaak soll nicht sterben. Isaak soll leben.

Die Schatten dieser monumentalen alttestamentlichen Erzählung reichen bis ins Neue Testament. Ein Berg. Ein Sohn. Holz auf dem Rücken des Sohnes. Der Berg ist nicht weniger schroff. Die Struktur seiner Felsen haben das Gesicht eines Schädels. Sie nennen ihn Golgatha. Nicht weniger steil sind hier die Fragen, je weiter sie an den Ort der Hinrichtung kommen: Mein Gott, kann das wahr sein? Kannst du das wollen?

Wer genau hinschaut, der sieht: Hier geht er selbst. Hier geht nicht Abraham. Hier liegt nicht Isaak. Hier liegt Gott selbst. Das Holz auf dem Rücken ist hier das Kreuz. Das ist die Bindung, die „aqedah". Das sind die Fesseln, die er trägt. Er wird gebunden. Er lässt sich töten. Mein Gott, warum? Paulus formuliert die Antwort so: „Gott dagegen beweist uns seine große Liebe dadurch, dass er Christus sandte, damit dieser für uns sterben sollte, als wir noch Sünder waren" (Römer 5,8).

Bernhard Elser

6. FEBRUAR

 ## GROSSE PLÄNE UND GUTE ENTSCHEIDUNGEN

„HERR, GOTT MEINES HERRN ABRAHAM", BETETE ER, „LASS MEINE REISE ERFOLGREICH SEIN UND SEI GUT ZU MEINEM HERRN."

1. MOSE 24,12

Eine faszinierende Gestalt, die uns das 24. Kapitel des Mosebuches hier fast „en passant" vorstellt. Nicht viel erfahren wir von ihm, nicht einmal seinen Namen. Nur,dass er der älteste Knecht im Haus Abraham ist. Er soll die richtige Frau für Isaak nach Hause bringen. Aber dieser Mann ist einer, der sich tatsächlich eignet, diese schwierige „Mission" für Abraham und seinen Sohn Isaak zu erfüllen.

Die Kamele sind gesattelt, die Brautgeschenke gewählt und sicher verpackt, die Reiseroute bestimmt und die Wasserbrunnen in Mesopotamien endlich erreicht. Aber im entscheidenden Moment legt er alles Gott zu Füßen (V. 12). Er denkt nicht an sich. Er denkt an Abraham. An die Ziele seines Auftraggebers und an Jahwe, dem er Treue geschworen hat. Er ist sich bewusst, wie abhängig er von Gott selbst ist. Mit diesem Herrn tritt er in ein intimes Gespräch ein und bittet ihn um klare Wegführung.

Daran können wir bis heute Maß nehmen. Gerade dann, wenn wir wissen, was zu tun ist. Wenn die Pläne geschmiedet, die Auftragsbücher gefüllt, die Koffer gepackt und das Navi für die Reise die richtige Richtung anzeigt. Dass wir genau dann anhalten, innehalten und unserem Herrn alles in die Hände legen.

Bernhard Elser

VERBLÜFFENDE EINBLICKE UND GLÄUBIGES STAUNEN

„IN ORDNUNG", SAGTE LABAN. „REDE!"
1. MOSE 24,33

Laban und sein Haus werden eingeweiht. Ganz detailliert erfahren sie aus dem Mund des unerwarteten Gastes, was Grundlage, Hintergrund und Ziel dieser Reise ist. Alles kommt zur Sprache. Der Eid, den Abraham ihm abgenommen hat, Auftrag und Auftraggeber und wie sich schließlich am Brunnen alles zugetragen hat. Wie er Rebekka begegnete. Wie klar wurde, dass nur sie die Frau für Isaak sein kann. Und nicht zuletzt die Tatsache, dass der Gott Abrahams selbst alles so gefügt und auch sichtbar bestätigt hat.

So werden Laban und sein Haus in Gottes Plan eingeweiht. Durch das, was ihnen erzählt wird, tut sich ihnen eine ganz neue Dimension auf. Sie können tatsächlich erahnen, dass Gott, der Schöpfer selbst, hier seine Finger im Spiel hatte.

So ist unser Gott. Er führt Wege. Er verfolgt Pläne. Er beauftragt Menschen. Er schafft Begegnung und führt zum Ziel. Zu oft können wir nur staunen und unsere Verblüffung darüber zum Ausdruck bringen.

Viel zu oft sehen wir das aber auch nicht. Viel zu oft kratzen wir nur bescheiden an der Oberfläche. Aber ist es nicht auch schon in unserem Leben geschehen? Verblüffend haben wir Einblick gewonnen in Gottes einzigartigen Plan. Plötzlich war da jemand, aus dessen Mund wir es erfahren konnten: Gott ist da. Auch wir sind „Eingeweihte" geworden. Durch ihn haben wir Dinge aus der Welt Gottes erfahren, von denen wir ohne ihn nur hätten träumen können.

Bernhard Elser

KLARER FOKUS UND EINDEUTIGER KURS

„HALTET MICH NICHT AUF. DER HERR HAT
MEINER REISE GELINGEN GESCHENKT."

1. MOSE 24,56

Einmal mehr zeigt sich die herausragende Persönlichkeit des Knechts aus Abrahams Haus. Die Wegführung ist klar. Gottes Gegenwart spürbar und sichtbar. Die Mission ist erfüllt. Ja, fast erfüllt. Und da bitten Bruder und Mutter von Rebekka darum, sich doch noch Zeit zu lassen. Ein paar Tage noch dranzuhängen, eben nicht gleich weiterzuziehen. Da wäre doch sicher noch Zeit gewesen. Oder etwa nicht? Was sprach denn gegen eine Verlängerung des Aufenthalts?

Abrahams Knecht hat jedoch einen klaren Fokus. Der Knecht erkennt längst, dass es Gott ist, der hier lenkt und leitet. Für ihn gibt es kein Zögern. Der Fokus des Knechts liegt ganz auf der Erfüllung des Auftrags, den er von Abraham erhalten hat. Diesen Auftrag will er im Vertrauen auf Gott erfüllen. Daraus resultiert sein eindeutiger Kurs. Daraus ergeben sich seine klare Rede und seine eindeutige Haltung.

Wie gerne würden wir selbst immer und in jedem Fall Gottes Plan erkennen, seinen Willen eindeutig sehen und tun. Zu oft tappen wir aber im Dunkeln und bewegen uns im Nebel. In alledem sind wir aufgefordert, uns neu klarzumachen: Wozu bin ich eigentlich beauftragt? Wozu bin ich beauftragt in meiner Familie, in meinem Beruf, in meiner Gemeinde und in all den anderen Bezügen? Wo wir unseren Auftrag klar fokussieren, werden wir auch einen eindeutigen Kurs verfolgen können.

Bernhard Elser

HOHES ALTER UND ERFÜLLTES LEBEN

[ABRAHAM] STARB IM HOHEN ALTER NACH EINEM ERFÜLLTEN LEBEN.
1. MOSE 25.8

Was für eine herrliche Zäsur. Hohes Alter und ein erfülltes Leben. Wer will das nicht? Und wie vielen fehlt offenbar genau das. Aber machen wir uns eines bewusst: Abrahams Leben war kein einfaches Leben. Gott selbst hatte sehr viele schwere Herausforderungen für Abraham bereit. Der risikoreiche Ruf in ganz neues Land, das ungeduldige Warten auf den heiß ersehnten Nachkommen, schwere Wegführungen durch gottlose Städte und harte Glaubensproben. Die größte auf dem Berg Morija, wo er seinen Sohn Isaak auf den Opferaltar legen soll. Leben ins Leben kam bei Abraham aber letztlich durch sein Vertrauen gegenüber Gott. Da fing sein Leben noch einmal von vorn an. Ein lebendiger Gott bringt Leben mit sich. Er belebt und erfüllt. Auf ihn ist Verlass. Das ist die Summe im Leben Abrahams. Abraham ist bis heute Beispiel. Schon innerhalb der Bibel wird er uns als Vorbild ans Herz gelegt (vgl. Hebräer 11,8ff).

Vielleicht erleben wir unser Leben aktuell nicht als leicht, vielleicht gerade deshalb, weil wir mit dem lebendigen Gott unterwegs sind. Vielleicht sehen wir aktuell auch noch nicht die große Erfüllung unserer Lebenstage. Aber Gottes Wort stellt uns heute Abraham als Vorbild, als Hoffnung und als Versprechen für den Weg des Glaubens mit dem lebendigen Gott vor Augen.

Bernhard Elser

LEBENSLUST UND LEBENSFREUDE

DENN DER HERR KENNT DEN WEG DER GERECHTEN.
PSALM 1,6 (ELB)

„Was ist das Gegenteil einer bösen Tat, wenn wir die Bibel fragen?", frage ich gerne, wenn es darum geht, was für einen Gott wir haben. Und immer ist die Antwort, die ich bekomme: „Eine gute Tat!"

Aber das stimmt eben nicht, nicht für die Bibel, nicht für unseren lebendigen Gott! Das Gegenteil einer bösen Tat ist bei ihm Lebensfreude, ist Lust am Leben und Lust zu ihm! Genau dahin will uns Psalm 1 führen.

Aber steht da nicht: Lust an seinem Gesetz? Und ist damit nicht doch gerade das Einhalten aller Gebote, Verbote und Ordnungen gemeint? Ein durchaus bedenkenswerter Gedanke. Und doch: Das Gesetz steht hier für die 5 Bücher Mose. Und Psalm 1 bezieht sich ganz absichtsvoll darauf. Was lesen wir dort? Dass der lebendige Gott eine Welt schafft und sie dem Menschen schenkt. Unerhört in der damaligen Mitwelt, dass diese Gartenoase für den Menschen und nicht für einen Gott da ist. Unerhört, dass der Mensch dort nicht zum Schuften für die Götter da ist, sondern zum Gestalten und Genießen. Wie ein Oasenbaum ist der Mensch, gesetzt an den Bewässerungskanal. Das ist das Beste, was ein Baum haben kann.

Der Fruchtbaum ist das Höchste, das die Pflanzenwelt bietet. Das Gegenbild ist die Spreu, vom Wind verweht. Das sind die größten Extreme. Dazwischen findet mein Leben statt. Getragen ist es vom lebendigen Gott. Er kennt meinen Weg, er begleitet mich dauerhaft, fürsorglich, ja, als ein Liebender.

Jürgen Schwarz

11. FEBRUAR

PSALM 2

DEN MESSIAS IM BLICK

MEIN SOHN BIST DU, ICH HABE DICH HEUTE GEZEUGT.
PSALM 2,7 (ELB)

Wie ist die Welt geordnet? Was ist die grundlegende Formatierung?

Die Bibel kennt kein ehernes Weltgesetz oder dampft das auf eine kluge Maxime ein. Die Weltordnung ist in der Bibel eine Person: der gesalbte König Israels. Ihn nimmt der lebendige Gott an als seinen Sohn, ihn adoptiert er, ihn trägt und hält er. Jeder König Israels erhält diese Würde. Das ist die Anordnung des ewigen Gottes bei der Krönung des Königs auf Zion (Psalm 2,7). Seine Aufgabe ist es, die Welt in guter Ordnung zu erhalten. So bleibt Lebensfülle erhalten, so geschieht Gerechtigkeit. Und Gerechtigkeit heißt hier nicht: Du bekommst, was du verdient hast, sondern: Du bekommst, was du zu deinem Leben brauchst.

Diese Messiasgestalt durchleuchtet auch das ganze Psalmenbuch.

Aber nicht alles gelingt, viele Könige Israels richten ihr Volk und ihr Amt zugrunde. Doch das Licht des Messias bleibt erhalten, ja, es wird im Lauf der Jahrhunderte stärker und klarer. Je mehr die Könige Israels und Judas abgewirtschaftet haben, mit König Ahas als ein Tiefpunkt (Jesaja 7), desto klarer tritt der endgültige Messias hervor. Nicht mehr ein geborener Davidssohn wird vom ewigen Gott adoptiert, sondern als die Zeit erfüllt ist, geschieht das Umgekehrte: Der geborene Sohn Gottes wird von Josef in die Davidfamilie adoptiert (Matthäus 1). Er ist Jesus, das Heil! Er bringt dann wirklich die Fülle des Lebens, für alle.

Jürgen Schwarz

12. FEBRUAR

PSALM 6

DU BRAUCHST MICH DOCH …

DENN IM TOD RUFT MAN DICH NICHT AN; IM SCHEOL, WER WIRD DICH PREISEN?
PSALM 6,6 (ELB)

Braucht der ewige Gott die Menschen, braucht er einen einzigen von uns?

Dieser Psalm ist in Tränen getaucht. Schwere Gedanken jagen durch die Seele. Die Knochen tun weh. Die Nacht ist wieder schlaflos. Müde und zermürbt wälzt sich der Beter hin und her. Er kann nicht mehr, fühlt sich verlassen und auch von Gott gestraft. Ja, auch der ewige Gott scheint sich abgewendet zu haben. Vom Leben ist nicht mehr viel übrig. „Aber du, Herr, bis wann?" Aus der Frage wird eine Bitte: „Kehre um, Herr, befreie meine Seele; … um deiner Gnade willen!"

Aber dann passiert etwas Unglaubliches. Der Beter schiebt noch eine Begründung hinterher. Er zeigt dem ewigen Gott, dass er auf ihn nicht ohne Schaden verzichten kann. Dahinter steht die tiefe Überzeugung, dass die Toten abgeschnitten sind von Gott. Und das macht der Beter zu einem unschlagbaren Argument: Wenn ich vollends zugrunde gehe, dann hast du einen weniger, der dich bekennt, der dir dankt, der dich bittet, dem du Freude schenken kannst. Einen weniger, überleg dir das gut.

Braucht der lebendige Gott die Menschen? Wohl nicht. Nichts in der Bibel legt das nahe, dass er uns braucht. Aber wenn es darauf ankommt, will er dennoch auf keinen und keine von uns verzichten. Er braucht uns nicht, aber er will auch nicht ohne uns.

Jürgen Schwarz

13. FEBRUAR

PSALM 13

MANCHMAL KANN ES DAUERN

BIS WANN ...?

PSALM 13.2 (ELB)

Die ganze Fülle der Gotteserfahrung ist in diesen kantig kurzen Psalm eingebrannt.

Der Beter klagt, dass Gott ihn vergessen hat. Brisant ist, dass Gott sich von sich aus abgewandt hat. Das ist keine Vergesslichkeit, sondern von Gott bewusst herbeigeführt. Unerklärlich ist das und deshalb umso bitterer. Die Konsequenzen sind hart: Das Selbstvertrauen des Beters wird brüchig, Mitmenschen werden zu Feinden. Ein unguter, selbstverstärkender Zusammenhang.

Aber wohin könnte der Beter fliehen? Doch nur zu dem einen-einzigen Gott selbst. Und so trägt er seine Bitten vor, und er tut dies im selben Dreischritt wie in den Klagen: *Du*: Bitte, schau nach mir! *Ich*: Bitte, mach meine Augen wieder lebensvoll-leuchtend! Der *Mitmensch*: Bitte ..., damit nicht die anderen mich zum Opfer machen.

Wo die Klage zur Bitte wird, da ist schon ein großer Schritt getan. Aber dieser braucht Zeit. Die Klage darf nicht aus Vernunftgründen zum Schweigen gebracht werden. Sonst rumort sie weiter und macht die Seele krank. Die Klage braucht so lange, wie sie braucht. Aber wo die Bitte sich Bahn bricht, da zeigt sich ein erster Schritt zu neuem Vertrauen.

Unsere Gotteserfahrung bewegt sich in diesem Lebens-Raum: in der Klage, in der Bitte, im Vertrauen und in dem ganzen manchmal verworrenen Hin und Her dazwischen. Der bittere Geschmack der Gottesnot aber ist nicht das Letzte. Denn Gott hat gehandelt an mir. In Christus ist mein Leben geborgen. Endlich gültig.

Jürgen Schwarz

14. FEBRUAR

PSALM 22

WENN ICH AUF DAS ENDE SEHE

DENN DEM HERRN GEHÖRT DAS KÖNIGTUM, ER HERRSCHT ÜBER DIE NATIONEN.
PSALM 22,29 (ELB)

Nichts weniger als das Königtum Gottes, seine Königsherrschaft, sehen wir hier. Sie reicht bis an „alle Enden der Erde", umfasst alle Sippen und Völker, die ganze Gegenwart ist voll von ihr (V. 28). An ihr haben sogar die Anteil, die schon gestorben sind. Auch sie knien vor ihm und beten an (V. 30). Ja, und auch die, die erst noch geboren werden, hören von seiner Königsherrschaft und seiner Heil schaffenden Gerechtigkeit (V. 32). Hier ist nichts anderes als die Umkehr aller Welt und aller Zeiten zu ihm. Er ist der eine, der da ist und der da war und der da kommt. Sein ist die Königsherrschaft. Der lebendige Gott hat es getan!

Doch wie ist das geschehen? Was für ein Eroberungszug ist das? Mit welcher unwiderstehlichen Gewalt verwirklicht er das? Es ist unfassbar, es klingt nach echter Torheit, ja, manche wird es verärgern: Durch das Leiden des einen schafft er Heil und Leben für die vielen. Eine Torheit: Warum kann er das nicht anders machen? Ein Ärgernis: Für mich braucht doch kein anderer zu sterben? Das geht doch gar nicht.

Und doch sagt der, der da leidet: Heute wirst du mit mir im Paradies sein (vgl. Lukas 23,43). Und doch steht über diesem Leiden: Er hat es getan! Er erringt das Königtum. Aller Schmerz, der Menschen möglich ist, verdichtet sich in seinem Sterben und Tod. Er leidet das alles zu Ende. Und gewinnt so das Leben für alle. Er hat es getan.

Jürgen Schwarz

GEDULDET ODER ERWÄHLT?

IHR HABT NICHT MICH ERWÄHLT, SONDERN ICH HABE
EUCH ERWÄHLT UND EUCH DAZU BESTIMMT, DASS
IHR HINGEHT UND FRUCHT BRINGT UND EURE FRUCHT
BLEIBE, DAMIT, WAS IHR DEN VATER BITTEN WERDET
IN MEINEM NAMEN, ER'S EUCH GEBE.

JOHANNES 15,16 (LU)

Da erinnere ich mich an die spannenden Momente der Wahl vor einem Fußballspiel in meiner Kindheit. Die Besten sollten wählen, damit sie nicht zusammen in einer Mannschaft waren. Zu denen gehörte ich nie. Anschließend wurde gewählt und es blieben immer weniger Kandidaten zur Auswahl. Wie schrecklich war es dann, als Letzter dazustehen und den Satz zu hören: „Dann nehme ich ihn halt noch für meine Mannschaft." Nicht erwählt, sondern geduldet. Was für ein Unterschied: die Wahl bei Jesus. Nicht aus Leistung oder anderen Maßstäben, sondern einfach nur aus Liebe, aus Zuneigung. Beim Fußball sollte man nach der „Duldungswahl" am besten da spielen, wo man am wenigsten Schaden anrichten würde. Was für ein Unterschied: die Wahl bei Jesus. Ein Gewählter bei Jesus erhält eine Bestimmung, einen Auftrag, eine Aufgabe. Sie sind nicht geduldet, sondern gesandt. Jesus sieht in Ihnen, was er aus Ihnen und durch Sie machen kann und will. Damals, beim Fußball, war klar, man war als Geduldeter nicht in der Lage, etwas zu erwarten, schon gar nicht den Ball zugespielt zu bekommen. Die Wahl bei Jesus: Sie sind erwählt und dürfen von seinem Können leben. Bei Jesus gibt es keine Geduldeten – nur Erwählte.

Gustavo Victoria

16. FEBRUAR

JOHANNES 15,18–16,4

ÄRGERN ODER ERINNERN?

DIES HABE ICH ZU EUCH GEREDET, DAMIT IHR EUCH NICHT ÄRGERT.

JOHANNES 16,1 (ELB)

Das ärgert einen schon. Man gibt sein Bestes für den Herrn. Man opfert seine Zeit, Kraft und sogar das schwer verdiente Geld. Man strengt sich an, ein besserer Vater, ein besserer Mitarbeiter, ein besserer Christ in dieser Welt zu sein. Man ist Kind des Königs dieser Welt, des Herrn der Herren und doch scheint, was man zu leben versucht, nicht in das System zu passen. Man wird abgewatscht durch ein nicht selten sehr energisches: Ewiggestriger, Ultrakonservativer oder sogar Fundamentalist. Habe ich das verdient? Sollte sich nicht jeder freuen, dass ich ein entschiedener Nachfolger Christi bin? Sollte nicht jeder um mich herum zustimmend nicken, wie ich versuche Gutes zu leben und meinen Nächsten zu lieben? Jesus macht klar: Es gibt keinen Grund, sich zu ärgern, sondern guten Grund, uns an das zu erinnern, was er gesagt hat. Als Erstes, wie und was wir leben, ist nicht von dieser Welt. Die Werte, für die wir einstehen, und die daraus folgenden Prioritäten sind damals im ersten Garten abhandengekommen. Zudem: Auch Jesus wurde nicht angenommen, obwohl er alles für diese Welt gab. Das Dritte ist der entscheidende Unterschied: Sie kennen den Vater, die anderen aber nicht. Ärgern Sie sich nicht, sondern erinnern Sie sich, an wen Sie glauben und was dies für Sie bedeutet. Viel mehr als jede Anerkennung dieser Welt ist die Anerkennung des Vaters: Mein Kind!

Gustavo Victoria

17. FEBRUAR

JOHANNES 16,5-33

TRAURIG ODER GETRÖSTET?

EINE KLEINE WEILE, UND IHR SEHT MICH NICHT MEHR, UND WIEDER EINE KLEINE WEILE, UND IHR WERDET MICH SEHEN.

JOHANNES 16,16 (ELB)

Wenn er nur hier wäre. Wie oft muss ich das denken. Wenn eine schwierige Entscheidung den Schlaf leicht macht. Wenn eine Beziehung an einem viel zu dünnen Faden hängt. Wenn ich versuche, ihn zu verteidigen, und merke, wie wenig ich beweisen kann. Wenn ich unterwegs bin für ihn und ich den Eindruck habe, was ich zu sagen habe, kommt nicht an. Nein, Jesus, ich kann nicht verstehen, warum du gegangen bist. Es macht mich traurig und ungewiss, frustriert und manchmal sogar wütend. Dann aber höre ich die leise Stimme dessen, der mich an das erinnert, was Jesus wichtig war, was Jesus gesagt hat. Diese leise Stimme zeigt mir, Gottes Geist ist da, ich bin nicht allein gelassen. Er hilft mir meinen Blick aufzuheben, den Kopf nach oben zu richten. Sein Reden in mir weist auf eine weitaus größere Wirklichkeit hin als die, die mich gerade so gefangen nimmt. Der Tröster zieht mich heraus aus der Enge, die zur Angst wird, und führt mich in die Weite, die zur Hoffnung wird. Eine kleine Weile, bis ich ihn sehen werde. Eine kleine Weile des Tränenabtrocknens und dann die große Freude. Eine kleine Weile des Kampfes und der Bedrängnis und dann das Auftreten des Überwinders. Jeden Moment wird die Tür aufgehen und er wird da sein, und dann wird alles anders.

Gustavo Victoria

 ## UNGESCHÜTZT ODER BEWAHRT?

ICH BITTE NICHT, DASS DU SIE AUS DER WELT WEGNIMMST, SONDERN DASS DU SIE BEWAHRST VOR DEM BÖSEN.

JOHANNES 17,15 (ELB)

Wie gut zu wissen, dass Menschen für uns beten. Treue, interessierte und freundliche Menschen. Menschen, die wissen, wie schwer es ist, durchzuhalten, nicht aufzugeben. Menschen, die selbst das Böse in dessen unterschiedlichsten Fratzen kennen und erleben. Wie viel wertvoller ist das Gebet, das Jesus für uns, für mich vor den Vater bringt. Es zeigt seine Treue, sein Interesse, seine Freundlichkeit. Es zeigt, dass ich ihm nicht egal bin und dass er mit unendlicher Leidenschaft für mich ist. Es zeigt aber auch, wie schwierig die Lage ist, die er uns zumutet. Er lässt uns dort, wo das Böse wütet, wo es sich gegen uns stellt, wo es zu kämpfen gilt. Entscheidend aber ist, dass Jesus seine Beziehungen spielen lässt. Seine Beziehung zum Vater, zu unseren Gunsten. Er stellt Sie und mich unter die Bewahrung des Vaters. Es ist eine bewährte Bewahrung, ein erprobter Schutz. Er tut es, weil er die Allmacht und Liebe des Vaters kennt. Allmacht und Liebe zusammen bewahren die Kinder Gottes vor dem Bösen. Das gilt des Tages, wenn wir mit dem Bösen in uns und um uns herum kämpfen. Das gilt in der Nacht, wenn wir uns der Angriffe gegen uns nicht bewusst sind. Er hat gebetet, damit Sie ein vom Vater Bewahrter sind. Der Vater wird das Gebet seines Sohnes sicher gerne erhören.

Gustavo Victoria

SEHEN ODER VERTRAUEN?

DIESE ABER SIND GESCHRIEBEN, DAMIT IHR GLAUBT, DASS JESUS DER CHRISTUS IST, DER SOHN GOTTES, UND DAMIT IHR, WEIL IHR GLAUBT, DAS LEBEN HABT IN SEINEM NAMEN.
JOHANNES 20,31 (LU)

Wie ich Thomas verstehe. Vom Hörensagen wollte er es nicht glauben. Er wollte es selbst erfahren, selbst ergreifen. Er wollte seinem Herrn selbst begegnen, selbst die erlösenden Wundmale ertasten und die Auferstehung bezeugen können. Eigentlich sollte man Thomas loben. Es sollte seine ganz persönliche Begegnung mit Jesus sein, die ihn zum Glaubenden macht. Doch Jesus sieht es wieder einmal anders als wir. Ich denke nicht mal, dass es so sehr als Widerspruch gedacht war. Er wollte unsere Sicht zurechtrücken. Was wir sehen oder zu sehen glauben, kann oft so täuschend echt sein, dass wir es für bare Münze halten. Der Auferstandene will, dass Thomas sein Vertrauen an Jesu Worte festmacht, nicht an dem, was er zu sehen bekommt. Er hatte gesagt, dass er auferstehen würde und das Gesagte sollte dem Glauben reichen. Das soll auch uns reichen. In Gottes Wort finden wir, auf was wir uns verlassen sollen. Wir sollen blind vertrauen, aber mit offenen Ohren und Herzen auf das achten, was er sagt. Dazu wurde alles aufgeschrieben und durch Gottes Kraft bis heute erhalten. Ich will in das Wort schauen und nicht in die Wolken. Ich will auf sein Reden hören und nicht von seinen Wundern träumen. Ich will für bare Münze halten, was er mir zu sagen hat, denn das macht selig, das allein.

Gustavo Victoria

DIE UNVERSCHÄMTE BOTSCHAFT

ICH SCHÄME MICH DES EVANGELIUMS NICHT; DENN ES IST EINE KRAFT GOTTES, DIE SELIG MACHT ALLE, DIE GLAUBEN.
RÖMER 1,16 (LU)

Die Christen in Rom waren von Paulus enttäuscht. Sie hatten immer wieder von dem großen Missionar gehört. Aber nach Rom ist er bisher nicht gekommen. Sie fragen sich: Traut er sich in die Welthauptstadt nicht hinein? Fürchtet er sich vor den kritischen Gelehrten? Oder vor dem brodelnden Gemisch der Götter und Heilslehren? Schämt er sich des Evangeliums?

Schämen wir uns? Trauen wir Christen uns noch raus mit dem Evangelium? Manchmal nimmt der atheistische Gegenwind zu. Menschen anderer Religionen wohnen neben uns. Und das postmoderne Lebensgefühl flüstert uns ein, alles sei relativ und es gebe nicht nur die eine, sondern viele Wahrheiten. Unter der Sorge um die eigene Befindlichkeit ist bei vielen eine lebendige Glaubensverbindlichkeit längst erstickt. Werden wir Christen darum kleinlaut? Voller Angst, von Jesus Christus zu reden? Schämen wir uns des Evangeliums?

Paulus antwortet nach Rom (im berühmten Römerbrief): Nein! Ein starkes, trotziges, mutiges: *Ich schäme mich nicht!* Ich habe keine Angst und keine Komplexe, auch bei euch in der Weltmetropole die gute Nachricht von Jesus zu sagen. Warum? Deshalb, weil die Botschaft von Christus nicht nur eine Info ist, ein paar leere Worte. Sondern in ihr steckt eine ungeheure Power, verändernde Kraft, wirkungsstarke Dynamik. Wie die aussieht? Lesen wir weiter …

Ulrich Mack

61

21. FEBRUAR
RÖMER 1,18–2,16

MUT ZUR UMKEHR

WEISST DU NICHT, DASS DICH GOTTES GÜTE ZUR BUSSE LEITET?
RÖMER 2,3 (LU)

Wieso Buße? Warum umkehren? Was bereuen? Klar, ein paar kleine Vergehen fallen jedem ein, schnelle Notlügen, wutgetränkte Worte oder geblitzte Temposünden. Aber Umkehr? Ist der Mensch nicht grundsätzlich gut, abgesehen von ein paar minimalen Schwächen? Nein, antwortet Paulus in den ersten Kapiteln des Römerbriefs. Alle Menschen sind vor Gott schuldig. Paulus erklärt es im Blick auf Nichtjuden (bis 2,16, danach auch auf Juden). Gott hat ursprünglich in den Menschen ein Gespür dafür gelegt, was gut ist und was nicht. Auch solche, die Gottes Gebote nicht kennen, haben ein Gewissen. Aber die Kräfte, die von Gott wegziehen, sind oft stärker. Sünde – das sind nicht nur die kleinen Sündentaten. Sondern sie ist eine Macht. Sie flüstert dem Menschen immer wieder ein: Du bist dein eigener Herr, lebe für dein Ich, ignoriere dein Gewissen. Die Folgen kennen wir: Streit und Neid, Lügen und Brüche, Krisen und Kriege. Unsere Welt ist voll davon. Aber gilt das für alle? Und ist es nicht Miesepeterei, dies immer wieder zu entlarven? Typisch frömmelnde Spaßbremse? Nein, erklärt Paulus: Es ist nicht zerknirschte Einsicht, die zur Buße führt. Sondern es ist Gottes Güte. Gott will uns helfen, dass wir vor ihm ehrlich werden. Unsere Lebensgestaltung ist ihm nicht egal. Was entspricht der Würde, ein gutes Geschöpf Gottes zu sein?

Ulrich Mack

NÜCHTERNE BILANZ

DA IST KEINER, DER GERECHT IST, AUCH NICHT EINER.
RÖMER 3,10 (LU)

Also Moment mal, ist das nicht viel zu negativ gesehen? Gibt es nicht Menschen, die sich redlich bemühen, Gott zu gefallen? Zum Beispiel fromme Juden? Die kennen Gottes Willen ziemlich genau. Sie haben ja ihre Bibel, unser Altes Testament. Sie wollen die Gesetze und Gebote Gottes wirklich beachten. Aber Paulus bleibt dabei: Niemand schafft es, aus eigener Kraft vor Gott und Menschen absolut rein dazustehen. Paulus ist ja selbst ein Jude. Bevor er Christ wurde, hat er eifrig Theologie studiert. Er wollte alle Regeln und Weisungen kennen und einhalten. Aber nachdem der auferstandene Christus ihm erschien, begriff er: Niemand kann sich, auch wenn er sich noch so bemüht, mit dem Schopf seiner Frömmigkeit aus dem Sumpf der Sündenmacht selbst herausziehen. Wer das versucht, landet nicht beim Gerechtsein vor Gott, sondern im Strudel der Selbstgerechtigkeit, im frommen Kreisen um sich selbst und schließlich in falscher Überheblichkeit. Das wirft Paulus seinen Mitjuden vor: Du „maßt dir an, ein Leiter der Blinden zu sein, ein Licht derer, die in Finsternis sind" (2,19f.). Aber, so wenden Juden damals ein, wir sind doch beschnitten, gehören in Gottes Bund. Doch Paulus hält fest: Die Beschneidung an sich garantiert noch nicht das ewige Heil. Genauso wenig wie bei uns das Getauftsein an sich. Jesus macht uns frei. In ihm schenkt Gott uns seine Gerechtigkeit. Wie das geschieht? Lesen wir weiter …

Ulrich Mack

CHRISTUS – DER VERSÖHNUNGSORT

OHNE VERDIENST GERECHT AUS SEINER GNADE DURCH DIE ERLÖSUNG, DIE DURCH CHRISTUS JESUS GESCHEHEN IST.

RÖMER 3,22 (LU)

„Nun aber ...“ – jetzt bricht es aus Paulus heraus. Bisher war alles Einleitung, Beschreibung, Bilanz. Nun aber folgt der Kern des Evangeliums. Die Welt ist in der Macht der Sünde gefangen. Nun aber greift Gott ein. Der Mensch kann beim besten Willen nicht aus eigener Kraft vor Gott recht sein. Nun aber wird Gott aktiv. Er schickt Jesus Christus. Er stellt ihn der Welt als „Sühne“ hin (V. 25); genauer (wie Luther 1912): als „Gnadenstuhl“. So bezeichnete man den Deckel der Bundeslade, die mitten im Tempel stand, im Allerheiligsten. Einmal im Jahr durfte der Hohepriester mit einem Opfer dorthinein, um von Gott Versöhnung für das Volk abzuholen. Das war der „große Versöhnungstag“. Nun aber hat Gott einen neuen Ort der Versöhnung gestiftet: Jesus Christus am Kreuz. Ihm müssen wir nicht mehr Opfer bringen. Das hat Jesus „in seinem Blut“ schon selbst gebracht. In seinen Tod ist all das versenkt, was uns von Gott trennt. In unserem Leben ist vieles unfertig, voll Leid und Schuld. Nun aber können wir alles Unerlöste und Verbogene ans Kreuz bringen und – sozusagen im Tausch – Versöhnung abholen, Frieden, Vergebung, kurz: Gottes Gerechtigkeit. Er schenkt sie uns. Und das nicht nur einmal im Jahr. Als Jesus starb, riss der Vorhang vor dem Allerheiligsten entzwei. Der Zugang zum Versöhnungsort ist frei. Gott sei Dank.

Ulrich Mack

24. FEBRUAR
RÖMER 4

DER GLAUBENSVATER

JESUS IST UM UNSRER SÜNDEN WILLEN DAHINGEGEBEN UND UM UNSRER RECHTFERTIGUNG WILLEN AUFERWECKT.
RÖMER 4,25 (LU)

Im vorigen Abschnitt hat Paulus seine grundlegende Botschaft erklärt: Gott macht uns gerecht – und das aus Gnade. Wir bekommen dieses Geschenk im Glauben an Jesus. Aber, so fragten vermutlich viele Juden betroffen zurück, stimmt das denn mit unserer Bibel überein? Manche warfen Paulus glatte Irrlehre vor. Hat Gott nicht das Gesetz, die Thora, dazu gegeben, dass wir es halten und dadurch vor Gott recht werden? Zumindest dass wir uns anstrengen, dies zu tun? Darauf antwortet Paulus nun. Er stellt klar: Die „Rechtfertigung aus Glauben" steht keineswegs im Gegensatz zur Heiligen Schrift. Im Gegenteil. Paulus zeigt es an Abraham (Näheres über ihn steht in 1. Mose 12 und 15). Abraham wusste noch nichts vom Gesetz Gottes. Er lebte ja lange vor Mose. Aber er hat Gott gehorcht und ihm vertraut. Das „wurde ihm zur Gerechtigkeit gerechnet" (V. 3, Paulus zitiert 1. Mose 15,6). So wurde Abraham der Glaubensvater. Gegen allen Augenschein glaubte er dem, was Gott ihm versprach. Als Gott sagte: Zieh in das Land, das ich dir zeigen werde, packte er seine Sachen und zog los – und das mit 75 Jahren. So macht Abraham Mut, „stark im Glauben" zu sein und „Gott die Ehre" (V. 20) zu geben – frei von Selbstgerechtigkeit und Selbstruhm.

Ulrich Mack

ES IST VOLLBRACHT

DA WIR NUN GERECHT GEWORDEN SIND DURCH DEN GLAUBEN, HABEN WIR FRIEDEN MIT GOTT DURCH UNSEREN HERRN JESUS CHRISTUS.
RÖMER 5,1 (LU)

Das ist jetzt so, betont Paulus. „Wir haben Frieden!" In einer der frühesten wichtigen Handschriften der Bibel steht hier nicht „Wir haben" (Indikativ), sondern: „Wir sollten haben" (Konjunktiv, im Griechischen besteht der Unterschied nur in einem kleinen Buchstaben). Vielleicht war es nur ein Abschreibfehler. Aber noch mehr ist zu vermuten: Ein Abschreiber hat hier bewusst den Text geändert. Er wollte die starke Aussage mildern – im Sinn von: „Strengt euch an, dass ihr Frieden mit Gott habt." Hier kommt die alte Vorstellung wieder hoch, die tief im Menschen steckt und sich in vielen Religionen zeigt: Ich muss mich doch anstrengen, muss Gott etwas geben, opfern und anständig sein, *damit* Gott mir gnädig ist. Aber eine solche Logik widerspricht absolut dem, was Gott geschenkt hat: seine Gnade, gratis und frei. Durch Jesus Christus haben wir „Zugang zu dieser Gnade" (V. 2). Da hängt kein Vorhang mehr davor. Die Tür zur Versöhnung ist offen. Darum gilt es klar und stark: „Wir haben Frieden mit Gott." Kein „vielleicht" oder „Wir sollten ...". Alle Unruhe im Herzen darf weichen. Aller Zweifel muss ausziehen. Das unsichere Fragen kann fröhlich aufhören und dazu ermutigen, sich ganz an Christus zu hängen. Wie das gelingt? Paulus antwortet: „Durch den Heiligen Geist" (V. 5). Er ist „Christus in uns" (Römer 8,9f.; Kolosser 1,27).

Ulrich Mack

DER NEUE ADAM

SO AUCH DIE GNADE HERRSCHE ...
RÖMER 5,21 (LU)

Was ist Jesus? Klar – ein starker Prediger. Er hat religiöse Verkrampfungen besiegt. Auch ein großer Heiler. Er hat Krankheiten besiegt. Er ist der Gekreuzigte. Er hat die Schuld besiegt. Aber er ist noch mehr: Er ist der Auferstandene. Er hat den Tod besiegt. Und uns damit den Weg durch den Tod ins Leben eröffnet. Das zeigt Paulus hier. Er sieht in Gedanken zwei lange Menschheitsreihen vor sich: Den einen Zug führt Adam an, der erste Mensch, Inbegriff der unerlösten Menschheit. Er hat sich in seiner ihm geschenkten Freiheit gegen Gott gestellt. Nun ist der Mensch in die Sündenmacht verstrickt – damit auch in Endlichkeit und Vergänglichkeit. Der Menschheitszug hinter Adam führt in Richtung Tod. Wir müssen alle sterben.

Doch da ist nun auch der andere Zug. Ihn führt Jesus Christus an – und zwar in die entgegengesetzte Richtung. An Ostern ist dieser Zug gestartet. Durch den Auferstandenen kommt nicht die Sünde in die Welt, sondern Gnade und Gerechtigkeit. Der Zug hinter Christus führt in Richtung Leben (V. 18). So stellt Paulus Adam und Christus einander gegenüber, und er zeigt damit: In Jesus beginnt Gott nichts weniger als eine neue Schöpfung (vgl. 2. Korinther 5,17ff). Und als Gerechtfertigte leben wir jetzt schon in diesem Neuen – wenn auch noch in der alten, unerlösten Welt. Aber wir gehören als Christen zu Christus, dem Auferstandenen. Auch wenn wir sterben. Der Weg führt zum Leben.

Ulrich Mack

SIE TÖTET! SIE MACHT LEBENDIG!

ODER WISST IHR NICHT, DASS ALLE, DIE WIR AUF CHRISTUS JESUS GETAUFT SIND, DIE SIND IN SEINEN TOD GETAUFT?
RÖMER 6.3 (LU)

Er springt von der Klippe. Er taucht ins Wasser. Der junge Farbige in der Filmstory „Geronimo" hat sich entschieden: Ausstieg aus seiner kriminellen Clique. Einstieg in das Christusleben. Das Tattoo mit dem Abzeichen der Bande brennen sie ihm aus der Haut. Ralf trägt nun das unsichtbare Zeichen der Taufe: das Christuszeichen – Todeszeichen und Lebenszeichen.

Das Christuszeichen: Nicht mehr der Bandenchef hat bei ihm das Sagen. Er bekennt Jesus Christus als seinen Herrn. Wir bekennen ihn auch, z.B. mit dem Apostolischen Glaubensbekenntnis. Aber hat er wirklich das Sagen, wenn es um eine wichtige Entscheidung zu Ausbildung, Beruf, Wohnortwechsel und Ehepartner geht?

Das Todeszeichen: Der kriminellen Karriere wird ein Ende gesetzt. Ralf, das Bandenmitglied, muss sterben. Damit Ralf, der neue Mensch, leben kann. Wissen wir, dass unsere Alltags-Gottlosigkeit sterben muss, unser böses Begehren, unser vergiftetes Gerede? So kämpferisch dürfen wir beten: „Du verquerer Mensch – stirb mit Christus!"

Das Lebenszeichen: Ralf taucht im Gottesdienst auf. Seinen Alltag füllt er nun mit vernünftiger Arbeit aus. „Wie Christus durch die herrliche Macht des Vaters von den Toten auferstanden ist", können auch wir „jetzt ein neues Leben führen": Liebe zur Gemeinde, Aufmerksamkeit fürs Kind, Engagement für den Flüchtling. Das neue Leben.

Tobias Eißler

28. FEBRUAR

RÖMER 7,7-25

CHRISTUSHERRSCHAFT – STATT GESETZESHERRSCHAFT!

DENN DAS GUTE, DAS ICH WILL, DAS TUE ICH NICHT; SONDERN DAS BÖSE, DAS ICH NICHT WILL, DAS TUE ICH.
RÖMER 7,19 (LU)

Gesetzesherrschaft: so ähnlich wie das, was wir auf den Ämtern erleben. „Füllen Sie dieses Formular aus! Können Sie sich ausweisen? Bezahlen Sie 32,50 Euro!" Vorschriften, Verordnungen, Pflichten! So fühlt sich die Gesetzesreligion an. „Damit kannst du nicht leben", lautet die These des Apostels. Warum nicht?

Erstens führt uns das Gesetz in den Zwiespalt. Auf der letzten Wegstrecke soll der französische Präsident Mitterand der Bibel begegnet sein und erkannt haben, dass die Bibel die Wahrheit über das Leben sagt. Auch als Nachfolger erschrecken wir darüber, wie unvernünftig wir unseren bösen Neigungen nachgeben.

Zweitens führt uns das Gesetz in den Tod. Das Gesetz ist der Blitzer am Straßenrand: „Erwischt! 25 Euro Bußgeld fällig!" Nur dass uns eine einzige Missachtung der guten Ordnung Gottes bereits den Tod bringt. Eigentlich will das Gesetz solche Missachtung unterbinden. Aber paradoxerweise provoziert gerade das Verbot die Übertretung. „Keine Raubkopien! FSK 18! Personalakte, vertraulich!" Gerade das reizt. Und manchmal werden wir schwach.

Was ist die Alternative zur Gesetzesherrschaft? Die Christusherrschaft. Jesus vergibt, was uns das Gesetz zu Recht vorwirft. Und Jesus legt uns ins Herz, worauf das Gesetz eigentlich hinauswill: den guten Willen Gottes. Sodass wir vernünftig und friedlich leben können.

Tobias Eißler

DIE MITTE IST ER

DENN DU BIST BEI MIR, DEIN STECKEN UND DEIN STAB, SIE TRÖSTEN MICH.

PSALM 23,4²

Jedes Wort, ja, jeder Buchstabe ist hier gezählt. Der Hebräer schreibt keine Zahlzeichen, sondern verwendet Buchstaben dafür. 57 Worte hat Psalm 23 im hebräischen Text: Das ergibt den Satz: „Er ernährt!" 227 Buchstaben hat Psalm 23. Sie fügen sich zusammen zu dem Wort: „Segen!" Das kann kein Zufall sein, das ist mit zu bedenken. Und das zeigt mir: Nicht ein Naturidyll habe ich hier vor mir, sondern ein höchst durchdachtes Lied des Vertrauens zu dem lebendigen Gott. Vertrauen ist nicht blind, sondern wächst aus genauem Hinsehen!

In gleichem, leichtem Rhythmus gehen die zwei Strophen vorwärts, der Hirte und der Gastgeber. Der Hirte, der mir wohltut und der seine ganze Person in die Waagschale wirft: um seines Namens willen. Der Gastgeber, in dessen Haus ich immer wieder einkehren darf, wo mir Güte und Gnade begegnen, ja, mir dann auch folgen.

Doch eine Zeile steht in der Mitte, deutlich abgesetzt und herausgehoben. Ihr Rhythmus ist anders, wie Paukenschläge, laut und klar:

„Du – bei mir; dein Stecken und dein Stab; sie wenden mir den Blick!"

Das ist die Mittelachse, um die sich die Bilder des Hirten und Gastgebers drehen. Hier ist mir gesagt, wer in den Todesschatten mich begleitet. Du, bei mir! Hier bekommt mein Blick die Richtung angesichts von Feindschaft und Gefahr: Du, ich kann dich sehen!

Jürgen Schwarz

MÄRZ

DER GEIST BEFREIT

DENN DAS GESETZ DES GEISTES … HAT DICH FREI GEMACHT …
RÖMER 8,2 (LU)

Die Flucht aus der DDR mit einem selbst gebastelten Heißluftballon gelang am 16. September 1979. Nach 28 Minuten Flug harter Aufprall im Gelände. Die Ballonpiloten Peter Strelzyk und Günther Wetzel fragten wohl die erstbeste Polizeistreife: „Sind wir hier im Westen?" Antwort: „Nein, in Oberfranken."

Christsein: ein kühner Flug ins Leben. Die Auftriebskraft: der Heilige Geist. Er befreit uns …

… *von unserer Gerichtsverfallenheit:* Der Durchschnittsmensch ahnt nichts davon, dass er gefangen ist in der „Macht der Sünde, die zum Tod führt". Er fühlt sich frei und okay. Doch das, was er ohne Gott und gegen Gott lebt, wird im Hintergrund sehr sensibel wahrgenommen. Die Rebellion gegen den freundlichen Schöpfer wird aktenkundig. Wenn am Ende der Richter über alle Welt genau nachfragt, hat der Angeklagte keine Chance. Außer – Jesus, der Verteidiger, stellt sich vor ihn: „Alle seine Schuld – am Kreuz abgegolten!" Herrliches Happy End: „So gibt es nun keine Verdammnis für die, die in Christus Jesus sind."

… *von unserer Sündenverfallenheit:* Die Schwerkraft der Sünde zieht uns nach wie vor nach unten. Die Auftriebskraft des Geistes zieht uns nach oben. Wir müssen nicht mehr wie die Sklaven der Sünde leben. Wir dürfen den Versuchungen zur Sünde in der Kraft des Geistes entgegentreten (vgl. Römer 8,13), so ungefähr wie David Goliat entgegentrat.

Tobias Eißler

SEUFZEN UND HOFFEN

… AUCH WIR SELBST … SEUFZEN … UND SEHNEN UNS NACH DER KINDSCHAFT, DER ERLÖSUNG UNSERES LEIBES.
RÖMER 8,23 (LU)

Der Mann aus Syrien seufzt – alles musste er bei der Flucht zurücklassen. Der Schüler seufzt vor dem Diktat. Woher soll man wissen, wie man all die Wörter schreibt? Die Personalchefin seufzt wegen des schwierigen Gesprächs, das ansteht. Die ganze Welt seufzt – wir Christen auch, stellt Paulus fest. Aber gleichzeitig hoffen wir.

Wir hoffen auf den herrlichen Befreier. „Ich bin aber davon überzeugt, dass unsere jetzigen Leiden bedeutungslos sind im Vergleich zu der Herrlichkeit, die er uns später schenken wird" (V. 18). Woher nimmt Paulus diese Gewissheit? Er ist dem Herrn begegnet, der aus der Herrlichkeit kommt. Und der uns dorthin führt. So wie Mose Israel aus der Sklaverei führte, quer durch die Wüste und bis an die Ziellinie Kanaan. Jesus bahnt uns den Weg und betet (Johannes 17,24): „Vater, ich möchte, dass die, die du mir gegeben hast, bei mir sind, damit sie meine Herrlichkeit sehen können." Das hört sich nach gesicherter Ankunft und Zukunft an. Das macht Hoffnung.

Einmal war der Mann aus Syrien schon in unserem Glaubenskurs. Ob er wieder mal vorbeikommt und getröstet wird? Weil der Schüler eine tüchtige Mutter und Lernhelferin hat, macht er Fortschritte in der Rechtschreibung. Manchmal läuft ein Problemgespräch im Personalbereich harmonischer als gedacht. Es lohnt sich, mit Jesus, dem Hoffnungsmacher, unterwegs zu sein.

Tobias Eißler

KREUZFAHRT MIT HERZ

DIE LIEBE SEI OHNE FALSCH.
RÖMER 12,9 (LU)

Einmal in meinem Leben wurde ich mitsamt meiner Familie zu einer Kreuzfahrt eingeladen. Fünf Mahlzeiten am Tag und Rund-um-die-Uhr-Service! Die Philippino-Kellner eilten lächelnd um die Wette, um unsere Wünsche zu erfüllen. Der Bäcker schob dienstfertig noch eine Gratis-Pizza über die Theke am Pool. Die Touristikchefin flötete charmant ins Mikrofon. Einfach zum Genießen! Allerdings ist jedem Kreuzfahrer klar: Diese Freundlichkeit ist eine bezahlte Freundlichkeit. Diese Diensteifrigkeit: vorgeschrieben, antrainiert, gespielt wie in einem Theaterstück. Könnte sie umschlagen in echte Gastfreundschaft? Vielleicht – wenn Helene Fischer an Bord kommt oder Tom Cruise. Vielleicht wäre das Serviceteam dann echt begeistert an der Arbeit.

Um Echtheit geht es Paulus. Um Begeisterung vom Himmel her. Um Freiwilligkeit. Das Kreuzfahrtschiff der christlichen Gemeinde kann auf richtigem Kurs unterwegs sein. Mitsamt dem vollen Programm an Angeboten. Aber in allem steckt etwas Mühsames, Aufgesetztes, Unechtes. „Täuscht nicht nur vor, andere zu lieben", verlangt Paulus, „liebt sie wirklich." Wie kann sie echt werden? Herzlich-spontan? Na – wenn Jesus an Bord kommt. Wenn der Auferstandene unter uns tritt. Wenn der Menschgewordene die Atmosphäre bei uns prägt. Wenn er uns zum Guten anstiftet: Respekt, Fleiß, Geduld, Friedenswillen, Bescheidenheit. Das Gemeindeleben wird zur Kreuzfahrt mit Herz.

Tobias Eißler

4. MÄRZ

RÖMER 13

STAATSGEHEIMNIS

SO GEBT NUN JEDEM, WAS IHR SCHULDIG SEID: STEUER, DEM DIE STEUER GEBÜHRT; ZOLL, DEM DER ZOLL GEBÜHRT …

RÖMER 13,7 (LU)

In der Mitte des Stuttgarter Marktplatzes stand der „Bus der Meinungsfreiheit". Eine Rednerin sprach, doch man verstand kein Wort. Demonstranten brüllten sie nieder. Ein Polizeikordon schützte die Kampagne, die sich gegen unangemessenen Sexualkundeunterricht wehrt. Was wäre, wenn wir keine Polizei hätten?

Als Christen denken wir eher selten über den Staat nach. Aber ohne das Recht, das ein Staat gewährleistet, könnte niemand von uns leben. Der Apostel Paulus wirbt dafür, den Staat richtig zu sehen …

… *als notwendige Ordnung*: Obwohl in Rom der kriminelle Kaiser Nero regiert, anerkennt Paulus den römischen Staat, der für Friede und ein hervorragendes Straßensystem sorgt. Eine Verfassung und Regierung ist nicht einfach als eine menschliche Entwicklung zu verstehen, sondern als Verordnung und Geschenk Gottes. Ohne Staat bricht das Chaos aus. Wie oft danken wir Gott für das, was bei uns vernünftig und fair geregelt ist? Wie oft denken wir daran, dass Gesetze uns helfen, ehrlich und sozial zu leben?

… *als untergeordnete Ordnung*: Dass Paulus den Staat weder glorifiziert noch eine Untertanen-Mentalität lehrt, zeigt sich daran, dass er als Evangelist, der von Staats wegen verfolgt wird, der Justiz Widerstand leistet. Im Konfliktfall muss man Gott mehr gehorchen als den Menschen. Also: Respekt unserem Staat, höchste Ehre und Gehorsam aber unserem Gott!

Tobias Eißler

STATT DES RICHTGEISTES DER GEIST DER RÜCKSICHTNAME!

DARUM LASST UNS DEM NACHSTREBEN, WAS ZUM FRIEDEN DIENT UND ZUR ERBAUUNG UNTEREINANDER.

RÖMER 14,19 (LU)

Zum Altherren-Fußballtreff begrüßt man sich kameradschaftlich. Während des Spiels kann sich die Stimmung ändern. „Klares Foul, du …!" Schon ist der schönste Streit im Gang. Jeder weiß es besser.

In der Gemeinde der Jesusbekenner zu Rom schätzt man sich. Aber im Gemeindealltag schlägt die Stimmung um. „Wie bitte, ihr esst Fleisch, das den Götzen geweiht wurde? Und ihr wollt Christen sein?" „Na, und ihr wollt das Christsein abhängig machen von Regeln fürs Essen und Trinken, ihr engstirnigen Pharisäer?" Diejenigen Gemeindeglieder, die im Blick auf Lebensmittel freiheitlich denken und sich kein Gewissen machen, kommen mit den Vorsichtigen, die die Anpassung an die Welt vermeiden möchten, nicht mehr zurecht.

„Warum verurteilst du einen anderen?", fragt Paulus (V. 10). „Warum siehst du auf einen anderen Bruder herab?" Weil der Herr der Gemeinde der Richter ist, sollen wir nicht richten, d. h. keine letzten Urteile über Mitchristen fällen. Weil Jesus jeden in Liebe anschaut, sollen wir keinen verachten. Weil unser Erlöser jeden Sünder angenommen und hereingenommen hat in seine Gemeinde, sollen wir einander annehmen. Keine leichte Aufgabe. Wo kann ich Rücksicht nehmen und bewusst verzichten auf das, was anderen zu weit geht? Wo kann ich mein Herz weit machen und einen anderen Lebensstil aushalten, der auf seine Weise Gott bezeugt?

Tobias Eißler

6. MÄRZ

RÖMER 15

MEIN FREUDENSPENDER

DER GOTT DER HOFFNUNG ABER ERFÜLLE EUCH MIT ALLER FREUDE UND ALLEM FRIEDEN IM GLAUBEN, DAMIT IHR ÜBERREICH SEIET IN DER HOFFNUNG DURCH DIE KRAFT DES HEILIGEN GEISTES!

RÖMER 15,13 (ELB)

Wo holen Sie sich Ihre Freude her? Unsere Autos finden wir in der Garage. Unser Frühstück im Kühlschrank. Wo aber die Freude? Irdische Genüsse? Na ja, manche sind von vornherein mit schlechtem Gewissen verbunden: zu teuer, zu kalorienreich … Sie wissen ja selbst, was Ihnen schnell die Freude vergällt. Andererseits – Gott scheint so oft zu weit weg. Man muss sich manchmal schon ein klein wenig anstrengen, den Blick zum Himmel heben, um den „Gott der Hoffnung" wahrzunehmen. In beiderlei Bedeutung des Wortes: halten wir das wirklich für *wahr*, dass Gott uns mit aller Freude und allem Frieden im Glauben ausstatten kann? Und *nehmen* wir das andererseits wirklich auch selbst an, *greifen* wir nach dieser Wahrheit? Die Kraft des Heiligen Geistes steht uns zur Verfügung, um uns diese himmlische Perspektive zu öffnen. Paulus weiß darum, der in schwierigsten Umständen diese Zeilen schreibt. Ich selbst bin da noch ein Lernender. Wie ich als Kind lernen durfte, dass die Seife aus dem Seifenspender und das Handtuch aus dem Handtuchspender kommt, will ich meinen Herrn und Gott immer mehr als den einzig wahren „Freudenspender" kennenlernen – auch für manche irdische Freude: gute Menschen, gutes Essen, wundervolle Natur. Aber er hat mehr für mich vorgesehen und das will ich zu sehen lernen.

Ulrich Weinhold

7. MÄRZ
RÖMER 16

TOLLE SCHWESTERN

ICH EMPFEHLE EUCH ABER UNSERE SCHWESTER PHÖBE (...) DENN AUCH SIE IST VIELEN EIN BEISTAND GEWESEN, AUCH MIR SELBST. (...) GRÜSST MARIA, DIE VIEL FÜR EUCH GEARBEITET HAT! (...) PERSIS, DIE VIEL GEARBEITET HAT IM HERRN! GRÜSST RUFUS (...) UND SEINE MUTTER, DIE AUCH MIR EINE MUTTER GEWORDEN IST.
RÖMER 16,1-13 (LU)

Manches „Stück Himmel" ist ganz menschlich: Wir begegnen „feinen Leuten", tapferen Mitstreitern, hingegebenen Dienern der Gemeinde. Wenn man durch die Briefe des Apostels Paulus blättert, fallen viele Namen. Manchmal wissen wir gar nicht, was die Leute für Paulus getan haben – wie z.B. die Mutter des Rufus. Hat sie ihn treu umsorgt? Ihn bekocht, ihm vielleicht ab und zu die Kleidung in Ordnung gebracht? Hat sie dem großen Apostel mit Mutterwitz und der Erfahrung des Alters manchmal Trost zugesprochen, wenn er ihn dringend brauchte? Wir wissen es nicht. Aber ich habe Frauen wie die Mutter des Rufus kennengelernt. Ich kenne solche „Phöbes", die bedrängten Christen zum Beistand geworden sind in Pakistan oder im Kongo. Und ich erlebe „Marias" und „Frauen wie Persis", die viel arbeiten, damit es anderen und der Gemeinde gut geht. Oft ganz unscheinbar, mit dem Wischtuch oder dem Scheuerlappen. Spannend: Gott sieht sie alle, kennt ihre Treue und weiß ihre Namen. Und wie Paulus bin ich selbst dankbar für diese Schwestern im Herrn, die nicht nur anderen, sondern auch mir selbst zum Segen geworden sind. Gott sei Dank für solche tollen Schwestern!

Ulrich Weinhold

8. MÄRZ

1. MOSE 25,19-34

STARKE PERSÖNLICHKEITEN UND SCHWACHE STELLEN

EINES TAGES KOCHTE JAKOB EINEN EINTOPF. DA KAM ESAU ERSCHÖPFT VON DER JAGD ZURÜCK.

1. MOSE 25,29

Zwei starke Persönlichkeiten stellt uns das erste Mosebuch mit Esau und Jakob vor. Sie sind völlig unterschiedlich und beide auf ihre Weise sehr stark. Beide Persönlichkeiten haben aber auch ihre Schwachstellen. Als das Linsengericht auf dem Feuer steht und Esau der Hunger treibt, ist der Moment gekommen, wo sich die Schwachstellen dieser starken Persönlichkeiten offenbaren.

Am Ende wird Esau der Betrogene sein und Jakob der Betrüger. Esau auf der einen Seite wird zwar den Hunger gestillt haben, aber schließlich feststellen, dass er etwas viel Wichtigeres verloren hat: sein Erstgeburtsrecht und die Liebe zu seinem Bruder. Esau wird schließlich zum Jäger seines Bruders. So verstricken sich die starken Persönlichkeiten in Schuld und sind am Ende beide Verlierer.

Besser kann uns nicht gezeigt werden, welches Muster die Sünde aufweist. Sie gaukelt uns vor, wir könnten Großes gewinnen und seien unverletzbar. Am Ende sind wir selbst die Verlierer. Starke Persönlichkeitsbildung schützt davor letztlich nicht. Die Sünde ist raffinierter. Sie kennt die Schwachstellen und wartet auf die Gunst der Stunde.

Grund genug, uns heute neu in Gottes Gegenwart zu stellen. Uns selbst, unsere Stärken und Schwächen und unsere Verwundbarkeit in Gottes Licht zu stellen und um seinen Schutz zu bitten.

Bernhard Elser

9. MÄRZ

1. MOSE 27,1-40

GROSSE GABEN UND KLEINE HERZEN

**„BIST DU WIRKLICH MEIN SOHN ESAU?", FRAGTE ER NOCH EINMAL.
„JA, ICH BIN ESAU", LOG JAKOB.**

1. MOSE 27,24

Die große Gabe des Segens liegt bereit. Jakob aber erschleicht sie sich. Es ist der zweite Betrug in Jakobs Leben. Jetzt angestiftet und unterstützt durch seine Mutter Rebekka. Aber Jakob überlistet hier nicht nur seinen Bruder Esau, sondern auch seinen Vater Isaak.

Zu klein sind die Herzen Jakobs und seiner Mutter, um der Größe der Segensgabe zu vertrauen und, den Bestimmungen Gottes gemäß, Esau den Vortritt zu lassen. Ihre Herzen sind zu klein, darauf zu vertrauen, dass Gott auch für sie seinen Segen zu seiner Zeit bereithält und auch an sie austeilen wird.

Wie groß, schön, herrlich und erstrebenswert sind Gottes Gaben! Unsere Herzen sind oft viel zu klein, zu eng, zu hart und vor allem zu ungeduldig, diese Gabe zu erwarten und dann auch zu empfangen.

Haben nicht auch wir schon allzu oft den Segen verpasst, weil unser Herz einfach zu kleinlich war?

Die Geschichte hilft uns, Gottes Segen in den Blick zu nehmen. Diesen Segen dürfen wir erwarten. Nach diesem Segen dürfen wir uns ausstrecken. In jedem Gottesdienst, in jeder Andacht, in diesem Augenblick, wenn Sie diese Zeilen lesen. Wir dürfen den Segen erwarten und singen: „Weil du reichlich gibst, müssen wir nicht sparen"[3] und schon gar keine krummen Wege gehen.

Bernhard Elser

GOTT SCHREIBT AUF KRUMMEN LINIEN GERADE

ICH KANN DEN SEGEN NICHT ZURÜCKNEHMEN.
1. MOSE 27,33

Der Haussegen hängt schief im Haus des Erzvaters Isaak. Ausgerechnet wegen des Segens. Der Gottesmann Isaak will seinen Segen – gegen Gottes Weisung – seinem Lieblingssohn Esau geben. Seine Frau Rebekka hintergeht ihren Mann perfide und stiftet ihren Liebling Jakob zum Täuschungsmanöver an. Jakob lässt sich von seiner Mutter manipulieren und lügt seinen Vater dreist an. Und Esau scheint vergessen zu haben, dass er sein Erstgeburtsrecht für ein Linsengericht an Jakob verkauft hat. Was für eine unhaltbare Situation. Sie hätten sich alle viel ersparen können, wenn sie Gott gehorcht und auf ihn vertraut hätten. Aber nun schmiedet Esau Mordpläne. Und Rebekka Rettungspläne und Isaak Hochzeitspläne, um Jakob aus dem Schussfeld zu bringen.

Hätte Gott nicht besser auf die Reset-Taste gedrückt, um mit besser geeigneten Leuten noch einmal anzufangen? Gott sei Dank, dass er es nicht tut. Er steht zu seinem Wort. Auf ihn ist Verlass. Wir können darauf vertrauen, dass er seine Verheißungen einlöst. In jedem Fall. Rebekka wollte – gut gemeint – nachhelfen. Und was für ein Dilemma ist daraus entstanden. Gut zu wissen, dass unser Gott keine Nachhilfe braucht, um seine Pläne umzusetzen. Er benötigt unsere Anstrengung nicht, um uns zu segnen.

Gott kommt zu seinem Ziel. Am liebsten mit uns. Aber auch ohne uns. Und wenn nötig, auch gegen uns. Aber auf jeden Fall für uns. Was für ein Gott!

Ernst Günter Wenzler

GOTT IST HIER!

AN DIESEM ORT IST DER HERR, UND ICH HABE ES NICHT GEWUSST.
1. MOSE 28,16

Ein langer Weg – ca. 1000 Kilometer – und eine ungewisse Zukunft liegen vor Jakob. Er geht den Verheißungspfad Abrahams in entgegengesetzte Richtung. Jakob verlässt das Land der Verheißung Gottes ohne richtige Perspektive. Er ist auf der Flucht, als Gott ihm begegnet. Gott geht den Davonläufern nach – von Anfang an (1. Mose 3,9). Auch heute!

Es ist Nacht, als Gott mit ihm Kontakt aufnimmt. Äußerlich und innerlich. Wie tröstlich, dass Gott auch in der größten Dunkelheit da ist. Ganz sicher!

Jakob erlebt eine Wüstenzeit, als Gott zu ihm spricht. Das ist so typisch für den Gott der Bibel. Er ist in Durststrecken dabei und ist auch in der Wüste ganz nahe. Ganz allein und scheinbar von Gott und der Welt verlassen schläft Jakob den Schlaf der (Un-)Gerechten und hat einen außergewöhnlichen Traum. Kein Wunschtraum, kein Albtraum, sondern eine stärkende Gottesoffenbarung. Eine Leiter verbindet Himmel und Erde. Und was er *sieht,* ist beeindruckend. Himmlische Boten steigen auf und nieder. Wir haben es da noch viel besser. Jesus ist von ganz oben nach unten gekommen und ist für uns in die tiefsten Tiefen hinabgestiegen. Und das ist kein Traum, sondern Wirklichkeit.

Was Jakob *hört,* ist für ihn noch wichtiger. „Ich bin mit dir", verspricht der lebendige Gott. Mehr gibt es nicht. Erstaunt stellt Jakob am nächsten Morgen fest, dass er es nicht wusste. Wie oft mag es uns schon so gegangen sein?

Ernst Günter Wenzler

12. MÄRZ
1. MOSE 29,1-30

GESCHICHTEN

WARUM HAST DU MICH BETROGEN?
1. MOSE 29,25

Mitten in der tragischen Familiengeschichte und einer dramatischen Fluchtgeschichte gibt es eine rührende Liebesgeschichte, die an einem Brunnen beginnt. Vor allem ist es eine Segensgeschichte. „Ich bin mit dir", hatte Gott versprochen und löst seine Zusage umgehend ein. Mit einem perfekten Timing. So ist Gott. Auch heute!

Jakob begegnet Rahel. Sie kam, sah und siegte. Es ist bei beiden Liebe auf den ersten Blick. Ob Jakob Rahel imponieren wollte, als er sich an dem Verschlussstein des Brunnens zu schaffen machte? Liebe verleiht zwar keine Flügel, bei Jakob aber Bärenkräfte. In einem riesigen Kraftakt verschiebt er den großen Verschlussstein des Brunnens, was normalerweise nur mehrere Männer gemeinsam schaffen. Nachdem die kuss- und tränenreiche Begrüßungsfeier vorbei ist, wird deutlich: Jakob ist zwar heiß verliebt, aber mittellos. Und Rahel ist kein Schnäppchenpreis. Sieben Jahre harte Knochenarbeit werden für sie angesetzt. Doch Jakob vergeht die Zeit wie im Flug. Seine Liebe hat einen langen Atem. Als dann der große Tag da ist, ist Jakob voll im Glück. Bis zum bösen Erwachen – nach der Hochzeitsnacht liegt die falsche Frau in seinem Bett. Und er erlebt am eigenen Leib, was es heißt, betrogen zu werden. Denn der Preis für seine Traumfrau Rahel hat sich über Nacht um 100 Prozent erhöht. Es sind harte sieben Jahre – aber auch da ist Gott dabei. Nur gut, dass er auch auf krummen Linien grade schreibt.

Ernst Günter Wenzler

(UN)GELIEBT!

DA DACHTE GOTT AN RAHEL UND ERHÖRTE IHRE GEBETE.
1. MOSE 30,22

Rahel hat das große Los gezogen. Sie hat eine gute Figur, ist hübsch und begehrenswert und wird so sehr geliebt, dass Jakob 14 Jahre lang hart für sie arbeitet. Sie hat den Platz auf der Sonnenseite des Lebens. Ihrer Schwester, die „Pechmarie", entspricht nicht dem Schönheitsideal und erfährt verletzende Ablehnung. Lea hat den ewigen zweiten Platz auf der Schattenseite des Lebens. Vom Glück übersehen, unwert und ungeliebt. Doch Gott hat das wahrgenommen und wendet sich der zu, die am Rand steht. Er nimmt die benachteiligte und ungeliebte Frau in den Blick. Gott hat die Zurückgesetzte vorgezogen. Die arme Lea wird (kinder)reich. Die Namen, die sie den Kindern gibt, zeigen ihr Staunen und ihre Begeisterung über das Wohlwollen Gottes. Gott hat sie angesehen, nun hat sie Ansehen. Durch ihren Sohn Levi ist sie ein Glied im irdischen Stammbaum Jesu. Mit Jesus macht Gott allen ein für alle Mal klar: Du bist geliebt. Unabhängig von dem, was du kannst und wie du aussiehst. Nicht weil du liebenswert bist, sondern einfach so. Aus Liebe! Ganz gleich, was andere über dich denken. Du bist mir alles wert. Mein Ein und Alles, mein Sohn.

Und Rahel? Was hat sie nicht alles versucht, um ein eigenes Kind zu bekommen. Sie hat Jakob Druck gemacht, es mit Leihmutterschaft versucht und Zaubermittelchen (Alraune) ausprobiert. Als nichts funktioniert, heißt es: Gott dachte an Rahel. Josef heißt ihr Gottesgeschenk.

Ernst Günter Wenzler

EIN GOTT – DEIN GOTT – MEIN GOTT

DESHALB TU ALLES, WAS GOTT DIR AUFGETRAGEN HAT.

1. MOSE 31,16

Was für eine Karriere: Der mittellose Flüchtling Jakob ist nun Chef eines ganzen Clans und Besitzer riesiger Herden. Er ist reich geworden durch seiner Hände Arbeit. Aber, so betont er, vor allem mit Gottes Hilfe.

Aus dem geplanten Kurztrip wurde ein Arbeitsaufenthalt von 20 Jahren. Es war nicht die Mutter, die ihn heimruft (27,43-45), auch nicht das Heimweh, das ihn heimtreibt (31,30), sondern Gott, der ihn losschickt (31,3). Und ihm verspricht, mit ihm zu sein. Mit dieser Zusage kann man jedes Abenteuer wagen. Wie immer fordern die Versprechen Gottes heraus, ganz praktisch damit zu rechnen, dass er seine Zusagen einhält. Rahel und Lea, die sich spinnefeind waren, stehen zu ihm und sind sofort bereit, ihre Heimat zu verlassen. „Tu alles, was Gott dir gesagt hat!" Ihr Rat ist auch für unser Leben entscheidend. Dass ein Weg unter Gottes Weisung nicht automatisch leicht und einfach ist, macht die Geschichte des Aufbruchs deutlich. Als Laban die Flüchtenden nach sieben Tagen Verfolgungsjagd nach ca. 480 Kilometern einholt, kocht er vor Wut. Die Vorwürfe sind krass: Entführung, Menschenraub und zu alledem Götzendiebstahl. Und wer lässt sich schon gern seinen Gott stehlen. So wird Laban der erste Gottsucher in der Bibel. Die schwiegerväterliche Hausdurchsuchungsaktion hat jedoch keinen Erfolg. Aber er erkennt: Jakob steht unter dem Schutz des Gottes Abrahams und Isaaks.

Ernst Günter Wenzler

1. MOSE 32,1-22

VERSÖHNUNG IST NICHT UMSONST

DANN BETETE JAKOB.
1. MOSE 32,10

Um Zukunft zu haben, muss sich Jakob seiner Vergangenheit stellen. Er kann nicht so tun, als sei nichts gewesen. Auch wenn 20 Jahre seit seinem Segensraub vergangen sind, ist die Sache nicht verjährt. Ist kein Gras über die Erbschleicherei gewachsen. Die harten Jahre bei Laban haben sein Vergehen nicht gesühnt. Jakob kann und will den Betrug nicht einfach unter den Teppich kehren. Deshalb schickt er Boten zu seinem Bruder. An seiner Stelle bitten sie Esau um Gnade. Er rechtfertigt sein Tun nicht, versucht nicht, seine Schuld kleinzureden oder seinen Verrat zu erklären. Ihre Botschaft macht ihm Angst. Esau kommt ihm mit 400 Mann entgegen. Und es ist nicht klar, ob es sich um eine Vernichtungstruppe oder ein riesiges Begrüßungskomitee handelt. Jakob tut sein Bestes, um wenigstens einen Teil seiner Habe retten zu können. Aber er weiß auch um die Begrenztheit seines Tuns. Und bringt deshalb seine Not vor Gott und bittet ihn um Hilfe! Endlich! Er spricht zum ersten Mal mit Gott über seine Not. Ganz ehrlich und ungeschminkt: „Ich bin es nicht wert …" Das gilt auch für jeden, der keine Skandalchronik wie Jakob hat. Seit Jesus wissen wir: Ich bin es nicht wert – aber ich bin Gott alles wert. Jakob schüttet sein Herz bei Gott aus und klammert sich an dessen Verheißungen. Dieser Weg ist auch heute für uns offen. Auch wenn wir auf Abwege geraten sind und wenn alles ausweglos erscheint.

Ernst Günter Wenzler

GOTTESSTREITER

ICH LASSE DICH NICHT LOS, BEVOR DU MICH GESEGNET HAST!
1. MOSE 32,27

Immer wieder begeistert es mich, mit welchen Menschen Gott sein Reich baut. Aus dem Erz-Schelm Jakob macht Gott einen Erz-Vater und den Stammvater Israels. Für Jakob ist klar: Gottes Segen ist alles – und ohne Segen ist alles nichts!

In der Nacht stellt sich Jakob ein geheimnisvoller Gegner in den Weg. Der Kampf dauert bis zur Morgenröte. Es ist kein üblicher Ringkampf, sondern ein Ringen mit Gott. Jakob ist angeschlagen, aber wie eine Klette hängt er sich an seinen scheinbaren Widersacher. „Ich lasse dich nicht los, bevor du mich gesegnet hast." Was für eine vorbildliche Entschlossenheit. Bevor er den Segen bekommt, geht es um den Offenbarungseid. Wie heißt du?, fragt Gott. Der muss sich seiner Geschichte stellen. Ich bin Jakob, der Fersenhalter, der Listige, der Betrüger! Segnet Gott einen solchen Menschen? Ja. Er gibt ihm einen neuen Namen und schenkt ihm eine neue Bestimmung. Aus Jakob wird Israel. Aus dem Betrüger der Gottesstreiter. Als die Sonne aufgeht, beginnt für ihn ein neuer Tag unter der Gnade Gottes. Auch für uns. Jeden Tag.

Wir kennen den größten Gottesstreiter – Jesus. Er hat in Gethsemane mit Gott gerungen. Und mit seinem „Dein Wille geschehe" den größten Sieg errungen, den über sich selbst. Er hat am Kreuz die Sünde und den Teufel besiegt und am Ostermorgen den Sieg über den Tod davongetragen. Im Glauben an den Sieger von Golgatha sollen wir Gottesstreiter sein.

Ernst Günter Wenzler

17. MÄRZ

1. MOSE 33

VERSÖHNUNG IST DOCH MÖGLICH!

ESAU RANNTE JAKOB ENTGEGEN, FIEL IHM UM DEN HALS UND KÜSSTE IHN. BEIDE WEINTEN.

1. MOSE 33,4

Als junge Männer hatten sich die Wege der Brüder getrennt. Zornig hatte sich der Ältere im Elternhaus verbarrikadiert. Dort hatte der unverheiratete Bernd ein einsames Leben lang seinen Zorn auf Michael gepflegt. Michael hatte es besser als Bernd: Michael konnte sein schönes neues Haus mit seinen vielen Kindern füllen.

Nun war Michael schon viele Jahre im Ruhestand. Jahrzehntelang hatte er um die Versöhnung mit Bernd gebetet. Eines Tages wagt Michael einfach den Besuch bei Bernd. Er erlebt das Wunderbare: Der Zorn des Bruders ist verraucht. Das Vergangene ist vorbei und vergessen.

Diese Geschichte, deren Zeuge ich werden durfte, ermutigt. Gott schenkt selbst da Aussöhnung, wo unser Gebet für einen anderen Menschen nur noch alte, routinierte Gewohnheit geworden ist.

Jakob und Esau fallen einander um den Hals und küssen sich. Danach geht jeder wieder seiner Wege.

Auch Bernd und Michael zogen nach der Aussöhnung nicht zusammen. Zu unterschiedlich war ihr Leben jeweils geworden.

Doch Gott hatte diese eine herzliche Begegnung geschenkt, die alte Lasten endlich von der Seele fallen ließ. Jeder zog seine Straße fröhlich und staunte über den Gott, der unerwartet Wunder tut.

Udo Zansinger

18. MÄRZ

1. MOSE 35

AUFRÄUMEN IN DER LEBENSMITTE

DA SAGTE JAKOB ZU SEINEM HAUS UND ZU ALLEN, DIE BEI IHM
WAREN: SCHAFFT DIE FREMDEN GÖTTER WEG, DIE IN EURER MITTE
SIND, REINIGT EUCH, UND WECHSELT EURE KLEIDER!

1. MOSE 35,2 (ELB)

In der Mitte seines Lebens kehrt Jakob zurück an die Stelle, an der er als junger Mann seinen Weg mit Gott begonnen hatte. Der junge Draufgänger ist inzwischen ein reifer Gottesmann geworden. Vieles ist gut geworden in den letzten Jahren. Doch Jakob steht vor neuen Herausforderungen. Demnächst wird er seinen Vater bestatten und den Verlust der Ehefrau betrauern, die er so liebt.

Was ist da zu tun? Jakob entfernt die fremden Götter. Mancher Götze hatte sich so nach und nach in die Familie geschlichen. Andere fremde Götter waren schon immer da und nie entfernt worden.

Worauf setze ich in der Mitte meines Lebens mein Vertrauen? Die materiellen Werte haben sich reichlich vermehrt. Eine bestimmte berufliche Position hat mir Ansehen verschafft. Auf meine Familie bin ich stolz. Ich will dankbar alles genießen, was Gott mir inzwischen geschenkt hat.

Doch will ich mich an die Stunde des Anfangs im Glauben erinnern: Da gab es nur Gott und mich. Ich war noch ganz frei dafür, allein auf ihn mein Vertrauen zu setzen. Denn alles andere könnte mir schon bald genommen werden. Ich will es nicht hoffen, aber mich erinnern: Der, der es allein wert ist, mein Gott zu sein, ist mein Vater im Himmel. In diesem Glauben will ich meinen Kindern Vorbild werden.

Udo Zansinger

19. MÄRZ

MATTHÄUS 5,1-12

GLÜCK IST ERLEBBAR

GLÜCKLICH ZU PREISEN SIND DIE, DIE ARM SIND VOR GOTT; DENN IHNEN GEHÖRT DAS HIMMELREICH.

MATTHÄUS 5,3 (NGÜ)

Mal ganz ehrlich und ganz unter uns: Sind Sie glücklich? Jetzt gerade in diesem Moment: Wie geht es Ihnen? Je nachdem, unter welchen Umständen Sie diese Frage jetzt lesen, wird die Antwort unterschiedlich ausfallen.

Ganz gleich, wie es Ihnen gerade geht – wir sehnen uns nach Glück. Wir wollen ein erfülltes Leben haben. Für ein glückliches Leben spielen vor allem Dinge wie gelingende Beziehungen, eine erfüllende Arbeit, Frieden oder keine Geldsorgen eine große Rolle.[4]

Mit der Bergpredigt stellt uns Jesus eine neue Dimension von Glück vor. Durch ihn ist ein Stück Himmel auf die Erde gekommen. Und alle, die den Himmel erleben wollen, sind bei Jesus richtig.

Die Bergpredigt erzählt davon, wie dieser Wunsch Wirklichkeit wird.

Mit den Seligpreisungen lädt uns Jesus ein, alles von ihm zu erwarten. Er will uns dazu bringen, uns ganz auf ihn einzulassen. Sozusagen als Voraussetzung für ein rechtes Verständnis der Bergpredigt. Es geht nicht um ein Einhalten von Geboten, sondern um ein Hinhalten meines Herzens. Wer das tut, wird in allem – dem Schönen und Schweren – Jesus begegnen.

Johannes Kuhn

WENIG BEWIRKT VIEL

IHR SEID …

MATTHÄUS 5,13FF (LU)

Manchmal sind wir uns gar nicht bewusst, dass kleine Dinge viel bewirken. Dass zum Beispiel ein paar Salzkörner eine sonst fade schmeckende Suppe zu einem wahren Genuss machen. Obwohl es sich „nur" um weiße, kristallene Körner handelt.

Ein dunkler Raum wird durch ein kleines Teelicht erhellt, sodass Orientierung möglich wird.

Jesus macht uns klar: Wenig bewirkt viel. Was für ein Trost. Wie schnell denken wir, dass wir als einzelne Christen in unserer Umgebung nichts verändern können. Wir verlieren den Mut, weil es anderen offensichtlich egal ist, was mir mein Glaube bedeutet. Oder wir bringen nicht den Mut auf, von unserem Glauben zu reden oder darin zu handeln, weil wir Angst vor blöden Sprüchen haben.

Dann ist dieser Abschnitt von Salz und Licht, der beschreibt, was zu unserer Verantwortung als Freunde von Jesus dazugehört, zuallererst eine Ermutigung: Du bist! Allein durch deine von Jesus geprägte und dadurch veränderte Existenz (Galater 2,20) bist du Salz und Licht. Auch und wenn du es nicht merkst. Das entbindet mich nicht von meiner Verantwortung. Aber es nimmt den Druck, etwas sein zu müssen, was ich nicht sein kann.

Darum hören Sie nie auf, dafür zu beten, dass Jesus Ihnen schenkt, dass Sie Salz und Licht sind.

Johannes Kuhn

RLOVEUTION

ICH ABER SAGE EUCH ...
MATTHÄUS 5,28 (LU)

Dass Jesus von manchen Menschen als Revoluzzer gesehen wird, liegt an Texten wie dem von heute. Jesus hinterfragt in der Bergpredigt nicht nur gängige Denkmodelle und Handlungsmuster, sondern wirft sie komplett über den Haufen.

Das „Ich aber sage euch!" macht klar: Mit mir ist etwas Neues angebrochen. Wer mit mir lebt, darf nicht an den alten Denkmustern hängen bleiben. Dieses „Ich aber sage euch" soll uns nicht gängeln oder die letzte Lust am Leben nehmen, sondern einen Vorgeschmack auf den Himmel geben. Wer die Ehe heiligt, in seinen Worten wahrhaftig ist und keinen Schwur braucht, wer Gleiches nicht mit Gleichem vergilt und seine Feinde mit den Augen Gottes sieht, der lebt im Geiste Jesu. Der erlebt mitten in dieser Welt ein Stück Himmel. Der zettelt nicht nur irgendeine Revolution an, sondern bringt die Liebe Gottes spürbar zu den Menschen dieser Welt. Jesus lädt Sie ein: Bleiben Sie nicht bei dem, was Ihnen von Ihrem Bauchgefühl her logisch erscheint, sondern lassen Sie sich den Himmel schenken.

Darum bitten Sie Jesus heute, dass er Ihnen hilft, dieses Neue dort in Ihrem Leben umzusetzen, wo es Ihnen momentan am relevantesten erscheint. In Ihrer Beziehung oder Ihrer Ehe, Ihrem mehr oder weniger glaubhaften Reden, den Vergeltungsgedanken, mit denen Sie Gerechtigkeit schaffen möchten, oder im Umgang mit Menschen, die Ihnen das Leben schwer machen. Werden Sie ein RLOVEUZZER im Sinne Jesu.

Johannes Kuhn

22. MÄRZ
MATTHÄUS 6,1-4

WAS MOTIVIERT SIE?

**GIB IN ALLER STILLE, UND DEIN VATER …
WIRD DICH DAFÜR BELOHNEN.**
MATTHÄUS 6,4

Für einen gläubigen Juden war es zur Zeit Jesu elementar wichtig, Almosen zu geben. Leider gab es Menschen, die das taten, um von anderen dafür gelobt zu werden. Für Jesus ist dieses Verhalten scheinheilig. Wer gibt, damit andere ihn toll finden, macht sich abhängig vom Lob anderer und handelt falsch. Jesus geht es bei diesem Beispiel um die Motivation, aus der heraus etwas geschieht.

Viele von uns geben gerne und viel für andere – Geld, Zeit, Kraft, Liebe. Unsere Gemeinden, die Menschen um uns herum, aber auch weltweit leben davon.

Aber entscheidend ist: Wenn ich etwas aus meinem Überfluss abgebe, es mit anderen teile oder zur Verfügung stelle, dann soll ich es aus Liebe zum Bedürftigen tun und nicht um der Anerkennung anderer willen. Wer so denkt, verfehlt das Ziel des Gebens und verliert letztlich sein Gegenüber und Gott aus dem Blick, weil er nur noch Augen für das Lob der Menschen hat. Geben hat immer etwas mit dem Vertrauen zu tun, dass Gott sieht.

Gleichzeitig ist es wichtig, dass wir anderen für das, was sie geben, danken. Es würdigen, dass sie sich für andere einsetzen, mit ihnen teilen oder geben. Vielleicht fällt Ihnen beim Nachdenken eine Person ein, der Sie heute danken können, dass sie gerne gibt.

Johannes Kuhn

EUER VATER WEISS, WAS IHR BRAUCHT!

DENN EUER VATER WEISS, WAS IHR BEDÜRFT, BEVOR IHR IHN BITTET!
MATTHÄUS 6,8 (LU)

Vor dem eigentlichen Gebet steht ein Satz, den ich lange überlesen habe: Euer himmlischer Vater weiß, was ihr braucht! Euer himmlischer Vater weiß es schon! Was für eine Entlastung. Wenn ich nicht weiß, was ich bitten soll – für andere oder für mich selbst –, Gott weiß es. Er hört, was wir ihm sagen – aber er weiß auch um die Dinge, für die ich noch gar keine Worte finde. Gott kennt die Nöte, die so offensichtlich sind, aber er sieht auch die, die in unserem Herzen verborgen sind.

Euer himmlischer Vater weiß es. Das bedeutet doch, dass ich nicht die „richtigen" Anliegen finden muss, treffsicher beschreiben kann, was nötig ist – mich vielleicht nicht einmal traue, etwas Bestimmtes zu erbitten. Gott weiß es schon.

Das Wichtigste im Gespräch mit unserem himmlischen Vater ist nicht, dass wir schon etwas konkret vorbringen. Und wenn ich nur sage: „Lieber himmlischer Vater!" Dann ist die Hauptsache bereits passiert. Ich bin als sein Kind in seiner Nähe. Und alles, was ich dann erbitte, ist eingebettet in diesen Satz – in diese Verheißung – : „Euer (himmlischer) Vater weiß!"

Der Theologe Helmut Thielicke sagte es einmal so: „Gott sei Dank, … dass der Vater mit seinem Blick und seiner Güte immer eher da ist als wir mit unseren vielen Worten und unserem großen Verschweigen!"[5]

Christiane Rösel

24. MÄRZ

MATTHÄUS 6,5-15

GEBETSANWEISUNG

SO SOLLT IHR BETEN!

MATTHÄUS 6,9

Jesus hatte sich zurückgezogen, um zu beten. Als er sein Gebet beendet hatte, bat ihn einer der Jünger, ihnen das Beten zu lehren. Lukas erzählt das in seinem Evangelium in der Parallelstelle zu unserem Text (Lukas 11,1-4). Die Jünger sehen, wie Jesus betet, und spüren: Da können wir noch etwas lernen! Und sie bitten Jesus: Herr, zeig uns doch, wie wir beten sollen. Seine Antwort auf ihre Frage ist das Vaterunser-Gebet. Jesus selbst zeigt seinen Jüngern (also auch mir!) den Weg zum Herzen seines Vaters.

Im Matthäusevangelium steht das Vaterunser-Gebet in der Mitte der Bergpredigt und ist gewissermaßen das Herzstück dessen, was Jesus seine Jünger lehren möchte.

In den letzten Jahren habe ich das Vaterunser noch einmal ganz persönlich entdeckt. Das klingt vielleicht merkwürdig. Da ich in einer freikirchlichen Tradition aufgewachsen bin, war das Vaterunser nicht fester Bestandteil des Gottesdienstes, sondern kam nur sehr selten vor. Heute bete ich immer noch frei, natürlich, aber ich habe mir angewöhnt, meine persönliche Gebetszeit mit dem Vaterunser abzuschließen. Auf eine gute Art und Weise verändert das immer wieder meine Perspektive.

Einer der Orte in Jerusalem, die mich wirklich sehr berühren, ist die Paternoster-Kirche auf dem Ölberg. In mehr als 140 Sprachen findet man dort das Gebet auf bunten Kacheln. Eindrucksvoll. Ein Ort der Stille.

Christiane Rösel

UNSER VATER IM HIMMEL

UNSER VATER IM HIMMEL! DEIN NAME WERDE GEHEILIGT.
MATTHÄUS 6,9 (LU)

Unser Vater im Himmel! Gleich zu Beginn weitet das Vaterunser meinen Blick, denn diesen Vater gibt es nur als gemeinsamen Vater, als unseren Vater – nicht meinen Vater im Himmel. Wir gehören gemeinsam zu ihm. Für mich ist damit eine „Herzerweiterung" verbunden. Ich darf zu ihm beten, mich an sein Herz flüchten – alle anderen aber genauso. Und zwar die, mit denen ich mich verbunden fühle, aber auch die, die mir schwerfallen. Hier haben wir gemeinsam Platz.

Und spätestens jetzt ist es wichtig, noch einmal festzuhalten, was diesen Vater im Himmel von allen irdischen Müttern und Vätern unterscheidet. Was im wirklichen Leben ja oft nicht funktioniert – dass wirklich alle gleichzeitig Platz haben –, das schafft dieser Vater im Himmel mit seinem väterlichen und mütterlichen Herzen.

Schon im Alten Testament spielt dieser Vater eine zentrale Rolle: „Du, Herr, bist unser Vater; ,unser Erlöser', das ist von alters her dein Name" (Jesaja 63,16; LU). Vater und Erlöser? Mit der Anrede „unser Vater" beginnt das Vaterunser und mit der Bitte um Erlösung endet es.

Unser Vater im Himmel – das ist dann auch die weltweite Perspektive. Und wie berührend ist es, gemeinsam in unterschiedlichen Sprachen zu beten. Es ist wirklich „das Gebet, das die Welt umspannt!" (Helmut Thielicke).[6]

Christiane Rösel

26. MÄRZ
MATTHÄUS 6,5-15

DEIN WILLE GESCHEHE

DEIN REICH KOMME. DEIN WILLE GESCHEHE WIE IM HIMMEL SO AUF ERDEN!
MATTHÄUS 6,10 (LU)

Dein Wille geschehe! Was für eine Bitte in einer Welt, in der ich so oft den Eindruck habe, dass vieles passiert, was ich mit dem Willen Gottes nicht zusammenbringe. Das heißt, wir bitten darum, dass der Wille Gottes geschieht, in einer Welt, die so ganz anders scheint – dunkel, trostlos und einer gegen den anderen. Weit muss ich ja oft gar nicht gehen, um etwas von dem Zwiespalt zu entdecken, da reicht ja schon der Blick in mein eigenes Herz, in dem Sorgen, Angst und Egoismus immer wieder munter ihr Spiel treiben. Ist das der Wille Gottes?

Wie ist das für Jesus selbst? „Meine Speise ist die, dass ich tue den Willen dessen, der mich gesandt hat!" (Johannes 4,34; LU). Trotzdem ringt Jesus auch im Garten Gethsemane mit seinem Vater im Himmel: „Mein Vater! Wenn es möglich ist, lass den Kelch des Leides an mir vorübergehen. Doch ich will deinen Willen tun, nicht meinen" (Matthäus 26,39).

Jesus selbst ringt um diesen Willen. Irgendwie tröstet mich das auch in allen schwierigen Fragen. Selbst für ihn, den Sohn Gottes, ergibt es sich nicht einfach von selbst. Deshalb empfinde ich dies als eine tapfere Bitte: Gott, bitte hilf, dass dein Wille geschieht, auch über mein eigenes Bitten und Verstehen hinaus. Und wenn ich dich darum bitte, weiß ich, dass alles, auch und vor allem das Unbegreifliche, an deinem Herzen vorbeimuss, am Herzen meines Vaters im Himmel.

Christiane Rösel

UNSER TÄGLICHES BROT

UNSER TÄGLICHES BROT GIB UNS HEUTE!
MATTHÄUS 6.11 (LU)

Wie unterschiedlich beten Menschen auf dieser Erde darum? Wo ist es tatsächlich die existenzielle Bitte um Brot, Reis, Wasser und ein Dach über dem Kopf? Ich bin in einer Generation aufgewachsen, in der wir uns diese Frage bisher nicht stellen mussten. Es gibt immer mehr als genug. Trotzdem ist es eine gute Gewohnheit, Gott um dieses Brot zu bitten und ihm für seine Gaben zu danken. Und gleichzeitig nicht zu vergessen, Gutes zu tun und mit anderen zu teilen. Auch daran erinnert uns diese Bitte.

„Unser tägliches Brot gib uns heute" – was heißt das für mich, heute Morgen? Gerade ringe ich mit einer Situation, die sich nicht einfach so lösen lässt, und ich weiß noch nicht so richtig, wie ich damit umgehen kann. Mit meiner Weisheit bin ich am Ende. Es fällt mir schwer und macht mir Mühe. Deshalb bitte ich unseren Vater im Himmel: Hilf mir heute, den richtigen Schritt zu gehen, schenk mir für heute den langen Atem, gib du mir heute deine Barmherzigkeit – damit ich sie mit anderen teilen kann. Ihm möchte ich meine leeren Hände und mein unruhiges Herz hinhalten.

Christiane Rösel

28. MÄRZ
MATTHÄUS 6,5–15

VERGIB UNS UNSERE SCHULD

UND VERGIB UNS UNSERE SCHULD, WIE AUCH WIR VERGEBEN UNSERN SCHULDIGERN.
MATTHÄUS 6,12 (LU)

„Vergib uns unsere Schuld, wie auch wir denen vergeben haben, die uns gegenüber schuldig geworden sind." So lautet die wörtliche Übersetzung. Und damit wird es ernst und fordert mich auf, aktiv zu werden. Aneinander schuldig werden ist doch etwas vom Schmerzlichsten überhaupt. Aber es ist so: Wir Menschen bleiben einander etwas schuldig. Deshalb wüsste ich nicht, wie ich leben könnte ohne diese Bitte. Es ist meine Bitte, die mir hilft, immer wieder neu anzufangen, zu glauben, zu lieben und zu hoffen. Diese Bitte hilft mir, anderen zu verzeihen, ihnen bewusst nicht nachzutragen, was mir so wehgetan hat, sondern zu verzeihen. Und auch darum zu bitten, dass mir das vergeben wird, was ich anderen schuldig geblieben bin.

Auch wenn ich mir wünschte, dass es anders ist – diese Bitte brauche ich immer wieder. Das Wunder der Vergebung heißt ja nicht, jetzt ist es ein für alle Mal erledigt. Aber meine Schuld trennt mich nicht mehr von Gott und ist kein Abgrund, der mich von meinem Vater im Himmel scheidet. Indem Jesus uns diese Bitte lehrt, zeigt er auf sich: Weil ich da bin, ist Vergebung möglich.

Christiane Rösel

DENN DEIN ...

DENN DEIN IST DAS REICH UND DIE KRAFT UND DIE HERRLICHKEIT IN EWIGKEIT. AMEN.
MATTHÄUS 6,13 (LU)

„Das Vaterunser ist wirklich ein totales Gebet. Und seine sieben Bitten gleichen den Regenbogenfarben des Spektrums, in die sich das Licht zerlegt, wenn es im Prisma gebrochen wird. Das ganze Licht des Lebens ist in diesem Regenbogen der sieben Bitten eingefangen. Keiner wird sagen dürfen: Mich lässt es leer ausgehen oder an meine Lebensnot hat es nicht gedacht ... und so sind wir nie allein gelassen" (Helmut Thielicke).[7]

Das Vaterunser spannt wirklich einen Bogen und zeigt am Schluss nochmals, was wichtig ist. Die Perspektive vom Reich Gottes. Gleichzeitig ist es auch ein persönlicher Schluss und die Erkenntnis: Die Kraft, die ich für mein Leben und meinen Alltag brauche, kommt von ihm. Und das alles gilt für heute und morgen – bis in Ewigkeit.

Unser Vater, gib uns, vergib uns, führe uns ...
Dein, nicht mein, ist das Reich.
Ich lege dir meine Pläne zu Füßen.
Dein, nicht mein, ist die Kraft. Ich bitte dich um Kraft.
Dein, nicht mein, ist die Herrlichkeit. Ich gebe dir alle Ehre.
In Ewigkeit. Amen.

Christiane Rösel

30. MÄRZ

JESUS KANNST DU VERTRAUEN – GANZ VERTRAUEN

HÖRT AUF, EUCH SORGEN ZU MACHEN.
MATTHÄUS 6.31

Ein neues Auto ... Eine Wohnmobiltour durch die USA ... Einen neuen Fernseher ... Angenommen, Sie gewinnen im Lotto: Was würden Sie sich anschaffen? Manchmal kommen mir solche Gedanken und ich komme ins Träumen, wie das wäre, wenn ...

Und dann sind Bibeltexte wie heute echte Seifenblasenzerplatzer, die mich mit aller Macht in die Realität zurückholen. Jesus scheut sich in der Bergpredigt nicht, äußerst sensible Themen anzusprechen. Geld und Besitz gehören definitiv dazu. Jesus warnt vor Reichtum und rückt ihn ins rechte Licht. Weil er um unser Herz weiß. Um unser Herz, das sich nach Sicherheit sehnt. Und Geld verspricht uns Sicherheit – so wird es uns glaubhaft versichert.

Wenn ich mich in meinem Tagtraum rund um einen Lottogewinn befinde, dann ahne ich etwas davon, was Jesus meint und wovor er warnt. Es dreht sich alles nur noch darum. In der Nachfolge geht es immer darum, mich und mein Leben Jesus ganz anzuvertrauen – eben auch in Sachen Geld und Vorsorge. Es ist nicht falsch oder unchristlich, vorzusorgen oder von schönen Dingen zu träumen. Aber es ist falsch, zu glauben, dass mich das zufriedenstellt. Es braucht eine heilige Gelassenheit. Wer Jesus vertraut, wird merken, dass Jesus sein Wort hält.

Johannes Kuhn

VERTRAU DICH GOTT GANZ AN

BITTET, UND IHR WERDET ERHALTEN.
MATTHÄUS 7,7

Es gibt Bibeltexte, die in dem, was sie sagen, und dem, was wir erleben, sperrig sind. Dieser Text gehört dazu. Viel zu oft machen Menschen die Erfahrung, dass sie bitten und sich nichts tut. Es ist wichtig zu verstehen, dass Beten nicht bedeutet, dass Gott mir jeden – vielleicht noch so verständlichen – Wunsch erfüllt. Beten heißt, vertrauensvoll in die Gegenwart Gottes zu treten und mein Leben vor ihm zur Sprache zu bringen. Mit allem, was mich ausmacht und bewegt.

So wie Eltern das Beste für ihre Kinder wollen – auch wenn diese es vielleicht nicht verstehen –, will Gott das Beste für seine Kinder. Für uns. Auch wenn wir sein Handeln nicht immer verstehen, dürfen wir ihm unsere Bitten sagen in dem Vertrauen, dass er ein guter und uns liebender Vater ist, der weiß, was wir brauchen.

Und uns das gibt, was gut ist. Der uns das finden lässt, was wir suchen, und der uns die Türen aufmacht, durch die wir gehen können.

Glauben hat immer etwas mit einem Grundvertrauen in das zu tun, woran wir glauben. Darum ist dieser Abschnitt eine Einladung, sich Gott ganz neu anzuvertrauen.

Johannes Kuhn

APRIL

GANZ ODER GAR NICHT

**IHR ERKENNT SIE AN IHREM VERHALTEN,
SO WIE MAN EINEN BAUM AN SEINEN FRÜCHTEN ERKENNT.**
MATTHÄUS 7,16

Zum Schluss der Bergpredigt warnt Jesus vor falschen Propheten, die als Wölfe im Schafspelz auftreten. Also Leute, die vorgeben, etwas zu sein, was sie nicht sind. Menschen, die ihre eigenen Interessen verfolgen und nicht die Dinge, die dem Reich Gottes dienen. Man erkennt sie an den Früchten, die sie bringen. Paulus nennt im Galaterbrief neun Eigenschaften, die als Früchte des Geistes bezeichnet werden (Galater 5,22f.). Diese Eigenschaften sind ein guter Prüfstein – auch für unseren eigenen Glauben im Alltag.

Bloße Lippenbekenntnisse und das Aufzählen von Richtigkeiten sind für Jesus zu wenig. Es geht darum, den Willen Gottes zu erkennen und danach zu handeln. Dann macht Nachfolge Sinn. Wer so unterwegs ist, der hat ein festes Lebensfundament. Wer Gottes Wort liest und danach tut, ist gehalten. Wer sich Jesus ganz hinhält, der steht auch in Stürmen auf festem Grund. In allem merken wir: Wir werden diese Veränderung im Denken, Handeln und Reden, die Jesus in der Bergpredigt von uns fordert, nicht allein hinbekommen. Aber wer nicht aufhört, Jesus um Veränderung zu bitten, der erlebt schon jetzt – mitten in dieser Welt – sein Stück Himmel auf Erden.

Johannes Kuhn

EMPOR!

ICH WILL DICH ERHEBEN, HERR, DENN DU HAST MICH EMPORGEZOGEN.
PSALM 30.2 (ELB)

Nicht immer geht es im Leben aufwärts, aber wenn es aufwärts-geht, dann ist das der Psalm dafür. Wer je einen Aussichtspunkt genossen hat, der weiß: Das kann man alles gar nicht auf einmal aufnehmen. Oft fehlen einem die Worte dafür. Doch hier ist Abhilfe. Denn die Worte dieses Psalms kennen nur eine Richtung: empor!

Das Glück des Beters ist umso größer, weil er aus der Tiefe kommt. Er kennt die Ängste der Nacht, wenn alle Sorgen lange Schatten haben. Er kennt das erlösende Licht des Morgens, wenn die Dinge wieder überschaubar werden.

In dem ganzen Auf und Ab seines Lebens ist ihm eines gewiss geworden: Seinem Gott verdankt er den Aufstieg; ja, er hat ihn emporgezogen. Nicht immer hatte er das klar gesehen. Zu selbst-gewiss war er geworden und prompt abgestürzt (V. 7-8). Aber der lebendige Gott hatte ihn nicht verlassen. Seine Rettung feiert er nun.

Doch er will nicht allein bleiben mit seinem Glück. Wir sollen einstimmen, denn ein Loblied ist nie einstimmig. Es will geteilt und mitgesungen sein. Wer hier mitsingt, der stimmt wahrhaftig ein in das Lob des Volkes Gottes durch die Jahrtausende. Denn dieser Psalm hat seinen Platz bereits am Tempel in Jerusalem, eröffnete dort den Gottesdienst und wird in den Synagogen bis zum heutigen Tag gesungen. Und wer immer Gutes erlebt vom lebendigen Gott, der stimme ein mit den Generationen des Volkes Gottes: Denn du hast auch mich emporgezogen.

Jürgen Schwarz

BUSSE TUT GUT

WOHL DEM, … DEM DIE SÜNDE BEDECKT IST!

PSALM 32,1 (LU)

Dieser Satz ist für heutige Ohren fremd. Aber die Beter haben diese Erfahrung gemacht: Friedevoll kann man bei Gott ausruhen, wenn die Sünde überwunden ist. Das Wort Sünde meint nicht das Glas Wein zu viel, sondern es stammt vom Wort „Sund", tiefer Graben. Es weist auf die gestörte Beziehung des Menschen zu Gott hin. Dies wird von Gott durch die Vergebung überbrückt. Gottes Liebe schüttet den „Sund" zu.

Schuldig wird jedoch jeder immer wieder. Schon beim kollegialen Frühstück kann es geschehen. Der eine bittet den anderen um Hilfe: „Kannst du mir helfen, mein Computer ist abgestürzt." Der Morgenmuffel raunzt ihn an: „Lass mich in Ruhe, ich bin noch gar nicht richtig wach." Ist das nur eine Kleinigkeit? – Nein, es beeinflusst das Beziehungssystem der Firma. Wer es schafft, um Verzeihung zu bitten, wird es wie der Psalmbeter erleben, dass es ihm leicht ums Herz wird (V. 7).

In gewaltigen Bildern werden Sünde und Schuld (V. 4, 6, 9) gezeichnet. Denn auch elementare Schuld kann vergeben werden. König David schickte Uria in den sicheren Tod, um dessen Frau Bathseba zu bekommen. Sogar seine Bitte um Vergebung wurde erhört (2. Samuel 11–12).

Mit dem Stundengebet kam Psalm 32 in den regelmäßigen Gebrauch der Christenheit. Buße tut gut, denn kein Mensch auf Erden ist ohne Schuld. Der letzte Vers des Psalms lädt ein, vor Gott nichts zurückzuhalten.

Franziska Stocker-Schwarz

4. APRIL
PSALM 38

HEIMGESUCHT

MEINE SÜNDEN GEHEN ÜBER MEIN HAUPT, WIE EINE SCHWERE LAST SIND SIE MIR ZU SCHWER GEWORDEN.
PSALM 38.5 (LU)

Der Vater meiner Freundin hatte in den Fünfzigerjahren einen Autounfall. Auf dem Beifahrersitz saß die Schwester meiner Freundin, vier Jahre alt. Das Kind kam bei dem Unfall ums Leben. Dieses Geschehen veränderte das Leben dieses Mannes. Er konnte es nie vergessen, er konnte es sich nie vergeben.

Fehler können schwerwiegende Auswirkungen haben. Das eigene Leben wird zerstört; die Verwandtschaft wendet sich ab. Wer in seinem Leben mit Gott rechnet, fürchtet sich. Das eigene Leben vor Gott, dem Schöpfer aller Kreaturen, zu bedenken, ist nicht leicht. Die kirchlichen Bußpsalmen sind dabei eine Sprachhilfe. Aber unsere Worte genügen nicht, um die Dimensionen des Gerichts zu beschreiben. Zorn, Wut, Grimm Gottes ... diese Worte sind letztlich unzureichend, um den Willen Gottes, Gericht zu halten, auszudrücken. Denn das Gericht Gottes zielt darauf, Recht zu sprechen und Gerechtigkeit wiederherzustellen. Gewalttaten verlangen nach Ausgleich. Aber das Gericht Gottes ist eine Heimsuchung. Gott will seinen Menschen heimholen. Dazu tut er alles. Von Urzeiten an! Er hat mit Kain weitergemacht und nicht mit Abel. Er hat die Hure Rahab zur Retterin des Volkes Israel auserkoren. Und schließlich sich selbst in Jesus Christus in die tiefste Gottverlassenheit am Kreuz hineinbegeben!

Was auch immer das Leben bringt, bei Gott ist keiner verloren.

Franziska Stocker-Schwarz

KRANKHEIT MACHT EINSAM

GLÜCKLICH, WER ACHTHAT AUF DEN GERINGEN; AM TAGE DES ÜBELS WIRD DER HERR IHN RETTEN.

PSALM 41,2 (ELB)

„Vom Leben abgeschnitten", ja noch mehr „wie lebendig begraben" – so fühlte ich mich, als ich vor 25 Jahren plötzlich schwer erkrankte. Unser zweites Kind war noch ein Baby, gerade erst abgestillt. Doch ich – die Mutter – wurde ins Krankenhaus eingeliefert. Es war eine ansteckende Krankheit; ich kam auf die Isolierstation. Dort lag ich allein, wochenlang, elend, von Übelkeit und Lichtempfindlichkeit geplagt. Die weißen Wände, die wenigen Kontakte ... es war eine intensive Zeit.

Mein Gebet, mein Rufen zu Gott, meine Bitte ... alles geschah in großer Schwäche. Heute im Rückblick bin ich dankbar dafür. Denn ich habe es am eigenen Leib erlebt, wie intensiv ein Kranker alles wahrnimmt.

Zur Zeit der Psalmen wurde Krankheit schnell mit Schuld in Verbindung gebracht. Auch zu Jesu Lebzeiten wurde das gedacht (vgl. Johannes 9). Der Beter von Psalm 41 muss erleben, dass Krankenbesuche ohne Herzenswärme geschehen. Es wird über den Kranken getuschelt. Sogar Freunde wenden sich ab.

Letzteres geschieht auch heutzutage: Wer in großem Leid steckt, wird nicht selten von „Freunden" und Nachbarn gemieden. Daher wird hier derjenige gepriesen, der sich um Hilflose und Kranke kümmert. Das ist gottgefällig, gesegnet.

Franziska Stocker-Schwarz

6. APRIL
PSALM 42–43

SEHNSUCHT NACH MEHR ...

MEINE SEELE DÜRSTET NACH GOTT, NACH DEM LEBENDIGEN GOTT.
PSALM 42,3 (ELB)

Pilgerreise, Wallfahrt, Bittgang oder Jakobsweg ... Das meditative Wandern ist sehr beliebt. Durch alle Zeiten hindurch war solch eine besondere Auszeit attraktiv. In vielen Religionen ist eine Fußreise Teil der vorgeschriebenen geistlichen Übungen. Auch im alten Israel war es Brauch und Sitte, zum Heiligtum zu pilgern. Geistliche Lieder wurden dabei gesungen, wie man sie z.B. in den Kehrversen der Psalmen 42 und 43 findet.

Der Blick der Pilger geht voraus, dem Ziel entgegen. Ein Ort, der wertvolle spirituelle Erfahrungen verheißt, ist der Zielort. Oftmals ist ein Berg dann auch Aussichtspunkt. Man blickt zurück auf die Erlebnisse des eigenen Lebens. Der Pilger sinnt dem nach, was Gott in seinem Leben getan hat. Meistens ist der Wanderer in der Gruppe unterwegs. In der Gemeinschaft der Wandernden lassen sich die Strapazen der Reise teilen. Auch das gemeinsame Gebet stärkt. Durch die Erfahrung, gemeinsam als Glaubende unterwegs zu sein, wird die Sehnsucht nach mehr innerem Frieden gestillt. Der lebendige Gott hört Gebet. Er hat versprochen, nah bei seinen Menschen zu sein.

Wer sich auf den Weg zu ihm begibt, wird das Ziel erreichen: Gott, die Jubelfreude des Lebens (vgl. Psalm 43,4)!

Franziska Stocker-Schwarz

7. APRIL

1. KORINTHER 1,1-9

„EIN BISSCHEN OLDSCHOOL"-GLAUBEN

DENN DAS ZEUGNIS DES CHRISTUS IST UNTER EUCH GEFESTIGT WORDEN. DAHER HABT IHR AN KEINER GNADENGABE MANGEL, WÄHREND IHR DAS OFFENBARWERDEN UNSERES HERRN JESUS CHRISTUS ERWARTET.

1. KORINTHER 1,6-7 (ELB)

Der Begriff wirkt „verstaubt" – und trotzdem gibt es heute viele Jugendliche, die gerne „oldschool" verwenden: wenn etwas besonders „cool", nahe am Original ist. Ganz egal, ob es dabei um umgebaute Oldtimer von Volkswagen oder die momentan so beliebten Tattoos geht: „oldschool" ist eine gute Sache, weil an die „gute alte Zeit" erinnert wird. Wenn wir den 1. Korintherbrief lesen, begegnet uns der Begriff in dreifacher Weise: Zum Ersten erfahren wir, wie die ersten Christen gelebt haben. Auch sie kannten Herausforderungen, Sünde und Rückfall in das alte, weltliche Leben. Zweitens dürfen wir lernen, dass sie die Erwartung hatten, dass ihr Herr Jesus bald wiederkäme. Und uns dann selbst fragen, ob wir mit dem „Offenbarwerden unseres Herrn Jesus Christus" rechnen und ob unser „Zeugnis von Christus" nicht nur eine angepasste „Alltags-Theologie" geworden ist. Und zum Dritten können wir daraus mitnehmen, dass dieser „Glaube alter Schule" dazu geführt hat, dass an keiner Gnadengabe Mangel herrschte. Heute leben wir hier im Westen in einer postmodernen, materiell gesättigten Überflussgesellschaft. Und erleben doch manchen Mangel – vielleicht, weil „unserer Stück Himmel" neu geglaubt werden will? So ganz „oldschool"?

Ulrich Weinhold

ALLE IN EINEN SACK, UND DANN …

DENN ES IST MIR (…) ÜBER EUCH BEKANNT GEWORDEN,
MEINE BRÜDER, DASS STREITIGKEITEN UNTER EUCH SIND.
ICH MEINE ABER DIES, DASS JEDER VON EUCH SAGT: ICH
BIN DES PAULUS, ICH ABER DES APOLLOS, ICH ABER DES KEPHAS,
ICH ABER CHRISTI. IST DER CHRISTUS ZERTEILT?

1. KORINTHER 1,11-13 (ELB)

So richtig „himmlisch" ging es in Korinth nach der Gemeindegründung scheinbar nicht mehr zu. Die ersten Sünden schlichen sich ein, es kam zu Cliquenbildung in der Gemeinde. Für mich ist es ein himmlischer Trost, dass vor 2000 Jahren keine „frommen Eliteeinheiten" im Auftrag Gottes unterwegs waren, sondern ganz einfache Leute mit normalen Schwächen. Das tröstet mich, wenn ich wieder einmal in einer Gemeinde bin, wo man die Spannungen mit Händen greifen kann. Es geht nicht darum, ob die Geschwister „gut genug" für Gott sind, sondern darum, dass seine Vergebung selbst für unsere unguten Seiten groß genug ist. Sonst müsste ich nicht nur manche Gemeinde, sondern auch mich selbst aufgeben. Aber Gott gibt uns nicht auf.

Eigentlich gehören wir Christen alle in einen großen Sack gesteckt: wenn man daraufschlägt, würde man immer den Richtigen treffen. Die Bibel sagt: Unsere Sünden haben unseren Herrn Jesus getroffen. Das ist kein schöner Gedanke. Doch gleichzeitig ein sehr tröstlicher! Unser Herr Jesus ist auch da Herr über seine Gemeinde, wo wir es nicht schaffen, unsere Schwächen hinter uns zu lassen. Dafür ist er ans Kreuz gegangen.

Ulrich Weinhold

9. APRIL

1. KORINTHER 1,18–2,4

DIE KRAFT DER PREDIGT

UND MEINE REDE UND MEINE PREDIGT BESTAND NICHT IN ÜBERREDENDEN WORTEN DER WEISHEIT, SONDERN IN ERWEISUNG DES GEISTES UND DER KRAFT, DAMIT EUER GLAUBE NICHT AUF MENSCHENWEISHEIT, SONDERN AUF GOTTES KRAFT BERUHE.

1. KORINTHER 2,4-5 (ELB)

Ob im Radio, im Internet oder von der Kanzel: wir hören Predigten, die uns berühren. Wir spüren, dass Gott in unser Leben spricht. Manchmal tröstend, manchmal mahnend. Aber immer „zutreffend" – weil der, der unsere Seele kennt, auch der ist, der dem Prediger das Wort gibt. Was auch „Geistesleitung" oder „Vollmacht" genannt wird, heißt hier „Gottes Kraft". Deshalb sollten wir uns hüten, zu viel auf die Äußerlichkeiten des Gottesdienstes zu geben. Uns ablenken oder gar verärgern zu lassen von einem Musikstück, einer Moderation oder einer unerwarteten Reaktion des Sitznachbarn. Denn der Hüter unserer Seelen kommt in seinem Wort zu uns, „in Erweisung des Geistes und der Kraft".

Möge uns das Bewusstsein dafür nicht verloren gehen, dass die Predigt ein Stück Himmel auf Erden ist, die sehr gut ohne menschliche Weisheiten, Tricks und Gags auskommt. „Hast du eine PowerPoint, oder hast du etwas zu sagen?", witzelt ein bekannter Evangelist. Es geht nicht darum, den Einsatz moderner Technik zu verweigern, wir sollten nur aufpassen, dass wir den Himmel nicht unnötig „beschweren". Rettungsboote sind nicht für ihre Partybeleuchtung bekannt. Wichtig ist, dass sie Menschen in Sicherheit bringen.

Ulrich Weinhold

10. APRIL

1. KORINTHER 5

ES GIBT KEINE HOFFNUNGSLOSEN FÄLLE

… WENN IHR UND MEIN GEIST MIT DER KRAFT UNSERES HERRN JESUS VERSAMMELT SEID –, EINEN SOLCHEN IM NAMEN UNSERES HERRN JESUS DEM SATAN ZU ÜBERLIEFERN ZUM VERDERBEN DES FLEISCHES, DAMIT DER GEIST GERETTET WERDE AM TAGE DES HERRN.

1. KORINTHER 5,4-5 (ELB)

Solche Texte liest man nicht gern. Doch sie sind vom Heiligen Geist eingegeben, um unser Glaubensleben zu prägen. Es gab in Korinth schwere Sünden, die Menschen belastet und kaputt gemacht, die das öffentliche Ansehen der Gemeinde Gottes in den Dreck gezogen haben. Man ahnt beim Lesen, dass Paulus am liebsten vorbeigekommen wäre – aber er saß ja im Gefängnis. Ihm waren sprichwörtlich „die Hände gebunden". Doch hat es ihn so stark bewegt, dass er seinen Geist mit der Kraft unseres Herrn Jesus nach Korinth senden wollte, um dort durchzugreifen. Man kann sich kaum etwas Schlimmeres vorstellen, als dass eine Gemeinde einen Menschen „dem Satan überliefert". Welch hartes Urteil – da möchte ich niemals dabei sein müssen. Aber der Text endet hier nicht: der Apostel schreibt von seiner Hoffnung auf den Tag des Herrn, davon, dass zwar das Fleisch – der irdische Mensch, sein Leib und seine Gesundheit – verderben wird, aber dass „der Geist gerettet werde". Das nimmt der Situation nicht die Härte, aber es gibt dieser strengen Gemeindezucht die notwendige Hoffnung. Weil es bei Gott trotz der schlimmsten Sünden keine hoffnungslosen Fälle gibt, denn er hat unsere Schuld ans Kreuz getragen.

Ulrich Weinhold

ICH GEHÖR MIR NICHT MEHR – UND NICHT MEHR HIERHER!

ODER WISST IHR NICHT, DASS EUER LEIB EIN TEMPEL DES HEILIGEN GEISTES IN EUCH IST, DEN IHR VON GOTT HABT, UND DASS IHR NICHT EUCH SELBST GEHÖRT?

1. KORINTHER 6,19 (ELB)

In Deutschland reden wir von „Eigentumswohnungen", haben ein „Wohnungseigentumsgesetz" und benutzen im Strafrecht den Begriff „Eigentumsdelikte". Hört man sich in anderen Sprachen um, ist es eine gewisse „Eigentümlichkeit" von uns Deutschen. Doch Gott hat auch an uns gedacht, als er den Menschen sein heiliges Wort gab. Paulus schreibt den Korinthern Klartext über die „Eigentumsverhältnisse" in der Gemeinde Gottes: Der Leib ist ein Tempel des Heiligen Geistes. Und deshalb gehören wir nicht uns selbst. Das ist herausfordernd – damals in Korinth und für uns heute. Dieses Wort fordert von uns, herauszugehen aus alten Lebensweisen und alten Beziehungen. Der Tempelberg ist heilig – bis heute: das weiß jeder, der sich auch nur ansatzweise für Israel interessiert. Wenn Gott unseren Leib als seinen Tempel erwählt, kommen wir um das Thema „Heiligung" nicht herum. Wie verbringen wir unser Leben, wem bringen wir unser Leben und für was leben wir? „Mein Stück Himmel" bedeutet eben auch, dass ich bereits jetzt herausgerufen bin aus einer Welt, die viel zu oft von Gott nichts wissen will. Um dann von Gott wieder genau dorthin gestellt zu werden, wo er mich haben will. Weil wir sein Eigentum sind, dessen Erwerb ihn viel gekostet hat.

Ulrich Weinhold

WISSEN IST MACHT, ODER?

WISSEN KANN UNS EIN GEFÜHL VON WICHTIGKEIT VERLEIHEN, DOCH NUR DIE LIEBE BAUT DIE GEMEINDE WIRKLICH AUF.
1. KORINTHER 8,1

„Ich sehe was, was du nicht siehst …" Ein altes und immer noch beliebtes Spiel bei Kindern. Schon den Kleinsten bereitet es einen riesigen Spaß zu merken, dass sie einen Wissensvorsprung vor den Großen haben. Und es ist eine wahre Freude für sie, wenn die Eltern im Dunkeln tappen und einfach nicht darauf kommen wollen, was sie meinen. Aber auch bei den Erwachsenen ist das ein beliebtes Spiel. Ein vielsagendes Lächeln: „Ach, das wusstest du gar nicht?" Der überlegende Blick: „Ja, das habe ich früher auch so gesehen. Da bin ich aber längst darüber hinweg." Und schon steht der andere als unwissend, als naiv, als zurückgeblieben da. Informationen, Wissen und Erkenntnisse können einen Vorsprung vor anderen bedeuten und uns Macht verleihen.

In der Bibel wird Wissen nicht negativ beurteilt. Das Entscheidende ist aber die Haltung, mit der wir unser Wissen einsetzen. Wissen kann zu einer Waffe werden, wenn wir damit andere klein halten und uns selbst groß machen. Wissen kann aber zum Segen werden, wenn wir überlegen, wie wir anderen damit dienen.

Übung: 1. Schreiben Sie fünf Minuten lang auf, was Sie alles wissen. 2. Freuen Sie sich daran. 3. Suchen Sie nach Möglichkeiten, mit diesem Wissen anderen zu dienen.

Corinna Schubert

DIE HEIMAT DES ANDEREN ACHTEN

WENN ALLERDINGS JEMAND IN DIESEM PUNKT UNBEDINGT RECHT HABEN WILL, SO KANN ICH NUR SAGEN, DASS WIR KEINEN ANDEREN BRAUCH HABEN ALS DIESEN UND DIE ANDEREN GEMEINDEN GOTTES DIESELBE ANSICHT VERTRETEN.

1. KORINTHER 11,16

Es gibt Dinge, die spielen sich in Gemeinden ein. Die einen stehen bei der Schriftlesung auf, die anderen stehen beim Beten. Die einen heben die Hände beim Singen und tanzen vielleicht sogar noch dazu, die anderen schauen andächtig in ihre Bücher. Das sind Gewohnheiten, die sich so eingespielt haben. Es sind Bräuche, die verbinden und die ein Gefühl von Heimat geben. Wie ist es nun, wenn andere dazukommen, die damit gar nichts anfangen können? Sie könnten ihre eigene Sicht der Dinge voll ausspielen, die anderen als „von gestern" oder als zu „(post)modern" bezeichnen und sie dann von ihrer Sicht der Dinge überzeugen. Sie könnten aber auch fragen: Warum macht ihr das so? Warum ist euch das wichtig? War das einfach schon immer so oder steckt da ein tieferer Sinn dahinter? Im besten Fall entstehen über diese interessierten Fragen Verständnis und Gemeinschaft.

Bevor wir in eine intensive Diskussion oder gar ein Streitgespräch einsteigen, sollten wir uns deshalb immer fragen: Geht es hier wirklich um theologische Themen? Geht es mir eigentlich ums Rechthaben? Oder sind es meine Gewohnheit, meine Vorliebe, die hier im Vordergrund stehen?

Übung: Fragen Sie heute eine Person: „Warum machst du das eigentlich so?"

Corinna Schubert

14. APRIL

1. KORINTHER 11,17–34

KRIPPE UND BROT – VERZICHT AUF MACHT

DIES IST MEIN LEIB, DER FÜR EUCH IST; DIES TUT ZU MEINEM GEDÄCHTNIS!
1. KORINTHER 11,24 (ELB)

Höher, schneller, klüger, reicher, satter die einen. Tiefer, langsamer, ärmer, hungriger die anderen. Die einen haben Macht und herrschen über die anderen. So ist es in dieser Welt, seit die paradiesische Gemeinschaft ein Ende hatte. Seitdem gilt: Einer herrscht über den anderen (1. Mose 3).

Jesus durchbricht diese Logik. Er erniedrigt sich als Sohn Gottes und sein Leben beginnt in einer Krippe. Damit zeigt er: Er, dem alle Macht im Himmel und auf Erden gegeben ist, verzichtet darauf, um den Menschen nahe zu kommen und wieder an die paradiesische Gemeinschaft anzuknüpfen. Am Ende geht er sogar noch weiter: Nicht nur im Baby ist der Sohn Gottes greifbar, sondern auch in einem Stück Brot. Seinen verwunderten Freunden hält Jesus das Brot vor und erklärt ihnen: „Das ist mein Leib." Jesus durchbricht jede Macht-Logik.

„Dies tut zu meinem Gedächtnis!", sagt er dann. Das heißt: Wir sollen uns bei jedem Abendmahl daran erinnern, dass er auf seine Macht verzichtet hat, um uns Menschen zu dienen. So bekommen auch wir die Kraft und Größe, auf unsere Macht zu verzichten. Weil wir in seinen Augen groß sind, brauchen wir uns nicht auf Kosten anderer selbst groß zu machen.

Übung: Wenn Sie heute ein Brot in die Hand nehmen, halten Sie kurz inne und erinnern sich daran, dass es ein Zeichen dafür ist, dass Jesus auf seine Macht verzichtet.

Corinna Schubert

DIE SCHÖNHEIT EINES TEAMS

JEDEM VON UNS WIRD EINE GEISTLICHE GABE ZUM NUTZEN DER GANZEN GEMEINDE GEGEBEN.
1. KORINTHER 12,7

Ein einziges Mal in meinem Leben habe ich in einem größeren Orchester mitspielen dürfen. Ich hatte nur einen kleinen Part. Aber es war ein großartiges Gefühl, mittendrin zu sitzen und die Wogen der Musik zu spüren. Es war erhebend zu erleben, dass ich ein Teil von dieser Musik bin und dass ich meinen Anteil zu dem Konzert beitragen konnte. Genauso erlebe ich gut funktionierende Teams: Jeder trägt seinen Teil dazu bei, es geht Hand in Hand und am Ende entsteht etwas Großartiges, das keiner allein hätte zustande bringen können.

Ich glaube, darin steckt ein Geheimnis von Gemeinschaft: Auf den ersten Blick ist es vielleicht frustrierend, dass ich nicht alles allein kann. Und es liegt in der Natur des Menschen, sich selbst groß zu machen und die anderen klein. Wer aber seine Begrenzungen anerkennt und anderen Raum gibt, wer seine Stärken kennt und diese entfaltet, der erlebt die Schönheit von Gemeinschaft, wie Gott sie sich erdacht hat. Denn sowohl Einheit als auch Verschiedenheit gehört ja zu Gottes Wesen.

Frage: Wissen Sie, was Ihre Stärken sind, und bringen Sie diese in die Gemeinschaft ein? Wo können Sie Raum für die Stärken anderer schaffen?

Corinna Schubert

16. APRIL

1. KORINTHER 13

DAS VORZEICHEN ENTSCHEIDET

WENN ICH WEISSAGUNG HABE UND ALLE GEHEIMNISSE UND ALLE ERKENNTNIS WEISS, UND WENN ICH ALLEN GLAUBEN HABE, SO DASS ICH BERGE VERSETZE, ABER KEINE LIEBE HABE, SO BIN ICH NICHTS.

1. KORINTHER 13,2 (ELB)

Stühle stellen ist nichts. Predigen ist nichts. Begrüßen ist nichts. Websites gestalten ist nichts. Abwaschen ist nichts. Unterrichten ist nichts. Singen ist nichts. Finanzpläne machen ist nichts. Dekorieren ist nichts. Musizieren ist nichts. Diskutieren ist nichts. Kinderbetreuung ist nichts. Verwalten ist nichts. Besuchen ist nichts. Organisieren ist nichts. Das alles ist nichts … wenn es ohne Liebe geschieht.

Organisieren ist himmlisch. Besuchen ist wunderbar. Verwalten ist fantastisch. Kinderbetreuung ist einzigartig. Diskutieren ist hilfreich. Musizieren ist grandios. Dekorieren ist fabelhaft. Finanzpläne machen ist herausragend. Singen ist phänomenal. Unterrichten ist förderlich. Abwaschen ist großartig. Websites gestalten ist toll. Begrüßen ist ausgezeichnet. Predigen ist stark. Stühle stellen ist genial. Wenn, ja … wenn es in Liebe geschieht. Denn die Liebe ist das Größte.

Alle Fragen der Macht, alle Fragen der eigenen Größe müssen angesichts der Liebe verstummen. Aber aus der Liebe heraus wird alles, was wir tun und was wir sind, groß.

Übung: Überlegen Sie, was heute Ihre scheinbar unbedeutendste Aufgabe ist, und tun Sie sie in Liebe.

Corinna Schubert

IN DER SPRACHSCHULE DER LIEBE

ES GIBT ZUM BEISPIEL SO VIELE ARTEN VON SPRACHEN IN DER WELT, UND NICHTS IST OHNE SPRACHE.

1. KORINTHER 14,10 (ELB)

Ich spreche gerne in meiner Sprache. Als ich ein Jahr in Rom gelebt habe, habe ich mich immer ein Stück weit unsicher gefühlt, weil mir oft die richtigen Worte gefehlt haben und ich nicht dumm dastehen wollte. Dabei habe ich meist die Erfahrung gemacht, dass ein Strahlen über das Gesicht von Menschen geht, wenn sie merken, dass man ihre Sprache spricht, und sei es noch so bruchstückhaft. Sie helfen dann gerne weiter.

Genauso ist es bei anderen zwischenmenschlichen Sprachen, wie z.B. bei den Sprachen der Zuneigung oder Liebe. Manche Menschen drücken ihre Dankbarkeit oder Zuneigung durch Geschenke aus, andere durch Zweisamkeit, wieder andere durch Zärtlichkeit, durch Hilfsbereitschaft oder Lob und Anerkennung.[8] Auch hier passiert es mir immer wieder, dass ich in meiner eigenen Sprache denke und handle und erst spät darauf komme, dass der andere diese Sprache vielleicht gar nicht so gut versteht.

Die Liebe aber versucht zu verstehen. Sie denkt sich in den anderen hinein. Sie fragt. Die Liebe bemüht sich, die Sprache des anderen zu sprechen, und sei es noch so bruchstückhaft.

Übung: Lernen Sie heute ein paar neue Vokabeln der Liebe, z.B. indem Sie Menschen fragen, welche Sprache sie am liebsten sprechen.

Corinna Schubert

18. APRIL

ALLES ODER NICHTS

UND WENN CHRISTUS NICHT AUFERSTANDEN IST, DANN WAR UNSER PREDIGEN WERTLOS, UND AUCH EUER VERTRAUEN AUF GOTT IST VERGEBLICH.

1. KORINTHER 15.14

„Das eine tun und das andere nicht lassen." „Da gibt es unterschiedliche Perspektiven auf diese Frage." „Ich habe doch nicht die Wahrheit gepachtet." – Ich glaube, es ist eine Stärke der jüngeren Generationen und unserer pluralen Gesellschaft, dass sie nicht zu schnell urteilen und dass sie noch einen zweiten Blick auf die Dinge riskieren. Ihre Schwäche ist dabei sicherlich, dass sie sich schwer entscheiden können und nur ungern Position beziehen. Pluralität droht zur Beliebigkeit zu werden.

Bei manchen Fragen muss man sich nicht entscheiden. Bei anderen geht es aber um alles oder nichts.

Die Frage, ob Christus auferstanden ist, ist so eine. Entweder ist er nicht auferstanden, dann ist alles Predigen, aller Trost, alle Hoffnung vergeblich. Oder aber er ist auferstanden. Dann ist der Glaube daran ein fester Boden, auf dem alles andere aufgebaut werden kann. Auferstehung ist so etwas wie das Vorzeichen vor der Klammer des Lebens. Der Inhalt in der Klammer (das gelebte Leben) kann genau der gleiche sein. Es macht aber einen grundlegenden Unterschied, ob vor dieser Klammer ein Minus oder ein Plus steht.

Übung: Machen Sie sich einmal eine Liste mit unterschiedlichen Lebensbereichen und überlegen Sie sich, was sich bei einem anderen Vorzeichen ändern würde.

Corinna Schubert

 DA STAND JESUS VOR IHNEN

DA STAND PLÖTZLICH JESUS SELBST VOR IHNEN
UND SAGTE: „SEID GEGRÜSST!" DIE FRAUEN WARFEN
SICH VOR IHM NIEDER UND UMFASSTEN SEINE FÜSSE.
„HABT KEINE ANGST!", SAGTE JESUS ZU IHNEN.
MATTHÄUS 28,9-10 (GNB)

Jesus begegnet den Frauen. Eine unglaubliche Überraschung. Plötzlich steht Jesus selbst vor ihnen. Jesus, der am Kreuz gestorben ist, lebt! Es ist wahr, was Jesus seinen Jüngern immer wieder angekündigt hat. Die Frauen begegnen Jesus dem Auferstandenen und werfen sich vor ihm zu Boden, um den Auferstandenen anzubeten. Sie beten den Auferstandenen an und anerkennen ihn als den Auferstandenen. Für die Frauen besteht kein Zweifel mehr: Jesus ist auferstanden.

Wie geht es uns mit der Osterbotschaft? Es ist die unglaublichste Überraschung, die die Welt je gesehen hat. „Da stand Jesus vor ihnen" – Jesus kommt als der Auferstandene in unseren Alltag. Unser Denken kommt bei dieser Vorstellung an seine Grenzen. Aber Jesus lässt sich davon nicht aufhalten. Der Auferstandene begegnet uns und damit verliert das Leben mit allem, was zum Fürchten ist, seine Schrecken. Jesus lebt und wir dürfen uns mit allem, was uns bewegt, ihm zu Füßen werfen, weil auch uns gilt: „Habt keine Angst. Ich lebe." Aber diese unglaubliche Überraschung ist heute Wirklichkeit, wir können Jesus begegnen. Machen wir uns auf zu ihm, um ihm zu begegnen.

Friedemann Kuttler

 ## ICH BIN BEI DIR

UND SIEHE, ICH BIN BEI EUCH ALLE TAGE BIS AN DER WELT ENDE.
MATTHÄUS 28.20 (LU)

Können Sie sich noch daran erinnern, wovor Sie als Kind Angst hatten? Der dunkle Keller oder der bellende Hund des Nachbarn oder der Zeugnistag in der Schule? Als Kind konnte ich mir mit Singen, Pfeifen oder Rennen manche Angst vertreiben. Als Erwachsener ist das anders. Immer wieder erleben wir Situationen in unserem Leben, vor denen wir uns fürchten. Eine bevorstehende Operation, die nächste Untersuchung beim Arzt, das Älterwerden oder die Angst vor dem Alleinsein können uns schlaflose Nächte bereiten. Leider helfen bei unseren Ängsten die Kindermethoden nicht mehr. Die Angst vor manchen Dingen im Leben steht vor uns wie ein unüberwindbarer Berg. Aber nicht nur die Angst, sondern auch die Trauer um einen lieben Menschen kann uns einsam werden lassen. Wir erleben Situationen im Leben, die wir allein nicht schaffen und die uns bis an den Rand unserer Existenz kommen lassen. In das Dunkel dieser Tage spricht Jesus zu uns: „Ich bin bei dir." Jesus wird im Matthäusevangelium von Anfang an als Immanuel bezeichnet. Immanuel bedeutet: „Gott mit uns" (vgl. Matthäus 1,23). Jesus steht zu diesem Versprechen und dehnt dieses Versprechen an uns sogar noch aus. Jesus ist bei uns! Wir brauchen nicht allein unser Leben durchleben, sondern wir haben Jesus an unserer Seite. Dieser Jesus weicht uns nicht von der Seite. Jesus ist bei uns – egal, was kommt!

Friedemann Kuttler

TRÄUME EINES SIEBZEHNJÄHRIGEN

JOSEFS BRÜDER WAREN EIFERSÜCHTIG AUF JOSEF. ABER SEIN VATER DACHTE ÜBER DEN TRAUM NACH.
1. MOSE 37,11

Eine große Aufgabe liegt vor Josef. Gott will durch ihn seine Familie retten, die schon die Keimzelle des großen Volkes Israel ist. Das ist Gottes weiser Plan.

In seiner Weisheit schickt er dem jugendlichen Josef einen Traum, der ihm noch nicht den Inhalt seines Auftrags zeigt. Gott zeigt Josef nur, dass er eine wichtige Rolle spielen wird. Dies posaunt der unreife Angeber gleich unweise hinaus.

Wie reagiere ich auf den Traum eines jungen Menschen, der für Gott Großes wagen möchte? Schnauze ich ihn eifersüchtig an wie die Brüder Josefs? Warum denn sollte Gott mit dem da etwas vorhaben, was er mit mir nicht hat erreichen wollen?

Oder bewahre ich die Worte des jugendlichen Träumers in meinem Herzen, wie es der weise Vater Jakob tat? Es könnte ja sein, dass diese Träume von Gott sind. Jakob will das prüfen und wartet ab.

Ich will von Jakob lernen. Denn ich habe mal – wie Josefs Brüder – eifersüchtig über einen noch sehr jungen Studenten geurteilt. Er hat laut (und tatsächlich noch unreif) der Welt seine Träume mitgeteilt. Inzwischen ist er älter geworden und ich muss zugeben: Das ist von Gott. Er hat ihm seine großen Träume ins Herz gelegt. Ich will in Zukunft nicht mehr vorschnell urteilen, sondern abwarten und prüfen.

Udo Zansinger

22. APRIL

1. MOSE 37,12-36

GUT GEMEINT IST RICHTIG

ALS RUBEN DAS HÖRTE, WOLLTE ER JOSEF HELFEN. „LASST IHN AM LEBEN", SAGTE ER.

1. MOSE 37,21

Durch die ganze Josefgeschichte hindurch wird immer wieder eine Rivalität zwischen Ruben und Juda erkennbar. Ruben ist immer der, der es gut meint. Und Juda ist der, der die entscheidende Tat vollbringt.

Juda holt Josef aus der Zisterne und verkauft ihn an die Kaufleute. Sie bringen ihn nach Ägypten. Von dort aus wird Gott Israel in der kommenden Hungersnot versorgen – durch Josef. Juda bringt Gottes Plan den entscheidenden Schritt weiter. Ruben kann seine gut gemeinte Idee nicht mehr umsetzen. Er kann Josef nicht mehr heimlich retten. Ruben hat verloren. Juda hat gewonnen. Die Brüder sind Judas spontanem Einfall gefolgt – und damit Gottes weisem Plan.

Dennoch ist Ruben wichtig für den Gang von Gottes Geschichte mit dieser Familie. Denn ohne Rubens Vorschlag wäre Josef nicht in der Zisterne gelandet, sondern von der Hand seiner eigenen Brüder ermordet worden.

Ich lasse mich ermutigen, das, was ich gut meine, zu tun. Die Ideen anderer bringen das Reich Gottes größere Schritte voran als meine Ideen. Dennoch bringe ich – wie Ruben – meinen Vorschlag ein, auch wenn er klein und unbedeutend scheint und nur zur Hälfte umgesetzt wird. Denn Gott wird meine kleine Aktion gebrauchen, um durch sie seinem großen Ziel näher zu kommen.

Udo Zansinger

ALLES GUT?

DENN DER HERR WAR MIT JOSEF UND LIESS ALLES GELINGEN, WAS ER TAT.

1. MOSE 39,23B

Josef ist angekommen in Ägypten. Schnell steigt er auf. Professionell dient er den Reichen und Schönen und hat es gut dabei. Doch dann wird er gestürzt. Wieder wird Josef eingelocht. Diesmal nicht durch seine Brüder, sondern durch die Ehefrau seines Herrn. Sie möchte ihn sexuell verführen und stellt dann alles verdreht dar.

Und wieder steigt Josef auf. Diesmal im Gefängnis, wo er die rechte Hand des Direktors wird.

Der Herr im Himmel ist mit Josef. Deshalb erkennen seine irdischen Herren schnell das Potenzial dieses Hebräers. Ist also alles gut? Josef ist immer noch Sklave. Josef ist immer noch Gefangener. Äußerlich ist er immer noch total unfrei. Innerlich aber darf er befreit aufatmen. Denn der eigentliche Herr schenkt ihm durch seine irdischen Herren weite Lebensräume mitten in Sklaverei und Gefängnis.

Paulus schreibt: „Wenn Gott für uns ist, wer kann da noch gegen uns sein?" (Römer 8,31b). Wie auch immer meine äußeren Lebensumstände sein mögen, Gott ist mit mir. Ich möchte dankbar die Freiräume entdecken, die Gott mir schenkt – auch durch andere Menschen, die mich schätzen und mögen.

Udo Zansinger

24. APRIL
1. MOSE 40

EINER VERGISST MICH NICHT

INNERHALB VON DREI TAGEN WIRD DER PHARAO DICH AUS DEM GEFÄNGNIS HOLEN LASSEN UND DICH WIEDER IN DEINE STELLUNG ALS OBERSTEN MUNDSCHENK EINSETZEN. DENK AN MICH, WENN ES DIR WIEDER GUT GEHT! ERZÄHL DEM PHARAO VON MIR UND BITTE IHN, MICH HIER HERAUSZUHOLEN.
1. MOSE 40,13-14

Der Mundschenk hatte Josef vergessen. Josef bleibt ein unschuldig Gefangener. Jesus vergisst mich nicht. Auch Jesus war gefangen: im Gefängnis des Todes. Am dritten Tag trat er wieder ins Leben zurück. Jesus wird auch mich eines Tages aus dem Kerker des Todes holen. Ich werde da wohl auch eine Weile durchhalten müssen, so wie Josef noch ein paar Monate das Gefängnis aushalten musste. Doch dann wird Jesus mich mit lauter Stimme aus dem Totenreich zu sich in seine himmlische Herrlichkeit rufen.

Der Pharao handelt willkürlich an Bäcker und Mundschenk. Nach Gutdünken schenkt er dem einen das Leben und lässt den anderen hängen. Jesus ist anders. Er ist gerecht. Wer zu Jesus kommt, dem schenkt er jetzt schon das ewige Leben. Dieses Leben kann mir auf dem Weg durch das Gefängnis des Todes hindurch keiner mehr nehmen. Deshalb halte ich aus. Wenn Jesu Beziehung zu mir sogar durch das Gefängnis des Todes hindurch hält, dann kann keine andere Macht der Welt mir irgendetwas anhaben. Jesus vergisst mich nicht.

Udo Zansinger

AUSGEREIFT

„ES STEHT NICHT IN MEINER MACHT, DAS ZU TUN, MAJESTÄT", ANTWORTETE JOSEF. „NUR GOTT KANN ES. ABER ER WIRD IHNEN SICHER ETWAS GUTES ANKÜNDIGEN."
1. MOSE 41,16

Als Jugendlicher redete Josef unbedacht über seine Träume. Jetzt, als erwachsener, reifer Mann, weiß er sich demütig unter Gott zu stellen und höflich dem Pharao zu begegnen. Ausgereift ist nicht nur die Persönlichkeit des Josef, sondern auch die Gabe der Traumdeutung. In der ihm von Gott gegebenen Weisheit ist Josef verständig geworden. Reif geworden für unser Erkennen ist nun auch Gottes Plan zur Rettung der Familie Jakobs. Die fetten Jahre werden eines Tages vorbei sein. Doch Gott hat vorgesorgt. Wir beginnen den Sinn der ganzen Geschichte Josefs zu ahnen. Alles musste so kommen, damit Josef in diesem Augenblick im Thronsaal diese entscheidende Rede halten kann.

Selten ist es uns vergönnt, den Sinn der Wege und Umwege unseres Lebens auf einmal klar vor uns zu sehen. Doch noch etwas anderes zeigt diese Geschichte klar: Gottes Volk lebt mitten in den Konjunkturzyklen dieser Welt. Aber Gott hat schon längst für unsere mageren Jahre vorgesorgt. Er hat schon lange geplant, wann und durch wen die Hilfe kommen wird. Der vorsorgende Gott Josefs ist auch unser Gott.

Udo Zansinger

GOTT KANN AUF KRUMMEN LINIEN GERADE SCHREIBEN

**DER PHARAO SPRACH ZU SEINEN KNECHTEN:
„WIE KÖNNTEN WIR EINEN MANN WIE DIESEN
FINDEN, IN DEM DER GEIST GOTTES IST?"**

1. MOSE 41,38 (LU)

Was hat Josef nicht alles an Schwerem erlebt? Zuerst wurde er von den eigenen Brüdern in den Brunnen geworfen und verkauft. Dann kam er unschuldig ins Gefängnis. Doch dann kam die Wende. Nachdem er mit Gottes Hilfe die Träume Pharaos deuten konnte, erkennt Pharao, dass mit Josef der lebendige Gott ist und dass er zum Segen für das ganze Volk werden kann. Deshalb macht ihn Pharao zum zweiten Mann im Staat. Was für ein Aufstieg! Was für ein Vertrauen!

Als Josef in dieser Position ist, kommen, wie im Traum beschrieben, die sieben „fetten" Jahre, in denen Josef vorsorglich Getreide sammelt. Und als die sieben „mageren" Jahre kommen, kann er das Volk mit Getreide versorgen.

Gott hatte Josef über Umwege und durch Tiefen an den Hof Pharaos geführt und ihm dort eine Schlüsselstellung geschenkt. Durch Tiefen führt ihn Gott an die entscheidende Stelle, an der Gott ihn gebrauchen will.

Sicher hatte Josef die Führungen Gottes erst im Nachhinein verstanden, wie das auch bei uns öfters ist. Aber Gott kann auch auf krummen Linien gerade schreiben. Gott führte Josef auf Umwegen an seinen Platz. Und dort hat er ihn gebraucht. Vielleicht will er ja auch uns an dem Platz, an dem wir sind, für sich und für andere Menschen gebrauchen.

Werner Trick

27. APRIL

1. MOSE 42

EIN SCHMERZHAFTER LERNPROZESS

**SIE [DIE BRÜDER DES JOSEF] SPRACHEN UNTEREINANDER:
„DAS HABEN WIR AN UNSEREM BRUDER VERSCHULDET."**

1. MOSE 42,21 (LU)

Auch im Land Kanaan, wo Jakob mit seinen Söhnen wohnte, war die Hungersnot zu spüren. Er schickt zehn seiner zwölf Söhne nach Ägypten, um dort Getreide zu kaufen. Benjamin, der Jüngste, durfte nicht mitziehen. Josef hatten die Brüder verkauft und beim Vater für tot erklärt. Nun ziehen die zehn Brüder nach Ägypten, um dort Getreide zu kaufen. Sie wissen nicht, dass Josef der zweite Mann im Staat und durch Gottes Führung zum Retter in der Hungersnot geworden ist.

Als die zehn Brüder zu Josef nach Ägypten kommen, erkennen sie ihn nicht – im Gegensatz zu Josef, der sie erkennt. Sie erzählen Josef von ihrem jüngsten Bruder Benjamin. Josef befiehlt, Benjamin nach Ägypten zu bringen. Daran könne er sehen, dass sie keine Spione, sondern rechtschaffene Leute seien. Einen der Brüder sollen sie in der Zwischenzeit in Ägypten zurücklassen. Da bricht bei den zehn Brüdern wieder auf, was sie Josef angetan haben. Ihr Gewissen schlägt und sie erkennen ihre Schuld an Josef.

Wie gut ist es, dass wir mit unserer Schuld nicht selbst fertig werden müssen. Wie gut, dass es Jesus gibt, der für uns gestorben ist. Bei ihm können wir Schuld loswerden. Wer zu ihm kommt, dem schenkt er Vergebung – aus Gnade. Und mit seiner Vergebung können wir entlastet und befreit unseren Weg fröhlich ziehen.

Werner Trick

28. APRIL
1. MOSE 43

SEGNEN STATT VERGELTEN

ALS JOSEF SEINE BRÜDER SAH MIT BENJAMIN, SPRACH ER ZU SEINEM HAUSHALTER: „FÜHRE DIESE MÄNNER INS HAUS UND SCHLACHTE UND RICHTE ZU, DENN SIE SOLLEN ZU MITTAG MIT MIR ESSEN."
1. MOSE 43,16 (LU)

Eine bewegende Geschichte wird in diesem Kapitel erzählt. Nachdem das Getreide, das die Brüder Josefs gekauft hatten, zur Neige gegangen war, schickt sie ihr Vater wieder nach Ägypten. Nicht nur Geschenke und Geld nehmen sie mit. Nach langem Ringen stimmt der Vater auch zu, dass Benjamin mit nach Ägypten ziehen kann, wie dies Josef von seinen Brüdern bei der ersten Reise gefordert hatte. Zu Benjamin hatte Josef nämlich eine besondere Beziehung, da Benjamin als einziger von den zwölf Söhnen Jakobs von derselben Mutter stammte.

Als sie nach Ägypten kommen und Josef begegnen, lässt dieser ein Festmahl zubereiten, und Josef isst mit ihnen. An der Festtafel werden die Brüder nach ihrem Alter gesetzt und Benjamin bekommt mehr als alle anderen. Das sind versteckte Hinweise, dass Josef sie kennt.

Josef isst mit seinen Brüdern. Er gewährt ihnen bei diesem Mahl seine Gemeinschaft. Hätte er nach allem, was seine Brüder ihm angetan haben, jetzt nicht die Möglichkeit gehabt, sich zu rächen und ihnen zu vergelten? Aber Josef vergilt nicht Böses mit Bösem. Er vergibt und schenkt ihnen seine Gemeinschaft. Er segnet sie, statt ihnen zu vergelten. Segnen statt vergelten – das können wir bei Josef und bei Jesus lernen.

Werner Trick

29. APRIL

1. MOSE 44

VERÄNDERUNG IST MÖGLICH

WIE SOLL ICH HINAUFZIEHEN ZU MEINEM VATER, WENN BENJAMIN NICHT MIT MIR IST? ICH KÖNNTE DEN JAMMER NICHT SEHEN, DER ÜBER MEINEN VATER KOMMEN WÜRDE.

1. MOSE 44,34 (LU)

Bevor die Brüder mit dem gekauften Getreide den Rückweg antreten, lässt Josef in Benjamins Getreidesack den silbernen Becher Josefs verstecken. Bei der angeordneten Verfolgung wird in Benjamins Sack der silberne Becher gefunden. Gemeinsam kehren sie um ins Haus Josefs, der alle Brüder ziehen lassen will, außer Benjamin.

Daher setzt sich Juda für seinen Bruder ein. Er ist bereit, anstelle von Benjamin Sklave Josefs werden. Und er erklärt: „Es würde dem alten Vater Jakob, der schon einen Sohn verloren hat, das Herz brechen, wenn Benjamin nicht zurückkäme. Ich könnte den Jammer nicht sehen, der über meinen Vater kommen würde."

An diesen Worten sieht Josef, wie sich seine Brüder verändert haben, seit sie ihn in den Brunnen geworfen und verkauft haben (Kap. 37). Damals hatten sie kein Mitleid mit ihm. Sie dachten auch nicht darüber nach, was das für den Vater bedeuten könnte. Nun tritt Juda an die Stelle Benjamins und er fühlt mit seinem Vater. Die Brüder denken also nicht nur an sich selbst. Sie stehen füreinander und für den Vater ein. Es hat sich bei ihnen etwas verändert.

Darf Jesus mit seiner Liebe durch seinen Geist auch unser Leben prägen und verändern?

Werner Trick

 ## UNGLAUBLICH

JOSEF LEBT NOCH UND IST HERR ÜBER GANZ ÄGYPTENLAND! ABER SEIN HERZ BLIEB KALT UND ER GLAUBTE IHNEN NICHT.
1. MOSE 45,26 (LU)

Vieles ist „unglaublich" in dieser Geschichte.

Unglaublich ist es für die Brüder Josefs, als dieser auf einmal alle Bedienstete aus dem Raum schickt, weint und sich seinen Brüdern zu erkennen gibt: „Ich bin Josef und lebt mein Vater noch?" Es ist nicht verwunderlich, dass die Brüder erschrecken, schließlich wissen sie, was sie Josef angetan haben und welche Macht er über sie hat. Aber Josef nützt seine Macht nicht aus. Er vergibt ihnen. Hier können wir das Vergeben lernen.

Unglaublich ist es auch, wie Josef seinen Weg nach Ägypten interpretiert. Er macht den Brüdern keine Vorhaltungen, dass sie ihn nach Ägypten verkauft haben. Im Rückblick auf seinen Weg kann er sagen: Nicht ihr, sondern Gott hat mich hergesandt (vgl. V. 8). Trotz aller Schuld der Brüder an Josef sieht er in seinem Weg nach Ägypten die Hand Gottes im Spiel und kann sagen: „Gott hat mich so geführt, um euch am Leben zu erhalten." Oft sieht man Gottes Führungen erst von hinten her.

Unglaublich ist es für den Vater, als er erfährt, dass Josef noch lebt. Und unglaublich ist es auch, dass Josef seine Brüder, die ihm so viel Leid angetan haben, zusammen mit dem Vater nun nach Ägypten holt. Was für ein unglaublicher Großmut, den wir bei Josef lernen können.

Werner Trick

MAI

JAKOB ZIEHT MIT SEINER FAMILIE NACH ÄGYPTEN

FÜRCHTE DICH NICHT, NACH ÄGYPTEN HINABZUZIEHEN; DENN DASELBST WILL ICH DICH ZUM GROSSEN VOLK MACHEN. ICH WILL MIT DIR HINAB NACH ÄGYPTEN ZIEHEN.

1. MOSE 46,3F. (LU)

Nachdem der alte Vater Jakob erfahren hatte, dass Josef lebt, zieht er mit allem, was er hat, nach Ägypten, um seinen Sohn noch einmal zu sehen. Unterwegs in Beerscheba erscheint ihm Gott, wie schon einmal seinem Vater Isaak. Auch ihm wurde in Beerscheba zugesprochen: Fürchte dich nicht, denn ich bin mit dir und will dich zum großen Volk machen (vgl. Kap. 26,24ff). Und nun bekommt auch Jakob an demselben Ort dieselbe Verheißung: Fürchte dich nicht, denn ich will dich zum großen Volk machen und ich will mit dir ziehen.

Nicht nach eigenem Gutdünken zieht also Jakob nach Ägypten. Er geht auf Gottes Wort hin, unter dem Zuspruch „Fürchte dich nicht" und mit der Verheißung „Ich will mit dir ziehen".

So kommt er nach Ägypten. Dort begegnet er unter Tränen seinem tot geglaubten Sohn Josef. Und dort wird er mit der ganzen Familie in der Landschaft Gosen angesiedelt.

Wenn wir auf Jesus vertrauen, können auch wir unseren Weg unter dem Zuspruch gehen: „Fürchte dich nicht." Nicht, weil wir stark wären und alles in der Hand hätten, sondern weil Jesus denen, die sich zu ihm halten, die Verheißung mitgibt: „Siehe, ich bin bei euch alle Tage." Und wenn er mit uns geht, können wir getrost und zuversichtlich unsere Straße ziehen.

Werner Trick

GOTT SORGT

**JOSEF ABER LIESS SEINEN VATER UND SEINE BRÜDER
IN ÄGYPTENLAND WOHNEN UND GAB
IHNEN BESITZ IM BESTEN TEIL DES LANDES.**

1. MOSE 47,11 (LU)

Nachdem Jakob und seine Söhne in Ägypten angekommen waren, meldet Josef dies dem Pharao und stellt einige seiner Brüder und auch seinen Vater dem Pharao vor. Als Jakob vor Pharao steht, segnet er ihn. Und als die Brüder vom Pharao nach ihrem Beruf gefragt werden, antworten sie – wie Josef es ihnen gesagt hatte –, dass sie Viehhirten sind. Der Pharao sieht ein, dass sie gutes Land brauchen, und erlaubt Josef, seine Brüder und seinen Vater dort anzusiedeln, wo er es will. So kann Josef ihnen das fruchtbare Land Gosen geben, wo er sie bereits angesiedelt hatte.

Aber war es wirklich Josef, der seinen Vater und seine Brüder versorgte und ihnen Besitz gab im besten Teil des Landes?

Ja, Josef hatte dafür gesorgt, aber letztlich war es Gott selbst, der für sie sorgte. Gott hat sein Versprechen wahr gemacht: „Ich will mit euch hinabziehen." Er hat den Pharao bereit gemacht, ihnen das Land zu geben. Gott hat für sie gesorgt und ihm dürfen auch wir es zutrauen, dass er für uns sorgen kann.

Und noch eines fasziniert in dieser Geschichte: Jakob kann dem Pharao nicht viel geben. Aber als er vor ihm steht, segnet er ihn. Er stellt ihn in die Gegenwart Gottes. Auch wir können Menschen so segnen, dass wir sie in unserem Gebet vor Gott bringen und für sie beten.

Werner Trick

3. MAI

1. MOSE 47,13-31

HEILSAME MASSNAHMEN TUN WEH

KAUFEN SIE UNS UND UNSEREN GRUNDBESITZ FÜR DEN PHARAO – WIR WOLLEN SEINE SKLAVEN SEIN.

1. MOSE 47,19

Wird hier die Not von Menschen ausgenutzt, um die eh schon Mächtigen noch reicher und die sonst Hilflosen von sich abhängig zu machen? Das stößt uns heute eher sauer auf. Tatsächlich gelingt es dem klugen Josef, ganz Ägypten zu verstaatlichen und die Herrschaft des Pharaos feudalistisch auszubauen. Das klingt nach Freiheitsberaubung und Machtmissbrauch.

Aber ist Josefs Vorgehen damit zutreffend erfasst? Seine Maßnahmen sorgen dafür, dass die Hungerjahre von allen unbeschadet überstanden werden. Die Landreform ermöglicht, dass Landwirtschaft und Viehhaltung allen in gleicher Weise zugutekommen. Der Pharao bereichert sich nicht. Er erhält nur ein Fünftel des Ertrags. Die Betroffenen empfinden die Maßnahmen sogar als lebensrettend (V. 25)! Die Machtstellung des Herrschers dient hier wirklich dazu, für das ganze Volk zu sorgen.

Eigentlich ist das die Aufgabe aller, die führende Verantwortung für ein ganzes Land tragen. Nicht die eigenen Taschen füllen, sondern dafür sorgen, dass die Menschen wirklich leben können! Josef zeigt so auch bildhaft, wie Gott um uns besorgt ist. Er will, dass wir wirklich leben können. Wir erfahren das dort, wo wir ihm unser Leben ganz übergeben. Heute haben wir es einfacher als die Ägypter: Gott hat den ersten Schritt getan, indem er das Leben seines Sohnes hergab – für uns.

Claus-Dieter Stoll

4. MAI

1. MOSE 48

WAS ZÄHLT

GOTT WIRD MIT EUCH SEIN UND EUCH WIEDER NACH KANAAN, IN DAS LAND EURER VORFAHREN, BRINGEN.

1. MOSE 48,21

Was für Abgründe liegen hinter Jakob! Und natürlich auch hinter Josef! Aber davon ist jetzt nichts mehr zu spüren. Am Ende schaut Jakob dankbar auf sein reiches Leben zurück. Er erkennt die Segensspuren, die Gott darin gezeichnet hat. Auch das Drama um Josef gehört dazu, der Schmerz um seine Lieblingsfrau und deren Kinder. Jetzt gilt nur noch die Zukunft, an der er selbst keinen Anteil mehr haben wird. Aber dafür hat er gelebt. Was er auf seinem Weg mit Gott erlebt hat, hat ihm gezeigt, dass er selbst – mit all seinen Stärken und mehr noch seinen Schwächen – Teil der Geschichte Gottes ist. Er hat erfahren, dass Gott barmherzig ist, dass er seine Versprechen hält – auch gegen unser menschliches Quertreiben. Jakob war selbst ein anschauliches Beispiel dafür, dass Gott einen anderen Maßstab vertritt als wir Menschen. Deshalb erteilt Jakob nun auch dem jüngeren Ephraim den Segen des Erstgeborenen vor seinem älteren Bruder, jetzt aber nicht geraubt wie damals bei Esau, sondern als Geschenk.

Bei Gott zählen nicht Leistung und Können, nicht Name und Ansehen, sondern nur seine Barmherzigkeit. Diesen reichen Erfahrungsschatz will und muss Jakob seinen Nachkommen weitergeben. Das ist es, was zählt bei allen künftigen Generationen – auch bei uns heute. Gott geht mit uns. Auch durch dunkle Zeiten hindurch. Aber sein Ziel bleibt bestehen.

Claus-Dieter Stoll

5. MAI

1. MOSE 49

WIE SCHAUEN KOMMENDE GENERATIONEN AUF UNS ZURÜCK?

NACHDEM JAKOB SEINEN SÖHNEN SEINEN LETZTEN WILLEN MITGETEILT HATTE, SANK ER AUF SEIN BETT ZURÜCK UND STARB.

1. MOSE 49,33

Jakob scheidet nicht aus dem Leben, ohne seinen Söhnen das zu hinterlassen, was sie durchs Leben zu tragen vermag bzw. ihr Ergehen kennzeichnen wird. Seine Liebe malt ihnen nicht nur Großes vor Augen. Bei Ruben, Simeon und Levi spart er nicht mit Tadel. Alle zwölf geht er durch, beginnend mit den sechs leiblichen Söhne der Lea. Dann folgen die vier Söhne der beiden Mägde und schließlich die beiden Söhne Rahels, der Lieblingsfrau Jakobs. Der berühmte Maler Marc Chagal hat diese Worte auf den Fenstern der Synagoge der Hadassah-Klinik in Jerusalem unnachahmlich in Bilder gefasst.

Auch mit uns wird es einmal zu Ende gehen. Was geben wir unseren Kindern weiter, was sie durchs Leben zu tragen vermag? Wenn wir uns selbst als ein Glied in der langen Kette der Geschichte Gottes mit seinen Geschöpfen erfahren können, kann uns das Ergehen der nach uns kommenden Genrationen nicht gleichgültig sein. Und das beginnt nicht erst, wenn wir den Tod vor Augen haben. Was ist für uns selbst tragend und zukunftsweisend?

Die Nachkommen Jakobs leben unter ganz anderen Bedingungen als er selbst. Aber das ist und bleibt entscheidend: Gottes Führung durchs Leben zu vertrauen, auch in den Tiefen, die mit dazugehören. Dafür steht Jakob mit seinem Leben und Sterben.

Claus-Dieter Stoll

BARMHERZIGKEIT TRÄGT DURCH

HABT KEINE ANGST VOR MIR. BIN ICH ETWA AN GOTTES STELLE?
1. MOSE 50,19

Die Spannung nach dem Begräbnis des Vaters zeigt anschaulich, wie sich noch nach Jahrzehnten das Gewissen melden kann. Aber es ist auch die Angst der Brüder, nun ganz von dem abhängig zu sein, an dem sie sich vergangen haben. Wenn sie jetzt an Josefs Stelle wären, hätten sie die Gelegenheit zur Rache wohl genutzt. Aber Josef nutzt sie nicht. Er reagiert überraschend anders und für einen Mann in derart herausragender Machtposition (die Brüder können zunächst nur über Boten mit ihm reden!) erstaunlich zurückhaltend und selbstkritisch.

Die Brüder berufen sich – wohl eine Schutzbehauptung – auf den Vater. Jakob hat bisher schützend zwischen ihnen gestanden. Aber diesen Vater brauchen sie jetzt nicht mehr. Der Gott ihres Vaters und ihrer Väter hat die Weichen längst gestellt. Die Tiefen, die Josef – verschuldet durch seine Brüder – durchzustehen hatte, haben ihn geschult und zu einem Mann Gottes werden lassen. Ein Mann Gottes aber steht nicht an Gottes Stelle. Er kann nur weitergeben, was er selbst empfangen hat: Barmherzigkeit. Davon lebt Josef – in den Tiefen wie in den Höhen. Davon lebt Ägypten mitten in der Notzeit. Davon sollen auch seine Brüder leben und alle, die nach ihnen kommen.

Auch wir heute. Der Glaube an Jesus, den Sohn des himmlischen Vaters, soll auch uns davor bewahren, uns über andere zum Richter zu erheben, und stattdessen barmherzig zu sein.

Claus-Dieter Stoll

 ## ZEIT FÜR GOTT

DIE ZEIT IST ERFÜLLT UND DAS REICH GOTTES IST HERBEIGEKOMMEN. TUT BUSSE UND GLAUBT AN DAS EVANGELIUM!

MARKUS 1,15 (LU)

Es ist Zeit für Gott und Gott kommt in Jesus Christus. Alle Ankündigungen im Alten Testament erfüllen sich mit dem Kommen Jesu. „Die Zeit ist erfüllt", schreibt Markus und bringt damit zum Ausdruck, dass Gott mit Jesus sein Reich baut. Gott richtet sein Reich, seine Gottesherrschaft, auf. Mit Jesus ist das Reich Gottes da. Es ist überall, wo Jesus ankommt. Dort erleben Menschen, wie sich Gottes Reich auch bei ihnen baut. „Tut Buße und glaubt an das Evangelium!" – Für Jesus gibt es nur eine Konsequenz auf sein Kommen, nämlich die Umkehr zu ihm, die Hinwendung zum Evangelium sowie dessen Annahme. Umkehr bedeutet, alles aus der Hand zu geben und sich Jesus in die Arme zu werfen. Wie oft klammern wir uns an Dinge, mit denen wir meinen, unser Leben absichern zu können und sogar zu kontrollieren. Es sind die Dinge wie Geld, Besitz, Gesundheit, unsere Kinder, unser Beruf. Unsere Hände sind voll davon, aber wie können wir da noch etwas empfangen? Wie können wir Jesus nachfolgen, wenn wir uns an unseren eigenen Verdiensten und Werken festklammern? Umkehren ist eine Befreiung von falschen Sicherheiten und die Hinwendung zu dem, der das Leben ist, nämlich Jesus. Gottes Reich bricht an, Jesus begegnet uns, da können wir alles fallen lassen und uns Jesus ganz hingeben, weil es Zeit für Gott ist.

Friedemann Kuttler

8. MAI

MARKUS 1,16–45

ZEIT FÜR GEBET

UND AM MORGEN, NOCH VOR TAGE, STAND ER AUF UND GING HINAUS. UND ER GING AN EINE EINSAME STÄTTE UND BETETE DORT.

MARKUS 1,35 (LU)

„Jetzt beten wir noch kurz!" Immer wieder höre ich am Ende von Hauskreisen, Besprechungen und Bibelstunden diesen Satz. Die Zeit ist immer schon vorangeschritten, weil man intensiv im Gespräch war – und dann beten wir noch kurz. Jesus dreht die Reihenfolge um. Frühmorgens geht Jesus los und betet. Bevor Jesus sein Tagwerk beginnt, betet er. Früh am Morgen war im Alten Testament die Zeit, in der Gottes Herrschaft anbrechen soll und Gott die Gebete der Menschen erhörte. Die Nacht der Gottesferne muss dem Licht Gottes weichen. Für Jesus ist das Gebet nicht nur eine kurze Pflicht, sondern Jesus sucht die Gemeinschaft mit Gott und nichts hat auch nur ansatzweise die Bedeutung, dass es die Zeit mit Gott stören könnte.

Ist uns die Zeit mit Gott genauso wertvoll und wichtig? Nehmen wir uns ganz bewusst die Zeit, die Gemeinschaft mit Gott zu suchen, bevor wir unser Tagwerk beginnen? Mit Gott in den Tag zu starten, verändert unser Denken, unser Reden und unsere Art, wie wir Menschen begegnen. Den ersten Schritt am Tag mit Gott tun, damit unser Tag ganz von Gott bestimmt wird. Aber auch den Tag ganz bewusst einmal unterbrechen, um Zeit im Gebet zu verbringen. Die Dinge, die mich beschäftigen, mit Gott besprechen, um gestärkt weiter durch den Tag gehen zu können.

Friedemann Kuttler

9. MAI

MARKUS 2,1-12

JESUS AUFS DACH STEIGEN

DA KAMEN VIER MÄNNER, DIE EINEN GELÄHMTEN AUF EINER MATTE TRUGEN. ES GELANG IHNEN NICHT, DURCH DIE MENGE ZU JESUS VORZUDRINGEN, DESHALB DECKTEN SIE DAS DACH ÜBER IHM AB. DANN LIESSEN SIE DURCH DIE ÖFFNUNG DEN KRANKEN AUF SEINER MATTE HINUNTER.

MARKUS 2,3-4

Vier Freunde, die sich eben nicht ablenken und aufhalten lassen. Vier, die wissen, dass es für den Gelähmten nur eine einzige Möglichkeit gibt, um richtig leben zu können, nämlich Jesus. Da können Menschenmassen sie nicht aufhalten. Da können sie auch irgendwelche Anstandsregeln nicht aufhalten, die einem sagen, dass man ein Haus nur durch die Tür betreten darf, aber eben nicht durchs Dach. Diese vier haben nur ein Ziel: Jesus.

Haben wir auch diesen Ansporn und Ehrgeiz, zu Jesus zu kommen, egal, was kommt? Steigen wir sogar Jesus aufs Dach, um zu ihm zu kommen? Oder lassen wir uns viel zu schnell davon ablenken, weil der „normale" Weg versperrt ist? „Ach, wenn es heute nichts ist, dann probiere ich es halt morgen … Hat ja morgen auch noch Zeit, wenn weniger los ist."

Für die vier war das keine Möglichkeit. Sie wollten jetzt zu Jesus, damit der Gelähmte zu Jesus kommt. Sie wussten, dass nur Jesus helfen kann. Auch wir dürfen mit unseren Anliegen zu Jesus, egal auf welchem Weg wir zu ihm kommen. Auch wenn wir Jesus eben aufs Dach steigen müssen, aber wo sollten wir sonst mit dem hin, was uns bewegt? Jesus ist unsere einzige Hilfe, warum sollten wir uns dann aufhalten lassen?

Friedemann Kuttler

ÄRZTLICHE HILFE

NICHT DIE STARKEN BEDÜRFEN DES ARZTES, SONDERN DIE KRANKEN. ICH BIN NICHT GEKOMMEN, GERECHTE ZU RUFEN, SONDERN SÜNDER.

MARKUS 2,17 (LU)

Vor einiger Zeit hatte ich sehr starke Zahnschmerzen – und so musste ich mitten in der Nacht zum Notfallzahnarzt. Es wurde gebohrt, geröntgt und wieder alles zugemacht. Die Schmerzen waren von jetzt auf nachher weg. Bei Zahnschmerzen können wir über die Schmerzen nicht einfach hinweggehen. Wir spüren sie bei jedem Schritt, weil etwas nicht in Ordnung ist. Leider ist der Schmerz über Dinge, die in unserem Leben in Unordnung geraten sind, oft nicht so stark, dass wir alles daransetzen, etwas zu ändern. Levi hat den Schmerz erst gespürt, als er Jesus begegnet ist.

Ist in unserem Leben alles in Ordnung? Sind unsere Beziehungen zu unseren Mitmenschen und vor allem zu Jesus in Ordnung? Manchmal spüren wir, dass etwas nicht in Ordnung ist, aber gehen wir der Sache auch nach? Jesus geht uns nach. Jesus geht zu Levi und bringt sein Leben in Ordnung. Jesus bringt auch unser Leben wieder in Ordnung und befreit uns von den Schmerzen, die uns quälen. Mit Jesus können wir auch unsere anderen Beziehungen wieder in Ordnung bringen. Laden Sie Jesus regelmäßig ein, dass er bei Ihnen einen Beziehungscheck macht. Einen Check, damit unsere Beziehungen und unsere Beziehung zu Jesus intakt bleiben. So wie ich regelmäßig zum Zahnarzt muss, damit ich von Schmerzen befreit bleibe.

Friedemann Kuttler

JESUS BESTIMMT

UND DESHALB IST DER MENSCHENSOHN AUCH HERR ÜBER DEN SABBAT!
MARKUS 2,28

Regeln und Gesetze haben etwas Gutes, denn sie sorgen dafür, dass unser Zusammenleben funktioniert. Mit Regeln und Gesetzen kann man entweder Freiheit ermöglichen oder Freiheit einschränken. Die Pharisäer legen sehr viel Wert darauf, alle Gesetze des Mose einzuhalten. So gibt es ganz bestimmte Regeln, was man am Sabbat darf und was eben nicht.

Haben auch wir solche Regeln und Gesetze, auf die wir sehr großen Wert legen? Haben wir uns auch Regeln auferlegt, wie manche Dinge in unserem Glauben abzulaufen haben? Jesus hebt die Gesetze und Regeln nicht auf, aber er fordert die Pharisäer und auch uns heraus. Denn nicht wir machen die Regeln und Gesetze, sondern Gott. Jesus macht deutlich, dass er die Vollmacht hat, Sünden zu vergeben, aber auch über das Fortbestehen oder die Aufhebung von Regeln zu entscheiden.

Sind wir bereit, unsere Regeln und Gesetze von Jesus überprüfen zu lassen und Jesus darüber entscheiden zu lassen? Manchmal gar nicht so einfach, die lieb gewonnenen Maßstäbe wieder aus der Hand zu legen. Aber vielleicht ist es Zeit, die alten Regeln, Gesetze und Maßstäbe wegzulegen und uns nach Jesu Regeln wieder ganz neu auszurichten. Vielleicht erleben wir dadurch auch wieder eine ganz neue Freiheit, weil uns unsere Regeln und Gesetze zu sehr eingeschränkt haben. Lassen wir Jesus unser Leben ganz neu bestimmen.

Friedemann Kuttler

12. MAI

MARKUS 3,1-21

WER WAGT, GEWINNT

JESUS FORDERTE DEN MANN AUF: „STRECK DEINE HAND AUS." DER MANN STRECKTE SEINE HAND AUS UND SIE WURDE WIEDER GESUND!

MARKUS 3,5

Peinlich. Jesus fordert den Mann auf, in der Synagoge, das heißt in der Öffentlichkeit, in die Mitte zu kommen und ausgerechnet seine schwächste Stelle ihm hinzuhalten. Alle werden sehen, wo es bei diesem Menschen krankt. Bei ihm war es die verkrüppelte Hand. Wo ist Ihr wunder Punkt?

Wer wagt, gewinnt. Normalerweise verstecken wir unsere Schwächen. Wir versuchen, sie so gut wie möglich zu kaschieren. Vielleicht so gut, dass wir es selbst nicht mehr merken, wo unser blinder Fleck ist. Wie gut, dass Jesus uns kennt. Sobald wir unsere Schwachstellen ihm hinhalten, die Hand nach ihm ausstrecken, kann er mit seiner Liebe wirken, sodass wir heil und gesund werden. Hätte der Mann seine verkrüppelte Hand nicht ausgestreckt, wäre alles beim Alten geblieben.

Ausstrecken ist das Gegenteil von In-sich-gekehrt-Sein. Ich möchte neu fragen: Nach was strecke ich mich aus? Worauf ist mein Fokus gerichtet? Möglichst vor den anderen gut dastehen? Keine Schwäche zeigen? Alles im Griff zu haben? Dieser Mann kann mir zum Vorbild werden, mich ganz auf Jesus hin auszurichten. Es gibt nichts, was ich vor ihm verbergen müsste. Selbst die verkrüppelten Peinlichkeiten meines Lebens darf ich ihm hinhalten.

Anne Hettinger

13. MAI
MARKUS 3,22-35

GOTTES FAMILIE IST GROSS UND BUNT

WER DEN WILLEN GOTTES TUT, IST MEIN BRUDER UND MEINE SCHWESTER UND MEINE MUTTER.
MARKUS 3,35

Es gibt drinnen und draußen, in und out – damals wie heute. Drinnen sitzen die Leute dicht gedrängt um Jesus herum und hören ihm zu. Draußen vor der Tür steht seine Familie, seine Mutter, Brüder und Schwestern, die nach ihm fragen. Jesus schafft neue Familienverhältnisse. Nicht seine Herkunftsfamilie steht ihm am nächsten, sondern die, die Gottes Willen tun. Die Betonung liegt auf dem kleinen Wörtchen „tun". Zuhören, Gottes Wort lesen und verstehen lernen – das ist wichtig. Ansonsten kennen wir den Willen Gottes nicht. Aber entscheidend ist dann doch, dass wir das, was wir erkannt haben, auch in unserem Leben umsetzen und praktisch einüben.

Was aber entspricht dem Willen Gottes? Was müssen wir wirklich tun? Jesus selbst fasst es zusammen: Gott lieben mit ganzem Herzen ... und den Nächsten wie sich selbst (vgl. Markus 12,30-31). Wenn wir diese Liebe in unserem Leben Wirklichkeit werden lassen, dann gehören wir zur großen, bunten Familie Gottes. Dann haben wir Schwestern und Brüder auf der ganzen Welt.

Für mich ist das immer wieder faszinierend, wenn ich mit afrikanischen Geschwistern zusammen bete. Obwohl unsere Hautfarbe, Kultur und Traditionen völlig unterschiedlich sind, haben wir doch einen gemeinsamen Herrn, Jesus Christus, der uns zu einer großen Familie eint.

Anne Hettinger

GUTES LAND

DER GUTE BODEN ABER MEINT SCHLIESSLICH DIE MENSCHEN, DIE GOTTES BOTSCHAFT HÖREN UND ANNEHMEN UND REICHE FRUCHT BRINGEN.

MARKUS 4,20

Genauso haben wir das bei unseren Alpha-Glaubenskursen immer wieder erlebt. Menschen haben von Jesus gehört, waren begeistert und haben angefangen zu beten, Bibel zu lesen und sich mit anderen Christen zu treffen. Doch es war nicht von Dauer. Einige blieben früher weg, andere später. Nur wenige sind dabeigeblieben. Manche davon aber so intensiv, dass sie inzwischen zum festen Mitarbeiterkreis unserer Gemeinde gehören und andere zum Glauben einladen.

Gottes Wort – der Same vom Bauer ausgesät – braucht guten Boden, um Frucht zu bringen. Gemeint ist ein Mensch, der seine ganze Aufmerksamkeit auf Jesus richtet und sich nicht ablenken und abbringen lässt, weder von Alltagssorgen noch von den Verlockungen des Reichtums oder dem Verlangen nach mehr. Vögel, die die Samenkörner wegpicken, und Dornen, die das kleine Pflänzchen unseres Glaubens ersticken, gibt es in vielfältigen Varianten wie z.B. Lebenslügen: „Ich bin, was ich leiste." „Andere haben es besser." „Hätte ich doch …"

Am Samen liegt es nicht, vielmehr am Boden, das heißt an uns. Können wir Gottes Botschaft hören oder sind unsere Ohren vollgestopft mit anderem? Nehmen wir Jesus in unser Herz auf oder sind wir mit anderem beschäftigt? Reiche Frucht wächst dann ganz von selbst, als Geschenk, ohne mein Zutun, vielleicht wie in der Natur dreißig- oder sogar hundertfach.

Anne Hettinger

15. MAI

MARKUS 4,21-41

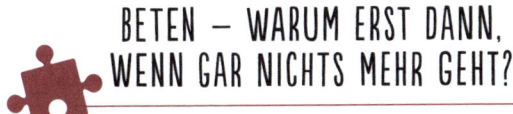

BETEN – WARUM ERST DANN, WENN GAR NICHTS MEHR GEHT?

UND ER FRAGTE DIE JÜNGER: „WARUM SEID IHR SO ÄNGSTLICH? HABT IHR IMMER NOCH KEINEN GLAUBEN?"

MARKUS 4,40

Das kommt mir so bekannt vor. Genauso wie die Jünger wie verrückt rudern, machen und schaffen wir mit eigener Kraft so lange, bis uns das Wasser bis zum Hals steht. Erst in der Not, wenn wir selbst am Ende unserer Möglichkeiten sind, wenden wir uns an Jesus. Oft mit einem Vorwurf im Herzen: Macht es dir denn gar nichts aus, dass es mir so schlecht geht? Wie kann das sein?

Jesus will gefragt und gebeten sein. Er ist die ganze Zeit schon da, schlafend im Boot. Die Jünger aber haben ihn bisher gar nicht beachtet. Sie waren so mit sich und ihren Herausforderungen beschäftigt, dass sie ihn gar nicht im Blick hatten. Sie sahen nur noch den heftigen Sturm, die meterhohen Wellen und ihr fast schon untergehendes Schiff Wie oft sehe auch ich nur all die Schwierigkeiten um mich herum und riesengroße Probleme wie z.B. finanzielle Not, Krankheit oder Mitarbeitermangel.

Glauben heißt, mit Jesus in Verbindung, in engem Kontakt zu sein, mit Gottes Möglichkeiten zu rechnen, ihn im Gebet zu bitten und ihm zu vertrauen. Sobald die Jünger das getan haben, konnte Jesus mit seiner ganzen Kraft und Macht wirken. Sein Wort zeigt Wirkung, damals wie heute. Die hohen Wellen meiner Angst, die Stürme von Verzweiflung dürfen sich legen. Tiefe Stille und Frieden kehren ein.

Anne Hettinger

16. MAI

MARKUS 5,1-20

ORDNUNG UND KLARHEIT ANSTELLE VON SELBSTZERSTÖRUNG UND DESTRUKTIVEN KRÄFTEN

DER MANN, DER VON DÄMONEN BESESSEN GEWESEN WAR, SASS ORDENTLICH GEKLEIDET DA UND WAR BEI KLAREM VERSTAND.

MARKUS 5,15

Ist das nicht furchtbar? Ein Mann, der in Grabhöhlen wohnt, sich selbst mit Steinen schlägt und Fesseln zerreißt, sodass niemand ihn bändigen kann? Lebenszerstörerische, destruktive Kräfte, die von Menschen nicht besiegt werden. Jesus scheint aber auch vor gar nichts Angst zu haben. Er ist Herr über Sturm und Wellen genauso wie über böse Geister und Mächte. Schon bevor der Besessene ihn entdeckt, hat Jesus ein Machtwort gesprochen: „Verlass diesen Mann, du böser Geist." (V. 8). Daraufhin bitten die Geister Jesus, in die 2000 Schweine fahren zu dürfen, die in dieser Gegend weiden und dann im See ertrinken. Sie müssen Jesus um Erlaubnis bitten – wie tröstlich, dass damit ganz deutlich wird, dass Jesus der Herr ist und den Sieg davonträgt.

Das macht mir Mut, zu glauben und zu hoffen, dass Jesu Geist auch heute der Selbstzerstörung von Menschen entgegenwirkt. Denn selbstzerstörerische Kräfte gibt es immer wieder. Z.B. wenn Menschen sich beim Ritzen selbst Schmerzen zufügen oder bei Magersucht sich manchmal bis an den Rand des Lebens bringen.

Diese unglaubliche Geschichte lockt Schaulustige an und die Menge staunt, dass der vorher Verrückte jetzt ordentlich gekleidet und bei klarem Verstand ist. Vorher war Chaos. Da, wo Gottes Geist wirkt, gibt es Ordnung und Klarheit.

Anne Hettinger

17. MAI

MARKUS 5.21-34

VON JESUS TIEF BERÜHRT

DIE FRAU KÄMPFTE SICH DURCH DIE MENGE IN SEINE NÄHE UND BERÜHRTE DEN SAUM SEINES GEWANDES.
MARKUS 5.27

Manchmal ist es ein Kampf. Es ergibt sich nicht von selbst, dass wir in Jesu Nähe kommen. Auch ich muss mich oft gegen Widerstände hindurchkämpfen. Ich kenne z.B. den Kampf gegen „Ich habe keine Zeit. Ich habe keine Lust. Es gibt im Moment Wichtigeres zu tun". Wie schwer ist es, bei Jesus wirklich anzukommen, Stille zu finden, um mit ihm im Gebet zu reden, um ihn zu Wort kommen zu lassen.

Hier begegnen wir einer Frau, die den Kampf auf sich genommen hat. Ihre Motivation bzw. ihr Leid war so groß, dass Jesus ihre letzte und ganze Hoffnung war. 12 Jahre lang ununterbrochen Blutungen zu haben – jede Frau weiß, was das bedeutet. Sie war am Ende – am Ende ihrer Kräfte, ihrer Finanzen, ihrer Leidensfähigkeit. Zu viel hatte sie durchgemacht. Zu viel Schlimmes an Schmerzen und Peinlichkeiten erlebt bei Ärzten, die doch nur ihr Bestes versucht haben. Ihr ganzes Vertrauen setzte sie jetzt auf Jesus. „Wenn ich nur seine Kleider berühre, werde ich gesund." (V. 28). Diese Berührung veränderte ihr Leben in jeder Hinsicht. Von Jesus war eine heilende Kraft ausgegangen, die sie gesund machte und tiefen Frieden spüren ließ.

Lasse ich mich von Jesus berühren? Kämpfe ich mich durch, um in Jesu Nähe zu kommen? Auch ich habe Sehnsucht nach Heilung und tiefem Frieden.

Anne Hettinger

18. MAI

MARKUS 6,1-13

DEN STAUB VON DEN FÜSSEN SCHÜTTELN

WENN IHR IN EINEM DORF NICHT WILLKOMMEN SEID ODER MAN NICHT AUF EUCH HÖREN WILL, DANN SCHÜTTELT DEN STAUB VON EUREN FÜSSEN, WENN IHR GEHT.

MARKUS 6,11

Wie befreiend. Ich darf den Staub von meinen Füßen schütteln. Ich darf loslassen und erleichtert weitergehen. In Israel liefen die Menschen barfuß in offenen Sandalen auf staubigen Wegen. Schmutzige Füße waren unvermeidbar. Jesus sandte seine Jünger immer zu zweit in die Dörfer aus, um dort zu predigen, zum Glauben einzuladen und zu heilen. „Wenn die Menschen euch aber ablehnen", so gibt Jesus ihnen den seelsorgerlichen Rat, „dann streift deren Dreck von euch." Das heißt, dann darf und soll euch das nicht länger belasten. Wenn Menschen euch und die gute Nachricht von Jesus ablehnen, dann ist das deren Verantwortung, nicht eure. Tragt das nicht länger mit euch herum, sondern geht weiter und arbeitet dort, wo ihr willkommen seid.

Auch Nehemia im Alten Testament sowie Paulus und Barnabas auf ihrer Missionsreise schüttelten ihre Kleider aus als Zeichen gegen die, die nicht an Gott glauben wollten (Nehemia 5,13; Apostelgeschichte 13,51).

Gibt es bei mir Aufgaben, wo ich mich aufreibe, ohne dass ich wirklich willkommen bin? Von welchem Staub, von welcher Belastung darf ich mich befreien (lassen), um weitergehen zu können in ein neues Dorf, in eine neue Herausforderung, zu anderen Menschen?

Danke, Herr Jesus, dass dein Evangelium uns immer wieder Befreiung schenkt.

Anne Hettinger

19. MAI

MARKUS 6,14-29

GANZ ODER GAR NICHT

HERODES FÜRCHTETE JOHANNES, WEIL ER WUSSTE,
DASS ER EIN FROMMER UND HEILIGER MANN WAR,
UND HIELT IHN IN GEWAHRSAM; UND WENN ER IHN
HÖRTE, WURDE ER UNRUHIG, DOCH HÖRTE ER IHN GERN.

MARKUS 6,20

Die Halbherzigkeit des Herodes hatte fatale Folgen. Zwar hatte er Johannes auf der Burg Machärus in Schutzhaft genommen, um ihn vor einer möglichen Hinrichtung zu bewahren. Aber seine Frau Herodias wusste sehr genau, was sie wollte. Sie hasste den Täufer, der ihre Sünde so offen angesprochen hatte. Nun verfolgte sie ihren böswilligen Plan, Johannes zu töten, mit Eifer und nutzte listig die Schwäche ihres Mannes an diesem unsäglichen Festtag aus. Sie scheute sich nicht, sogar noch ihre Tochter mit hineinzuziehen, um an den Kopf des Gefangenen zu kommen.

Hätte Herodes in dieser Situation nach Gottes Willen gefragt, so wäre die Geschichte vermutlich anders ausgegangen. Doch Herodes war angesichts zahlreicher Zeugen seine Ehre wichtiger als das Leben dieses Unschuldigen. Er wollte sich nicht blamieren. Und so machte er sich zum Handlanger des teuflischen Plans seiner Ehefrau, obwohl sein betrübtes Herz ihm etwas anderes sagte.

Gottes möchte, dass wir ihm kompromisslos gehorchen und uns in allen Bereichen seinem Willen unterstellen. Ihm kann man nur ganz oder gar nicht angehören.

Susanne Mockler

20. MAI

MARKUS 6.30-44

JESUS HAT GENUG

GEBT IHR IHNEN ZU ESSEN!
MARKUS 6.37

Kaum hatte Jesus seine Jünger berufen und ausgesandt, konnten sie sich vor Arbeit nicht mehr retten: Jede Menge Leute interessierten sich für ihre Predigten, Massen von Kranken und Bedürftigen suchten ihre Hilfe, sogar etlichen bösen Geistern machten sie den Garaus.

Jetzt kommen sie zu Jesus und berichten ihm, was sie erlebt haben. Man kann sich vorstellen, dass dieser Wander-Reisedienst ohne Proviant, so gesegnet er war, jedoch körperlich und vor allem auch emotional sehr viel Kraft gekostet hatte. Jesus sieht das und schickt seine Freunde zum Ausruhen an einen einsamen Ort. Auch vollmächtige Diener Gottes brauchen mal Ruhe, um ihre Akkus neu zu laden.

Aber dann kommt es doch anders: Angesichts des großen Hungers nach Gottes Wort lässt Jesus anstelle der angekündigten Ruhepause jede Menge Leute herkommen. Was für ein Kontrastprogramm: Statt seliger Stille sind da plötzlich 5000 erwartungsvolle Besucher. Jesus lehrt sie liebevoll den Weg des Glaubens. Nachdem der geistliche Hunger gestillt ist, sollen sie auch noch leibliche Stärkung bekommen. Die Jünger haben keine Lust auf noch mehr Dienst und wollen die Leute lieber heimschicken. Doch Jesus weist sie an, das bisschen Essen, das sie dabeihaben, weiterzugeben. Und alle werden satt!

Wenn wir uns über unsere Kräfte gefordert fühlen, dürfen wir sicher sein: Jesus hat genug für Leib und Seele. Brot, Kraft und Liebe und wo nötig auch ein Wunder.

Susanne Mockler

FRIEDENSORT

**DER HERR DER HEERSCHAREN IST MIT UNS,
EINE FESTUNG IST UNS DER GOTT JAKOBS.**
PSALM 46,12 (ELB)

Wer heutzutage den Turm einer Burg besteigt, möchte eine schöne Aussicht genießen. Kaum einer denkt dabei daran, dass der Burgfried ein Wehrturm war. Wenn Feinde angriffen, waren diese dicken, gemauerten Wände der einzige Ort in der Burganlage, in die Kinder, Frauen, Mann und Maus fliehen konnten. Der Burgfried war ein Zufluchtsort. Martin Luther dichtete aufgrund von Psalm 46 das Lied „Ein feste Burg ist unser Gott". Leider waren es in Reformationszeiten Christen verschiedener Konfessionen, die die Waffen gegeneinanderschwangen. Doch eigentlich singt der Psalm von Gott als dem Friedensort. Gott will keinen Krieg. Gott will unser Friede sein.

Gott sei Dank leben wir in einer Region dieser Welt, die sich seit über 70 Jahren an einer Friedenszeit freut. Das ist nicht selbstverständlich. Daher sollte der Herr der Heerscharen als der „Mit uns" angerufen werden. Der „Mit uns", auf Hebräisch Immanuel, ist in Jesus Christus als Mensch unter uns Menschen gewesen. Jesus Christus hat uns so gelehrt zu beten: „Vater unser im Himmel, geheiligt werde dein Name, dein Reich komme, dein Wille geschehe wie im Himmel so auf Erden." Der Burgfried Gottes möchte alle Menschen aller Nationen bergen. Friede soll auf Erden sein, im Himmel regiert der Gott des Friedens seit Anbeginn der Zeiten.

Franziska Stocker-Schwarz

FRIEDENSJUBEL

GOTT IST EMPORGESTIEGEN UNTER JAUCHZEN.
PSALM 47,6 (ELB)

Für den König der Welt wird in Psalm 47 ein Lied gesungen. Rhythmus und Schwung, Klatschen und Jauchzen sind dabei. Vor dem inneren Auge sehe ich eine große Schar fröhlicher, jubelnder Menschen. Alte und Junge, Männer und Frauen freuen sich, dass sie Gott im Heiligtum loben können.

Heutzutage erleben Christen solch eine Freude z.B. auf großen Konferenzen. Auch da werden Loblieder angestimmt: „Für den König, für den Herrn" (Albert Frey). Dass in Gottes Herrschaftsgebiet alle Menschen gleiche Rechte genießen sollen, wird in dem modernen Lied gut besungen. Aber im alten Psalmlied wird noch festgehalten, dass die Stämme Israels ein eigenes Land als Erbbesitz erhalten sollen. Das „Land der Verheißung" wird besungen (47,5). Jedoch schimmert im letzten Vers des Psalms durch, dass allein Gott es bestimmen kann, welche Macht und Kraft einem Volk zukommt. Dass der lebendige Gott den Frieden zwischen allen Völkern herbeiführen wird, wurde z.B. durch die Propheten Jesaja (Jesaja 9) und Micha (Micha 4,3) ausgeleuchtet. Jesus Christus hat schließlich uns Menschen gelehrt: „Selig sind, die Frieden stiften, denn sie werden Gottes Kinder heißen" (Matthäus 5,9; LU). Der König Jesus ist der Friedensfürst.

Franziska Stocker-Schwarz

23. MAI

PSALM 51

BEICHTEN BRINGT NEUBEGINN

WASCHE MICH, UND ICH WERDE WEISSER SEIN ALS SCHNEE.
PSALM 51.9 (ELB)

Wie wohltuend kann es sein, wenn man Schuld bekennt. Im Vertrauen, von Mund zu Ohr, das auszusprechen, was man falsch gemacht hat, kann befreiend sein. „Es schneit, es schneit, und ich bin befreit!", so höre ich mich heute noch springend jubeln, als ich als Kind etwas gebeichtet hatte und mir Vergebung zugesprochen wurde.

Die „Ohrenbeichte" ist von Martin Luther nicht abgeschafft worden. Psalm 51 hat als vierter kirchlicher Bußpsalm vielen Menschen als Sprachhilfe gedient. Wie viel Hoffnung steckt in diesen Worten: Denn einem Ehebrecher und hinterlistigen Strategen wurde es geschenkt, dass ihm durch einen Propheten ein Licht aufging. König David erkannte und bekannte seine Schuld. Allein von Gott erwartet er einen neuen Anfang: „Erschaffe mir, Gott, ein reines Herz!" (Psalm 51,12; ELB). Was für eine Kraft hat die Vergebung Gottes! Ob für ein Kind, einen Erwachsenen oder einen Senior! Gott kann es einem leicht ums Herz machen. Der Mensch atmet auf und fängt neu an. So schenkt Gott Spannkraft und Energie, um sich positiv in der Gesellschaft einzusetzen.

Auch heute sind Zeiten der Einkehr und Besinnung wertvoll, um das Leben vor Gott und mit Gott neu auszurichten.

Franziska Stocker-Schwarz

GOTT IST „MEIN"

NUR ER IST MEIN FELS UND MEINE HILFE, MEINE FESTUNG; ICH WERDE NICHT WANKEN.
PSALM 62,7 (ELB)

Wenn man diesen Psalm liest, sieht man förmlich den jungen David mit seinen wenig salonfähigen Gefährten die Hänge des judäischen Gebirges hinaufhasten, auf der Suche nach einer Höhle, in der er sich auf der Flucht vor Saul verstecken kann.

Und in diese äußere Rastlosigkeit hinein das „Nur auf Gott vertraut still meine Seele". Warum kann seine Seele still sein mitten in aller Rastlosigkeit? Weil er den Sprung schafft von „meiner Seele" zu „meinem Gott". Weg von der Nabelschau, hin zur Gottesschau.

Das Entscheidende: Gott ist „mein Fels", „meine Hilfe", „meine Festung" – und wir ergänzen: „mein Hirte", „mein Licht"... Ja, Gott selbst ist *mein*. Er ist nicht der Mächtige irgendwo und für sich selbst. Nein, Gott ist „mein".

Das ist es, was den biblischen Gott von allen Gottesbildern der Religionen unterscheidet: Er bleibt nicht in der Transzendenz, sondern ist „hingegangen, sich ein Volk zu erlösen" (vgl. 2. Samuel 7,23). Ja, er ist in Jesus „Immanuel – Gott mit uns" (vgl. Jesaja 7,14; Matthäus 1,23).

So wird alles um David herum zum Bild für seinen Gott: der Felsen des Gebirges wird zu „meinem Fels", die rettende Höhle und Felskluft wird zu „meiner Festung". In allen Dingen sieht er „meinen Gott".

Dieser Gott ist mein Gott, ich bin sein geliebtes Kind. Er ist heute an meiner Seite, ich an seiner Seite. Er ist mein, und ich bin sein.

Heidi Josua

25. MAI

PSALM 72

PERSPEKTIVENWECHSEL

VOR IHM SOLLEN SICH BEUGEN DIE BEWOHNER DER WÜSTE.

PSALM 72,9 (ELB)

In diesem Fürbittepsalm Salomos anlässlich der Königskrönung geht es zunächst um Salomo, dann um die Könige von Juda. Im Licht des Neuen Testaments gelesen weist der Psalm weit darüber hinaus – auf den König, auf den Messias, den Christus Jesus.

Waren bei Salomo nur die Nomadenstämme an den Peripherien des Reiches im Blick, so dürfen wir unter den Bewohnern der Wüste die Menschen des Nahen Ostens verstehen. Und nein, das sind nicht irgendwelche einfältigen Kameltreiber, auch nicht Karl Mays schlitzohrige Wüstensöhne, sondern Menschen mit der unglaublichen Fähigkeit, in lebensfeindlichem Gebiet zu überleben. Wer der Unbill der Natur die Stirn bieten kann, ist schlau, kenntnisreich – und stolz. Sie, die weder von Dürre noch von irgendeiner Waffe besiegt werden können, werden sich vor dem König aller Könige beugen und sich ihm unterwerfen. Es sind die, denen wir es am wenigsten zutrauen, die Nachkommen Ismaels, die wir nur aus den Negativschlagzeilen kennen.

Gott aber macht Positivschlagzeilen. Noch nie wurden so viele Muslime von der Liebe Jesu, seinem Frieden und den grandiosen Worten der Feindesliebe überwunden.

Darum wollen wir nicht jammern über die „Bewohner der Wüste" oder uns gar vor ihnen fürchten, sondern die Perspektive ändern! Lassen wir uns von Gott selbst seine Blickrichtung schenken, von ihm aus auf seine Welt schauen! Er ist König. Jetzt, heute – und in Ewigkeit.

Heidi Josua

GOTT NAHE SEIN

ICH ABER: GOTT ZU NAHEN IST MIR GUT.
PSALM 73,28A (ELB)

Die einfachsten Dinge sind oft am schwierigsten in Worte zu fassen. Es geht um das so einfache Geheimnis der Nähe Gottes.

Aber wie ist das in einer lauten und geschäftigen Welt möglich? Gilt dieser Satz vielleicht nur für Eremiten oder Diakonissen, die sich vieler weltlicher Erfordernisse entledigt haben? Wie ist die Nähe zu Gott und die Freude darüber im Alltag, in Zeiten voller Termindruck zu erlangen – und gar festzuhalten? Das war viele Jahre lang meine bange Frage inmitten einer großen Kinderschar und eines immer stärker fordernden Dienstes – lauter „gute" Elemente meines Lebens, aber nicht das Eigentliche.

Und dann durfte ich es durch meine ägyptischen Geschwister lernen. Ja, man kann sich „Gott nahen" und das bewusst in den Alltag „einbauen":

die Hände öffnen und ihm mein Leben einfach hinhalten.

Immer wieder innehalten und den Blick auf ihn richten.

Meine Umgebung mit Dingen ausstatten, die meine Gedanken auf ihn lenken: in der Küche ein Kreuz; über meinem Schreibtisch eine Jesus-Ikone; auf der Kommode eine Spruchkarte.

Im Jesus-Gebet beim Ein- und Ausatmen den Namen Jesu denken, aussprechen, spüren.

Die umherirrenden Gedanken einfangen und durch Bibelverse ersetzen.

Und dann breitet sich Jesus ganz einfach immer mehr in meinem Leben aus. Denn Gott ist mir nahe und ich bin ihm nahe. Beglückende Nähe. Heilsame Nähe.

Heidi Josua

WENN GOTTES WORT UNS ERSCHÜTTERT

AMOS SAGTE: „DER HERR WIRD VON ZION BRÜLLEN UND
SEINE STIMME VON JERUSALEM HER ERTÖNEN LASSEN!
DANN WERDEN DIE WEIDEN DER HIRTEN VERDORREN UND
DER GIPFEL DES KARMEL VERTROCKNEN."

AMOS 1.2

Wer schon einmal einen brüllenden Löwen erlebt hat, wird das
nie mehr vergessen. Vor einigen Jahren ist mir im Zoo so ein
brüllendes Exemplar begegnet. Gott sei Dank durch einen Was-
sergraben getrennt. Aber immerhin. Wenn Gott vom Zion bzw.
von Jerusalem her wie ein Löwe brüllt, dann hat dies auch etwas
Furchterregendes. Die Menschen zucken zusammen. Seine laute
Stimme lässt sie erschaudern. Auch die Natur wird erschrecken.
Fruchtbare Auen vertrocknen und die bewaldeten Höhen des
Karmelgebirges werden von Dürre heimgesucht.

Bestimmt hätte Amos dem Volk lieber eine freundlichere Botschaft mitgeteilt. Doch er muss ihnen das Gericht Gottes ansa-
gen. Bei bloßen Worten bleibt es allerdings nicht. Denn Amos
weiß, dass alles, was Gott sagt, auch geschehen wird. Wie das
Gebrüll eines Löwen die Menschen erzittern lässt, so wird es
sein mit Gottes Wort. Es wird die Menschen in Israel erschüttern.
Gottes Wort ist nicht harmlos. Gott redet nicht nur mit gnädigen
Worten, sondern auch in Gerichtsworten. Sein Wort kann Menschen aufrütteln und sogar erschüttern. Wie Löwengebrüll gehen sie einem durch und durch. Wenn Gott so durchdringend zu
einem spricht, bleibt nur die Umkehr; die Hinwendung zu dem,
der das Gericht für uns aufgenommen hat: Jesus.

Rolf Sons

28. MAI

AMOS 3,1-8

LIEBE BEWAHRT NICHT VOR STRAFE

UNTER ALLEN VÖLKERN DER ERDE HABE ICH ALLEIN EUCH ERWÄHLT. DESHALB MUSS ICH EUCH FÜR ALLE EURE SÜNDEN BESTRAFEN.

AMOS 3,2

Erwählung ist immer exklusiv. Wenn sich z.B. ein Mann eine Frau „ausguckt", dann fällt sein Blick auf diese eine, die er liebt. Dieser einen schenkt er seine ganze Liebe. Für sie allein will er da sein. Ihr allein verspricht er seine Treue. Genauso macht es auch Gott. Unter allen Völkern hat er sich Israel „ausgeguckt". Israel ist seine große Liebe. Ohne Israel will er nicht sein. Immerfort muss er an sein Volk denken. Jedoch: Wie kann er Israel dann strafen? Ist das nicht ein Widerspruch?

Vielleicht hilft es ja, sich das Gegenteil vorzustellen: Was wäre das für eine Liebe, der das Verhalten des Geliebten gleichgültig ist? Oder: Was wären das für Eltern, die das Leben ihrer Kinder nicht interessiert? Gleichgültigkeit ist alles andere als Liebe, und Interesselosigkeit ist lieblos. Liebe will ungetrübt und ungeteilt sein. Exklusivität macht daher das Besondere der Liebe aus. Was unter Menschen gilt, gilt erst recht im Blick auf Gott. Gott kann es nicht ungeahndet lassen, wenn Menschen seine Liebe mit Füßen treten oder verachten. Daher wurde Israel von Gott erzogen und immer wieder bestraft. Gott ist gerecht. Strafe muss daher sein. Jesus hat die Strafe auf sich genommen. Was für eine Liebe!

Rolf Sons

29. MAI
AMOS 4,1-13

WAS KOMMT AUF MICH ZU?

BEREITE DICH DARAUF VOR, DEINEM GOTT ZU BEGEGNEN.
AMOS 4,12

Alles hatte sie genauestens vorbereitet. Die Lieder, die Schrift-lesung, den Predigtvers. Auch dass eines ihrer Lieblingslieder auf CD eingespielt wurde. Dann kam der Tag, an dem sie sterben sollte. Im Kreis der Familie hatte Angelika Abschied genommen. Die anschließende Beerdigung war trotz aller Trauer und allem Abschiedsschmerz geprägt von Zuversicht und großer Hoffnung. Angelika war vorbereitet gestorben. Sie ging nur ein wenig wei-ter. Sie war nun bei ihrem Herrn.

Wir bereiten uns im Leben auf die schlimmsten Eventuali-täten vor. Wir betreiben Gesundheitsvorsorge und Alterssiche-rung. Wir versichern uns gegen jede Art von Unfällen und Na-turkatastrophen. Sicherlich mit gutem Recht. Eines aber sollten wir nicht vergessen: dass wir eines Tages vor unserem Erlöser und unserem Richter Jesus Christus stehen werden. Nichts ist so sicher wie die Tatsache, dass wir einmal vor Gott stehen werden.

Amos kündigt das Gericht Gottes schonungslos an. Dabei er-innert er, dass Gott immer wieder Gerichte geschickt hat. Nun wird Gott noch einmal sein Volk strafen. Wie aber werden sie ihm begegnen? Sind sie vorbereitet? Sind wir vorbereitet? In einem Lied unseres Gesangbuches heißt es: „Denn der ist zum Sterben fertig, der sich lebend zu dir hält."[9] Wer heute schon Jesus ge-hört, muss sich vor dem Gericht nicht mehr fürchten.

Rolf Sons

GOTT WILL BEZIEHUNG

**SO SPRICHT DER HERR ZUM HAUS ISRAEL:
„SUCHET NACH MIR, UND IHR WERDET LEBEN!"**
AMOS 5.4

Bethel, übersetzt „Haus Gottes", ist einer der ältesten Orte in Israel, an denen Menschen Erfahrungen mit Gott machten. Abraham hatte dort einen Altar errichtet. Jakob begegnete dort dem Herrn auf einer Himmelsleiter stehend. In späterer Zeit brachte Israel zeitweise die Bundeslade dorthin. Bethel war ein besonderer Ort in Israel. Hier feierte man Gottesdienste, brachte seine Opfer, sang seine Lieder und feierte die großen Glaubensfeste. Solange man sich in Bethel trifft, ist alles in bester Ordnung. So dachte man in Israel.

Doch dann tritt Amos ausgerechnet in Bethel auf und hält den Gottesdienstbesuchern entgegen, dass überhaupt nichts in Ordnung ist. Mit ihren Opfern, ihren Liedern und Zusammenkünften halten sie zwar einen religiösen Betrieb aufrecht. Doch haben sie die Beziehung zu ihrem Gott verloren. Amos sieht in der verloren gegangenen Beziehung zu Gott den Grund allen Übels. Seine Botschaft ist daher klar: „Suchet mich."

Gott will keine christliche Betriebsamkeit und auch keine kirchliche Geschäftigkeit. Was er will, ist die Beziehung zu seinen Leuten. Er will sie lieben – und sie sollen ihn zurücklieben. Er will mit ihnen reden und sie sollen ihm antworten. Er will ihr Ein und Alles sein. Er selbst will die erste Liebe unseres Lebens sein. Er sagt zu uns: „Ich bin der Herr, euer Gott. Ich bin für euch da. Ich gebe euch, was ihr zum Leben braucht."

Rolf Sons

31. MAI

AMOS 7,1-17

VON GOTT BEVOLLMÄCHTIGT

DER HERR HAT MICH VON MEINER HERDE WEGGERUFEN UND MIR AUFGETRAGEN: GEH UND WEISSAGE MEINEM VOLK ISRAEL.

AMOS 7,15

Amos war Viehzüchter und Besitzer von Feigenplantagen. Eine theologische Ausbildung besaß er nicht. Er war weder Priester noch zählte er zu den Berufspropheten der damaligen Zeit. Was ihn allerdings geistlich auszeichnet, ist die Tatsache, dass er die Stimme Gottes gehört hat und ihr gefolgt ist.

So hilfreich und notwendig eine theologische Ausbildung zweifellos ist, so kann sie doch eines nicht garantieren: dass Gott einen Menschen bevollmächtigt. Nun können wir uns heute weder mit Amos noch mit anderen Propheten des Alten Testaments vergleichen. In einer Hinsicht aber können wir von ihnen lernen. Denn sie lebten in großer Abhängigkeit von Gott. Sie redeten nicht den Menschen zu Gefallen. Sie verbreiteten auch nicht ihre eigenen Ideen. Was sie sagten, waren vielmehr Botschaften Gottes. Meistens waren diese unbequem. In der Regel mussten sie den Widerstand der etablierten Religionsführer aushalten. Immer aber standen sie unter Gott. So waren sie unbestechlich und hatten eine große geistliche Freiheit. Gott sei Dank gibt es solche Gottesmänner und Gottesfrauen auch heute noch. Sie wachsen in der Stille. Nicht selten haben sie Erfahrung im Leiden. Doch wo sie das Wort ergreifen, sprechen sie in großer Vollmacht. Der Schreinermeister Karl Wezel in Walddorf bei Tübingen war so ein Mann. Gottesgelehrt. Ein wahrer Segen!

Rolf Sons

JUNI

1. JUNI
AMOS 8.1-14

WIE GOTT GEISTLICHEN HUNGER WECKT

„DIE ZEIT WIRD KOMMEN", SPRICHT GOTT, DER HERR, „DA ICH EINE HUNGERSNOT INS LAND SCHICKE – ABER NICHT HUNGER NACH BROT UND DURST NACH WASSER, SONDERN DEN HUNGER NACH DEM WORT DES HERRN."
AMOS 8,11

Helmut Thielicke war einer der großen Prediger im Nachkriegsdeutschland. Als er nach Ende des 2. Weltkrieges im zerbombten Stuttgart predigte, war die Kirche stets überfüllt. Tausende kamen. Nach den zurückliegenden Erschütterungen hielten die Menschen Ausschau nach dem, was trägt. Der große Prediger gab den Leuten Halt und Zuversicht.

Braucht es Gottes Gerichte, damit Menschen zur Besinnung kommen, dass sie aufmerken und Gottes Wort hören? Tatsächlich redet Gott auch durch Katastrophen. Erschütterungen gehen über unsere Erde. An den Börsen, im politischen Bereich und nicht zuletzt in der Natur. Gott mahnt uns auf diese Weise. Denn nicht von Brot und Spielen, von Luxus und Unterhaltung lebt der Mensch, sondern vom Wort Gottes.

Gerade in der Krise merken wir, wie groß der Schatz des Wortes Gottes ist. Wenn nichts mehr einen hält, bleibt uns dieses Fundament gewiss. Wenn Stürme und Erschütterungen kommen, bleibt Gottes Wort Trost und Nahrung für die Seele. Die Feuerwehrmänner, die nach dem Anschlag vom 11. September 2001 die Toten bergen mussten, wurden gefragt, ob sie dabei keine Angst hätten. Die Antwort eines Feuerwehrmannes lautete: „Doch, ich habe Angst. Doch stehe ich auf einem Fundament, das nicht erschüttert werden kann."

Rolf Sons

ES GEHT WEITER

„ICH WERDE SIE FEST EINPFLANZEN IN DEM LAND, DAS ICH IHNEN GESCHENKT HABE", SPRICHT DER HERR, EUER GOTT, „DANN WERDEN SIE NIE MEHR AUSGERISSEN WERDEN."
AMOS 9,15

Israel steht vor dem Aus. Gericht. Vertreibung. Verlust der Heimat. So hat es der Prophet gesagt. So sollte es auch kommen. Das Nordreich wird zur assyrischen Provinz. Die Oberschicht wird umgesiedelt. Angehörige fremder Völker werden in Israel angesiedelt. Sollte damit die Geschichte des Nordreichs zu seinem Ende gekommen sein? Gott sieht weiter. Ein neuer Horizont der Hoffnung wird am Ende des Amosbuches aufgerissen. Gott sei Dank. Gott sieht weiter, auch wenn wir vor dem Aus stehen. Sei es eine private Krise. Sei es eine schlimme Diagnose oder der berufliche Absturz. Gott sieht weiter, wenn wir keine Perspektive mehr haben. „Glauben heißt durch den Horizont sehen", so sagen es die Bewohner Papua-Neuguineas. „Hinterm Horizont geht's weiter", singt Udo Lindenberg.

Vieles im Leben kann man verlieren: seinen Besitz, seine Heimat, seine Gesundheit und die liebsten Menschen, die man an seiner Seite hat. Was bleibt, ist die Hoffnung, eine Perspektive jenseits des Horizontes. Was bleibt, ist die Zusage Gottes: „Niemand wird sie mir entreißen" (Johannes 10,28). Gott ist treu. Er gibt sein Volk niemals auf. Jesus lässt die Seinen nicht los. Amos weiß um eine Zukunft für Israel. Jenseits von Katastrophen und Erschütterung hält Gott eine Zukunft für uns bereit.

Rolf Sons

3. JUNI
APOSTELGESCHICHTE 1

HIMMELSGAFFER ODER ZEUGEN?

DIE SAGTEN: IHR MÄNNER VON GALILÄA, WAS STEHT IHR DA UND SEHT GEN HIMMEL? DIESER JESUS, DER VON EUCH WEG GEN HIMMEL AUFGENOMMEN WURDE, WIRD SO WIEDERKOMMEN, WIE IHR IHN HABT GEN HIMMEL FAHREN SEHEN.

APOSTELGESCHICHTE 1,11 (LU)

Da stehen sie nun. Gerade eben war er noch da gewesen, hatte geredet, letzte Anweisungen gegeben, den Auftrag klargemacht. Jetzt stehen sie da und gaffen in den Himmel. Vermutlich würden sie noch heute dastehen, wenn Gott nicht zwei seiner Leute geschickt hätte, um sie wachzurütteln. War der Befehl nicht klar? War die Anweisung nicht unmissverständlich? Die Kraft des Heiligen Geistes würde über sie kommen und sie würden seine Zeugen sein, weltweit. Jetzt stehen sie aber da, träumen Jesus und dem Himmel hinterher. Wie oft geht es mir genauso. Es ist leichter, dem Himmel hinterherzuträumen, als den Auftrag zu erledigen. Es ist angenehmer, gen Himmel zu singen, als auf den Dreck der Welt zu sehen und die erlösende Kraft Gottes hineinzubringen. Dabei ist die Anordnung klar und die Verheißung ebenso. Er wird wiederkommen, das ist gewiss. Doch wir sollen nicht als Himmelsgaffer warten, sondern als Zeugen handeln. Ist es nicht so, dass die Zeit des Wartens schneller vorbeigeht, wenn man beschäftigt ist? Lasst uns Zeugen sein, und wenn er wiederkommt, wird die Überraschung groß sein und die Freude noch größer.

Gustavo Victoria

4. JUNI
APOSTELGESCHICHTE 2,1-36

JEDER FÜR SICH ODER BEIEINANDER?

UND ALS DER PFINGSTTAG GEKOMMEN WAR, WAREN SIE ALLE BEIEINANDER AN EINEM ORT.
APOSTELGESCHICHTE 2,1 (LU)

„Beieinander", dieses schnell überlesene Wort soll der Rahmen sein, in dem der weitere Verlauf der Christenheit steht. In das „Beieinander" hinein wird Gott sich erfahren lassen und Geschichte mit den Seinen schreiben. Dieses „Beieinander" soll die Christen ausmachen. Fast der gesamte Text des Neuen Testaments ist in das „Beieinander" hineingeschrieben. Die Gewissheit, die Kraft und die Gaben des Geistes werden dem „Beieinander" verheißen und geschenkt. Leider ist es schwierig geworden mit dem „Beieinander". Eine vom Individualismus geprägte Gesellschaft gibt etwas anderes vor. Eine von Leistung und Erfolg getriebene Bildung pflanzt eine andere Saat ein. Ein vom Misstrauen gezeichneter Lebenskreis zwingt das Umgekehrte auf. In der Gemeinde sieht es oft nicht anders aus. Ich will im Glauben wachsen, höre ich öfter als das Gleiche mit einem Wir vorangestellt. Jeder soll in der Anbetung für sich allein vor Gott stehen, anstatt sich gemeinsam auf den Weg vor den Thron zu machen. Jeder soll hören, was ihm Gott ganz persönlich zu sagen hat, obwohl dieser gern zu allen gemeinsam reden würde. Vieles steht gegen das „Beieinander", aber vieles spricht dafür. Vielleicht sollten wir damit anfangen, es zu unserem täglichen Gebet zu machen: „Herr, schaffe bei uns ein Beieinander und fang bei mir an."

Gustavo Victoria

5. JUNI

APOSTELGESCHICHTE 2,37-47

WACHSENDE GEMEINDE

UND JEDEN TAG FÜGTE DER HERR NEUE MENSCHEN HINZU, DIE GERETTET WURDEN.

APOSTELGESCHICHTE 2,47

Angesichts kleiner werdender Gemeinden und des sinkenden Kirchenbesuchs wünschen wir uns eine wachsende Gemeinde. Gleichzeitig aber stellt sich die Frage: Wie geschieht das? Was bringt Menschen dazu, sich an Jesus zu wenden und in einer Gemeinde Heimat zu finden?

Die Menschen damals in Jerusalem wurden durch die Predigt des Petrus im Innersten berührt. Sie merkten, die gute Nachricht von Jesus ist keine Kopfsache, sondern zuerst eine Herzenssache. Ich bin gemeint mit allem, was zu mir gehört. Sie spürten, da ist jemand, der meinem Leben ein Fundament gibt. Das ist ein erster Schritt. Diesem Schritt folgte damals die Frage: Was sollen wir tun? Was nun?

Petrus nannte damals drei Schritte:

Kehrt um zu Jesus! Das beinhaltet die Abkehr von einem Leben, das ohne ihn plant und agiert!

Lasst euch taufen, um ganz persönlich die Zusage zu bekommen, dass zwischen Gott und euch nichts mehr steht und ihr Gottes Kind seid!

Empfangt den Heiligen Geist als Unterpfand für eure Zugehörigkeit zum Machtbereich Gottes!

Und dann wird von diesen jungen Christen berichtet, dass sie beieinanderblieben. Sie lebten Gemeinschaft. Ihr Glaube erhielt Nahrung aus der Lehre der Apostel und gleichzeitig versicherten sie sich immer neu der Gegenwart von Jesus. Davon leben unsere Gemeinden und unser persönlicher Glaube bis heute!

Marlene Trick

6. JUNI
APOSTELGESCHICHTE 3

MEHR ALS SILBER UND GOLD

DOCH PETRUS SAGTE: „ICH HABE KEIN GELD FÜR DICH. ABER WAS ICH HABE, GEBE ICH DIR. IM NAMEN VON JESUS CHRISTUS VON NAZARETH: STEH AUF UND GEH!"
APOSTELGESCHICHTE 3,6

Tag für Tag trug man ihn vor das Tempeltor, damit er sich durch Almosen seinen Lebensunterhalt erbetteln konnte. Mehr erwartete der von Geburt an Gelähmte nicht. Eine andere Lebensperspektive kannte er nicht. Vom Heil war er durch seinen körperlichen Makel sowieso ausgeschlossen. Aber wenigstens sollte der Magen nicht knurren. Und dann kommt es eines Tages zu einer Begegnung, die sein Leben total verändert. Auf dem Weg zum täglichen Gebet im Tempel treffen Petrus und Johannes mit ihm zusammen. Sie erkennen, dass dem Gelähmten durch ein Almosen nur vordergründig geholfen ist. Er braucht etwas ganz anderes. Er braucht mehr! Im Namen Jesu spricht Petrus ihm die Heilung zu und eröffnet ihm gleichzeitig den Zugang zum Heil! Er bekommt Zugang zum Tempel und kann Gott loben. Er erfährt nicht nur vordergründige Hilfe, sondern Zugang zum Heil und damit ganzheitliche Heilung.

Bleiben wir nicht auch oft am Vordergründigen hängen und verlieren den Blick für das, was unser Leben im Innersten heil gemacht hat? Jesus selbst sagt, dass er gekommen ist, um uns Leben in Fülle, Leben in seiner Gemeinschaft und damit das Heil zu geben!

Marlene Trick

7. JUNI

APOSTELGESCHICHTE 4,1-22

DIE GUTE NACHRICHT MUSS UNTER DIE MENSCHEN

WIR KÖNNEN NICHT AUFHÖREN, VON DEM ZU ERZÄHLEN, WAS WIR GESEHEN UND GEHÖRT HABEN.

APOSTELGESCHICHTE 4,20

Eine Nacht konnten Johannes und Petrus inzwischen über den sich überschlagenden Ereignissen schlafen. Allerdings im Gefängnis! Gestern hatten sie und viele mit ihnen die wunderbare Erfahrung gemacht, dass ein Mensch geheilt wurde und zu Jesus gefunden hatte. Aber sie wurden dafür ins Gefängnis geworfen und werden nun von den religiösen Führern und den Hohepriestern verhört. Geradlinig und ohne Angst geben sie Auskunft über die Ereignisse und bringen diese mit dem gekreuzigten und auferstandenen Jesus in Verbindung. In seinem Namen ist diese Heilung geschehen. Nur in ihm können Menschen das Heil finden und gerettet werden. Von so viel Bekennermut überrascht, beraten sich die religiösen Führer und verbieten ihnen, weiterhin im Namen Jesu und von dessen Heilsbedeutung zu reden. Unerschrocken bekennen die beiden, dass sie Gott mehr verpflichtet sind als den Menschen. Das von Jesus Gehörte und mit Jesus Erlebte müssen noch viele Menschen hören, damit ihr Leben eine Perspektive gewinnt für jetzt und für die Ewigkeit. Petrus und Johannes wollten ihren Zeitgenossen diese Nachricht nicht vorenthalten.

Heute ist es manchmal nicht einfach, im Zeitalter von Toleranz davon zu reden, dass es Rettung nur in Jesus gibt. Sind wir uns dessen bewusst?

Marlene Trick

8. JUNI
APOSTELGESCHICHTE 7

GEBORGEN TROTZ LEBENSGEFAHR

DOCH STEPHANUS, VOM HEILIGEN GEIST ERFÜLLT, BLICKTE UNVERWANDT ZUM HIMMEL HINAUF, WO ER DIE HERRLICHKEIT GOTTES SAH, UND ER SAH JESUS AUF DEM EHRENPLATZ ZUR RECHTEN GOTTES STEHEN.
APOSTELGESCHICHTE 7,55

Stephanus war einer der sieben Diakone, die die Apostel eingesetzt hatten, um die wachsende Gemeindearbeit zu bewältigen. Obwohl seine Hauptaufgabe die diakonische Arbeit war, fiel Stephanus durch seine theologischen Aussagen auf. Daraufhin muss er vor dem Hohen Rat Rede und Antwort stehen. Dabei scheut er sich nicht, einen heilsgeschichtlichen Abriss zu geben, der bei Abraham beginnt und mit der Tötung von Jesus endet, um seinen Zuhörern ihr gegen Gott gerichtetes Verhalten vor Augen zu stellen. Er redet sich um Kopf und Kragen, um seine Zuhörer zur Umkehr zu bewegen. Aber sie bleiben stur und Stephanus merkt, dass er nun sterben wird. Trotzdem knickt er nicht ein, sondern bleibt standhaft, weil er sich geborgen weiß durch die Gegenwart Gottes. Er weiß, dass auch diese lebensbedrohende Situation ihm die Gewissheit nicht nehmen kann, dass Jesus und sein Vater mit dabei sind. Er ist nicht allein, egal was die nächsten Minuten bringen werden. Sein Ziel ist die ewige Gemeinschaft mit Jesus.

Egal, was der Tag heute bringt an Schwierigkeiten und Stolpersteinen: Er ist da und ich in seiner Hand!

Marlene Trick

9. JUNI

APOSTELGESCHICHTE 8.26-40

MASSARBEIT GOTTES

**ZU PHILIPPUS ABER SAGTE EIN ENGEL DES HERRN:
„GEH NACH SÜDEN AUF DER EINSAMEN STRASSE,
DIE VON JERUSALEM NACH GAZA FÜHRT."**

APOSTELGESCHICHTE 8.26

Nach der Vertreibung der Christen aus Jerusalem hat Philippus eine Aufgabe in Samaria gefunden. Er erlebt, wie Menschen hungrig nach Gott sind und wie Gott durch ihn in dieser Stadt wirkt. Es entsteht eine blühende Arbeit. In diese Situation hinein bekommt Philippus eine neue Platzanweisung Gottes. Trotz der Fülle von Terminen und Aufgaben bleibt er hörbereit für Gott. Er ist offen für eine neue Aufgabe, obwohl es in Samaria noch vieles gäbe, was vollendet und gefestigt werden müsste. Aber Gott schickt ihn an einen einsamen Ort im Süden. Nicht gerade eine attraktive Platzanweisung, wenn auch in Samaria noch Menschen begleitet werden müssten. Aber Philippus geht. Er nimmt diesen mehrtägigen beschwerlichen Fußmarsch auf sich, ohne genau zu wissen, was zu tun ist. Erst an Ort und Stelle erhält er die weitere Anweisung: Geh hin und halte dich zu diesem Wagen! Philippus muss erkennen, dass er in einer von Gott exakt vorbereiteten Situation ist. Er kann diesem Menschen aus Äthiopien helfen und ihm den Weg zum Heil zeigen.

Das erleben wir bis heute, dass es diese von Gott mit viel Weitblick und Liebe vorbereiteten Situationen gibt, die für uns oder andere heilsentscheidend sind.

Marlene Trick

VON GOTT BERUFEN UND GEBRAUCHT

DOCH DER HERR ERWIDERTE: „GEH UND TU, WAS ICH SAGE. SAULUS IST MEIN AUSERWÄHLTES WERKZEUG. ER SOLL MEINE BOTSCHAFT DEN VÖLKERN UND KÖNIGEN BRINGEN UND AUCH DEM VOLK ISRAEL."

APOSTELGESCHICHTE 9,15

Das hätte niemand gedacht und löste zu Beginn auch Zweifel aus: Aus dem Christenhasser und Christenverfolger Saulus wurde der leidenschaftlich für den christlichen Glauben kämpfende Paulus. So eine Lebenswende ist durch Gottes Eingreifen möglich. Jesus selbst begegnet Saulus auf dem Weg nach Damaskus. Dort bleibt der geblendete Saulus drei Tage allein auf der Suche nach Antworten. Erst dann schickt der Auferstandene Hananias, der erst dazu überzeugt werden muss, zu Saulus, um ihm weiterzuhelfen. Jesus selbst hat Saulus dafür ausgewählt, dass er sein Werkzeug sein soll. Ein Werkzeug hat immer nur dienende Funktion. Es dient dem, der es gebraucht, dazu, ein Ziel zu erreichen. So will Jesus Saulus, aus dem Paulus wird, dazu gebrauchen, dass sein Name viele, sogar Könige, erreicht. Jesus geht es dabei nicht darum, dass sein Name berühmt werden soll. Vielmehr geht es Jesus darum, dass viele in nah und fern Rettung erfahren sollen, indem sie von ihm und seiner Rettungstat erfahren (Apostelgeschichte 4,12). Dazu will er Paulus gebrauchen.

Wo will Jesus mich heute gebrauchen?

Marlene Trick

TRENNMAUERN FALLEN

DA ERWIDERTE PETRUS: „JETZT WEISS ICH, DASS ES WAHR IST: GOTT MACHT KEINE UNTERSCHIEDE ZWISCHEN DEN MENSCHEN. IN JEDEM VOLK NIMMT ER JENE AN, DIE IHN ACHTEN UND TUN, WAS GERECHT IST."
APOSTELGESCHICHTE 10,34F.

Petrus, Wortführer unter den Jüngern und eine der Säulen der ersten Gemeinde, wird von Jesus auf eindrückliche Weise auf eine neue Aufgabe vorbereitet: die Mission unter den Heiden! Während seiner Gebetszeit mach ihm Jesus klar, dass er die von Juden für unrein erklärten Tiere schlachten und essen soll. Denn was Gott für rein erklärt, darf den Menschen nicht als unrein gelten. Zur gleichen Zeit hat der römische Hauptmann Cornelius, der sich dem jüdischen Glauben verbunden weiß, eine Erscheinung: Er soll nach Petrus schicken. So macht Gott beiden deutlich, dass die nun entstehende Situation von ihm schon lang geplant ist, um eine neue Dimension der Mission einzuleiten. Menschen, die bisher durch unsichtbare Mauern voneinander getrennt waren, führt Gott zusammen und macht deutlich: Das Trennende fällt, wenn Menschen mit verschiedenster Herkunft und verschiedensten Wurzeln sich für den Glauben an Jesus öffnen und in ihm ihren Retter erkennen.

Das ist bis heute in gleicher Weise möglich, dass Menschen zueinanderfinden, wenn sie die Liebe zu Jesus und die Gewissheit der Rettung durch ihn zusammenschließt.

Marlene Trick

EIN OFFENES HERZ UND EIN OFFENES HAUS

EINE DIESER FRAUEN WAR LYDIA AUS THYATIRA, DIE MIT KOSTBAREN PURPURSTOFFEN HANDEL TRIEB. SIE WAR KEINE JÜDIN, HIELT SICH ABER ZUR JÜDISCHEN VERSAMMLUNG. WÄHREND SIE UNS ZUHÖRTE, ÖFFNETE DER HERR IHR DAS HERZ FÜR DIE BOTSCHAFT, DIE PAULUS VERKÜNDETE.
APOSTELGESCHICHTE 16,14

Aufgrund einer nächtlichen Erscheinung kommen Paulus und seine Mitarbeiter von Kleinasien nach Europa. Sie sind sich sicher, dass Gott sie in diese neue Aufgabe gestellt hat. Nachdem sie sich mit den örtlichen Gegebenheiten vertraut gemacht hatten, besuchen sie am Sabbat die jüdische Gebetsversammlung. Sie kommen mit den dort versammelten Frauen ins Gespräch. Eine Nichtjüdin erlebt, dass das von Paulus Gesagte sie im Innersten berührt. Der Auferstandene selbst hat ihr Herz geöffnet, sodass die Predigt des Paulus auf fruchtbaren Boden fallen kann. So kann dieser einzigartige Augenblick entstehen, dass sie das Gehörte nicht nur mit den Ohren, sondern auch mit dem Herzen hören kann. Und sie merkt: Das gilt mir! Ich bin gemeint! War sie bisher als Interessierte in den jüdischen Versammlungen geduldet, erfährt sie nun, dass sie in Jesus ganz zum neuen Gottesvolk dazugehören kann. Das ist bis heute die überwältigende Nachricht für jeden Menschen: In Jesus darf ich ganz dazugehören. Bei Lydia geschieht es dann, dass sie ihr Haus öffnet für die erste christliche Gemeinde in Europa.

Auch wir brauchen heute offene Häuser, um Gemeinschaft zu leben.

Marlene Trick

13. JUNI
2. MOSE 1

MUT ZU EINEM CHRISTLICHEN PROFIL

**ABER WEIL DIE HEBAMMEN EHRFURCHT VOR
GOTT HATTEN, GEHORCHTEN SIE DEM KÖNIG
VON ÄGYPTEN NICHT UND LIESSEN DIE JUNGEN AM LEBEN.**
2. MOSE 1,17

Wie sich die Abläufe in der Weltgeschichte wiederholen! Eigentlich sollten wir aus den Fehlern der Vergangenheit lernen. Aber wer kümmert sich um die Vergangenheit, wenn die Gegenwart alle Aufmerksamkeit fordert? So ging es dem neuen Pharao, als die wachsende Zahl der Israeliten im Land bedrohlich groß wurde. Die Lösung fand sich in Zwangsarbeit und gewaltsamer Unterdrückung, schließlich sogar im Versuch, durch die Ermordung der männlichen Nachkommen das Wachstum unter Kontrolle zu bekommen.

Es ist erstaunlich, dass die Hebammen Schifra und Pua den Mut hatten, sich der staatlichen Anordnung zu widersetzen. „Man muss Gott mehr gehorchen als den Menschen" (Apostelgeschichte 5,29). So brachte es später Petrus auf den Punkt. Auch heute kann nicht alles vor Gott bestehen, was staatliche Ordnungen und mehr noch die öffentliche Meinung vorschreiben. Sollen wir mit unserer Überzeugung deshalb hinterm Berg halten? Ja, es ist nicht einfach, wenn der Glaube einen zum Außenseiter stempelt und Gottesfurcht lächerlich gemacht wird. Aber Gott segnete die Hebammen. Soll er gegenüber uns heute weniger großzügig sein? Wo wir uns in der Ehrfurcht vor Gott gegen menschliche Willkür stellen, sind wir gleichsam wie Mosaiksteinchen eingegliedert in ein umfassendes Gesamtbild, das Gottes Ziel vor Augen malt.

Claus-Dieter Stoll

14. JUNI

2. MOSE 2

LANGE VORBEREITUNG

ER [GOTT] SAH DIE ISRAELITEN UND KÜMMERTE SICH UM SIE.
2. MOSE 2.25

Der Mann, der ein ganzes Volk in die Freiheit führen sollte, der Mann, dessen Name für eine ganze Religion stehen und der zum Vorbild für Generationen, ja, zum religiösen Idealtypus werden sollte, der wird uns hier mit seinem Ursprung vorgestellt. Ein einfaches, bedrohtes Kind, ironischerweise ausgerechnet von der Tochter des Gegenspielers gerettet. Ein junger Mann, der am Königshof sicher eine hohe Bildung erfahren hat, die ihn jedoch nicht daran hindert, Opfer seiner eigenen Emotionen zu werden. Sein starkes Bedürfnis nach Gerechtigkeit schreckt auch vor Gewaltanwendung nicht zurück, macht ihn gar zum Mörder. Die gesicherte Existenz am Hof hat er damit verspielt. Er wird zum mittellosen Migranten.

Erneut ist es sein Gerechtigkeitsempfinden, das Mose nun weiterbringt. Wieder setzt er sich gewaltsam für die Schwächeren ein. So kommt er in die Familie Reguëls und lernt das einfache Beduinendasein kennen. Das kommt ihm und dem Volk später bei der Wüstenwanderung zugute. Hier gründet er auch seine eigene Familie. Aber das Gefühl, ein Fremder zu sein, kann sie ihm nicht abnehmen. So wird er aber vorbereitet, geschult für die Riesenaufgabe, die auf ihn wartet. Denn Gott hat sein Versprechen an Abraham nicht vergessen. Sein Weg mit den Menschen ist ein Weg durch die Höhen und Tiefen des Lebens. Hier bei Mose und genauso bei den Israeliten, die in Ägypten weiter schuften müssen.

Claus-Dieter Stoll

SPANNUNGSVOLLES WARTEN MIT VERHEISSUNGSVOLLER AUSSICHT

ICH BIN GEKOMMEN, UM SIE AUS DER GEWALT DER ÄGYPTER ZU RETTEN UND SIE AUS ÄGYPTEN ZU FÜHREN IN EIN SCHÖNES, WEITES LAND, IN EIN LAND, IN DEM MILCH UND HONIG ÜBERFLIESSEN.

2. MOSE 3,8

Vierzig Jahre (!) sind vergangen, seit Mose geflohen ist. Vierzig Jahre in der Wüste unterwegs als Nomade. Ebenso vierzig Jahre, in denen das bittere Leid der unterdrückten Israeliten nicht endete. Ein halbes Menschenleben! Lässt Gott sich Zeit zulasten der Leidenden? Dieser Eindruck drängt sich fast auf.

Das Leiden und Klagen kann den Blick darauf verdecken, dass Gott da ist, dass er hört und sieht und nun tatsächlich kommt, einschreitet. Jetzt – und erst jetzt – ist die Zeit reif. Auch wenn es den Leidenden unsäglich schwerfällt und nicht nachvollziehbar erscheint: Gott zaubert nicht. Er geht den Weg des Menschen mit, ohne ihn zu überfordern. Und das braucht Zeit. Auch wenn einzelne, ja ganze Generationen darüber wegsterben: Gott zieht die Einlösung seines Versprechens durch. Die Israeliten damals in der Sklaverei Ägyptens haben nach Erlösung geschrien. Mit Moses Berufung kam sie, wenn auch anders als gedacht. 1500 Jahre später haben die Juden unter der Bedrückung der römischen Besatzung den Erlöser herbeigesehnt. Mit Jesus ist er gekommen, aber anders als gedacht. Wir warten heute, 2000 Jahre später, auf die endgültige Erlösung, wenn Jesus wiederkommt. Warten wir noch? Und wie erwarten wir ihn?

Claus-Dieter Stoll

BERUFUNGSZEIT

LASS MICH DOCH GEHEN, DAMIT ICH WIEDER ZU MEINEN BRÜDERN KOMME.
2. MOSE 4,18 (LU)

Wir hören aus diesem Satz eine gehörige Portion Ungeduld heraus. Mose war bereit. Er wollte seine Berufung leben. Jetzt. Obwohl er einen Menschen auf dem Gewissen hatte (2. Mose 2,12), legte Gott gerade ihm eine große Berufung aufs Herz (2. Mose 3). Aber noch war es nicht so weit. Es sollte eine lange Zeit vergehen (vgl. 2. Mose 2,23 und 2. Mose 4,19), bis die Berufung Wirklichkeit wurde. Eine Vorbereitungs- und Bewährungszeit?

Wir kennen das vielleicht bei uns: „Gott, ich dachte immer, dass du mit mir dies vorhast. Warum geschieht denn davon nichts?" Da hat eine junge Frau vor Augen, dass sie einmal eine Familie gründen wird. Aber Jahr um Jahr verstreicht, ohne dass der richtige Mann in ihr Leben tritt. Verzweiflung greift um sich. Oder ein junges Paar ist sich so sicher gewesen, dass es in die äußere Mission berufen ist. Aber es tut sich einfach keine Tür auf, um auszureisen.

„Lass mich doch gehen, Herr! Lass es doch geschehen!"

Ein näherer Blick auf die Berufungsgeschichte zeigt, dass Gottes Blick bei Berufungen nicht nur auf uns selbst gerichtet ist. Da lässt uns Gott manchmal aufreizend lange warten. Bei Mose war es so: Gott kannte sein Volk Israel. Erst wenn der Leidensdruck unerträglich werden würde (2. Mose 3,9), bekäme Mose Gehör. Also musste er warten. Gott weiß, wann der rechte Zeitpunkt ist. Und seine Berufung kann ihn nicht gereuen (Römer 11,29). Wie gut!

Matthias Hanßmann

17. JUNI
2. MOSE 7,1-24

SCHMERZHAFTE EHRLICHKEIT

ABER ICH WILL DAS HERZ DES PHARAO VERHÄRTEN.
2. MOSE 7,3 (LU)

Gott kann so schmerzhaft ehrlich sein (vgl. Jesaja 6,10; Jeremia 6,10). Losgeschickt, um das Wort Gottes zu sagen. Und doch darauf vorbereitet, dass nichts fruchten wird.

Na, danke schön! Mose, der bevollmächtigte Befreier, und Aaron, der berufene Prophet und Redner (V. 1), scheiterten schon beim ersten Versuch. Das Herz des Pharao blieb verhärtet. Da half weder das Schlangen- noch das Blutwunder. Und doch wollte Gott, dass sie gehen.

Bei Jesus lernen wir, dass dies ein Charakterzug Gottes ist. Gottes Wort fällt auf jeden Boden. Selbst unter die Dornen, wo es erstickt wird (vgl. Matthäus 13). Für uns ist das unbegreiflich. Wir rechnen hoch und rechnen ab: „Das kann nichts werden, also lassen wir es bleiben." Gott aber wendet sich der ganzen Welt zu. Er müht sich mit dem Pharao ab. Er hätte es auch anders lösen können, ganz sicher. Was bringt denn nun die Wende? Bei Mose die Einsetzung des Passahfestes mit dem Blut des Lammes (2. Mose 12): Freiheit für Israel. Bei Jesus der „Kelch des neuen Bundes" (Lukas 22,20): Freiheit für alle Kinder Gottes.

Jesus gibt sich für die Welt, obwohl er weiß: Vieles bleibt verstockt. Ob wir uns darum kümmern müssen? Nein. Jesus sagt: „Was geht es dich an, was mit diesem passiert!" (vgl. Johannes 21,22). Er selbst geht den Weg der herzlichen Großzügigkeit. Warum sollten wir ihn nicht auch gehen?

Matthias Hanßmann

18. JUNI

2. MOSE 11

EIN HOHER PREIS

AUF DASS IHR ERKENNT, DASS DER HERR EINEN UNTERSCHIED MACHT ZWISCHEN ÄGYPTEN UND ISRAEL.

2. MOSE 11,7 (LU)

Die Erstgeburt der Ägypter sollte sterben. Uns mutet das grauenvoll an. Was für ein Preis für die Freigabe eines Volkes! Vielleicht ist es gut, wenn wir uns nochmals vor Augen halten, wie furchtbar das Volk Israel in der Sklaverei gelitten haben muss. Auch hier kann die Fantasie grauenvolle Bilder malen, und wahrscheinlich war es dennoch schlimmer als von uns angenommen.

Aber dies allein macht uns nicht fragend. Wir fragen uns: Warum löst Gott die Situation nicht durch Liebe? Warum gehört zur Erlösung auf der anderen Seite das Leid des Feindes? Ganze Bücher könnten wir verfassen und bleiben doch fragend. Vielleicht ist es die Realität des Bösen, der wir uns seit dem Sündenfall ausgesetzt wissen (1. Mose 2,17). Sie hat ein reales spezifisches Gewicht in dieser Welt. Das Böse fordert stündlich seinen Tribut, und das Gute kostet seinen Preis. Gott liebt das Gute. Ihm ist es teuer und wert. Sein Volk ist ihm sein Teuerstes. Das sollten wir auch heute nicht vergessen. Israels Befreiung war teuer erzwungen. Aber sollte und soll das so weitergehen? Nein. Gottes Weg der Freiheit führt uns ans Kreuz. Die Erlösung vom Bösen ist teuer erkauft (Johannes 3,16; Römer 5,8). Im tiefsten Leid finden wir unser größtes Glück.

Gönnen Sie sich etwas Zeit für den ganzen Bibelabschnitt: 2. Mose 11,1-10.

Matthias Hanßmann

19. JUNI

2. MOSE 12

ERZÄHLT ES EUREN KINDERN

WENN EURE KINDER EUCH FRAGEN WERDEN:
„WAS BEDEUTET DIESER BRAUCH?" DANN SOLLT IHR ANTWORTEN:
„DAS IST EIN PASSAHOPFER FÜR DEN HERRN."

2. MOSE 12,26-27

Das Passahfest ist das zentrale Fest des jüdischen Volkes. Bis heute wird es als Fest der Befreiung gefeiert. Zum Passahfest gehört die Schlachtung eines Lammes (hebr. „päsach"). Gott lässt über Mose den genauen Ablauf des Passahmahles verkünden (vgl. 2. Mose 12; 3. Mose 23; 5. Mose 16). Das Blut des Lammes wurde mit einem Ysopbüschel an die Türpfosten gemalt (V. 22). Das Opferblut bewahrte die jüdischen Kinder vor dem Todesengel.

Wenn jüdische Familien heute das Fest feiern, dann wird im Lauf des Festes aus vier Kelchen der Wein getrunken. Jesus nimmt dieses Fest zum Anlass, um nach dem Mahl (1. Korinther 11,25) den Wein mit seinem Opferblut am Kreuz in Verbindung zu bringen. Wir können davon ausgehen, dass es der vierte Kelch war. Es gibt jedoch auch noch einen fünften Kelch. Das Volk Israel stellt ihn symbolisch mit auf den Tisch. Aus diesem Kelch soll getrunken werden, wenn der Messias kommen wird. Für uns Christen ist das himmlische Passah schon heute angebrochen. Wir warten auf seine Wiederkunft, wissen uns aber durch sein Blut schon heute geborgen. Ob wir das auch unseren Kindern immer wieder erzählen?

Gönnen Sie sich etwas Zeit für den ganzen Bibelabschnitt: 2. Mose 12.

Matthias Hanßmann

20. JUNI

2. MOSE 13

PRIORITÄTEN

DARUM HALTE DIESE ORDNUNG JAHR FÜR JAHR ZU IHRER ZEIT.

2. MOSE 13,10 (LU)

„Gott das Erste!" Diese Einsicht webt sich wie ein roter Faden durch das ganze Alte Testament. Das Volk Israel war noch nicht einmal dem ägyptischen Heer entkommen, da fordert Gott bereits Mose auf, an die eigene Erstgeburt zu denken: „Der Erstgeborene jeder Familie soll Gott gehören." – Das hatte er dem Volk mitzuteilen. Noch hatten die Juden das Wehgeschrei aus den ägyptischen Häusern im Ohr. Dort, wo über den Verlust der Erstgeburt geklagt wurde. Und noch selbst während der Flucht unterwegs, sollten sie sich über solche Fragen Gedanken machen?

Es geht so menschlich zu. Wann wäre denn der richtige Zeitpunkt, um sich über die Prioritäten Gedanken zu machen? Gottes Wort kommt meist ungelegen. Das ist ja das Problem. Wir sind so ungemein beschäftigt mit unserem Leben. Seien es kritische, arbeitsreiche oder fröhliche Zeiten. Jesus bringt es später auf den Punkt: Wer mir nachfolgt, der verleugne sich selbst (vgl. Lukas 9,23).

Wir alle wissen, dass wir mit unserem Leben achtsam umgehen müssen, um nicht auszubrennen und uns zu überfordern. Könnte eine Kehrtwende zum „Jesus first" genau dies bewirken? Wenn wir das uns so Wichtige – ob Zeitplan, Karriere, Familie oder Kapital – ihm bewusst anvertrauen und abgeben, entsteht plötzlich Freiraum. Wir geben, und im Abgeben bemerken wir, wie wir Freiheit empfangen. Ein kleiner persönlicher Exodus aus der modernen Sklaverei des Leistungsalltages.

Matthias Hanßmann

21. JUNI

2. MOSE 14

RUHE BEWAHREN

**„DER HERR WIRD FÜR EUCH STREITEN,
UND IHR WERDET STILLE SEIN."**

2. MOSE 14,14 (LU)

Vor ihnen die Wassermassen, hinter ihnen das Soldatenmeer. Sollte also hier das Ende der Geschichte Israels stattfinden? Mitten in ihren Wuteskapaden lenkt Mose die Sinne der Menschen nicht nach hinten und nicht nach vorn, sondern nach oben. Hatte nicht Gottes Gegenwart in Wolken- und Feuersäule immer für den rechten Weg gesorgt? Ja, ist JHWH der Lebendige nicht selbst der Weg? Gottes Antwort wirkt irritierend. Einfach geradeaus auf das Wasser zugehen? Gott überrascht mitten im Zorn der Israeliten: Die Lösung unserer Probleme gibt es nicht durch Selbstzerfleischung (Konfliktübertragung vom eigentlichen Problem auf uns selbst) noch durch Ignoranz (indem wir einfach so tun, als wären die Probleme nicht da). Nein, die Lösung liegt im Weitergehen. Gott öffnet dem Volk und uns im Gehen den neuen Weg. Auch wenn wir ihn noch nicht sehen. Unzählige Geschichten der Bibel und des Lebens unterstreichen dieses Geheimnis. Israel benötigte das Schilfmeerwunder, um die Existenzkrise zu bewältigen.

Bei uns öffnen sich andere Wege, wenn uns z.B. Konflikte in der Gemeinde den Weg versperren. Was aber ist der erste Schritt dazu? Wie beginnen wir? Mose sagt: „Der Herr wird für euch streiten, und ihr werdet stille sein." Das Erste ist also: ruhig werden. Und aus der Ruhe heraus sind sie damals und können wir heute mutig weitergehen – schnurstracks durch unser Problem hindurch.

Matthias Hanßmann

HIMMEL TRIFFT ERDE

DAMALS SANGEN MOSE UND
DIE ISRAELITEN DEM HERRN FOLGENDES LIED.
2. MOSE 15,1

Was für ein Lobpreis! Mose leitet an, und das Volk stimmt mit ein. Es lohnt sich, den ganzen Lobpreis einmal näher zu betrachten. Was passiert in dem Gesang, dessen Musik und Melodie uns verloren gegangen ist? Gottes Eigenschaften werden gerühmt. Und dies geschieht, indem die Rettung Israels nacherzählt wird. Alle Einzelheiten des Niedergangs der Ägypter werden vor Augen gemalt und in Bezug auf Gottes Größe gebracht (V. 10; V. 12).

Der Lobpreis hat seine Verortung in der Begegnung mit Gottes erlebbarem Eingreifen. Erleben wir ihn ausschließlich gottesdienstlich, leben wir gefährlich. Jede Religion kennt den rituellen Lobgesang gegenüber seinen Göttern. Da ist einer schöner als der andere. Dort aber erschöpft sich der Lobpreis in sich selbst (etwa im Rausch des Tanzes und der Trance).

Wir aber loben Gott in ausgelassener Freude, weil wir ihn im Alltag erleben und Geschichten zu erzählen haben. Hier trifft Himmel auf Erde und Mensch auf Gott. Das hält uns mit beiden Beinen auf dem Boden und erhebt unser Herz zum Himmel. Mose animierte beim Lobpreis. Beteiligung ist ein Grundelement des Lobpreises. Nicht die Darbietung steht im Vordergrund, sondern die geistliche Partizipation. Sogar Mirjam haut schließlich auf die Pauke. Die erste Anbetungsleiterin in der Bibel.

Matthias Hanßmann

23. JUNI
2. MOSE 16

HIMMELSBROT – AUF GOTT VERTRAUEN LERNEN

DAS IST DAS BROT, DAS DER HERR EUCH ZUM ESSEN GEGEBEN HAT.
2. MOSE 16,15B

Keine zwei Monate sind vergangen, da zählt nicht mehr, wie in Ägypten der Todesengel an den Häusern der Israeliten vorüberging und Gott sie durch das Schilfmeer führte. Neue Todesangst erfüllt sie: Wie soll ein so großes Volk in der Wüste überleben? Das ehemalige Sklavenleben erscheint verheißungsvoller als das Gelobte Land.

Dass Gott in der Vergangenheit treu war, ist kein Garant für Hoffnung. Ob ich Gott heute vertraue, zeigt sich jeden Morgen neu.

Doch Gott ist geduldig. Er übt mit Israel das Vertrauen, vierzig Jahre lang. Bei der Versorgung mit Manna und Wachteln steht das Manna als Himmelsbrot ganz im Vordergrund. Denn das eigentliche Wunder ist nicht das Finden von Nahrung in der Wüste – wie es kundige Nomadenvölker bis heute erleben. Das Besondere zeigt sich darin, dass das Manna am siebten Tag nicht zu finden ist und dafür zwei Tage lang haltbar bleibt.

Gott heiligt den siebten Tag – und sorgt dafür, dass Israel die Besonderheit dieses Tages vierzig Jahre lang vor Augen steht.

Jesus lehrt seine Jünger beten: „Unser tägliches Brot gib uns heute" (Matthäus 6,11; LU). Er wiederholt das Wunder der Speisung mehrfach und lädt zum Vertrauen ein: „Ich bin das Brot des Lebens" (Johannes 6,48). Sein Wort, sein Leben ist das wahre Himmelsbrot, das uns auf dem Weg in das verheißene Land begleitet und echte Sabbatzeiten schenkt.

Rainer Holweger

24. JUNI

2. MOSE 19

DER HEILIGE GOTT BERUFT EIN HEILIGES VOLK

IHR SOLLT MIR EIN KÖNIGREICH VON PRIESTERN, EIN HEILIGES VOLK SEIN.

2. MOSE 19,6

Am Fuße des Berges Sinai beruft sich der heilige Gott ein heiliges Volk. Das Besondere der zwölf Stämme Israels liegt darin, dass der lebendige Gott, der Himmel und Erde geschaffen hat, sich ihnen in einzigartiger Weise zuwendet. Er vertraut ihnen sein Wort an. Er gibt ihnen ein Land, in dem sie wohnen und sich entfalten dürfen. Er bestimmt sie zum Segen für alle Nationen. Dieses heilige Geschenk zeichnet die Nachkommen Abrahams, Isaaks und Jakobs bis heute aus.

Gott bereitet sie auf den Empfang der Zehn Gebote vor, indem er ihnen ein besonderes Zeichen seiner Nähe schenkt: Nicht nur Mose, sondern das ganze Volk soll ihn hören. Dieser Begegnung gehen drei Tage der Reinigung und Enthaltsamkeit voraus.

Was das Volk zu hören und sehen bekommt, erinnert an einen furchterregenden brodelnden Vulkan. Mose wird befohlen, die Grenzen um den Berg unter Todesstrafe einzuhalten.

Im Neuen Bund sprengt Jesus diese Grenzen am dritten Tag. Er zeigt sich als Auferstandener seinen Jüngern, sodass sie staunend bekennen, seine Herrlichkeit gesehen zu haben (vgl. Johannes 1,14). Jesus selbst reinigt uns durch seine Hingabe am Kreuz, sodass wir ohne Furcht vor Gott treten dürfen. Denn er will auch unser Gott sein. Durch Christus dürfen auch Menschen aus anderen Nationen zu seinem ursprünglich erwählten Volk hinzukommen – und sein Volk sein.

Rainer Holweger

DIE ZEHN GEBOTE – WEGWEISER ZUM LEBEN IN DER NÄHE GOTTES

ICH BIN DER HERR, DEIN GOTT, DER DICH AUS DER SKLAVEREI IN ÄGYPTEN BEFREIT HAT.

2. MOSE 20.2

Die Zehn Gebote gehören zu den wichtigsten Texten der Menschheit. Sie sind heute noch so aktuell wie damals und benennen kurz und prägnant die Grundbedingungen für ein gelingendes Zusammenleben – als Volk, als Gesellschaft. Aber sie sind weit mehr als das.

Sie sind eben nicht nur Verhaltensregeln, die Grenzen markieren – aus gutem Grund nennt man sie ja nicht die „Zehn Verbote", obwohl acht davon als solche formuliert sind.

Der erste Satz macht deutlich: Sie sind Bestandteil der Zusage Gottes: „Ich will dein Gott sein und du sollst mein Volk sein." Die Zehn Gebote schenken Freiräume zum Leben – in seiner Nähe. Wichtiger als alle Einzelanweisungen ist der Weg, den die Gebote aufzeigen: hin zu dem Leben, das Gott sich für uns wünscht, ein Leben im Haus des liebenden Vaters. Diese Gebote sind eben nicht der Stacheldraht eines hinter Verboten eingepferchten Lebens, sondern vielmehr wie Leitplanken, die uns auf dem Weg zu Gott vor Abgründen schützen wollen.

Wie ein Leben aussieht, das diesen Schutz missachtet, wird schnell deutlich, wenn man sich das Gegenteil deutlich macht: Gönne niemandem einen Sabbat, missachte deine Eltern, töte, brich die Ehe, lüge, stiehl und sei neidisch … Nein, die Gebote eröffnen einen geschützten Raum der Freiheit und führen uns auf einen Weg, auf dem Gott selbst uns begegnen will.

Rainer Holweger

191

26. JUNI

2. MOSE 24

EIN VORGESCHMACK AUF GOTTES HERRLICHKEIT

UND OBWOHL DIE FÜHRENDEN MÄNNER ISRAELS GOTT SAHEN, TÖTETE ER SIE NICHT. JA, SIE ASSEN UND TRANKEN SOGAR IN SEINER GEGENWART.

2. MOSE 24,11

Sorgfältig wird der Bund zwischen Gott und seinem Volk vorbereitet und geschlossen. Gemeinsam mit seinem Bruder Aaron, dessen beiden Söhnen Nadab und Abihu sowie mit 70 Ältesten darf Mose dann in die Nähe Gottes kommen. Höhepunkt ist das gemeinsame Mahl hoch auf dem Berg Sinai. Gerade im Kontrast zu 2. Mose 33,20 („Mein Gesicht kannst du jedoch nicht sehen, denn jeder Mensch, der mich sieht, muss sterben") wird die Besonderheit dieses Treffens deutlich. Der Prophet Jesaja sah mit deutlichem Bezug auf dieses Geschehen ein weiteres Festmahl voraus, jedoch als Fest für alle Völker auf dem Tempelberg in Jerusalem, wo ein noch tiefgreifender Bund geschlossen wird: „Den Tod wird er für immer beseitigen" (Jesaja 25,8; vgl. 1. Korinther 15,54; Jesaja 25,6-10).

Am Abend vor der Kreuzigung nimmt Jesus diese Verheißung auf und setzt mit dem Abendmahl den Neuen Bund ein: Er gibt sich selbst für uns in den Tod, um allen, die ihm vertrauen, das ewige Leben zu schenken (Matthäus 26,26-30).

Der Alte und der Neue Bund haben dasselbe Ziel: dass Menschen befreit von aller Schuld in die Gegenwart Gottes treten dürfen, um seine Herrlichkeit zu sehen. Wo wir in Jesu Namen gemeinsam das Abendmahl feiern, schenkt er uns einen Vorgeschmack davon, wie es bei ihm am Ende einmal sein wird.

Rainer Holweger

DAS ZELT DER BEGEGNUNG: GOTT WILL SICH FINDEN LASSEN

ERRICHTE DANN MEIN HEILIGTUM SO, WIE ICH ES DIR AUF DEM BERG GEZEIGT HABE.

2. MOSE 26,30

Detailliert wird die Bauanleitung für das Heiligtum beschrieben. Was Luther als „Stiftshütte" übersetzt, lässt sich wörtlicher als „Zelt der Begegnung" wiedergeben. Durch die brettartigen Bohlen entsteht jedoch in der Tat eine Mischung aus Zelt und Hütte von etwa 15 Metern Länge, 5 Metern Breite und 5 Metern Höhe.

Diese „Zelthütte" begleitet von nun an das Volk Israel bei seiner Wanderung. Zusätzlich zur Feuer- und Wolkensäule schenkt Gott dem Volk nun einen ganz konkreten, von ihm selbst genau bezeichneten Ort, an dem er sich finden lassen möchte.

Plastisch malt der Text einem die Zeltplanen vor Augen, die breiten Bohlen, die die Planen halten, die Innen- und Überdecken, die Vorhänge vor der Bundeslade und vor dem Zelt.

Das Heiligtum ist für das Volk eine Hilfe, Gott immer wieder neu ganz bewusst zu begegnen. Die Äußerlichkeiten verändern sich: Nach den örtlichen Steindenkmälern und Altären der Erzeltern folgt hier der nächste Schritt zum mobilen Heiligtum, später wird der Tempel hinzukommen, dann die Synagogen als Gottesdienstorte. Christen versammeln sich zuerst in Häusern, später auch in eigenen Kirchen.

Eines bleibt jedoch konstant: dass Gott Menschen mit seinem Wort anspricht und sie ihm antworten. Die kostbare Ausführung des Heiligtums erinnert uns daran, wie wertvoll unsere bewussten Zeiten mit Gott sind.

Rainer Holweger

28. JUNI

2. MOSE 31,18–32,29

DER TANZ UMS GOLDENE KALB

AUF! MACHE UNS EINEN GOTT, DER UNS FÜHRT!

2. MOSE 32,1

Der Tanz ums Goldene Kalb lässt uns in ein dunkles Kapitel der Bibel blicken. Weil Mose länger als erwartet ausbleibt, werden Aufrührer stark. Aaron lässt sich verführen, ein Götzenbild zu gießen. Gerade hatten die Israeliten die Gebote Gottes ausdrücklich als Teil des Bundes bestätigt – nun brechen sie ihr Versprechen.

Anstatt an Gottes Wort zu bleiben, schafft sich die Volksmenge ihre eigene Wirklichkeit. Im Bild des Kalbs – genauer: eines jungen Stiers – kommen verbreitete orientalische Kulte zum Ausdruck: Man sehnt sich zurück nach dem Vertrauten und verwirft damit den lebendigen Gott.

Während Mose sich zuerst vor Gott für das Volk einsetzt, packt ihn der Jähzorn, als er die Misere mit eigenen Augen sieht. Er zerstört vor Wut die Gebotstafeln und ruft im Namen Gottes zur Vergeltung auf. Allein der Stamm Levi steht Mose zur Seite und vollstreckt das Urteil an 3000 Menschen.

Es ist zwar denkbar, dass es sich bei den Hingerichteten um diejenigen handelte, die sich hartnäckig weigerten, den Stierkult und die damit verbundenen „Zügellosigkeiten" (2. Mose 32,25) aufzugeben. Dennoch gilt: Gewalt gegen Andersgläubige ist mit Jesu Botschaft unvereinbar. Hier gibt es eine klare Trennlinie.

Gemeinsam bleibt dem Alten und Neuen Bund jedoch die kompromisslose Ablehnung jeglichen Götzendienstes. Jesus selbst wurde entsprechend versucht – und hat widerstanden (Matthäus 4,8-11).

Rainer Holweger

29. JUNI

2. MOSE 32,30–33,23

SEHNSUCHT NACH GOTTES FREUNDSCHAFT

DER HERR SPRACH MIT MOSE VON ANGESICHT ZU ANGESICHT, WIE EINER, DER MIT SEINEM FREUND REDET.

2. MOSE 33,11

Streit führt zu Distanz. Auch Gott geht nach dem Bundesbruch zunächst auf Abstand. Dennoch hält er an seinem Versprechen fest, das Volk in das verheißene Land zu führen.

Für Mose ist die Situation schier unerträglich. Und er macht das einzig Richtige: Er sucht Gottes Nähe. Das Zelt der Begegnung wird zum Hoffnungsort, an dem Mose sich immer wieder vergewissert, ob er auf dem richtigen Weg ist. Auch das Volk erkannte neu, wie kostbar und heilig die Gegenwart Gottes in ihrer Mitte war.

Offen nimmt uns die Bibel mit hinein in die Fragen, die Mose zu schaffen machen: Meint es Gott wirklich gut mit mir und diesem Volk? Bin ich so, wie ich bin, wirklich geeignet für das, was Gott mit mir vorhat?

Mose erkennt die Schwächen des Volkes genauso deutlich wie seine eigenen. Und doch weiß er: Gottes Gnade kann einen Neuanfang schenken und Menschen verändern. Mose bittet Gott um ein Zeichen seiner Nähe und Freundschaft. Ein Zeichen, das ihm hilft, mit neuer Zuversicht seinen Auftrag wahrzunehmen.

Ich staune, wie fürsorglich sich Gott Mose zuwendet. Dabei bleibt er genau innerhalb dessen, was er Mose zumuten kann (2. Mose 33,20-22), und schützt ihn vor Überforderung.

„Gott hinterhersehen" – diese wunderbare Beschreibung kann für mich heute bedeuten, mit Dankbarkeit auf die Spuren zu achten, die Gott in meinem Leben hinterlassen hat.

Rainer Holweger

 WER IST JESUS FÜR DICH?

DA FRAGTE JESUS: „UND FÜR WEN HALTET IHR MICH?" PETRUS ANTWORTETE: „DU BIST DER CHRISTUS."

MARKUS 8.29

Auf die Frage, wer Jesus war, gibt es sehr unterschiedliche Antworten: ein großer Lehrer. Ein Menschenfreund. Ein Weltverbesserer. Ein religiöser Fanatiker. Viele achten ihn für seine guten Taten und sein konsequentes Leben. Manche verachten ihn oder leugnen gar seine Existenz. Aber für die meisten ist er eine historische Figur, die für ihr persönliches Leben keine Bedeutung hat.

Jesus fragt seine Jünger, für wen ihn die Leute halten. Eine merkwürdige Frage für einen, der die Gedanken jedes Menschen kennt. Mit dieser Frage bereitet er seine Freunde auf die folgende sehr persönliche Anfrage vor: „Und für wen haltet ihr mich?"

Wer ist Jesus für Sie ganz persönlich? Petrus' Antwort ist eindeutig: Du bist der Christus, der Messias.

Das ist so viel mehr als ein guter Mensch oder ein großes Idol. Mit diesem Bekenntnis macht Petrus klar, dass kein Einziger an diesem Jesus vorbeikommt: Er ist der von Gott gesandte Erlöser, der dieser Welt das ersehnte Heil bringt. Und von dem es im Johannesevangelium (Johannes 1,12) heißt, dass er allen, die ihn aufnahmen, die Macht gab, Gottes Kinder zu heißen.

Dieser Erlöser heilt unsere kaputten Seelen und macht aus Menschen mit Fehlern und Macken, aus schuldbeladenen Leuten Königskinder, wenn sie bekennen: Du bist der Christus, *mein* Erlöser!

Susanne Mockler

1. JULI

MARKUS 8,34–9,1

GOTT IST NICHT PEINLICH!

WENN SICH EIN MENSCH IN DIESER TREULOSEN UND SÜNDIGEN ZEIT FÜR MICH ODER MEINE BOTSCHAFT SCHÄMT, FÜR DEN WIRD SICH AUCH DER MENSCHENSOHN SCHÄMEN, WENN ER MIT DEN HEILIGEN ENGELN IN DER HERRLICHKEIT SEINES VATERS KOMMT.

MARKUS 8,38

Wem ist das nicht auch schon passiert: Da wird in einer Gruppe über die Christen geschmunzelt und man traut sich nicht, den Mund aufzumachen und zu sagen: „Aber hallo – da gehöre ich dazu."

Oder es wird hergezogen über die Kirche und ihre antiquierten Moralvorstellungen und man ist peinlich berührt und möglicherweise sogar verunsichert. Sind wir nicht doch ein bisschen arg eng, wenn wir unsere Steuererklärung korrekt machen oder außereheliche Sex nicht gut finden?

Jesu Ruf in die Nachfolge ist ein Aufruf zur Kompromisslosigkeit: „Macht keine halben Sachen! Auch wenn es unbequem wird: Haltet zu mir und wählt nicht einfach den breiten Weg, auf dem alle gehen." Jesus spricht sogar davon, dass wir uns selbst verleugnen sollen. Es geht also nicht um ein möglichst störungsfreies, angenehmes Leben. Auch nicht darum, dass alle uns lieb haben. Es geht um das klare Bekenntnis zu Jesus. Seiner müssen wir uns wahrlich nicht schämen!

Vielleicht hilft uns in der nächsten unangenehmen Situation unter Christen-Belächlern und Spöttern der innerliche Blick auf unseren Herrn in seiner Herrlichkeit, umgeben von Engeln. An der Seite dieses wunderbaren Helden dürfen wir uns stark und sicher fühlen.

Susanne Mockler

2. JULI

MARKUS 9,2-13

GESTÄRKT FÜR SCHWERE ZEITEN!

SECHS TAGE SPÄTER NAHM JESUS PETRUS, JAKOBUS UND JOHANNES MIT AUF DEN GIPFEL EINES BERGES. AUSSER IHNEN WAR NIEMAND DORT. PLÖTZLICH VERÄNDERTE SICH VOR IHREN AUGEN DAS AUSSEHEN VON JESUS.

MARKUS 9,2

Die drei Jünger, die Jesus auf den Berg mitgenommen hat, erleben Übersinnliches. Sie sehen ihn in seiner himmlischen Identität, in seiner Auferstehungsgestalt. Später, als Jesus ihnen verbietet, jemandem davon zu erzählen, bevor er nicht auferstanden sei, kapieren sie es nicht: „Was ist das – auferstehen von den Toten?" Dabei waren dort doch auch noch Elia und Mose gewesen – zwei der wichtigsten Vertreter des Alten Testaments. Die lebten schon lange nicht mehr.

Aber die drei Begleiter Jesu sind so begeistert von dem, was hier passiert, dass sie am liebsten gar nicht mehr wegwollen von diesem Ort: „Hier ist es gut!" Doch es ist nicht die Zeit zum Hüttenbauen, sondern allen steht ein schwerer Weg bevor. Um sie darauf vorzubereiten, spricht – quasi als Krönung des Ereignisses – Gott selbst aus einer Wolke die Jünger direkt an (V. 7): „Dies ist mein geliebter Sohn. Auf ihn sollt ihr hören!"

Wenn wir auf Jesus hören, dann öffnet uns das den Blick über die irdische Realität hinaus. Auch wenn wir nichts verstehen – Gott hat den Überblick. In seiner heiligen Gegenwart erfahren wir Zuspruch und Ermutigung für das, was vor uns liegt. Das gibt auch uns Kraft für schwere Zeiten.

Susanne Mockler

3. JULI
MARKUS 9,14-29

GLAUBEN IST EIN GESCHENK

ICH GLAUBE! ABER HILF MIR, DASS ICH NICHT ZWEIFLE!
MARKUS 9,24B

An Gottes Macht und Möglichkeiten zu glauben, ist manchmal ganz schön schwer. Da ist zum Beispiel die schlimme Diagnose und wir bekommen furchtbare Angst, anstatt darauf zu vertrauen, dass Gott die Situation unter Kontrolle hat. Da ist der völlig verfahrene Konflikt zwischen zwei Ehepartnern und keiner glaubt mehr, dass es noch Hoffnung für die beiden gibt. Oder die schon länger andauernde Arbeitslosigkeit des Mitfünfzigers und es fällt so schwer zu glauben, dass Gott für diesen in die Jahre gekommenen Menschen eine gute Perspektive hat.

Zweifeln ist menschlich. Auch der Vater des besessenen Knaben zweifelte an der Vollmacht Jesu: „Wenn du etwas kannst, dann hilf uns." Könnte es etwa auch sein, dass Jesus nicht kann? Jesus lädt ihn zum Vertrauen ein: „Alles ist möglich für den, der glaubt!" Aber der Vater muss gestehen: „Ich will ja glauben. Aber bitte hilf mir ...!" Jesus schickt ihn nicht fort nach dem Motto „Lern du erst mal richtig zu glauben, bevor du etwas von mir willst". Nein, er beantwortet diese Bitte, indem er den Jungen heilt.

Das ermutigt mich: Um meine Bitten und Anliegen vor Gott zu bringen, muss ich keine Glaubensheldin sein. Auch meine Zweifel nimmt er an, mein Ringen um Gottvertrauen. Und er schenkt mir durch sein sichtbares Wirken in meinem Leben immer wieder neuen Glauben.

Susanne Mockler

BEI JESUS DARF MAN NACHFRAGEN

DOCH SIE VERSTANDEN IHN NICHT UND WAGTEN IHN NICHT ZU FRAGEN, WAS ER DAMIT MEINTE.
MARKUS 9,32

Jesus hatte sein Leiden zum zweiten Mal eindeutig angekündigt: „Ich werden den Menschen in die Hände fallen, sie werden mich töten, ich werde nach drei Tagen auferstehen." Was gibt es daran nicht zu verstehen? Die Freunde von Jesus waren offensichtlich überfordert mit dieser Ansage. Sie waren doch überzeugt, dass Jesus der Messias ist. Sie erlebten, wie er Wunder tat. Sie genossen seine Gemeinschaft. Alles war doch so gut in seiner Gegenwart. Was sollten sie nun mit diesen beängstigenden Worten anfangen?

Auch ich verstehe manche Worte Gottes nicht. Da gibt es Bibelstellen und sogar ganze Bücher der Bibel, die sind mir auch nach 40 Jahren Bibellektüre immer noch ein großes Rätsel. Und andere, die fordern mich heraus, provozieren, bei manchen würde ich am liebsten widersprechen: „Aber so kannst du das doch nicht gemeint haben!"

Mich ermutigt der heutige Abschnitt zum Nachfragen. Zu meinem Freund Jesus darf ich furchtlos kommen. Gerade wenn mir Bibelstellen schleierhaft oder gar besorgniserregend sind, will ich ihn fragen: „Herr, wie meinst du das? Ich versteh das nicht. Hilf mir bitte zu kapieren, was du mir ganz persönlich sagen willst."

Susanne Mockler

201

DEIN KÖNIG KOMMT ZU DIR!

GELOBT SEI, DER DA KOMMT IN DEM NAMEN DES HERREN!
MARKUS 11,9 (LU)

Jesus hatte den Jüngern auf dem Weg gesagt, dass er in Jerusalem leiden müsse (Markus 10,32-34). Dennoch geht er zum Passahfest. Er weicht dem Leiden nicht aus. Er übernimmt es als vom himmlischen Vater bestimmtes Leiden. Er stolpert nicht in ein Missgeschick hinein. Er geht seinen Weg ins Leiden entschlossen und in großer innerer Freiheit. Für Jesus ist Passion nicht allein ein Erleiden, sondern viel mehr liebevolles Handeln! Das will uns Markus durch seinen Bericht deutlich machen.

So paradox es scheint: Der Jubel, mit dem Jesus in Jerusalem begrüßt wird, gehört zu dem, was kommen wird. Die Menge jubelt Jesus zu, weil sich die prophetische Weissagung erfüllt: „Siehe, dein König kommt zu dir" (Sacharja 9,9). Jesus reitet auf einem Eselfüllen. Er wählt den Weg, auf dem der Messias-König erwartet wurde. Er lässt sich die ausgebreiteten Kleider, die Palmzweige und die Hosianna-Rufe der Menge gefallen. Er kommt als „Gerechter und Helfer". Er bringt „Heil und Segen". Aber anders, als die Menschen es erwarteten. Er verweigert sich der Versuchung irdischer Macht und vertraut der Macht der Liebe Gottes. Der hier Umjubelte wird zum dornengekrönten König. Nein, der hier Umjubelte *ist* der dornengekrönte König, ein „Gerechter und Helfer", der „Heil und Leben" bringt. Er will mein und dein König sein! Ich will einstimmen in den Jubel des heutigen Verses.

Harald Klingler

6. JULI
MARKUS 11,12-25

BRINGE ICH FRUCHT?

HABT GLAUBEN AN GOTT!
MARKUS 11,22 (LU)

Jesu äußerem Leiden geht sein inneres Leiden voraus. Ihn schmerzt die Gleichgültigkeit der Menschen gegenüber Gott. Wie jener Feigenbaum am Weg von Bethanien nach Jerusalem bringen sie keine Frucht. Was Jesus mit dem Feigenbaum tut, will allen, die es hören, zu denken geben: Weil der Feigenbaum keine Frucht trägt, wird er von Jesus verflucht. – Bringe ich Frucht?

Jesu inneres Leiden zeigt sich in seiner Leidenschaft. Er beobachtet den religiösen Betrieb am Jerusalemer Tempel und fährt dazwischen. Alles, was im Tempel geschieht, soll allein Gott ehren. Was Jesus wahrnimmt, sagt jedoch anderes. Deshalb „reinigt" er den Tempel, vertreibt er die Händler und Käufer und stößt er die Tische der Geldwechsler um. Die religiösen Autoritäten bringt das auf. – Was will Jesus bei mir reinigen?

Als Jesus und die Jünger am nächsten Morgen wieder an dem Feigenbaum vorbeikommen, ist dieser verdorrt. Petrus erinnert an den Vortag. Jesus fordert seine Jünger darauf zum Glauben heraus. Er spricht vom Glauben, der Berge versetzen kann, und ermutigt uns zu einem Beten, das Gottes Vermögen grenzenlos vertraut. In grenzenlosem Vertrauen zu seinem Vater geht Jesus seinen Weg und versetzt Berge. Mit seinem Leiden versetzt er Berge von Schuld und Gleichgültigkeit. Wo Jesus Vergebung schenkt, kann auch an einem dürren Feigenbaum neue Frucht wachsen. – Darum will ich Jesus bitten!

Harald Klingler

WAS IST GOTT WICHTIG?

ES IST KEIN ANDERES GEBOT GRÖSSER ALS DIESE.
MARKUS 12,31B (LU)

Der Schriftgelehrte zollt Jesus Respekt. Der Rabbi begegnet dem Rabbi auf Augenhöhe. Er hat erkannt: Jesus kennt die Heilige Schrift und legt sie vollmächtig aus. Darum fragt er Jesus nach dem wichtigsten Gebot Gottes. Der Schriftgelehrte fragt Jesus nicht, was sein liebstes Bibelwort sei. Er will wissen: Welches Gebot ist Gott das wichtigste?

Jesus antwortet spontan mit zwei Geboten, die in seinen Augen vor und für Gott gleich wichtig sind: „Du sollst Gott lieben." Und: „Du sollst deinen Nächsten lieben wie dich selbst." Das Gebot umfassender Liebe gegenüber Gott ist der Hauptsatz jüdischen Glaubens, den jeder Jude mehrfach am Tag spricht. Das Gebot der Nächstenliebe steht gleichsam als Überschrift den Geboten voran, die sagen, wie sich die Beziehung zum heiligen Gott im Leben konkret auswirkt. Jesus ist überzeugt: Wer Gott von ganzem Herzen liebt, kann nicht anders, als seine Menschen zu lieben.

Jener Schriftgelehrte pflichtet Jesus bei und anerkennt seine Auslegung der Schrift. Jesus wiederum bestätigt ihm, nicht fern vom Reich Gottes zu sein. Ja, nicht fern vom Reich Gottes ist, wer Gott von Herzen lieb hat und seinem Nächsten in Liebe begegnet. Die beiden Rabbiner wissen: Dies ist leichter gesagt als getan. Ob die Liebe zu Gott und den Nächsten echt ist, zeigt sich daran, wie sie heute in meinem Leben Gestalt gewinnt.

Harald Klingler

8. JULI
MARKUS 13

WACHSAMKEIT UND NÜCHTERNHEIT

WAS ICH ABER EUCH SAGE, SAGE ICH ALLEN: WACHET!
MARKUS 13,37 (LU)

Jesus ist gern in Gottes Haus. Gerade in den Tagen vor seinem schweren Leiden und grausamen Tod sucht er täglich im Tempel Gottes Nähe. Dies ist Ausdruck seiner Liebe zu Gott, seinem Vater, und seiner Abhängigkeit von ihm. Er muss in dem sein, was seines Vaters ist, hatte er schon als Zwölfjähriger erklärt.

Beim Verlassen des Tempels bringt einer der Jünger sein Staunen über den schönen Tempel zum Ausdruck: „Was für Steine, was für Bauten!" Dieses veranlasst Jesus, vom Ende des Tempels zu sprechen. Als Jesus etwas später vom Ölberg aus auf Jerusalem sieht, fragen seine Jünger, wann das geschehe. Jesus antwortet ihnen nicht mit einer Zeitangabe. Er spricht von den Zeichen, die das Ende der Zeit ankünden: von Verführern und Verführung, von Kriegen und Kriegsgeschrei, von Erdbeben und Hungersnöten, von Verfolgung und Bedrängnissen der Christen. Aber nicht nur dies! Jesus redete auch davon, dass das Evangelium zuvor allen Menschen gepredigt werden muss und seine Worte in Ewigkeit bleiben.

Aus Jesu Worten lässt sich kein „Fahrplan" ablesen. Jesus lehrt Wachsamkeit und Nüchternheit. Und er weckt Hoffnung. Wenn am Ende der Zeit die Lichter ausgehen und Himmel und Erde ins Chaos stürzen, wird er wiederkommen, um seine Auserwählten zu versammeln und um alles zu vollenden. Wir werden staunen: Am Ziel ist Herrlichkeit. Das ist unsere Gewissheit und unser Trost – ja, unsere Freude!

Harald Klingler

MASSLOSE LIEBE

MICH ABER HABT IHR NICHT ALLEZEIT.
MARKUS 14,7 (LU)

Welch ein Kontrast! Die einen suchen nach einer günstigen Gelegenheit, Jesus aus dem Weg zu schaffen, ohne das Volk gegen sich aufzubringen. Diese namenlose Frau dagegen packt eine Gelegenheit beim Schopf und salbt Jesus mit kostbarem Öl.

Es ist ein einzigartiges Geschehen: Die Frau kommt in das Haus Simons des Aussätzigen. Sie zerbricht ein Alabastergefäß und gießt seinen gesamten Inhalt auf Jesu Kopf. Sofort war das Haus Simons von betörendem Duft erfüllt. Nach damaligem Empfinden war das Tun der Frau unsittlich. Nach Meinung der Jünger war es eine überflüssige Verschwendung. Besser hätte man das Öl verkauft und Armen geholfen. Jesus aber lässt die Frau gewähren und stellt sich schützend vor sie. Ja, er nennt ihr Tun eine Wohltat (V. 8): „Sie hat meinen Leib im Voraus gesalbt zu meinem Begräbnis." Mehr noch, er erklärt die Erinnerung an ihr Tun zu einem wichtigen Teil des Evangeliums. Warum?

Die Frau fragte nicht nach dem Nutzen. Sie wollte nichts für sich. Sie gab das Kostbarste, was sie hatte, für Jesus. Und das zum rechten Zeitpunkt. Ohne Maß, in maßloser Liebe. Als leuchtendes Vorbild für die überschwängliche Liebe zu Jesus steht sie an seinem Weg ins Leiden. Deshalb soll nach Jesu Willen die Erinnerung an sie und ihr Tun in der Christenheit wachgehalten werden. Wie viel können wir bei dieser Frau lernen!

Harald Klingler

10. JULI

MARKUS 14,10-31

ALLE SIND EINGELADEN!

UND SIE TRANKEN ALLE DARAUS.

MARKUS 14,23 (LU)

Judas, einer seiner engsten Vertrauten, bringt den Stein ins Rollen. Er sagt den Hohepriestern zu, ihnen Jesus auszuliefern. Warum er es tut, bleibt ein unerklärliches Rätsel.

Gleich darauf isst Jesus mit seinen Jüngern das Passahmahl. Auf ihrem Zusammensein liegt schwer die Vorahnung dessen, was kommt. Jesus spricht in dieser Runde aus, dass einer von ihnen ihn verraten wird. Die Jünger fragen betroffen und traurig: Bin ich's?

Dann beim Mahl geschieht es: Jesus deutet das Brot und den Wein von seinem kommenden Leiden und Tod her als Heilsgaben für viele. Er kündigt an, dass er erst wieder im Reich Gottes Wein trinken werde, singt mit den Jüngern das Lob Gottes und geht mit ihnen hinaus an den Ölberg.

Auf dem Weg sagt Jesus, dass sie sich alle von ihm abwenden werden. Petrus streitet es ab: Nicht alle! Ich nicht! Jesus widerspricht Petrus: Doch, du wirst mich noch in dieser Nacht verleugnen. Von sich überzeugt, meint Petrus: Niemals! Er überschätzt sich. Kläglich wird er scheitern.

Wenn wir Jesu Leidensweg bedenken, werden wir daran erinnert, wie auch wir versagen, wie auch wir ihn verraten und verleugnen. Zugleich werden wir erinnert, dass um den Tisch des Herrn Versager und Sünder versammelt waren. Und wir werden eingeladen, beim heiligen Abendmahl Vergebung unserer Schuld, Leben und Seligkeit zu empfangen.

Harald Klingler

207

VERLASSEN, ABER GEHALTEN

ABBA, VATER, ALLES IST DIR MÖGLICH.
MARKUS 14,36 (LU)

Petrus, Johannes und Jakobus waren mit auf dem Berg, als Jesus ganz in göttliches Licht getaucht wurde. Und er nahm sie mit in den Garten Gethsemane, wo er in Angst vor dem Tod mit dem Vater rang. Auf dem Berg der Verklärung waren die Jünger hellwach. In der Stunde Jesu angstvoller Verzweiflung waren sie todmüde und schliefen. Ach, wie sehr hatte Jesus gewünscht, dass sie mit ihm wachen und für ihn beten!

Das Evangelium berichtet von beidem: von Jesu gottgleicher Macht und seinem ganz menschlichen Zittern und Zagen. Eben noch war er der großherzige Gastgeber. Jetzt zeigt er seine Angst vor Leiden und Tod und sein Angewiesensein auf Unterstützung und den Trost seiner Freunde. Und er scheut sich nicht, den Vater zu bitten, ihm sein Leiden zu ersparen. Wenig später wird dieses unfassliche Leiden beginnen.

Wer leidet, wer verzweifelt ist, wer Angst vor dem Tod hat, der sehe auf Jesus – auf sein Leiden, seine Verzweiflung, seine Angst vor dem Tod – und erkenne: Er ist mir nahe, er versteht mich. Wer leidet, wer verzweifelt ist, wer Angst hat vor dem Tod, lerne bei und mit Jesus beten. Trotz allem wendet Jesus sich an Gott, nennt ihn vertrauensvoll seinen Vater und bittet, ihm Leiden und Tod zu ersparen. Betend bekommt er Kraft, sich vertrauensvoll dem Vater zu überlassen. Jesus muss leiden und sterben. Aber er wird auch zum Leben auferstehen.

Harald Klingler

SCHUPPEN VON DEN AUGEN

IN DIESEM AUGENBLICK KRÄHTE DER HAHN ZUM ZWEITEN MAL. DA ERINNERTE SICH PETRUS DARAN, WAS JESUS ZU IHM GESAGT HATTE: „BEVOR DER HAHN ZWEI MAL KRÄHT, WIRST DU MICH DREI MAL VERLEUGNEN." UND ER BRACH ZUSAMMEN UND WEINTE.
MARKUS 14,72

Petrus fällt es wie Schuppen von den Augen: Das, was Jesus angekündigt hatte, ist eingetroffen. Als Leser fragt man sich: „Wie konnte das passieren? Er hätte es doch wissen müssen! Deutlicher hätte es nicht sein können!" Doch Petrus war in dieser Hinsicht regelrecht blind.

Petrus musste bitterlich erkennen, dass er sich über sich selbst getäuscht hat. Enttäuschungen sind schmerzhaft, und dennoch auch von hoher Notwendigkeit. Denn durch eine Ent-Täuschung fällt die Täuschung ab. Doch wie bitter ist die Erkenntnis, wie oft man sich doch auch selbst täuschen kann!

Petrus weinte – wann habe ich dies das letzte Mal getan? Über meine Unzulänglichkeit geweint? Sind wir dazu überhaupt in der Lage? Oder geht diese Erkenntnis nicht doch im Alltag oft unter? Vielleicht wäre es an der Zeit, über Enttäuschungen schmerzlich verletzt sein zu dürfen.

Doch bekanntermaßen ist die Geschichte hier nicht am Ende. Jesus wird Petrus auch nach diesem Faux pas trotzdem gebrauchen. Deshalb müssen auch wir nicht an diesem Punkt stehen bleiben, sondern können voller Hoffnung in die Zukunft sehen.

Prisca Steeb

13. JULI

MARKUS 15,6-20A

 ## DEMÜTIGUNG

DA LIESS PILATUS, WEIL ER DEM VOLK GEFALLEN WOLLTE, BARABBAS FREI. ER LIESS JESUS AUSPEITSCHEN UND ÜBERGAB IHN DANN DEN RÖMISCHEN SOLDATEN ZUR KREUZIGUNG. DIE SOLDATEN BRACHTEN JESUS IN DAS PRÄTORIUM, DEN PALAST DES RÖMISCHEN STATTHALTERS, UND RIEFEN ALLE ANDEREN SOLDATEN ZUSAMMEN. SIE ZOGEN IHM EIN PURPURFARBENES GEWAND AN UND SETZTEN IHM EINE GEFLOCHTENE DORNENKRONE AUF DEN KOPF.

MARKUS 15,15-17

Pilatus verurteilt Jesus zum Tod am Kreuz, nachdem er ihn bereits hatte geißeln lassen. Doch die Soldaten setzen noch mal „eins drauf". In Markus 15,16-19 wird detailliert von einer Massenverspottung berichtet. Das muss man sich meiner Meinung nach immer wieder vor Augen führen: Der Messias wird von seinen engsten Vertrauten verraten, lässt das Todesurteil über sich ergehen, wird gegeißelt und nun auch noch verspottet. Er wird als König verlacht, obwohl er es eigentlich ist. Jesus sieht sich sowohl enormen physischen Schmerzen als auch psychischer Gewalt ausgesetzt. Man geht davon aus, dass mit dem Begriff „Schar" eine Kohorte von etwa 600 Mann gemeint ist. Was für eine Masse, die hier zusammengerufen wird, um Jesus zu verlachen! Ist mir bewusst, was er hier alles aushalten musste?

Jesus hätte diesen Tod nicht gebraucht – das ist *für uns* geschehen. Und was machen wir heute daraus?

Prisca Steeb

GLAUBENSBEKENNTNIS

DER RÖMISCHE HAUPTMANN, DER DEM KREUZ GEGENÜBERSTAND UND MIT ANGESEHEN HATTE, WIE JESUS GESTORBEN WAR, RIEF AUS: „JA, DIESER MANN WAR WIRKLICH GOTTES SOHN!"

MARKUS 15,39

Was für ein Glaubensbekenntnis! Im Anblick des Todes von Jesus wird dem Hauptmann bewusst: Dieser Mensch war Gottes Sohn! Ein Bekenntnis, das beides vereint: wahrer Mensch und Gottes Sohn. Das Bekenntnis zu Gottes Sohn ist im Anblick des Todes Jesu nicht unbedingt verwunderlich, doch was irritiert, ist, dass es nicht einer der Vertrauten Jesu ist, der es ausspricht. Dabei werden die anwesenden Frauen im nächsten Vers genannt. Dennoch sind nicht sie diejenigen, die es aussprechen.

Ich bin begeistert von ausgesprochenen Glaubensbekenntnissen, da sie ein ungeheures Gewicht haben können. Wann habe ich zuletzt ein Glaubensbekenntnis bewusst mitgesprochen, aus tiefster Überzeugung mitgebetet? Das Aussprechen bekräftigt Gedanken!

Ein anderes Glaubensbekenntnis, das mich fasziniert, ist aus Markus 9,24 (LU): „Ich glaube, hilf meinem Unglauben." Ist das nicht unfassbar ehrlich? Ja, ich glaube, und dennoch ist mein Alltag immer und immer wieder von Unglauben geprägt. Genau weil dies so ist, müssen wir doch immer wieder an den Punkt zurückkehren und uns bewusst werden:

Wahrhaftig, dieser Mensch war Gottes Sohn! Daran will ich glauben und brauche dafür Gottes Hilfe.

Prisca Steeb

15. JULI

MARKUS 15.42-47

 ## VERWUNDERUNG

PILATUS ABER WUNDERTE SICH, DASS ER SCHON GESTORBEN SEIN SOLLTE; UND ER RIEF DEN HAUPTMANN HERBEI UND FRAGTE IHN, OB ER SCHON LANGE GESTORBEN SEI.

MARKUS 15.44 (LU)

Immer wieder stolpere ich über diesen Satz. Warum verwundert Pilatus der Tod Jesu? Sonst wäre wohl kaum Josef von Arimathäa bereits da und außerdem hatte er Jesus ja auch foltern lassen. Es war also abzusehen, dass Jesus einen schnellen Tod ereilen würde.

Das ist allerdings nicht das erste Mal, dass im Markusevangelium darüber berichtet wird, dass Pilatus sich wundert (Markus 15,4-5; LU): „Pilatus aber fragte ihn wieder und sprach: Antwortest du nichts? Siehe, wie hart sie dich verklagen! Jesus aber antwortete gar nichts mehr, sodass Pilatus sich wunderte."

Verwunderung ist auch ein typisches Motiv für das Markusevangelium. Jesus trifft auf unfassbar viel Unverständnis in Israel, selbst bei seinen engsten Vertrauten ist kein Begreifen da. Erst mit dem Tod und der Auferstehung des Messias ist auch sein Handeln verstehbar. Erst dadurch kann es zu echtem Begreifen kommen. Ein Wundern also deshalb, wenn der Horizont zu schmal ist, wenn zu wenig erwartet wird.

Es kann natürlich auch das Gegenteilige ein Verwundern hervorrufen, gerade weil man mehr erwartet hatte. Was ist der Grund dafür, dass ich heute verwundert bin?

Prisca Steeb

16. JULI
MARKUS 16.1-8

UNBEGREIFLICHE NACHRICHT

ZITTERND VOR ANGST UND BESTÜRZUNG FLOHEN DIE FRAUEN AUS DEM GRAB.
MARKUS 16.8

Angst, Bestürzung, Furcht – das ist die Reaktion der Frauen auf die Nachricht, dass Jesus auferstanden ist. Dabei sollte das doch eine frohe Botschaft sein, die hier verkündet wird. Selbst mit den Erklärungen werden die Frauen nicht beruhigt. Sie fliehen aus dem Grab und können die Botschaft nicht annehmen.

Dass Jesus von den Toten auferstanden ist, ist eine Zumutung an jeden menschlichen Verstand, es übersteigt bei Weitem unsere Vorstellungskraft! Es gibt keine Analogien hierzu und widerstrebt all unseren Erfahrungen. Doch ist es dadurch weniger möglich?

Wie beruhigend zu wissen, dass selbst diejenigen, welche Jesus hautnah erlebt haben, dies nicht begreifen konnten. Gerade in ihrer machtlosen Trauer können sie diese Botschaft nicht wahrhaben.

An Ostern dürfen wir uns getrost an Größeres halten, was wir selbst mit unserem irdischen Verstand begreifen können! Und seien wir doch mal ehrlich – was von dem, was tagtäglich um uns herum passiert, verstehen wir wirklich? Wie ein Telefon wirklich funktioniert (Frequenzmodulation) zum Beispiel oder dass Licht elektromagnetische Strahlung ist. Eventuell weiß ich das sogar, aber habe ich das begriffen?

Wenn ich so etwas nicht ganz begreife, kann ich mich dann nicht getrost darauf verlassen, dass Gott noch einmal um ein Vielfaches größer ist?

Prisca Steeb

17. JULI

MARKUS 16,9-20

AUFTRAG

**GEHT IN DIE GANZE WELT UND VERKÜNDET
ALLEN MENSCHEN DIE GUTE BOTSCHAFT.**
MARKUS 16,15

Diese Anweisung ist sehr eindeutig und klar formuliert. Verkündigung ist Kernauftrag der Gläubigen. Wann kommen wir diesem Auftrag wirklich nach? Habe ich meinem Arbeitskollegen eigentlich schon einmal erzählt, warum ich diese Botschaft angenommen habe, warum ich an die Auferstehung glaube? Natürlich muss ich damit rechnen, mit Unglauben konfrontiert zu werden, doch das sollte uns nicht verwundern, wenn sogar die Jünger diese Botschaft nicht auf Anhieb glaubten. Kann ich überhaupt mit eigenen Worten erklären, was die Osterbotschaft für uns Christen bedeutet?

Die Osterbotschaft verleiht Kraft: in seinem Namen wurden Kranke gesund. Die frühen Christen hatten den Mut, für ihren Glauben einzustehen, selbst wenn es den eigenen Tod bedeutete. Das gilt für unsere Glaubensgeschwister in anderen Ländern heute immer noch.

Wo kann ich diese Botschaft heute verkündigen? Leben statt Tod! Wir dürfen gewiss sein, Christus ist auferstanden! Auch wenn wir das mit unserem Verstand nicht fassen können, Jesus ist mitten unter uns. Gott zeigt uns eine kommende Wirklichkeit, welche wir nur aus dem Blickwinkel des Glaubens verstehen können.

Was ist die Konsequenz für mich heute und wen kann ich an dieser Konsequenz teilhaben lassen?

Prisca Steeb

18. JULI
GALATER 1

DIE GROSSE WENDE

„DER, DER UNS FRÜHER VERFOLGT HAT, VERKÜNDET
JETZT DEN GLAUBEN, DEN ER IMMER VERNICHTEN WOLLTE!"
UND SIE LOBTEN GOTT FÜR DAS, WAS ER MIT MIR GETAN HAT.
GALATER 1,23-24

Eine Radikalwende: Der Hasser und Zerstörer wird zum leidenschaftlichen Werber für die Gnade Gottes. Dieselbe Entschlossenheit setzt Paulus nun ein, um von Gottes Erbarmen zu reden. Gott verändert das Ziel seiner Energie – nicht gegen Christen, sondern für Christus. Seine Beharrlichkeit, sein Biss, seine konstante Festigkeit und sein Mut gelten nun der Ausbreitung des Evangeliums.

Seine Wende bringt die Gemeinde zum Loben. Das kann ich verstehen. Mich faszinieren Lebensberichte von Menschen, die eine Kehrtwende erlebt haben. Ich staune, dass Gott es immer wieder tut: sich Agnostikern, Hassern, Leugnern und Spöttern in den Weg stellt – und sie von ihm überzeugt und gewonnen werden. Spannend ist, wie Gott es tut:

Da liest einer zufällig aus Langeweile die ausgelegte Bibel im Hotel, begegnet Gott und ändert gänzlich sein Leben. So wie ein lästernder Lehrer, der in einer Lebenskrise von Schülern ein Jesus-Buch erhält. Ein Journalist lernt Christen kennen und schreibt nicht mehr belächelnd, sondern berührt von Jesus Christus. Ich möchte neu danken für Menschen, die umkehren. Die sich einreihen in die große weltweite Gemeinde und mit Energie sich nun für Gottes Reich einsetzen. Und ich möchte beten für Menschen, die (noch) zu den Spöttern, Leugnern, Gegnern gehören. Gott kann wenden.

Angelika Rühle

DIE GROSSE ENERGIE

ICH LEBE, ABER NICHT MEHR ICH SELBST, SONDERN CHRISTUS LEBT IN MIR.
GALATER 2,20

Wichtiges wiederhole ich gern. Sage es zwei- oder dreimal – vielleicht auch mal darüber hinaus.

Wie wichtig muss es sein, wenn fast 200 Mal im Neuen Testament und bei Paulus bald 100 Mal davon die Rede ist? Sehr, sehr wichtig. „In Christus", diese wohl kürzeste Beschreibung, was Glaube ist, bringt es auf den Punkt. Christus lebt in Ihnen. Näher können Sie Gott nicht sein, als wenn er in Ihnen und Sie in ihm sind.

Christus lebt in mir – das ist etwas anderes, als der Glaube an eine Weltanschauung. Das ist etwas anderes als die Ausübung einer Religion mit Pflichten und Geboten. Christus lebt in mir – das ist eine lebendige Erfahrung. Jesus ist mehr als der am Kreuz Gestorbene. Jesus, der in mir lebt, ist der Auferstandene. Diese Kraft Gottes, die Jesus von den Toten erweckte, diese Kraft wohnt durch Christus in mir. Mit dieser Kraft kann ich rechnen, dort, wo sie mir abverlangt wird: z.B. wo ich vergeben möchte und es kaum fertigbringe; wo ich eine Aufgabe angehen soll, mir der Antrieb fehlt; wo ich ein hilfreiches oder klares Wort sagen sollte und ich den Mut zum nächsten Schritt nicht finde ...

Christus lebt in mir – bedeutet, seine Kraft und seine Stärke stehen mir zur Verfügung, die darf ich abrufen. Entlastung und Erleichterung. Christus lebt in mir. Da lohnt sich die Wiederholung, bei Bedarf täglich: Jesus hat sich für mich dahingegeben, liebt mich und lebt in mir.

Angelika Rühle

20. JULI

DIE GROSSE MITTE

NUN GIBT ES NICHT MEHR JUDEN ODER NICHTJUDEN, SKLAVEN ODER FREIE, MÄNNER ODER FRAUEN. DENN IHR SEID ALLE GLEICH – IHR SEID EINS IN JESUS CHRISTUS.
GALATER 3,28

Ganz ehrlich – als Frau bin ich dankbar für dieses Paulus-Wort. Hat es doch – wenn auch erst nach Jahrhunderten – den Umgang mit Frauen und das Verhalten in manchen christlichen Gemeinden zurechtgerückt. Gleichberechtigung zwischen Mann und Frau – so bitter nötig diese Schritte waren – würde ich jedoch nicht allein aus diesem Satz ableiten.

Hier hat sich Paulus weder für Feminismus und Frauenbewegung noch Auflösung der Sklaverei ausgesprochen. Es war nicht sein Interesse, dass sich griechische Christen durch die Beschneidung den Juden anschließen. Sein Ziel war nicht die Gleichmacherei. Er betont die Gemeinsamkeit – nicht die Unterschiede. Er rückt das Gemeinsame in den Blick.

Alle sind auf Christus getauft. Durch die Taufe sind alle verbunden. Damit verschwinden nicht die Unterschiede – damit ist aber die Mitte klar: Jesus Christus.

Bei allen Unterschieden, die wir Christen haben: Die Taufe, die uns als Gottes Kinder signiert, verbindet uns, macht uns zu Schwestern und Brüdern. In Christus eins sein bedeutet, sich trotz aller Verschiedenheit bei dem gekreuzigten und auferstandenen Jesus zu wissen. Die Einheit in Christus soll sichtbar werden unter uns. Wo zeigt sich in meinem Alltag, dass die Schranken von Rasse, Geschlecht, sozialer Zugehörigkeit in Christus überwunden sind?

Angelika Rühle

DAS GROSSE ERBE

WEIL IHR NUN ZU CHRISTUS GEHÖRT, SEID IHR DIE WAHREN NACHKOMMEN ABRAHAMS. IHR SEID SEINE ERBEN, UND ALLE ZUSAGEN GOTTES AN IHN GELTEN EUCH. ... JETZT SEID IHR KEINE DIENER MEHR, SONDERN KINDER GOTTES. UND ALS SEINEN KINDERN GEHÖRT EUCH ALLES, WAS IHM GEHÖRT. GOTT HAT ES SO BESTIMMT.
GALATER 3,29 + 4,7

Zurzeit wird in Deutschland so viel vererbt wie nie zuvor. Es lebt die Generation der Erben, die von Eltern und Großeltern zum Teil gewaltige Vermögen übertragen bekommen. Kann sehr lohnend sein. Je nachdem, ob man aus einer vermögenden Familie stammt.

Wer zu Christus gehört, so sagt Paulus, gehört auch zur Familie Abrahams. Einer vermögenden Familie. Denn Gott hat Abraham mit großen Verheißungen gesegnet. An dieser Verheißung sollt ihr miterben. Paulus zählt die Vorteile dieses Erbes auf.

Was Gott schenkt – auch uns schenkt –, ist ein vierfaches Geschenk:

Wir erhalten eine neue Position: wir werden Kinder. Gottes Kinder!

Zum Zweiten erhalten wir Energie und Kraft: den Geist Gottes, der in uns Raum gewinnt und unsere Herzen stärkt!

Das dritte Erbteil ist die neue Beziehung: einen Vater zu haben, den man liebevoll, innig und zärtlich Abba nennen darf!

Und mit dem vierten Erbteil wird eine neue Zukunft geschenkt. Ein neues Leben, das hier beginnt und bis in die Ewigkeit hineinreicht!

Angelika Rühle

22. JULI

GALATER 5

DIE GROSSE LIEBE

… EINANDER IN LIEBE ZU DIENEN. DENN DAS GANZE GESETZ LÄSST SICH IN DEM EINEN WORT ZUSAMMENFASSEN: „LIEBE DEINEN NÄCHSTEN WIE DICH SELBST."

GALATER 5.13-14

Wenig schmeichelhaft äußert sich Paulus über die Galater: Streit und Übervorteilung. Euer Umgang lässt zu wünschen übrig.

Das kann leicht geschehen, wo das Gesetz größer wird als die Liebe. Dort, wo unnachgiebig mehr Wert auf die Einhaltung des Gesetzes gelegt wird, machen sich schnell Lieblosigkeit, Rechthaberei, Eifersucht oder Rivalität breit. Vermutlich kennen auch wir solch bissiges und liebloses Benehmen in der Gemeinde.

Ihr seid doch vom Gesetz frei gemacht, um zu lieben, sagt Paulus. Lebendiger Glaube drückt sich in dienender Liebe aus. Ein starkes Wort ist im Urtext zu finden: Sklavendienst tun. Liebe, die hingibt, die sich hergibt, die vor der Not des anderen anhält. Liebe, die sich Jesus zum Vorbild nimmt.

Liebt – und so werdet ihr das Gesetz Christi erfüllen. Also doch wieder das Gesetz? Mit Absicht formuliert Paulus so: Seht her, ich bin kein Feind des Gesetzes. Aber es wird erfüllt von Christus in mir. Das Gesetz ist nicht das Mittel, um Gottes Wohlgefallen zu erringen.

Lieben und dienen lässt sich nicht per Gesetz anordnen – es kommt aus dem Herzen.

Wie und wem möchte ich heute liebevoll und dienend begegnen?

Angelika Rühle

23. JULI

GALATER 6

DAS GROSSE TRAGEN

EINER TRAGE DES ANDERN LAST, SO WERDET IHR DAS GESETZ CHRISTI ERFÜLLEN.
GALATER 6.2 (LU)

Meistens heißt das Gesetz dieser Welt: Trag deine Last selbst! Sieh zu, wie du damit klarkommst.

Jeder hat sein eigenes Päckchen, Sorgen und Nöte zu (er-) tragen. Selten trägt jemand mit – manches Mal nur, weil es auf Gegenseitigkeit beruht: du hilfst mir, ich helfe dir.

Das Gesetz Christi ist anders. Es nimmt uns in die tragende Gemeinschaft der Gemeinde hinein. Im Miteinander von Christen soll Entlastung erfahren werden. Sogar ein Ort des „Lasten-Ausgleichs" darf die Gemeinde sein – ein Geben und Nehmen. Wir dürfen gewiss wie der Beter (Psalm 68,20) erfahren: Gott hilft, die eigene Last zu tragen und auch die Last des anderen. Dietrich Bonhoeffer schreibt: „Gott ist ein Gott des Tragens. Der Sohn Gottes trug unser Fleisch, er trug darum das Kreuz, er trug alle unsere Sünden und schuf durch sein Tragen Versöhnung. So ist auch der Nachfolger zum Tragen berufen."[10] Im Tragen besteht das Christsein.

Zum Tragen braucht es zunächst offene Augen: Sehe ich, was der andere mit sich trägt, was ihm als Last auferlegt ist, worunter er leidet, was er trägt, schleppt? Dann sind das offene Herz und der Verstand gefragt: Was kann ich tun und wie kann ich die Last mittragen? Und zum Schluss sind die offenen Hände nötig. Sind meine Hände frei, um anzupacken oder zu geben?

Angelika Rühle

24. JULI

EPHESER 6.10-20

DRESSCODE – BITTE NICHT OHNE

WERDET STARK DURCH DEN HERRN UND DURCH DIE MÄCHTIGE KRAFT SEINER STÄRKE! LEGT DIE KOMPLETTE WAFFENRÜSTUNG GOTTES AN.

EPHESER 6.10-11A

Was soll ich anziehen? Muss es Anzug, das kleine Schwarze oder darf es der sportliche Dress sein? Manchmal ist falsche Bekleidung peinlich. Es gibt aber Situationen, wo es sogar lebensgefährlich ist, falsch angezogen zu sein.

In den Bergen oder in Berufen, wo man mit Feuer, Funken oder Chemikalien zu tun hat. Ohne Schutzbrille, Ganzkörperanzüge, Westen in Signalfarben geht gar nichts. Der rigide Arbeitsschutz leuchtet ein.

So soll uns auch einleuchten, dass wir als Christen Schutzkleidung brauchen. Christen sind angegriffene Leute. Sie werden attackiert und bedrängt. Gerade dann, wenn sie Profil zeigen. Funken sprühen – wo Christen nicht handzahm alles abnicken, sondern sich bekennend zeigen. Belächelt, verspottet und zurückgesetzt werden, sind die kleinen spitzen Pfeile. Vergessen wir nicht, dass weltweit Christen wirklichen Folterwerkzeugen ausgesetzt sind. Wer nicht den Ganzkörperschutz anlegt – Paulus redet von einer Rüstung –, lebt gefährlich. Der bewahrende Schutz besteht darin, mit der Macht und Stärke Gottes zu rechnen. Den bösen Angriffen kann ich den Glauben an einen starken Gott entgegensetzen. Den inneren zersetzenden Zweifeln begegne ich am besten durch Gottes Verheißungen und sein Wort. Die sicherste Kleidung – der immer passende Dress – ist: eingekleidet zu sein in „seiner Stärke".

Angelika Rühle

TAL DER TRÄNEN

WENN SIE DAS TAL DER TRÄNEN DURCHQUEREN, WIRD ES IHNEN ZU EINEM ORT ERFRISCHENDER QUELLEN … SO BEKOMMEN SIE IMMER WIEDER NEUE KRAFT UND ERSCHEINEN IN JERUSALEM VOR GOTT.

PSALM 84,7-8

Von der jordanischen Hauptstadt Amman aus fahren wir nach Süden. In Madaba biegen wir rechts ab, Richtung Berg Nebo, von dem aus Mose das verheißene Land schauen durfte. Ganz unvermittelt öffnet sich das Jordantal und das Tote Meer unter uns. Hunderte Meter geht es steil nach unten, wüste, zerklüftete, lebensfeindliche Schluchten.

Wer sich aber trotzdem hinunterwagt, vor dem liegt genauso unvermittelt das üppigste, wogendste Grün – rund um die sogenannte Mose-Quelle. Hier kann man ausruhen, Wasser schöpfen und mit neuer Kraft den Weg gen Jordan und Jerusalem fortsetzen.

Jeder von uns hat sein ganz individuelles Tal der Tränen, ob Misserfolg, Unglück, Krankheit, Schuld, Verlassensein … Es ist eines der größten Geheimnisse des Glaubens, dass Gott sich gerade in der Tiefe finden lässt, dass seine Nähe da am intensivsten erfahren wird. Vielleicht, weil Gott uns gefunden hat, als er in Jesus in die letzten Tiefen der Menschheit hinabstieg.

Wer dem Tal der Tränen nicht ausweicht, sondern sich ihm stellt und daran festhält, dass auch hier seine Hand trägt, wird nicht zerbrechen, sondern gerade hier von seiner unendlich liebenden Hand angerührt. Und seine Berührung erfrischt, gibt neue Kraft und lässt uns am Ziel ankommen: dem himmlischen Jerusalem.

Heidi Josua

KEINER IST WIE ER

KEINER IST WIE DU, HERR, UNTER DEN GÖTTERN, UND NICHTS GLEICHT DEINEN WERKEN. ALLE NATIONEN, DIE DU GEMACHT HAST, WERDEN KOMMEN UND VOR DIR ANBETEN, HERR, UND DEINEN NAMEN VERHERRLICHEN.

PSALM 86,8-9 (ELB)

Gott und die Götter – ein großes Thema im Alten Testament. Gott, der nach dem 1. Gebot keine anderen Götter neben sich duldet. Ist er nun der eine Gott, neben dem es keine anderen Götter gibt (Monotheismus) oder der höchste Gott über viele andere Götter (Henotheismus) oder der, der als einziger unter allen Göttern verehrt wird (Monolatrie)?

In einer auch religiös plural gewordenen Welt begegnen wir täglich „anderen Göttern" und anderen Religionen. Wie gehen wir damit um?

Wir sind nicht in einem Schönheitswettbewerb der Religionen. Die edelsten Seiten des christlichen Glaubens mit den schlechtesten Seiten einer anderen Religion, etwa dem Islam, vergleichen ist nicht fair. Dabei geht leicht das Bewusstsein verloren, dass jeder Andersgläubige auch Imago Dei – Ebenbild Gottes – ist. Es gilt, jedem „anderen" mit Achtung und Respekt zu begegnen.

Darum: einfach Gott in den Mittelpunkt stellen, mit Begeisterung von ihm erzählen, ihn leben und verkörpern. Von seinen „Werken" reden – vor allem was Gott in Jesus für uns getan hat: dass er seinen Himmel verließ, um uns ganz nahe zu sein. Das überzeugt Menschen viel mehr als Vergleiche.

Denn am Ende stehen sowieso nicht viele Götter, sondern viele Nationen vor dem einen Gott. Ihn wollen wir heute anbeten und verherrlichen.

Heidi Josua

ICH WILL

**WEIL ER AN MIR HÄNGT, WILL ICH IHN RETTEN ...
ICH BEFREIE IHN UND BRINGE IHN ZU EHREN.**
PSALM 91,14-15 (ELB)

Psalm 91 ist ein „Hochgesang des Gottvertrauens" (Spurgeon).

Diese beiden Verse sind ein Kleinod in diesem ungewöhnlichen Psalm. In ihnen spricht nicht wie sonst üblich der Psalmbeter, sondern Gott selbst: „Ich will." Stand zu Beginn des Psalms das Vertrauen des Glaubenden zu Gott im Vordergrund, so bestätigt nun Gott diese gegenseitige Verbundenheit und innige Gemeinschaft.

Man kann es kaum treffender ausdrücken: „Weil er an mir hängt." Keine nur kognitive Entscheidung, sondern ein Umfassen und Umklammern mit beiden Händen, mit der ganzen Existenz. Christus in mir, und ich in Christus. Dieses Einssein ist unsere Rettung, unsere Befreiung.

Und nicht nur das: Wir sind so schnell zufrieden – gerettet sein ist alles. Doch Gott tut noch viel mehr. Bei ihm heißt es nicht: Hauptsache, grade so davongekommen. Und auch nicht gönnerhaft: Du armer Sünder konntest es ja nicht selbst. Gottes Rettung ist auch eine Ehrenrettung. Die Glaubenden ehren Gott, und Gott ehrt sie.

Gott rettet uns nicht „nur" vor dem ewigen Tod. Er schenkt Leben in Fülle, in Annahme und Wertschätzung. Das lässt uns befreit und mit erhobenem Haupt durchs Leben gehen, unabhängig von der Meinung der Menschen, in königlicher Eigenständigkeit. Denn wer an Gott hängt, muss nicht an Menschen hängen. Und die höchste Ehre haben wir noch vor uns: das ewige Sein bei ihm, in Herrlichkeit.

Heidi Josua

28. JULI

SEINE NÄCHTLICHE TREUE

ES IST GUT, AM MORGEN VON DEINER GNADE ZU ERZÄHLEN UND IN DER NACHT VON DEINER TREUE.

PSALM 92,3

Natürlich verkünden wir die Gnade Gottes an jedem Morgen, mit jedem anbrechenden Tag. Natürlich zeugt unser Leben anderen gegenüber von Jesus. Verkünden und erzählen braucht ja ein Publikum, eine Zielgruppe.

Wie aber sollen wir in der Nacht von seiner Treue – nach anderer Übersetzung: von seiner Wahrheit – erzählen? So ganz allein, ohne Ansprechpartner?

Die Nacht ist die Zeit der Versuchung und Verunsicherung, wenn die Zweifel ins Gemüt schleichen, wenn die Konturen der Umgebung verschwimmen, auch die Konturen dessen, was wahr und verlässlich ist: Sollte Gott gesagt haben? Ist es nicht doch ganz anders? Irrationale Ängste tauchen aus dem Dunkel auf, Ängste, die wir bei Tageslicht mit einer Handbewegung verscheucht hätten. Die Nacht ist der pure Gegensatz zu Treue, Verlässlichkeit und Wahrheit. Deshalb ist die Nacht auch ein Ort der Wahrheit über mich selbst: hier im Dunkel tritt deutlich zutage, was in meinem Innern ist, was meine Seele erfüllt und umhüllt.

Wenn wir unsere Tage in seinem Licht gestaltet und gelebt haben, wenn wir unsere Tage bewusst mit Danken und Lobsingen gefüllt haben (V. 2), dann gilt in der Nacht: kein anderer Name als nur sein Name.

Dann sind unsere Nächte kein bodenloses Dunkel, sondern wir sind ganz allein mit ihm und bezeugen in verborgener Zwiesprache, dass seine Treue auch das Dunkel umschließt und ganz erfüllt.

Heidi Josua

WAS IST DAS NEUE LIED?

SINGT DEM HERRN EIN NEUES LIED!
PSALM 96,1

Singen ist für den christlichen Glauben eine ganz wichtige Lebensäußerung. Neben dem Gebet gehört das Singen zur Praxis des christlichen Glaubens schon immer dazu. Als das Volk Israel den Exodus durch das Rote Meer hinter sich hatte und mit dem Leben noch einmal davongekommen ist, bricht es aus Mirjam nur so heraus, und sie fängt an zu singen. Durch das Singen gibt sie ihrer Freude und Dankbarkeit, gerettet zu sein, Ausdruck, viel mehr, als es durch das Sprechen allein möglich ist. Im Singen verdichtet sich das, was man ausdrücken will. Im Singen schwingt mein Inneres mit und ist der Mensch mit Kopf und Herz dabei. Die Aufforderung „Singt dem Herrn" ist deshalb eine Ermutigung, mit unserem ganzen Sein Gott zu loben für das, was er getan hat. Mit dem „neuen Lied" sind nicht unbedingt musikalische Neuschöpfungen gemeint, wie wir sie in „Feiert Jesus 5" z.B. finden, sondern das neue Lied ist die einzig angemessene Antwort auf die neue, den ganzen Kosmos umfassende Erlösungstat Gottes. Weil das Neue so überwältigend ist, ist das Singen dieses neuen Liedes die einzig angemessene Reaktion. Das neue Lied ist das Lied der Erlösten, deshalb ist es neu und deshalb kann das ganz genau ebenso der Paul-Gerhardt-Choral sein wie das Feiert-Jesus-Lied. Das Neue daran ist, dass es die von Gott Erlösten singen. Das Singen ist als spontane Äußerung zugleich Hingabe an Gott.

Deshalb lasst uns diesem Gott immer wieder neu singen!

Traugott Messner

JAUCHZEN UND DIENEN, WIE GEHT DAS ZUSAMMEN?

**JAUCHZET DEM HERRN ALLE WELT!
DIENET DEM HERRN MIT FREUDEN.**
PSALM 100.1-2

Jauchzen, das ist ein sehr modernes Lebensgefühl: sich freuen, Spaß haben, Party machen, so gefällt vielen Menschen das Leben. Die Vorstellung, dass das Leben einmal keine Party mehr ist, vielleicht, weil das Geld fehlt, vielleicht, weil man krank oder alt geworden ist, gefällt uns nicht. Allerdings ist das Jauchzen in diesem Psalm noch einmal ein bisschen etwas anderes als Party machen. Jauchzen hat ein Gegenüber, das gilt nicht mir selbst, auch keinem anderen Menschen, den ich mag oder verehre, Jauchzen hat immer Gott als Gegenüber. Der Gott, der heilig ist, der Gott, der vergibt, der Gott, vor dem die Völker erzittern, weil er so mächtig ist. Diesem Gott zu jauchzen, ist keine Selbstverliebtheit, sondern Liebe, die über einen selbst hinausgeht zu dem, der mich über alles liebt. Diesem Gott zu dienen, ist keine Knechtschaft, sondern ist Freiheit, denn er macht frei, von Sünde und Schuld. Diesem Gott zu dienen, macht nicht abhängig oder klein, sondern frei.

Ja, jauchzen und dienen geht zusammen, denn Gott zu dienen, ist Freiheit!

Traugott Messner

227

31. JULI

JOSUA 1

GOTT HÄLT WORT

ICH WILL DICH NICHT VERLASSEN NOCH VON DIR WEICHEN.
JOSUA 1.5 (LU)

Es reicht: 40 Jahre ödes, steiniges Wüstenleben! Der große Mose ist gestorben, und die Wüste scheint das Zuhause der Israeliten zu bleiben. Es ist eigentlich unmöglich, ins nahe Land Kanaan umzusiedeln. Wenn da nicht die starke Zusage Gottes wäre. Sie macht das Unmögliche möglich. Was Gott sagt, geschieht. Darum steht schon fest, was de facto noch offen ist: „Jede Stätte, darauf eure Fußsohlen treten werden, *habe* ich euch *gegeben*" (V. 3). Gott selbst gibt das Land. Er löst damit ein altes Versprechen ein (1. Mose 12,7). Jetzt ist die Zeit der Erfüllung da.

Die Frage ist: Glaubt Josua, der neue Leiter Israels, dem Wort Gottes? Der Herr weiß, wie schwer Josua das Vertrauen und die anspruchsvolle Aufgabe der Leitung fallen. Darum ermutigt Gott den Ängstlichen: „Sei stark und entschlossen! Habe keine Angst und verzage nicht!" (V. 9; MENG). Warum soll Josua keine Angst haben, wenn sie doch in ihm steckt? Wie kann er mutig und entschlusskräftig handeln, wenn er sich so unfähig fühlt? Ist das alles nicht eine Überforderung? Eine Zumutung? Ja, so ist es. Und es gibt nur eine Begründung, stark zu sein und zu tun, was Gott erwartet: Er selbst, der Allmächtige, der ganz für den Verzagten da ist, wird unter allen Umständen bei Josua bleiben und ihn führen. Und der soll sich immer wieder Kraft aus dem Wort Gottes holen (V. 8). So wird es ihm und dem Volk gelingen (V. 13).

Sr. Gabriele Goseberg

AUGUST

CHAOSZEIT – GOTTES ZEIT

NOOMI IST EIN SOHN GEBOREN; UND SIE NANNTEN IHN OBED.
RUT 4,17 (LU)

Hochzeit im Hause Boas. Reicher Mann heiratet arme, verwitwete Frau. Dann kommt das erste Kind: Obed. Der Stammhalter! Mutter und Kind sind wohlauf. Die Freude ist groß. Und dann geht alles seinen gewohnten Lauf. Gut so. Doch das allein wäre viel zu kurz gegriffen. Boas und Rut sind ein Ehepaar, das von Anfang an Gottes Willen erkennen und tun will – und das in einer Zeit, in der es politisch und ethisch drunter und drüber ging. „Deshalb tat jeder, was er für richtig hielt", so die traurige Bilanz (Richter 21,25). Nicht so im Hause des Judäers Boas. Und dahinein spielt auch die von Herzen geliebte Schwiegermutter Noomi. Wie hat sie in all dem namenlosen Schmerz ihres Lebens und den Schrecken der Zeit nach dem Erlöser Ausschau gehalten! Wie hat sie sich bemüht, ihrer Schwiegertochter Gottes Güte und Wege mit seinem Volk lieb zu machen. Und nun darf sie ihren Enkelsohn Obed in den Armen halten. Welch ein Trost kann ein kleines Kind sein. Aber es ist noch viel mehr: Später kann Obed sie bis ins hohe Alter tatkräftig und freundlich unterstützen. Er kann dabei seinem Namen („Diener") alle Ehre machen. Doch das Größte ist, dass er durch sein Dasein auf den ersehnten kommenden Erlöser Gottes hinweist. Wie viel Generationenjahre auch ins Land gehen mögen, eines Tages heißt es: Der Sohn Davids, Christus, der Retter, ist da.

Sr. Gabriele Goseberg

DAS HERZ AUSSCHÜTTEN

UND SIE BETETEN DORT DEN HERRN AN.
1. SAMUEL 1,28

Hannas Name ist Programm: „Gott ist gnädig." Über aller Not, über allen unerhörten Gebeten steht Gottes Gnade. Wie groß der Kummer auch sein mag – Gott hört gewiss nicht auf, gnädig zu sein. Das hat Hanna erfahren. In ihrer Kinderlosigkeit. Die geliebte Frau Elkanas hört eben nicht auf zu beten. Das ist Gnade. Sie geht mit zum Gottesdienst – und unterstellt sich damit der Gnadenregie Gottes. Sie stellt sich vor dem Hohen Priester Eli auf Gottes Seite: „Ich habe dem Herrn mein Herz ausgeschüttet" (V. 15). So bezeugt sie, dass sie der Gnade Gottes vertraut. Mögen auch Zweifel an ihrem Herzen nagen, sie schüttet ihr Herz mit *allem*, was drin ist, vor dem Herrn aus – ein Zeichen von Gottes Gnade. Denn wer die Gnade sucht, weiß: Ich bin schwach, doch du bist stark. Ich bin arm, doch du bist reich. Ich bin hilflos, doch du bist mein Helfer.

Das gilt auch für die Zeit der Gebetserhörung und danach. Hanna kann und will das Geschenk Gottes, ihren geliebten Sohn Samuel, nicht für sich privat behalten. Sie schenkt ihn Gott zurück. Schenkt ihn hinein in den Dienst für Gott. Welch ein Wirken der Gnade Gottes in Hannas Herzenshaltung und in ihrem praktischen Tun! Sie behält nichts für sich, gibt sich selbst und den Sohn ganz in die guten Hände Gottes. Und erfährt so den ganzen Reichtum und Segen Gottes. So „erhebt [Gott] die Schwachen aus dem Staub – ja, den Armen aus dem Aschehaufen." (2,8).

Sr. Gabriele Goseberg

3. AUGUST
1. SAMUEL 2,12-36

GOTT RICHTET UND WIRKT NEUES

DIE SÜNDE DER JUNGEN MÄNNER WAR IN DEN AUGEN DES HERRN BESONDERS SCHWERWIEGEND ... DER JUNGE SAMUEL DIENTE VOR DEM HERRN.
1. SAMUEL 2,17-18

Hofni und Pinhas, die amtierenden Söhne des Hohen Priesters Eli, kümmern sich nicht um die Ordnungen des Herrn (1,3). Bevor das Fleisch für die Opfermahlzeit gar gekocht ist, bedient sich die Priesterschaft kräftig. Und es kommt noch schlimmer: Noch bevor der Anteil, der Gott gehört, verbrannt wird, nehmen sie sich unter Androhung von Gewalt das rohe, fetthaltige Fleisch. Damit zerstören sie die Kultordnung (3. Mose 7,31ff) und verletzen Gottes Heiligkeit, indem sie sich selbst an die erste Stelle setzen. Die Söhne Elis begeben sich in eine Konfliktzone, für die es keine Lösung mehr gibt. Gott will sie töten (V. 25)! Auch Eli muss sich dem gerechten Gericht Gottes stellen, nicht ungewarnt, aber unausweichlich (V. 29ff; Kap. 4). Die Amtszeit des Priestergeschlechtes Elis geht zu Ende. Doch Gott hat schon das Neue eingefädelt. Mit Samuel wächst es heran. Auf ihm ruhen das Wohlwollen Gottes und die Beliebtheit bei den Menschen (V. 26). Samuel darf Hoffnungsträger sein, der zum einen auf den „treuen Priester" hinweist, den der Herr sich erwecken wird, und zum anderen auf den „Gesalbten" des Herrn (V. 35). Hier denken wir an das Priestergeschlecht Zadoks und das Königtum Davids, die beide einmünden in das wahre und ewige Priestertum und die wahre, ewige Königsherrschaft des Herrn Jesus Christus.

Sr. Gabriele Goseberg

4. AUGUST

1. SAMUEL 3

OHR AN GOTTES WORT

DAMALS WAREN BOTSCHAFTEN VOM HERRN SELTEN ...
1. SAMUEL 3,1

Die geistliche Lage in Israel ist chaotisch. Sünde verbaut den Weg zu Gott. Man hört ihn nicht mehr. Nimmt von seiner Güte und Liebe nichts mehr wahr. Er ist ja auch so weit weg, sagt der Mensch. Doch Gottes Liebe ist noch nicht am Ende. Sie drängt geradezu danach, sich zu zeigen. Der Herr offenbart sich in Güte und Gericht. *In Güte:* Es ist geradezu typisch für Gott – er wählt das „Kleinformat", einen Jungen, den Priesterdiener Samuel. Der tut nichts als seine tagtägliche Arbeit mit den unzähligen kleinen Handgriffen. Aber er ist im Herzen auf Gott ausgerichtet. Es scheint nicht von ungefähr zu sein, dass er seinen Schlafplatz in der Nähe der Bundeslade, dem Sprachort Gottes, hat. Doch bei allem Wissen um Gott hatte Samuel den Herrn noch nicht erkannt. Die persönliche Begegnung und Beziehung fehlten ihm noch. Die Initiative geht vom Herrn aus. Er ruft ihn, einmal, zweimal, dreimal – und mit Elis Hilfe findet Samuel seine Antwort: „Sprich, Herr, dein Diener hört." Was der Junge hören muss, ist unglaublich hart und schwer. Er muss lernen, dass Gott sich auch *in Gericht* offenbart. Für Eli und seine Söhne gibt es keine Rettung mehr, weil sie sie letztlich nicht wollen. Samuel aber wächst in die Gottesbeziehung immer mehr hinein. So wird er ein Mann, der Gottes Willen tut.

Sr. Gabriele Goseberg

 ## SEIN WIE ALLE WELT

SO SETZE NUN EINEN KÖNIG ÜBER UNS, DER UNS RICHTE, WIE IHN ALLE HEIDEN HABEN.
1. SAMUEL 8,5 (LU)

An der südlichen Grenze des damaligen Israel liegt Beerscheba. Weit genug vom Heiligtum in Silo entfernt, um ihrem gewinnsüchtigen Egoismus mit der Verdrehung des Rechts zu leben. So wie die beiden Söhne Samuels. Das besorgte Volk, allen voran die Ältestenschaft, sieht keinen Weg für eine geordnete Zukunft ihres Land. Der Richter und Prophet Samuel ist alt, die Söhne tun, was sie wollen. Also muss ein König her, ganz nach dem Vorbild der Völkerwelt. Ist das der einzige Weg? Mehr noch, ist das der richtige Weg? Was will Gott in dieser Lage? Wie denkt er sich die Zukunft seines Volkes?

Genau das will Samuel wissen. Er geht ins Gebet, ist er sich doch tief bewusst, dass ein menschliches Königtum Gott als König verdrängen kann. *Er,* der Retter aus Ägypten und nicht zuletzt aus dessen Staatsform, will sein Volk regieren – so, wie *er* es haben will. Erstaunlich, ja, kaum zu verstehen ist Gottes Reaktion auf die Forderung der Ältesten: Der Herr entspricht dem Wunsch des Volkes. Nicht ungewarnt, denn die Rechtsansprüche eines Königs haben es in sich. Israel wird durch das Königtum in eine soziale und religiöse Katastrophe kommen. Dann wird es eine Rettung aus dem selbst gewählten Unheil nicht mehr geben (V. 18)! Das Volk verweigert jegliche Korrektur. Sie wollen sein wie alle Welt. Lassen wir uns die Ermahnung in 1. Johannes 2,15-17 dienen.

Sr. Gabriele Goseberg

UNGEHORSAM IST SÜNDE

IHM ZU GEHORCHEN IST SEHR VIEL BESSER ALS EIN OPFER DARZUBRINGEN, AUF IHN ZU HÖREN IST BESSER ALS DAS FETT VON WIDDERN.

1. SAMUEL 15,22

Samuel überbringt König Saul den Auftrag des Herrn, an den feindlichen Amalekitern den Bann zu vollstrecken. Dieses Volk muss vollständig ausgerottet werden. Wir können das nur schwer verstehen. Aber es geht hier zutiefst um die Ehre des „Herrn der Heerscharen" (vgl. V. 2). Was er sagt, muss geschehen. Denn sein Wille ist heilig. Saul erfüllt den Auftrag – tragischerweise nur halbherzig und eigennützig (V. 9). Man kann Gott nur ganz oder gar nicht gehorchen.

Samuel, der die ganze Nacht über in einem harten Gebetsringen verbringt, muss Sauls Vergehen zur Sprache bringen. Ihm gefällt die Verwerfung Sauls nicht (V. 35; 16,1). Aber er erfüllt den Auftrag des Herrn. Der König hingegen lässt sich nichts sagen. Er verfängt sich in einem Netz von Selbstgefälligkeit und Lügen (V. 12-21). Er hat sich ein „Siegeszeichen" errichtet, wohl aufgrund seiner Siege in zahlreichen Kriegshandlungen. Da wundert es nicht, dass er letztlich nur sich selbst sieht und dann noch scheinheilig auf das Volk verweist, das Gott aus Dankbarkeit für seine Hilfe opfern wolle. Der Herr aber will aufrichtigen Gehorsam, kein Opfer, mit dem man noch glänzen könnte, sondern das Aufhorchen, das Hören auf die Stimme in seinem Wort. Samuel muss die Verwerfung Sauls ankündigen. Er darf kein König mehr sein. Diese Spannung gilt es auszuhalten.

Sr. Gabriele Goseberg

NACH DEM HERZEN GOTTES

**DER MENSCH URTEILT NACH DEM, WAS ER SIEHT,
DOCH DER HERR SIEHT INS HERZ.**
1. SAMUEL 16,7

Wie sieht er wohl aus, der zukünftige König für Israel? Einer von den Söhnen Isais soll es machen, aber welcher? Isai hat acht prächtige Kerle. Nachdem der „alte" König Saul das Vertrauen Gottes verspielt hatte, muss der Prophet Samuel nun einen neuen König salben. Samuel stellt sich einen vor wie Saul: groß, muskulös und mit natürlicher Autorität. Eliab, der älteste Sohn Isais, ist so einer. Doch Gott pfeift Samuel zurück. „Lass dich nicht von seinem Aussehen und seiner Größe beeindrucken!" Samuel ist irritiert. Wie soll er denn dann seine Auswahl treffen? Gott urteilt anders als Menschen. Er sieht zuerst ins Herz. Für Gott ist nicht die Medienwirksamkeit seiner Mitarbeiter relevant, sondern ihr Gottvertrauen. Ein Leiter braucht Werte, an denen er sich orientiert. Gott will vor allem, dass sich der neue König selbst von Gott führen lässt. Nur Geführte können führen.

Auf David kommt im ersten Moment keiner, er ist nicht einmal beim Opferfest in Bethlehem dabei. David hütet im Auftrag seines Vaters die Schafe. Doch Gott will David, denn David ist ein junger Mann, dessen Herz auf Gott ausgerichtet ist.

Gott achtet auch auf mein Herz. Es kommt nicht darauf an, wie ich mich in der Öffentlichkeit präsentieren kann, sondern worauf mein Herz ausgerichtet ist. Gehört mein Herz Gott?

Martin Siehler

8. AUGUST

1. SAMUEL 17

KEINE ENTMUTIGUNG ZULASSEN

DU TRITTST MIR MIT SCHWERT, SPEER UND WURFSPIESS ENTGEGEN, ICH ABER KOMME IM NAMEN DES HERRN, DES ALLMÄCHTIGEN.

1. SAMUEL 17,45

David erschlägt den Riesen Goliat – diese Geschichte faszinierte mich schon als Kind. Hätte sich David von der Größe Goliats beeindrucken lassen, hätte er nicht gekämpft. Goliat war fast drei Meter groß, sein Schuppenpanzer wog ein Zentner und die Spitze seines Speers sieben Kilo. Gegen diese geballte Kraft traut sich kein israelischer Soldat. Doch dann kommt David, eigentlich nur, um Proviant vorbeizubringen. David erschrickt über die bösen Worte und die Lästerung Goliats gegenüber Gott. Das kann David nicht stehen lassen. Er erinnert die Soldaten, dass „das Heer des lebendigen Gottes" nicht verhöhnt werden darf.

Macht es mir etwas aus, wenn Leute über Gott, die Kirche oder einzelne Christen negativ reden? Wie reagiere ich?

David lässt es nicht stehen, er meldet sich zum Kampf. Er tritt ohne Rüstung an, er bringt nur seine Erfahrung als Hirte und seine Geschicklichkeit mit der Schleuder mit. Seine eigentliche Kraft aber ist das Vertrauen, dass Gott mit ihm ist. Deshalb kann er den ängstlichen Soldaten sagen: „Keiner lasse den Mut sinken." Im Neuen Testament strahlt Paulus ein ähnliches Vertrauen aus (1. Korinther 15,57). Der Sieg Davids über Goliat ist nicht sein Verdienst, sondern ein Geschenk Gottes. Wer Gott an seiner Seite hat, braucht sich vor keinem Goliat zu fürchten.

Martin Siehler

GOTT GIBT MIR „RECHT"

DER HERR WIRD RICHTER SEIN ZWISCHEN DIR UND MIR.
1. SAMUEL 24.13 (LU)

Dass König Saul ihm nachstellt, ist für David eine viel schwerere Belastung als der Kampf mit Goliat. Goliat verspottete Gott, Saul dagegen war der von Gott gesalbte König Israels. Wenn Leute von außen gegen die Gemeinde agieren, ist es schwer, aber die Fronten sind klar. Wie verhalte ich mich aber, wenn zerstörerische Kräfte von innen kommen? Wie David mit dieser bedrohlichen Situation umgeht, ist für mich vorbildlich. Als Saul mit seinen 3000 Soldaten auf der Jagd nach David in die Gegend vom Toten Meer kommt, muss er in einer Höhle in En Gedi austreten. David versteckt sich im hinteren Teil dieser Höhle. Es ist die Gelegenheit, Saul mit einem Hieb aus dem Weg zu schaffen. Davids Freunde raten ihm dazu. Doch David schneidet, mit klopfendem Herzen und schlechtem Gewissen, nur ein Stück von Sauls Mantel ab. Als Saul die Höhle verlässt, ruft ihm David hinterher. Saul ist überrascht und überwältigt, dass David ihn nicht umgebracht hat. Es ist sehr ungewöhnlich, dass sich David nicht selbst rächt. Doch David vertraut darauf, dass Gott gerecht richten wird. Jesus sagt später, dass wir unsere Feinde lieben und für sie bitten sollen. David hofft nach seiner großmütigen Geste auf Versöhnung und Normalisierung der Beziehungen. Leider werden seine Hoffnungen nicht erfüllt. Eigenes geistliches Verhalten bewirkt nicht immer eine Verbesserung der Verhältnisse. Leider.

Martin Siehler

10. AUGUST

2. SAMUEL 5

MEINE ZEIT STEHT IN DEINEN HÄNDEN

DA FRAGTE DAVID DEN HERRN.

2. SAMUEL 5,19.23

Ich lerne von David Geduld in schwierigen Situationen und einen ständig heißen Draht zu Gott zu haben. David ist der von Gott ausgesuchte und gesalbte König Israels. Nach Sauls Tod wird David aber nur vom Stamm Juda als König anerkannt. Zur Berufung Gottes muss auch das Ja der Menschen kommen. David fordert dieses Ja aber nicht ein, sondern wartet. Nach siebeneinhalb Jahren war die Zeit gekommen, in der das Reich wiedervereinigt und David König von ganz Israel wurde. Als neue Hauptstadt wird Jerusalem gewählt. Diese Stadt muss gemeinsam erst noch erobert und ausgebaut werden. Diese Stadt soll als Stadt Davids das neue Zentrum Israels werden. Als die Philister die neue Einheit und damit Kraft Israels bemerken, wollen sie militärisch sofort dazwischengehen. David muss gleich zu Anfang eine harte Probe durchstehen. In dieser Probe wendet er sich an seinen Herrn. Gott gibt ihm Weisung für den bevorstehenden Kampf. David hört auf die Weisung Gottes und erfährt seine Hilfe. Einige Zeit später fordern die Philister wieder zum Kampf auf. David könnte aus der Erfahrung dieselbe Strategie anwenden. Doch er fragt erneut nach Gottes Weisung. Dieses Mal antwortet Gott auf eine andere Weise. Wieder wird David der Sieg geschenkt.

Gott will, dass wir in jeder Situation neu nach seinem Willen fragen. So bleibt die Beziehung zu Gott lebendig und so erleben wir Gott in seiner Größe.

Martin Siehler

VOR GOTT SIND ALLE GLEICH

UND DAVID TANZTE BEGEISTERT VOR DEM HERRN UND TRUG DABEI NUR EINEN LEINENEN PRIESTERSCHURZ.

2. SAMUEL 6,14

David will in seiner neuen Hauptstadt Jerusalem Gott ganz nahe bei sich haben. Wichtiger als der politische Regierungssitz ist ihm das geistliche Zentrum in Jerusalem. Die Bundeslade bedeutet für ihn der heiligste Ort der Gegenwart Gottes. Deshalb möchte er die Bundeslade nach Jerusalem holen. Wie ein Staatsempfang bereitet er diesen Tag vor. 30 000 junge Männer sind dabei. Aber David tritt nicht wie ein König auf. Er lässt sich nicht in königlicher Sänfte hinter der Lade hertragen. Er legt seine königlichen Kleider ab, weil er weiß, wo der heilige Gott gegenwärtig ist, verblassen alle menschlichen Rangunterschiede. Mit seinem leinenen Priesterschutz ist er wie die priesterlichen Hilfsarbeiter und die Menschen aus der untersten sozialen Schicht im Volk gekleidet. So tanzt er voller Inbrunst vor der Bundeslade her. So betet er Gott an. Das Volk ist begeistert, dass sich ihr König auf ihre Ebene begibt, und sie ahnen etwas von der Zuwendung Gottes. Für seine Frau Michal war Davids Verhalten äußerst peinlich und beschämend. Sie kritisiert ihn scharf, weil er aus ihrer Sicht die Etikette missachtete. Sie lässt sich vom Lobpreis nicht inspirieren, sondern verachtet David.

Nicht jeder kann meine Beziehung zu Gott, meine innere Hingabe und Anbetung nachvollziehen. Manches Mal nicht einmal meine eigene Familie.

Martin Siehler

EIN HAUS GOTTES

UND NUN KÜNDIGT DER HERR DIR AN, DASS ER DIR EIN HAUS BAUEN WIRD.

2. SAMUEL 7,11

David sitzt in seinem neuen Palast in Jerusalem und sieht hinüber zu dem Zelt mit der Bundeslade. Die Verhältnisse stimmen nicht, denkt David und beschließt, Gott ein großes Prachthaus zu bauen. Der Prophet Nathan wird eingeweiht, auch er begeistert sich für diese Idee. Doch in der Nacht spricht Gott zu Nathan. Er soll David sagen, dass er kein Haus bauen soll. Gott will nicht auf ein Haus eingegrenzt werden, bei dem die Menschen hin und wieder vorbeikommen. Gott will ständig bei den Menschen sein. David muss lernen: Gott lebt nicht von dem, was er für ihn tut. David selbst lebt von dem, was Gott für ihn tut. Gott möchte den Menschen nah sein in ihrem Alltag, bei ihren Sorgen und Nöten, bei ihrer Arbeit und ihrer Freizeit, in ihrer Familie, bei Kranken und ganz besonders bei den Einsamen. David wird überrascht von der Nachricht, dass Gott ihm ein Haus bauen will. Gott bestätigt Davids Königtum „ewiglich". Das ist eine große Verheißung, sie erfüllte sich im „Sohn Davids", in Jesus Christus. Er ist der verheißene Messias und Nachkomme Davids. Nach diesen Worten kann David nur noch beten. In seinem Gebet kommt ein großes Staunen über Gottes Gnade, Liebe und Fürsorge zum Ausdruck. Jesus sagt später, dass zum Gebet kein besonderer Ort nötig sei, die wahren Anbeter beten „im Geist und in der Wahrheit" an.

Ich darf mich mit meinem Gebet in die Anbetung Gottes einklinken.

Martin Siehler

BARMHERZIGKEIT IST BESSER

IST DA NOCH JEMAND VOM HAUSE SAULS, DASS ICH GOTTES BARMHERZIGKEIT AN IHM TUE?

2. SAMUEL 9,3 (LU)

David erlebt eine gute Zeit. Es herrscht Frieden im Land, das Reich ist gefestigt und die Bundeslade ist in Jerusalem. Jetzt macht er sich Gedanken um die Familie Sauls. In der Antike war es üblich, dass alle Nachkommen eines früheren Königs umgebracht werden. Keiner sollte mehr Ansprüche auf den Thron erheben können. David lässt nachforschen, wer von Sauls Familie noch lebt. Tatsächlich findet sich Mefi-Boschet, ein Sohn seines verstorbenen Freundes Jonathan und Enkel Sauls. Mefi-Boschet war auf der Flucht als fünfjähriger Junge gestürzt, seitdem waren seine Füße lahm. David lässt ihn holen, Mefi-Boschet befürchtet das Schlimmste. Doch David denkt anders. Er erinnert sich an sein Versprechen an Jonathan, für seine Nachkommen zu sorgen. David weiß, dass alles in seinem Leben, auch seine Erfolge als König, ein Geschenk der Barmherzigkeit Gottes sind. Diese Barmherzigkeit will er nun auch am Hause Sauls üben. Davids suchende Liebe ist ein Hinweis auf die suchende Liebe von Jesus Christus. Jesus kam auf diese Erde, um hilflose Menschen zu suchen und zu retten. David schenkt Mefi-Boschet die Ländereien seines Großvaters Saul, dazu bekommt er noch Arbeitsunterstützung durch Diener, die die Felder bewirtschaften. Mefi-Boschet selbst darf an der Tafel des Königs essen. Das ist Gnade.

Wen kann ich aufsuchen, um Barmherzigkeit zu üben?

Martin Siehler

14. AUGUST

2. SAMUEL 11

MÜSSIGGANG IST ALLER LASTER ANFANG

DAVID BLIEB JEDOCH IN JERUSALEM ZURÜCK.
2. SAMUEL 11,1

„Home sweet home" – zu Hause ist es doch am schönsten. David hätte eigentlich mit seiner ganzen Truppe in den Krieg ziehen sollen. Aber er hatte keine Lust. Irgendwie hatte er die Nase voll vom Übernachten im zugigen Zelt, den eintönigen Mahlzeiten, dem ständigen Herumziehen und dem ganzen Kriegsstress. Also delegierte er seine Aufgabe und blieb zu Hause.

Sich eine Pause zu gönnen, gehört zu einem gesunden Leben dazu. Daran ist nichts auszusetzen. Wenn aber aus Entspannung Trägheit und Bequemlichkeit wird, dann kann das negative Folgen haben. „Müßiggang ist aller Laster Anfang", sagt der Volksmund. Nach einem ausgiebigen Nachmittagsschläfchen geht David auf seiner Dachterrasse spazieren und dann nehmen die Dinge ihren Lauf. Geplant hatte er das so nicht. Es ereilte ihn und er hatte seinen inneren Impulsen nichts entgegenzusetzen.

Es geht im Leben nicht nur darum, „Böses zu meiden", sondern sein Leben mit dem zu füllen, was uns von Gott aufgetragen ist. Das kann beinhalten, sich Stress und Unbequemlichkeiten aufzuhalsen und auf Bequemlichkeit zu verzichten, aber es füllt unser Leben aus und hat bewahrende Funktion. Was hat Gott Ihnen aufgetragen? Wo sollten Sie sich befinden?

Detlef Krause

15. AUGUST

2. SAMUEL 12,1-25

DAS HABE ICH MIR VERDIENT

SIE [BATHSEBA] WURDE SCHWANGER UND GEBAR EINEN SOHN. DAVID NANNTE IHN SALOMO. DER HERR HATTE DAS KIND LIEB.

2. SAMUEL 12,24

Womit hat David das verdient? Bei uns hätte David im weiteren Verlauf seines Lebens nichts mehr zu lachen gehabt. Für eine leitende Position wäre er auf Lebenszeit disqualifiziert gewesen. Der sollte jetzt mal ganz kleine Brötchen backen.

Gott handelt anders. Er schiebt David nicht beiseite, sondern beschenkt ihn mit einem außergewöhnlichen Sohn, der später sogar einmal sein Nachfolger wird.

Paulus schreibt an die Römer: Und gerade dort, wo sich die Sünde in vollem Maß auswirkte, ist die Gnade noch unendlich viel mächtiger geworden (vgl. Römer 5,20). Gott ist gnädig.

Aber es ist keine billige Gnade. Gott selbst bringt David zur Einsicht. Davids Sündenbekenntnis ist nicht nur ein Mittel, um sich selbst zu rehabilitieren oder sich letztlich rauszureden, indem er entschuldigend auf Umstände, die Kindheit und andere Menschen hinwies. Er war zutiefst erschüttert und wusste, dass er nichts mehr zu erwarten hatte. Er musste die Konsequenzen seiner Untat ausbaden.

Gottes Gnade gilt jedem, der sein Versagen bereut: Wenn wir unsere Sünde bekennen, dann ist Gott treu und gerecht, sodass er uns unsere Sünde vergibt!

Was für ein Angebot – für heute und für jeden Tag.

Detlef Krause

WACKELIG UNTERWEGS

„DANN KOMM", SAGTE JESUS. UND PETRUS STIEG AUS DEM BOOT UND GING ÜBER DAS WASSER, JESUS ENTGEGEN. ALS ER SICH ABER UMSAH UND DIE HOHEN WELLEN ERBLICKTE, BEKAM ER ANGST UND BEGANN ZU VERSINKEN. „HERR, RETTE MICH!", SCHRIE ER.

MATTHÄUS 14,29-30

Es sind wackelige Schritte. Vorsichtig setze ich einen Fuß vor den anderen. Bei meinen ersten Gehversuchen auf einer Slackline – einem zwischen zwei Bäumen gespannten Band – bin ich unsicher unterwegs. Obwohl ich seit meiner Kindheit laufen kann, hier führe ich mich auf, als wären meine Beine aus Pudding. Doch dann bekomme ich den Tipp eines erfahrenen Slackliners: „Schau nicht auf deine Füße und nicht auf das Band! Schau dorthin, wo du hingehst!" Ich hebe meinen Kopf und blicke nach vorn und prompt stehe ich viel sicherer.

Es sind wackelige Schritte. Vorsichtig setzt Petrus einen Fuß vor den anderen. Es fühlt sich fremd an, auf diesem ungewohnten Untergrund zu gehen. Als er auf die Wellen sieht, beginnt er zu sinken. Er steht nur sicher, wenn er auf Jesus blickt und auf ihn zugeht. Möglicherweise gibt es heute Momente, wo Sie ins Schwanken kommen. Das reicht aus, nur noch auf das zu sehen, was Sie bedroht. Petrus könnte Ihnen den Tipp geben: „Schauen Sie auf Jesus, dann stehen Sie sicher! Gehen Sie auf ihn zu, dann sind Sie ruhig unterwegs. Und wenn Sie tatsächlich beginnen, den Halt zu verlieren, dann rufen Sie ihn um Hilfe. Er zieht Sie raus und richtet Ihren Blick wieder auf ihn aus."

Stefan Mergenthaler

LERNEN VON ALEX

WER SO GERING WIRD WIE DIESES KIND, DER IST DER GRÖSSTE IM HIMMELREICH. UND WER EIN SOLCHES KIND IN MEINEM NAMEN AUFNIMMT, DER NIMMT MICH AUF.

MATTHÄUS 18,4-5

Am 20. September 2016 auf dem UN-Flüchtlingsgipfel liest US-Präsident Obama einen Brief des 6-jährigen Alex vor: „Lieber Präsident Obama, erinnerst du dich an den Jungen, der in Syrien vom Krankenwagen abgeholt wurde? Kannst du ihn bitte da rausholen und zu uns nach Hause bringen? (…) Wir werden ihm eine Familie sein und er wird unser Bruder werden."

Jesus stellt ein Kind in die Mitte der Jünger. An ihm sollen sie sehen, dass Kindschaft die wahre Größe im Himmelreich ist. Nicht Erfolge, Reichtum, Vernunft, Selbstständigkeit, Unabhängigkeit oder andere Dinge, nach denen Erwachsene oftmals streben. Das alles beeindruckt Kinder nicht. Am wichtigsten für ein Kind ist Zugehörigkeit.

Als Kinder Gottes dürfen wir wissen und erleben, dass wir zu unserem himmlischen Vater gehören. Und wir dürfen in diese Zugehörigkeit auch andere mit hineinnehmen. Jesus sagt sogar, dass man ihn selbst aufnimmt, wenn man Menschen in seinem Namen aufnimmt. So wie Kinder, die zu einem anderen sagen: „Du gehörst dazu! Einfach nur, weil du ein Kind bist. Wir wollen dir eine Familie sein." So wie Alex. Wir können von ihm lernen, was es heißt, Kind zu sein.

Stefan Mergenthaler

CHANCEN ZUR BUSSE – EIN THRILLER

ALLES, WAS IHR AUF ERDEN BINDEN WERDET, SOLL AUCH IM HIMMEL GEBUNDEN SEIN, UND ALLES, WAS IHR AUF ERDEN LÖSEN WERDET, SOLL AUCH IM HIMMEL GELÖST SEIN.
MATTHÄUS 18.18 (LU)

Er hat sich ganz schön verstrickt. Seine Schuld schnürt ihn ein. Der Bruder merkt aber gar nicht, dass sich die Schlinge um ihn immer mehr zuzieht. „Pass auf", sage ich im Vertrauen, „du verwickelst dich da in etwas." Ich möchte ihm helfen, doch er dreht sich weg und verwirrt sich immer mehr.

Wenn er auf mich nicht hören will, dann muss ich Unterstützung holen. Ein oder zwei andere kommen mit. Zwei oder drei sind eine starke Gemeinschaft. Gemeinsam wollen wir verhindern, dass er sich tiefer hineinziehen lässt. Doch sein Blick ist so verzerrt, dass er es nicht sehen will. Es wird immer enger.

Vielleicht kann die Gemeinde helfen, alles wieder zu entzerren. Wir und er brauchen eine Lösung. Sonst wird er durch seine Schuld gebunden sein. Diese Bindung ist gefährlich. Denn sie bindet ihn nicht nur an diese Welt und in dieser Welt. Es geht um mehr. Es geht um den Himmel. Er sollte sich dringend befreien lassen. Wenn er sich der Gemeinde verschließt, dann schließt er sich aus.

Verschließe dich nicht! Entschließe dich ... entschließe dich, dich befreien zu lassen! Höre auf die Gemeinde! Auf die zwei oder drei, die in seinem Namen zusammenkommen. Die Ihn ihm verbunden sind, nur in ihm. „Im Namen Jesu". Diese Verbindung ist die Lösung. Die einzig mögliche.

Stefan Mergenthaler

19. AUGUST
MATTHÄUS 19,1-12

WIR SIND ZUSAMMEN EINS

> UND ES HEISST WEITER: „DESHALB WIRD EIN MANN VATER UND MUTTER VERLASSEN UND SICH AN SEINE FRAU BINDEN UND DIE BEIDEN WERDEN ZU EINER EINHEIT." DANN SIND SIE ALSO NICHT MEHR ZWEI, SONDERN EINS …
>
> MATTHÄUS 19,5-6

„Wir sind zusammen groß, wir sind zusammen eins", sangen Fanta 4 im Sommer 2018.[12] Zusammen eins sein ist mehr als es nur irgendwie miteinander aushalten. Ganz ähnlich klingt, was Jesus hier sagte. Bei Trauungen habe ich diesen Satz schon so oft gehört. Vielleicht ist das in unserer Zeit besonders schwierig, weil letztlich alles auf das Ich ausgerichtet ist. Individualismus sieht auch in einer Ehe das Miteinander von zwei Einzelnen. Vielleicht ist der Satz Jesu gerade heute wichtig für Ehepaare, weil hier tatsächlich beide als eins gesehen werden. Hier entsteht etwas Neues. Die Ehe, die Gott schenkt, ist eine Einheit. Wenn in einer Ehe nicht jeder auf das Seine schaut – seine Entfaltungsmöglichkeiten, seine Wünsche –, sondern wenn man sich vor allem als Einheit versteht, dann lebt man Ehe anders. Das ist mehr, als ein gemeinsames Konto oder einen gemeinsamen Kalender zu haben. Als Einheit steht man dann auch vor Gott. Als Einheit denkt man sein Leben. Als Einheit lebt man dann das, was jemand, der zur Ehelosigkeit berufen ist (Matthäus 19,12), durch sein Alleinsein für Gott an Einsatz bringen kann. Dann würde man sich mit einer Scheidung nicht das Eigene erhalten, sondern sich selbst zerreißen und einen Teil von sich selbst verlieren.

Stefan Mergenthaler

ZAHLEN BITTE! GERNE!

> ALS DER JUNGE MANN DAS HÖRTE, GING ER TRAURIG FORT, DENN ER WAR SEHR REICH. DA SAGTE JESUS ZU SEINEN JÜNGERN: „ICH WILL EUCH DIE WAHRHEIT SAGEN: ES IST SEHR SCHWER FÜR EINEN REICHEN, INS HIMMELREICH ZU GELANGEN."
> MATTHÄUS 19,22–23

Lea ist 5. Als Oma und Opa zu Besuch kommen, bekommen sie ein paar Papierzettel in die Hand gedrückt. Es sind Geldscheine ihrer ganz eigenen Währung. Jetzt wartet sie in ihrem Kaufladen darauf, dass das Geld auch wieder ausgegeben wird. Wenn Oma und Opa das Spielgeld für sich behalten würden, wäre Lea bitter enttäuscht. Die Großeltern fangen anderswo auch gar nichts mit den Scheinchen an.

Geld ist eigentlich zum Helfen, um Leben zu gestalten, da. Aber es beinhaltet offenbar schon seit Jahrtausenden die Gefahr, dass Menschen sich an das Geld binden. Jesus will uns frei machen von solchen Bindungen.

Ein Gegenbeispiel ist Tom Crist. Als er mitgeteilt bekommt, er habe 40 Millionen Kanadische Dollar gewonnen, beendet er zuerst sein Mittagessen und macht weiter, als wäre nichts geschehen. Später spendet er die gesamte (!) Gewinnsumme. Er habe ausgesorgt, sagt er, ebenso seine Kinder.[13]

Wer auf das Himmelreich zulebt, hat aus-gesorgt. Weil Christus uns das volle Leben geschenkt und uns die Sorgen genommen hat. Dann kann man Geld fröhlich und befreit weitergeben.

Stefan Mergenthaler

 ## WERTVOLL

JEDER, DER UM MEINES NAMENS WILLEN SEIN HAUS, SEINE GESCHWISTER, SEINE ELTERN, SEINE KINDER ODER SEINEN BESITZ AUFGEGEBEN HAT, WIRD HUNDERTMAL SO VIEL WIEDERBEKOMMEN UND DAS EWIGE LEBEN ERLANGEN.

MATTHÄUS 19,29

Was einmalig ist (meine Eltern oder Heimat), dessen Wert kann ich doch nicht so mathematisch hochrechnen, oder?

Jesus redet hier nicht als Mathematiklehrer. Seine Jünger haben das aufgegeben, was ihnen am wertvollsten war. Und sie leiden daran. Gerade weil ihnen die Heimat und die Vertrauten zu Hause wichtig sind, fiel es ja so schwer, diese zurückzulassen.

Jesus tröstet seine Nachfolger, indem er ihren Blick weitet, ihnen die Größe des Lebens in Ewigkeit aufzeigt. Da gibt es so viel mehr für uns. Nochmal mehr als das, was uns hier am wertvollsten ist. Das macht das Irdische nicht weniger wertvoll. Es zeigt vielmehr, wie unbeschreiblich wertvoll das Leben sein wird, das uns verheißen ist.

Haben Sie bereits einmal etwas aufgegeben, was Ihnen wichtig war? Einen Traum, einen Beruf, eine Beziehung? Manchmal wird einem erst bewusst, wie viel einem etwas bedeutet hat, wenn man es verliert. Weil es dann auch besonders schmerzt. Wenn uns Dinge hier so kostbar sind, dass wir sie um keinen Preis hergeben möchten, wie groß darf dann unsere Vorfreude sein auf das Leben, das Jesus uns verheißt? Was er uns schenkt, ist so wertvoll, dass wir es noch gar nicht erfassen können. Dieses Leben mit Jesus darf uns schon heute das Wertvollste sein.

Stefan Mergenthaler

22. AUGUST

MATTHÄUS 20.1-16

ARBEITSLOS

UM FÜNF UHR ABENDS GING ER NOCH EINMAL IN DIE
STADT UND SAH IMMER NOCH EIN PAAR LEUTE HERUMSTEHEN.
ER FRAGTE SIE: „WARUM HABT IHR HEUTE NICHT GEARBEITET?"
SIE ANTWORTETEN: „WEIL UNS NIEMAND ANGESTELLT HAT."
DA SAGTE DER GUTSBESITZER ZU IHNEN: „DANN GEHT ZU
DEN ANDEREN ARBEITERN IN MEINEM WEINBERG."

MATTHÄUS 20.6-7

Arbeitslos. Schon viel zu lange. Am Anfang hat er sich gesagt: „Das wird schon." Aber die Hoffnung schwindet. Wer soll ihn denn jetzt noch wollen? Es geht schon auf den Abend zu. Nicht dass er nicht gewollt hätte, aber es ist noch niemand auf ihn zugekommen.

Hoffnungslos. Schon viel zu lange. Er hat davon gehört, dass andere aktiv sind. Dass sie einen Herrn haben. Dass sie Glauben leben. Ja, es ist wohl nicht immer leicht, aber man hat eine gute Perspektive. Man gehört dazu. Nur er ist irgendwie übersehen worden. Nicht dass er Gott ablehnt, aber er hat irgendwie nie den Weg zu ihm gefunden.

Und dann, als er schon gar nicht mehr damit rechnet, kommt einer und ruft ihn. Er lässt sich rufen und geht mit. Als einer der Ersten bekommt er sogar den Lohn. Es ist eigentlich kein Lohn, eher ein Geschenk. Gott gibt jedem das, was er zum Leben braucht. Ohne Abzüge. Er orientiert sich nicht daran, wer besonders lange für ihn gearbeitet hat. Natürlich halten manche das für ungerecht. Diejenigen, die meinten, sie würden dann mehr bekommen. Gott aber hält das, was er jedem versprochen hat. Das ist das Beste, was ihm passieren konnte. Und das wird gefeiert.

Stefan Mergenthaler

DANN WIRD DAS ENDE KOMMEN

... UND DANN WIRD DAS ENDE KOMMEN.
MATTHÄUS 24,14 (LU)

Das Tempelgebäude in Jerusalem war zur Zeit Jesu das aufsehenerregendste Gebäude im weiten Umkreis. Obwohl es noch im Bau war, hinterließ es beim Betrachter einen tiefen Eindruck. Je nach Lichteinstrahlung ergab sich ein wechselndes Farbenspiel der verschiedenen Steine. Die Jünger waren von dem Anblick tief bewegt, sie wollen mit Jesus darüber sprechen, doch er verweist auf die Zeit, in der der Tempel nicht mehr stehen wird. 70 n.Chr. wurde der Tempel dann auch komplett zerstört.

Jesus setzt sich mit seinen Jüngern auf den Ölberg. Von dort hat man einen fantastischen Blick auf den Tempel. Die Jünger fragen betroffen, wann es den schönen Tempel nicht mehr geben wird. Und wann das Ende der Welt und die Wiederkunft von Christus sein werden.

Jesus predigt darüber nicht in aller Öffentlichkeit, sondern er spricht mit seinen Jüngern im kleinen Kreis. Er will sie vorbereiten, warnen und trösten.

Jesus nimmt kein Blatt vor den Mund und nennt klare Zeichen, die auf das Ende hinweisen: Kriege, Hungersnöte, Erdbeben, Christenverfolgung, Evangeliumsverkündigung bis ans Ende der Welt.

Wie gut, dass Jesus seine Jünger und damit auch uns nicht im Ungewissen darüber lässt. Wir sind bereits vorab informiert. So müssen wir, wenn dies alles geschieht, nicht in Angst und Schrecken verfallen, sondern können wissen, dass die Wiederkunft Jesu nahe ist. Unser Herr kommt. Darauf können wir uns freuen.

Cornelia Mack

24. AUGUST
MATTHÄUS 24,15-31

DAS KOMMEN DES MENSCHENSOHNS

DENN WIE DER BLITZ AUSGEHT VOM OSTEN UND LEUCHTET BIS ZUM WESTEN, SO WIRD AUCH DAS KOMMEN DES MENSCHENSOHNS SEIN.
MATTHÄUS 24,27 (LU)

Jesus bereitet uns hier auf sein zweites Kommen vor. Er will uns damit keine Angst machen, sondern uns Sicherheit geben: Seiner Wiederkunft gehen Zeichen voraus. Menschen werden fliehen, weil sie Angst haben. Falsche Propheten werden auftreten und sich als Heilsbringer, als Messiasse, ausgeben und Menschen verführen und begeistern. Kosmische Störungen werden die Menschen in Angst und Schrecken versetzen.

Manches kennen wir aus der Geschichte bereits, manches wird erst kommen. Manches können wir uns vorstellen, manches nicht.

Aber – und das ist das Tröstliche: Wenn Christus kommt, werden es alle eindeutig erkennen. Leuchtend wie ein Blitz von Ost nach West. Und das Zeichen des Menschensohnes wird am Himmel erscheinen. Diejenigen, die Christus nicht kennen, werden ihn erkennen und in Klagen ausbrechen. Warum? Weil sie erkennen, dass sie fern von ihm und damit falsch gelebt haben. Die, die zu ihm gehören, werden eingesammelt aus allen Teilen der Erde, die Lebenden und die Toten.

Dieser Text ist eine Vorbereitung und zugleich eine Aufforderung, fröhlich von Christus weiterzusagen. Damit das Kommen Christi für viele Menschen kein Ende mit Schrecken ist, sondern Erlösung und Freude, Stillung der tiefsten Sehnsüchte und Heimkehr in die ewige Heimat ohne Schrecken.

Cornelia Mack

IN DER AUFMERKSAMEN FREUDE WACHSAM SEIN

DARUM WACHET; DENN IHR WISST NICHT, AN WELCHEM TAG EUER HERR KOMMT.
MATTHÄUS 24,42 (LU)

Jesus kommt wieder. Welch eine Freude, welch eine Hoffnung steckt in dieser Ankündigung.

Aber wann das sein wird, weiß nicht einmal Jesus selbst. Darum können und sollen wir es getrost unterlassen, den Zeitpunkt der Wiederkunft auszurechnen. Immer wieder wurde das versucht. Aber was nützt es uns?

Viel wichtiger ist, dass wir jederzeit dafür bereit sind, dass Jesus kommt und wir ihm entgegengehen können. Im Grunde genommen ist es die gleiche Herausforderung, jederzeit bereit sein zu sterben und vor Gott zu treten.

Jesus stellt uns die Frage: Leben wir sorglos wie damals die Menschen zur Zeit von Noah unter dem Motto „Nach mir die Sintflut"? Oder leben wir so, dass wir vorbereitet sind? Würden wir uns freuen, wenn Jesus morgen wiederkommen würde? Wenn nicht, warum nicht? Was steht zwischen uns und Christus?

Darum sollen wir wachsam sein. Jederzeit bereit für ihn. Jeden Tag so leben, als sei es der letzte. Das Herz an die wichtigen Dinge hängen, den Alltag mit den bleibenden Werten füllen. Manche Dinge sind endlich, sie vergehen, sie verlieren ihre Bedeutung. Aber manches bleibt für immer. So sagt es Jesus.

Zu dem Unvergänglichen gehören seine Worte, aber auch seine neue Schöpfung, die neue Erde und der neue Himmel, seine Macht und Herrlichkeit. Das Herz darauf auszurichten, schenkt uns bleibende Werte.

Cornelia Mack

JA, HERR JESUS, KOMM

DARUM WACHET! DENN IHR WISST WEDER TAG NOCH STUNDE.
MATTHÄUS 25.13 (LU)

Warten kann schön oder schwer sein. Je nachdem, wen oder was wir erwarten. Die zehn Brautjungfern warteten auf den Bräutigam. Damals konnten die Verhandlungen zwischen Bräutigam und Brauteltern sehr lange dauern – bis in die Nacht hinein. Jesus erzählt dieses Gleichnis, um zu zeigen, in welcher Beziehung wir zu ihm stehen sollen. Voller Vorfreude wie eine Braut auf ihren Bräutigam.

Jesus kommt wieder – wie ein Bräutigam für seine Braut, für uns – die Gemeinde. Wir wissen nicht, wann. Aber wir wissen: Er kommt bestimmt. Das Fest der Ewigkeit Gottes wird schon vorbereitet. Wann das sein wird, wissen nicht einmal die Engel im Himmel. Mit der Braut warteten damals zehn Jungfrauen. Da der Bräutigam auch mitten in der Nacht kommen konnte, war es wichtig, genug Öl in den Lampen zu haben.

Fünf Frauen hatten genug Öl. Sie waren aufs lange Warten eingestellt. Darin waren sie klug. Die anderen dachten nicht an den Energienachschub.

Unser Warten auf Christus, unser Christsein braucht aber Energieversorgung. Das Öl steht für die brennende Liebe zu Jesus, für den Glauben und das Vertrauen auf ihn. Es kommt zu uns durch Gottes Wort. So hören wir seine Zusagen und lernen seinen Willen kennen. Wir brauchen den Gottesdienst, Zeiten des Gebetes, der inneren Ausrichtung auf ihn. Tankstellen für den Glauben. So wächst die Liebe zu Jesus, die brennende Erwartung: Ja, Herr Jesus, komm.

Cornelia Mack

WIR SIND TREUHÄNDER GOTTES!

DER HERR FREUTE SICH SEHR.
MATTHÄUS 25,21

Im Gleichnis bekommen die drei Diener das Vermögen ihres Herrn anvertraut.

Genauso sind wir Treuhänder Gottes. Alles, was wir haben, gehört Gott. Er hat uns reich beschenkt durch Gaben, Fähigkeiten und unseren Besitz. Wir sind dazu berufen, unser Vermögen zu mehren, nicht zum Selbstzweck, sondern um es in seinem Sinn für andere einzusetzen. In armen Ländern habe ich oft erlebt, wie Leute Gastfreundschaft leben, obwohl sie selbst kaum etwas haben und ums Überleben kämpfen müssen. Dem Gast wird großzügig aufgetischt. Bei uns geht es nicht ums Überleben. Vielmehr können wir uns die Frage stellen: Habe ich mehr, als ich zum Leben brauche? Dann kann ich auch mit anderen teilen.

„Generous Living" nennt sich eine Bewegung in den USA. Großzügig leben. Wir sind dazu aufgerufen, das, was wir haben, zu mehren und für andere einzusetzen, in andere Menschen, in unsere Gesellschaft, in das Reich Gottes zu investieren.

Wenn wir unser Geld und unsere Gaben für uns horten, hat niemand etwas davon. So sollten wir immer die Frage stellen: Wie kann ich das, was ich habe, so einsetzen, um möglichst vielen Menschen Gottes Liebe weiterzugeben? Das kann im Kleinen anfangen: Ein Euro am Tag reicht aus, damit ein Kind in Indien überleben kann.

Geben bereichert: Schenker und Beschenkte – und Gott: „Der Herr freute sich sehr." Sich für andere einzusetzen, zahlt sich aus.

Tobias Merckle

28. AUGUST
MATTHÄUS 25,31-46

JESUS DIENEN – DEM NÄCHSTEN DIENEN!

„WAS IHR FÜR EINEN DER GERINGSTEN MEINER BRÜDER UND SCHWESTERN GETAN HABT, DAS HABT IHR FÜR MICH GETAN!"
MATTHÄUS 25,40

Wie können wir Jesus dienen? Indem wir unserem Nächsten dienen! Wer ist mein Nächster? Jeder, der in irgendeiner Art und Weise bedürftig ist:

mein Arbeitskollege oder Klassenkamerad, der jemand braucht, der ihm bei seinen Beziehungsproblemen zuhört.

Der Fremde oder Flüchtling, der in unserer Nachbarschaft wohnt, aber kaum Kontakt zu Deutschen hat.

Der Gefangene, der Orientierung fürs Leben braucht.

Die alte Nachbarin, die kaum mehr aus dem Haus kommt und vereinsamt.

Das Kind eines Gefangenen in Sambia, das keinerlei finanzielle Unterstützung bekommt und sich prostituiert oder kriminell wird, um sich über Wasser zu halten.

Diese Liste könnte unendlich weitergeführt werden. Wenn ich mit offenen Augen durch die Welt gehe, dann wird schnell offensichtlich, dass es genügend Menschen in meinem Umfeld oder auch in der Ferne gibt, denen ich beistehen kann, die ich unterstützen kann.

Wenn ich es ernst meine und Jesus dienen will, dann stelle ich mir jeden Tag neu die Frage: Wer ist heute mein Nächster? Wem kann ich heute dienen? Wie kann ich mich heute und durch mein ganzes Leben für andere einsetzen und ihnen Gottes Liebe weitergeben?

Ich wünsche mir und jedem, der Jesus nachfolgen will, dass wir uns diese Fragen täglich neu stellen.

Tobias Merckle

MIR IST DER APPETIT VERGANGEN!

**MEIN HERZ VERDORRT WIE GRAS,
AUF NICHTS HABE ICH MEHR APPETIT.**
PSALM 102,5

Kennen Sie dieses Gefühl nicht auch, dass Ihnen der Appetit vergeht? Ich schon. Wenn mich etwas belastet und mir auf dem Herzen liegt, dann habe ich keinen Appetit mehr. Wenn es im Beruf Schwierigkeiten gibt oder in der Familie große Probleme da sind, vergisst man manchmal das Essen. Ich finde, der Psalmbeter beschreibt hier seine Gefühlslage sehr aktuell und treffend, obwohl das schon fast 3000 Jahre her ist. Die Zeiten ändern sich zwar, der Mensch aber bleibt derselbe. Die Probleme heißen anders, aber sie treffen uns immer noch gleich und bringen uns genauso aus dem psychischen Gleichgewicht, wir fühlen uns wie „verdorrtes Gras", da ist kein Lebensmut mehr in uns, keine Lebenskraft mehr und man sieht keine Zukunft. Wie wohltuend und hilfreich ist es dann, sein Innerstes vor Gott auszuschütten, Gott sein ganzes Leid zu klagen und die Seele wieder *freizuschreien* von allem, was sie so bedrückt. Und in allem zu wissen, da ist einer, der mich hört, dem ich nicht egal bin, der meine Tränen sieht und abwischt. Gott sein Leid zu klagen, verändert. Das öffnet mich in meiner ausweglosen Situation für etwas Neues. Zu wissen, dass Gott von seiner heiligen Höhe auf mich schaut und mich sieht, dass ich ihm wichtig bin und er auf mich achtet, dass ich nicht untergehe, das hilft mir und erfüllt mich mit neuem Lebensmut und schenkt mir auch wieder neuen Appetit.

Traugott Messner

30. AUGUST

PSALM 103

AUFATMEN

LOBE DEN HERRN, MEINE SEELE, UND WAS IN MIR IST, SEINEN HEILIGEN NAMEN.

PSALM 103,1 (LU)

Hier kann einer richtig aufatmen! So spricht einer, der Schweres durchmachte. Man kann die Steine poltern hören, wie sie da von dem Herzen fallen. Das ist wie nach überstandener Chemo die Worte des Arztes: „Sie sind durch." Ich denke, das ist der Moment, in dem dieser Psalm als Ausdruck großer Dankbarkeit gesprochen wurde. Psalm 103 ist in der Abendmahlsliturgie unserer Gottesdienste fest verankert. Auch die Konfirmanden lernen ihn noch auswendig. Die Erfahrung, dass Jesus mir meine Schuld vergibt und sie dann so weit weg ist wie der Morgen vom Abend, das ist echte Befreiung. Das gibt mir wieder Luft, wenn meine Sünde mir die Kehle zugeschnürt hat und mir den Atem stocken ließ, weil ich schwere Schuld auf mich geladen hatte. Ich denke, dieses Gefühl kennen wir alle, wie Schuld uns gefangen nimmt und isoliert. Aber auch wie befreiend das ist, zu erleben, dass Schuld vergeben wird. Wer das erlebt, atmet auf. Wer das erlebt, fühlt sich wie einer, dem das Leben neu geschenkt wird. Wie von einer Krankheit genesen oder geheilt. Freiheit, Freude und Dankbarkeit durchziehen deshalb Psalm 103 ganz und gar. Wenn wir diesen Psalm singen oder beten, steckt uns die darin liegende Befreiung an, macht uns selbst zu Befreiten und zu Kindern, die solch einen Vater über sich haben, der sich über uns von ganzem Herzen erbarmt. In Gottes Erbarmen können wir tatsächlich aufatmen.

Traugott Messner

GOTT IN EINEM KLEID?

**IN HOHEIT UND PRACHT BIST DU GEKLEIDET.
LICHT IST DEIN KLEID, DAS DU ANHAST.**

PSALM 104,1-2 (LU)

Dieser Psalm ist Poesie pur. Der Dichter überschlägt sich in Bildern und Metaphern in der Beschreibung Gottes und dessen, was er tut und macht. Poesie ist verdichtete Sprache. In der Dichtung kommt der Beter dieses Psalms in eine tiefere Dimension des Betens hinein, sein Lob und seine Bewunderung für Gott sind grenzenlos. Und dennoch bekommt Gott in diesem Lobpreis menschliche Züge, denn er ist mit einem Licht-Kleid umhüllt. Für mich wird in diesen Bildern von Gott das Geheimnisvolle und die Größe Gottes sichtbar. Wie groß muss Gott sein, wenn der Himmel für ihn wie ein Teppich ist, den er vor sich ausbreitet. Seltsam ist die Vorstellung, dass sich Gott Obergemächer im Wasser baut, so die wörtliche Übersetzung von Vers 3. Dieser Vergleich kommt aus der orientalischen Häuserbauweise, die oft einen luftdurchwehten Aufenthaltsort auf dem Palastdach vorsieht. Mit diesem Wasser ist das Wasser oberhalb des Firmaments gemeint. Anstatt in falscher Einschätzung des biblischen Weltbildes darüber zu lächeln, könnte man hier an die die Erde wie einen Schutzmantel umhüllende Stratosphäre denken, von der man heute weiß, dass sie eine lebensnotwendige stabilisierende Schicht für die Erde darstellt. Gott der Schöpfer ist auch der Lenker der Geschichte, denn die Wolken sind seine Wagen, er greift unaufhörlich in die Geschichte ein. Gott ist einfach herrlich.

Traugott Messner

SEPTEMBER

WIE EIN BERG STEHT DAS VOR MIR!

ICH SCHAUE HINAUF ZU DEN BERGEN – WOHER WIRD MEINE HILFE KOMMEN?
PSALM 121,1

Der Beter dieses Psalms sieht in den Bergen nicht die Schönheit der Schöpfung Gottes, sondern vielmehr das Gefährliche und Herausfordernde darin. Sorgen und Angst türmen sich wie Berge vor ihm auf. „Wie kann ich diesen Berg nur überstehen?" So fragen wir uns manchmal wie dieser Beter auch, der wohl als Pilger auf einem Wallfahrtsfest im Tempel in Jerusalem unterwegs ist. Der Pilger gibt sich die Antwort auf seine Frage nach Hilfe zunächst selbst: „Meine Hilfe kommt vom Herrn!" Es hilft schon, sich selbst manchmal zu sagen, was man eigentlich weiß und glaubt. Selbstvergewisserung ist das. Aber noch mehr hilft, wenn ein anderer mir das noch zuspricht. Und das geschieht in diesem Psalm. Ein Priester stellt sich diesem Hilfe suchenden Pilger an die Seite und spricht ihm das zu: Gott wird deinen Fuß nicht gleiten lassen. Gott gibt dir sicheren Halt, dass du gut stehst und nicht hinfällst, auch wenn sich die Probleme wie große Berge vor dir auftürmen. Deine rechte Hand, die Hand der Tat, behütet er, was du tust, soll nicht vergeblich sein. Zuletzt spricht er dem Pilger noch zum Abschied den Segen zu: Der Herr behüte deinen Ausgang und Eingang von nun an bis in Ewigkeit. Der Pilger geht so anders heim, als er gekommen ist. Da bin ich mir sicher. Und er wird wiederkommen, bis er dann einmal für immer geht und Eingang findet in Gottes ewigem Reich.

Traugott Messner

WENN GOTT HANDELT, SIND WIR WIE IM TRAUM

DA WAR ES FÜR UNS WIE EIN TRAUM!
PSALM 126,1

In diesem Psalm ist von der Befreiung des Volkes Israel aus dem Exil die Rede. Dass Gott diese Befreiung möglich gemacht hat und das Volk wie bei einer Prozession aus dem Land der Gefangenschaft in die Heimat zurückkehren lässt, ist mehr, als das Volk sich je hätte erträumen können. Aber so ist es, wenn Gott handelt und in die Weltgeschichte eingreift, dann ist das Wunder so groß, dass unser Wahrnehmungsvermögen nicht mehr ausreicht, das zu begreifen und zu erfassen. Man kommt sich vor wie im Traum. So ist es: Wenn Gott handelt, kann der Mensch nur noch staunen, die andere Dimension tut sich über einem auf, da geschieht Übernatürliches wie im Traum. Das erlebte Wunder wird zugleich zur zuversichtlichen Bitte für die, die dieses Wunder der Befreiung noch nicht erlebt haben oder wieder von Neuem gefangen sind. Ihnen aber, die das Leid ertragen müssen und mittendrin stehen, wird die Zusage gemacht (V. 5): „Die mit Tränen säen, werden mit Jubel ernten." Das Säen ist ja auch zum Teil ein trauriger Akt, denn die Körner werden in die Erde gelegt, um zu sterben. Neues Leben, neue Frucht, kommt erst durch das Sterben des alten Samenkorns. Aber am Ende ist nicht das Weinen, sondern die Freude über die gewachsene Frucht. Entscheidend ist, was am Ende da ist: die reife Frucht und die Freude darüber. Das macht Mut und gibt Kraft.

Traugott Messner

 WASCHEN? NEIN, DEN MACH ICH NEU!

WENN EURE SÜNDE AUCH BLUTROT IST, SOLL SIE DOCH SCHNEEWEISS WERDEN.
JESAJA 1.18 (LU)

Weißer waschen als Persil? Die Mutter versucht mit Waschpulver die Bluse zu reinigen. Unmöglich! Die Bluse ist kaputt, muss ersetzt werden. Dieses Bild taucht vor mir auf: Mein Leben ist wie diese Bluse. Jesaja bietet *die* Alternative an. Keine, die die schmutzige Kinderbluse wieder wie neu aussehen lässt, sondern die auch den letzten Flecken aus meinem Leben wegnimmt: Vergebung!

Schaut Gott auf seine Kinder und nickt zu allem? Nein! Gott schaut genau hin und kennt seine Schöpfung (V. 2)!

Wir Menschen fühlen uns nicht schlecht, aber Gott sagt: Sünde! Ach, schon wieder das Wort, das mir ein schlechtes Gewissen einreden soll? Nein! Sünde ist Zielverfehlung gegenüber Gott. Gott leidet. Wie eine Mutter, die sieht, wie ihr Kind sich wegentwickelt, so leidet Gott an mir. Er weiß, dass diese Zielverfehlung irreparable Schäden zwischen ihm und uns hinterlässt. Ich kann schrubben und putzen: vergeblich. Es hilft einzig und allein Jesus Christus! „Eure Sünde soll schneeweiß werden" – das geschieht nicht durch Rubbeln oder Kratzen. Dies geschieht nur durch Neuschöpfung. Paulus sagt: Ist jemand in Christus, so ist er eine neue Kreatur (2. Korinther 5,17; LU)! Das ist Vergebung: „Hey! Dich mache ich neu!", sagt Jesus. Noch ist das Neusein bei mir versteckt, aber ich vertraue auf Jesus, der meine Zielverfehlung beseitigt hat.

Gottfried Holland

4. SEPTEMBER

JESAJA 2

FRIEDEN SCHAFFEN! – GOTTES PLAN FÜR UNS

DA WERDEN SIE IHRE SCHWERTER ZU PFLUGSCHAREN UND IHRE SPIESSE ZU SICHELN MACHEN.

JESAJA 2,4 (LU)

„Frieden schaffen ohne Waffen" – meine Generation ist mit diesem Slogan groß geworden. Wir wurden auf Wichtiges hingewiesen: Auch der Mensch muss wollen, aufstehen gegen Gewalt. Aber was geschah? Der Ostblock brach zusammen, die starren Blöcke lösten sich auf, und? Kam der Friede? Mit Jeremia (6,14) könnten wir rufen, dass doch kein Friede ist. Jesaja ruft vom Zion her *den* Frieden aus. Ausgerechnet vom Zion? Dort vom Tempelberg in Jerusalem? Dort, wo keiner ohne Durchleuchtung hindarf, weil große Angst vor Anschlägen herrscht? Ja, denn Zion steht für den Ort, an dem *Gott in Christus war und die Welt mit ihm selbst versöhnte* (2. Korinther 5,19). Kann wirklich „aus dem Frieden zwischen zweien und dreien der große Friede einmal erwachsen, auf den wir hoffen"?[14] So formuliert es Bonhoeffer. Auch wenn er im Zwischenmenschlichen recht hat: Was bin ich froh, dass nicht ich den letzten Frieden schaffen muss! Gott ist es, der endgültigen Frieden schaffen wird.

Heißt dies, dass wir uns nicht um diese Welt zu kümmern brauchen? Sie den zerstörerischen Verrückten überlassen sollen? Nein! Jeder kann im Kleinen seinen Teil dazu beitragen, dass vor Ort ein bisschen Frieden herrscht. Aber den großen Frieden bringt Jesus Christus allein, wenn er diese Welt neu schafft und er mit uns wohnen wird – ohne Geschrei und Tränen, aber mit Jubel und Freude!

Gottfried Holland

NICHT SO SCHLIMM! DAS WÄCHST SICH AUS! – ODER?

ICH SAGE EUCH, WAS ICH MIT MEINEM WEINBERG MACHE.

JESAJA 5,5

Es passiert: Menschen streiten! Einer ärgert sich über den anderen, weil der etwas falsch machte. Vielleicht sagt der Betroffene: „Nicht so schlimm! Das wächst sich aus!" Viele Menschen denken so über Gott: Wenn es Gott überhaupt gibt, dann nimmt er unsere Fehler – falls wir welche haben – nicht krumm! „Vergeben ist seine Aufgabe", sagt Voltaire spöttisch und Heinrich Heine doppelt: „Es ist Gottes Geschäft, mir zu vergeben!"

Stimmt das? Nimmt Gott meine Schuld nicht krumm? Jesaja 5 macht deutlich, dass Gott Schuld sehr ernst nimmt und reinen Tisch macht. Es ist wie mit einem fruchtlosen Weinberg: viel Arbeit – alles vergeblich! Da reißt dem Bauern die Geduldsschnur: Jetzt wird ausgerissen und eingerissen. Jesaja zählt im Namen Gottes Fehler auf (V. 7-23). Es ist Schuld, die ganz modern ist: die Gierigen, die sich im Leid des anderen bereichern (V. 8), die Genusssüchtigen, die dem lieben Gott die Zeit stehlen (V. 11) … Aber als Spitze steht das Urteil: Sie missachten Gottes Gebote (V. 24b). Eigentlich geht es um das 1. Gebot, keine anderen Götter neben Gott zu haben! Welchen Stellenwert hat Gott in meinem Leben?

Und jetzt? Aus und vorbei? Gott setzt Jesus Christus dagegen (Lukas 19,10).

Was für eine Lösung! Nichts wächst sich aus! Jesus heilt!

Gottfried Holland

ARBEITSAUFTRAG

WEN SOLL ICH SENDEN? ... HIER BIN ICH, SENDE MICH!
JESAJA 6,8

Todesjahre von Regenten sind interessant. Bekommt der Erbe oder ein Usurpator den Thron? Irgendwann zwischen 740 und 735 v.Chr. ist es in Jerusalem wieder so weit. Usija stirbt; alle warten auf den Thronfolger. Jotam (Sohn) wird es werden. Jesaja, gebildet und aus einer Priesterfamilie, sieht einen anderen König: Gott selbst. Der Hofstaat (Serafim) spricht von „HERRN" (Jahwe) und jubelt Gott zu. Jesaja spürt, dass er mit einstimmen muss. Aber er weiß: Ich bin Mensch! Ich bin unwürdig, Gott zuzujubeln. Gott zu erkennen, macht demütig! Aber Gott will Kontakt mit uns. So wird Jesaja gereinigt – was mögen die Lippen gebrannt haben! Gott ist auf der Suche nach Mitarbeitern. Ein Herold, der Gottes Stimme in der Welt ist. Es ist keine schöne Botschaft. Es geht um Abholzen, Ende – aber auch um einen Rest, aus dem wieder etwas entstehen wird (V. 13). Wenn Gott ruft, könnte man fliehen, Jesaja aber stellt sich zur Verfügung: „Hier bin ich, sende mich!"

Gott sucht auch heute Mitarbeiter. Nicht jeder ist berufen vor Staatspräsidentinnen, Bischöfen und Wirtschaftsbossen zu sprechen. Manchmal geht es um die Nachbarin, den Enkel oder die Kollegin. Aber Gott sucht Herolde für seine Nachricht. Er fragt: „Wen soll ich senden?" Stopp! Ab heute können Sie nicht mehr sagen, dass Sie nicht gefragt worden sind. Bleiben Sie stehen und sagen Sie: „Herr, sende mich!", und er wird Ihnen den Auftrag zeigen.

Gottfried Holland

WAS IST IHR „REZIN"?

GLAUBT IHR NICHT, SO BLEIBT IHR NICHT!
JESAJA 7,9B (LU)

Bruderkrieg! Das Nordreich Israel hat sich mit den Aramäern (unter Rezin) verbündet. Um Juda in diesen Bund (gegen die Assyrer) zu zwingen, greifen die beiden Juda (Jerusalem) an. Assur ist der Feind. Man will sich still verhalten, um nicht aufzufallen, und jetzt dies. Hoffnungslos! Da beginnt die Stunde Jesajas. Im Auftrag Gottes fordert er zum Glauben auf! „Bleib still, fürchte dich nicht! Glaube, dann überlebst du!", sagt er. „Die Botschaft hör ich wohl, allein der Glaube fehlt!" (Goethe), so könnten auch der König, Feldherren oder einfache Frauen auf der Straße gesagt haben. Jesaja spürt die Angst. „Fordere ein Zeichnen von Gott", erlaubt er König Ahas. Der aber lehnt äußerlich mit frommen Worten ab – in Wirklichkeit mag ihm der Mut zur Entscheidung „still zu bleiben", gefehlt haben.

Gott aber gibt ein Zeichen der Hoffnung. Das Zeichen ist Jesus Christus! So werden diese Verse seit Christus gedeutet. Jesus Christus als Hoffnungszeichen für Zukunft – aber auch als Hoffnungszeichen für den, der noch nicht den Mut hat, Gott zu vertrauen.

Wer oder was ist Ihr „Rezin"? Wovor haben Sie Angst? Jesaja 7 will keine Aufforderung sein, die Hände in den Schoß zu legen. Aber der Abschnitt will Ihnen Hoffnung machen, dass Jesus Christus der Herr ist. Er hat alles in der Hand: Streit, Arbeitslosigkeit, Krieg, Finanznöte – aber auch Ihre Not mit dem Glauben! Vertrauen Sie sich ihm an!

Gottfried Holland

 ## GOTT UND ICH AUF EINER WELLENLÄNGE

DENN UNS IST EIN KIND GEBOREN, EIN SOHN IST UNS GEGEBEN, UND DIE HERRSCHAFT IST AUF SEINER SCHULTER.
JESAJA 9,5F. (LU)

Jubel im Königshaus! Der Thronfolger ist geboren und wird präsentiert. Seine Namen sind genau gewählt, denn Namen sind Programm. Jesaja stellt Gottes Thronfolger vor. Auch er hat Namen. Sie sind bedeutsam.

„Wunder-Rat": Der junge Thronfolger wird mit großer Weitsicht wunderbare Dinge tun.

„Gott-Held": Der neue König wird ein mit göttlicher Macht ausgestatteter Held sein.

„Ewig-Vater": Wie ein Vater sich um das Ergehen seiner Kinder kümmert, so wird der zukünftige König sich um das Wohlergehen seines Volkes ewig bemühen.

„Friede-Fürst": Gottes Regierungsprogramm! Sicher schwang damals im Wort „Friede" – wie heute – der Gedanke mit, dass die Waffen schweigen werden. Dass das Militär nicht mehr das Sagen hat und auch die Menschen über den Gartenzaun sich wieder grüßen. Friede, im Hebräischen „Schalom", ist aber viel, viel mehr. So wichtig irdischer Frieden ist – wir nehmen uns selbst das Beste, wenn wir es auf den irdischen Frieden verkürzen. Schalom ist ein Beziehungsbegriff und wird in der Bibel zur Beschreibung der idealen Beziehung zwischen Mensch und Gott gebraucht. Schalom meint Harmonie zwischen Gott und Mensch. Dieser Gleichklang entsteht da, wo Jesus Christus ins Leben eines Menschen kommt! In Jesus schwingen wir und Gott auf einer Frequenz (Wellenlänge).

Gottfried Holland

GOTTES WERKZEUG – ABER NICHT GRENZENLOS!

FÜRCHTE DICH NICHT, MEIN VOLK, DAS IN ZION WOHNT.
JESAJA 10,24 (LU)

Assur ist Weltmacht – absolut. An ihr kommt niemand vorbei. Auch gegnerische Bündnisse können sich der Großmacht nicht in den Weg stellen. Trotzdem ist Assur nur ein Werkzeug in Gottes Hand. In allem sind auch die Großen von Assur vor Gott rechenschaftspflichtig. Gottes Auftrag ist Strafe, aber nicht sinn- und grenzenlose Zerstörung.

Gott will nicht die Zerstörung! Er will, dass ein Rest umkehren wird. Gemeint sind zuerst die Weggeführten aus Jerusalem (z.B. 587 v.Chr.). Diese werden nicht nur *umkehren,* sondern sich zu Gott *bekehren.* (Beide Worte „umkehren" – „bekehren" sind im Hebräischen gleich.) Warum diese Strafe Gottes? Es geht nicht um die Befriedigung seines Zorns, sondern um Gottes tiefen Wunsch, das Volk als harmonisches Gegenüber zu haben (s. Jesaja 8 – Schalom). Alles setzt er ein, damit wenigstens ein Teil seines geliebten Volkes mit ihm ins Gespräch, in den Gleichklang kommt.

Und die anderen, die Zertretenen (vgl. 10,6)? Der Einzelne, das Individuum, spielt im Denken der Menschen erst seit der Neuzeit eine so starke Rolle. Damals galt: Hauptsache, die Familie geht weiter, das Volk überlebt. Sind dann für uns neuzeitlich denkende Menschen diese Verse unverständlich, vielleicht sogar gar nicht mehr gültig? Nein! Von der Ewigkeit gesehen steht der Mensch als Individuum vor Gott. Und hier hat jeder die Chance, Ja zu Jesus Christus zu sagen.

Gottfried Holland

10. SEPTEMBER
JESAJA 11,1-10

HIMMEL AUF ERDEN

DANN WERDEN DER WOLF UND DAS LAMM EINTRÄCHTIG ZUSAMMENLEBEN; DER LEOPARD UND DIE ZIEGE WERDEN BEIEINANDER LAGERN. KALB, LÖWE UND MASTVIEH WERDEN FREUNDE UND EIN KLEINER JUNGE WIRD SIE HÜTEN.
JESAJA 11,6

Das ist weit mehr als „mein Stück Himmel für heute". Das ist der ganze Himmel. Das ist der endgültige Himmel, nicht nur ein Vorgeschmack. Es bietet sich ein grauenhaftes Bild, wenn ein Wolf Schafe gerissen hat und die zerfetzten Kadaver herumliegen. Jesaja schildert in seiner prophetischen Vision eine ganz andere Welt. Die Zeit der Raubtiere ist vorbei. Unschuldslämmer werden nicht mehr zur leichten Beute. In einer die ganze Natur umfassenden Vision zeichnet der Gottesbote ein paradiesisches Bild der Harmonie. Angst hat in der erneuerten Welt Gottes keinen Grund und keinen Platz mehr. Nun sind die Todfeinde friedlich beieinander, z.B. Wölfe und Schafe. Und zwischen dieser neuen Kreatur spielen Kleinkinder, ohne dass ihren Müttern der Atem stockt und ihre Väter in Panik geraten müssten. Gott hält seine Hand über den Kleinen.

Die Vorstellung von liebevollen Raubtieren scheint gar zu kühn. Aber wer das sagt, kennt Gott nicht. In Bildern vom Garten Eden führt der Schöpfer eine neue, ganz andere Welt herauf. Eine Kreatur jenseits von Fressen und Gefressenwerden.

Wenn das kein Trostwort ist für diesen Tag, wenn das kein Lichtblick ist für morgen! Wir schauen über den Horizont und freuen uns über den Himmel auf Erden.

Rolf Hille

11. SEPTEMBER

JESAJA 12

AN GOTTES HAND

SIEHE, GOTT IST MEIN HEIL, ICH BIN SICHER UND FÜRCHTE MICH NICHT; DENN GOTT DER HERR IST MEINE STÄRKE UND MEIN PSALM UND IST MEIN HEIL.

JESAJA 12,2 (LU)

„Ich bin sicher und fürchte mich nicht!" Wirklich? Gibt es Geborgenheit in einer Welt, in der Unsicherheit herrscht? Wir erleben, wie Sicherheiten, die gestern noch verlässlich waren, wegbrechen: in der Politik, im Wirtschaftsleben, durch Bürgerkriege und Massenflucht. Kann man sich angesichts von Bedrohungen in die eigenen vier Wände zurückziehen und sich gegen die Gefahr abschotten? Wie sicher ist mein Leben, wenn die Gesundheit Probleme macht oder mich unversehens ein Unglück trifft?

Jesaja bezieht seine Zuversicht nicht aus seinen menschlichen Möglichkeiten. Nein, er verweist auf Gott: „Siehe, Gott ist mein Heil!" Das ist etwas ganz anderes als stolzes und trotziges Selbstbewusstsein. Gott umhüllt den Propheten wie mit einem warmen Mantel. Es ist ein „Danklied der Erlösten", das Jesaja hier singt. Es ist nicht das laute Pfeifen eines Menschen, der allein durch den dunklen Wald geht. In der Welt gibt es genug Gründe, Angst zu haben. Aber wer mit Gott unterwegs ist, weiß: „Der Herr ist meine Stärke." Bei Gott bin ich geborgen, er legt seinen Arm um mich und schenkt mir ein Loblied. Ich lasse mich nicht beirren, wenn Schwierigkeiten auftauchen. Je bedrohlicher die Lage, desto entschlossener ergreife ich Gottes Hand und fürchte mich nicht.

Rolf Hille

RESIGNATION – NEIN DANKE!

**WIR HALTEN UNS SELBST NICHT DAZU FÄHIG,
IRGENDETWAS ZU BEWIRKEN, WAS BLEIBENDEN WERT HÄTTE.
UNSERE KRAFT DAZU KOMMT VON GOTT.**

2. KORINTHER 3,5

Wer von uns hat sich nicht schon mit dem Thema „Wertezerfall in unserer Gesellschaft" auseinandergesetzt. Bei allem Beobachten kann es sein, dass wir plötzlich feststellen müssen: Auch wir sind schon mittendrin im Sog der Zeitgeister.

So vieles nimmt uns gefangen, dass wir über den Tellerrand der unzähligen Alltagskleinigkeiten nicht mehr hinausschauen können. Was hat wirklich Wert? Was hat bleibenden Wert? Zeitgeister kommen und gehen.

Welche Bedeutung hat für uns heute das christliche Menschenbild? Die Ehe von Mann und Frau, die Achtung werdenden Lebens, die Wertschätzung von Menschen mit Einschränkungen, der Umgang mit älteren Menschen und schließlich mit dem Sterben? Rechnen wir mit einem Leben nach dem Leben, ein Wert, der Ewigkeitsbedeutung hat?

Wollen wir heutiges Denken verändern und eine neue Welt ansteuern, werden wir schnell an unsere Grenzen stoßen. Das ist auch gut so. Unsere eigene Ohnmacht ist die Chance, auf den aufmerksam zu werden, der Herr über Leben und Tod ist: Jesus Christus. Er schenkt uns Neugier, in der Bibel seine himmlischen Werte zu entdecken. Er schenkt uns Mut, sie in unserem Leben umzusetzen. Er ist die Kraft, die Lebensfreude und Begeisterung in uns weckt. Ich möchte mich heute ganz neu von seiner Kraft berühren lassen.

Gerdi Stoll

LICHTBLICK

SO SIND WIR NICHT AUF DAS SCHWERE FIXIERT, DAS WIR JETZT SEHEN, SONDERN BLICKEN NACH VORN AUF DAS, WAS WIR NOCH NICHT GESEHEN HABEN. DENN DIE SORGEN, DIE WIR JETZT VOR UNS SEHEN, WERDEN BALD VORÜBER SEIN, ABER DIE FREUDE, DIE WIR NOCH NICHT GESEHEN HABEN, WIRD EWIG DAUERN.

2. KORINTHER 4,18

Ist nicht die ganze Welt wie ein großer Kreißsaal?

Wir alle wünschen uns Leben. Wir wünschen uns gesundes Leben mit allem Guten, was dazugehört.

Manchmal warten wir auf solch ein Leben. Dabei wird uns mit der Zeit bewusst, dass Herausforderungen, Krankheit und Schmerzen nicht ausgeschlossen sind. Plötzlich werden wir damit konfrontiert. Unser Denken und Fühlen ist nur noch darauf fixiert.

Ähnlich wie bei einer Geburt. Sie wird mit Wehen eingeleitet, die so unermesslich sein können. Da ist man nicht mehr in der Lage, über den Schmerz hinauszusehen.

Doch wenn das neue Leben geboren wird, dann hat der Schmerz ein Ende.

Wenn das nicht ein Lichtblick ist! Am Ende unseres Lebens gibt es einen Schlusspunkt für alles Schwere, das wir in unserem Leben erfahren haben. Wie der staunende Blick auf ein neugeborenes Baby wird unser Blick einmal mit großer Freude auf Jesus gerichtet sein, der uns in der Ewigkeit Leben in aller Reinheit und Fülle schenken wird.

Wagen Sie den Schritt, an ihn zu glauben?

Gerdi Stoll

SEHNSUCHT NACH VERSÖHNUNG

DENN GOTT WAR IN CHRISTUS UND VERSÖHNTE SO DIE WELT MIT SICH SELBST UND RECHNETE DEN MENSCHEN IHRE SÜNDEN NICHT MEHR AN. DAS IST DIE HERRLICHE BOTSCHAFT DER VERSÖHNUNG, DIE ER UNS ANVERTRAUT HAT, DAMIT WIR SIE ANDEREN VERKÜNDIGEN.

2. KORINTHER 5,19

Gott versöhnte die Welt mit sich durch Jesus. Daran glaube ich und davon lebe ich.

Ein wunderbarer Gott, der durch die ganze Menschheitsgeschichte hindurch Rettungsaktionen gestartet hat, um uns als seine erschaffenen und geliebten Kinder zurückzugewinnen. In seinem Sohn Jesus Christus hat er schließlich den Himmel verlassen, um uns hautnah begegnen zu können. Er sah unsere innere und äußere Not. Das Kreuz, an dem Jesus schließlich für alles Schwere in unserem Leben, für Schmerzen und erfahrene Verletzungen, für unsere Schuld und Sünde starb, sollte die Brücke zur Versöhnung mit dem himmlischen Vater sein. Wie viele Lebensschmerzen haben unter seinem Kreuz Platz – bis heute! Wir dürfen wissen: Der Weg zum Kreuz, die Einladung zu Jesus, dem Erlöser all unserer Lebensschmerzen, hat Konsequenzen. Als Entlastete und Befreite werden wir gesegnet und tiefer Friede erfüllt ein versöhntes Herz.

Diese überwältigende Botschaft ist mit nichts zu toppen. Sie muss weitergesagt werden.

Wer ist Ihr Nächster, der sich nach Versöhnung sehnt?

Gerdi Stoll

VORBILDER GEFRAGT!

"MEINE GNADE IST ALLES, WAS DU BRAUCHST. MEINE KRAFT ZEIGT SICH IN DEINER SCHWÄCHE." UND NUN BIN ICH ZUFRIEDEN MIT MEINER SCHWÄCHE, DAMIT DIE KRAFT VON CHRISTUS DURCH MICH WIRKEN KANN.

2. KORINTHER 12,9

Was für ein innerer Prozess spielt sich beim Apostel Paulus ab! Ihn quält ein gesundheitliches Leiden. Das nimmt ihm den Atem. Er fühlt sich so richtig in die Zange genommen.

Paulus sehnt sich nach Befreiung und wendet sich mit seinem Anliegen an Gott. Damit tritt er vor eine lebendige Klagemauer. Dreimal wagt er diesen Schritt. Er gibt nicht auf, von Gott Heilung zu erbitten.

Doch er muss betroffen feststellen, dass Gott ganz anders reagiert, als er es erhofft hat. Was ihm vielleicht zuerst wie eine kalte Ohrfeige erschien, verwandelt sich nun in eine Kraft, die nicht von ihm ausgeht, die er auch nicht leisten muss. Es ist allein Gott, der mit seiner Kraft die Schwachheit des Paulus ausfüllt.

Gott hat sein Herz berührt. Paulus kommt zur Ruhe. Er erfährt inneren Frieden und wird zufrieden.

Was für ein Wandel, obwohl sich sein gesundheitlicher Zustand nicht gebessert hat! Da reift ein Dennoch-Glaube heran, der Einblick in Gottes Geheimnisse gewinnt.

Was macht meine Schwachstelle mit mir?

Erwarte ich alles von mir oder kann ich von Paulus lernen?

Gerdi Stoll

HIMMLISCHES FITNESSPROGRAMM

ERMUTIGT IHR EUCH GEGENSEITIG, CHRISTUS NACHZUFOLGEN?
PHILIPPER 2,1A

Das ist *die* Frage!

Leidenschaft für Jesus. Begeisterung für seine Lebensworte. Sie bieten uns Entlastung, Vergebung, inneren Frieden, Lebensfreude und Perspektiven über unser Leben hinaus an. Davon sollen wir uns prägen lassen. Das sollen wir fröhlich weitersagen und zu diesem Jesus einladen.

Unser christlicher Glaube hat mit keiner toten Religion zu tun, sondern mit einem lebendigen dreieinigen Gott. Er hat Führungsqualitäten, die nicht übertroffen werden können.

Die Werbung lockt: Mein Haus. Mein Auto. Mein Boot.

Doch unser Gott sehnt sich danach, dass wir ihm vertrauen und ihm den ersten Platz in unserem Leben geben.

Wie ein Hirte, dem das Wohl seiner Schafe am Herzen liegt, möchte er für uns da sein.

Wie ein Schaf, das auf Führung angewiesen ist und seinem Hirten nachfolgt, sind wir eingeladen – aller Selbstbestimmtheit zum Trotz –, in unserem Leben mit Jesu Inspirationen auf Entdeckungsreise zu gehen. Das macht neugierig. Da kommt man ins Staunen. Das versetzt uns in Bewegung. Das muss man weitersagen.

Wenn uns das nicht ansteckt wider alle Gottvergessenheit unserer Zeit, Gleichgesinnte zu entdecken und gemeinsam diesen Weg zu gehen!

Gerdi Stoll

17. SEPTEMBER

PHILIPPER 3

KURSKORREKTUR

VIELE MENSCHEN ZEIGEN DURCH IHR VERHALTEN, DASS SIE IN WIRKLICHKEIT FEINDE DES KREUZES CHRISTI SIND ... SIE DENKEN AN NICHTS ANDERES ALS AN DAS LEBEN HIER AUF DER ERDE. ... ABER UNSERE HEIMAT IST DER HIMMEL, WO JESUS CHRISTUS, DER HERR, LEBT.

PHILIPPER 3,18B.19B.20A

Es ist ein Geheimnis, dass Gott in seinem Sohn Jesus Christus Mensch wurde und dadurch auf die Erde kam. Damit wollte er ein Zeichen setzen, uns ganz nahe zu sein und teilzuhaben an unseren Lebenssituationen. Das sollte jedoch nicht alles sein. In seinem Auftrag lag der Hinweis auf das eigentliche Lebensziel. Es ist nicht die Erde, sondern der Himmel, in dem wir für alle Ewigkeit mit Jesus Christus zusammenleben.

Unser Lebensschiff gerät in Gefahr, wenn es ziellos durch die Meere dümpelt. Dann können wir uns mit einem Kapitän vergleichen, der genussvoll tagsüber im Restaurant sitzt, sich abends vom Kulturprogramm berieseln lässt, jedoch ohne Kompass das Steuer nicht mehr im Griff hat. Damit wird er automatisch den Heimathafen verpassen.

Endstation: nirgendwo.

Was sind Ihre Lebensziele?

Wollen Sie Jesus immer besser kennenlernen, der Sie dann im Himmel einmal erwarten wird?

Gerdi Stoll

18. SEPTEMBER

PHILIPPER 4

IN HERZLICHER LIEBE DEN ABSPRUNG WAGEN

LIEBE BRÜDER, ICH LIEBE EUCH UND HABE SEHNSUCHT NACH EUCH, DENN IHR SEID MEINE FREUDE UND DIE BELOHNUNG FÜR MEINE ARBEIT. DESHALB BLEIBT DEM HERRN TREU, LIEBE FREUNDE.

PHILIPPER 4,1

Beim Abschiednehmen haben wir Gelegenheit, zurückzuschauen auf das, was war und was geworden ist. Im Prozess eines solchen Loslassens wird deutlich, wofür das eigene Herz seither geschlagen hat.

Der Apostel Paulus hat in der Gemeinde zu Philippi viel bewegt. Durch seine Verkündigung haben sich Menschen Gott gegenüber geöffnet und Anschluss an die Gemeinde gesucht. Wie eine Mutter bzw. ein Vater durfte er die neuen Kinder im Glauben begleiten. Da wachsen herzliche Liebe und gegenseitiges Vertrauen. Sein Herz war voller Freude.

Doch mit seinem Abschiednehmen wollte er seine Kinder nicht an sich binden. Deshalb ermahnte er sie, eigene Schritte im Glauben zu gehen und sich ganz und gar auf Gott zu verlassen. Ihm sollten sie treu bleiben.

Haben Sie, was Ihre Glaubensgeschichte betrifft, auch einen Ziehvater bzw. eine Ziehmutter gehabt?

Neben aller geistlichen Begleitung: Sind Sie das Wagnis eingegangen, sich völlig auf Gott zu verlassen und ihm den ersten Platz in Ihrem Leben einzuräumen?

Gerdi Stoll

19. SEPTEMBER

1. KÖNIGE 1,1-53

NICHT KLEIN BEIGEBEN

UND DER KÖNIG SCHWOR: „SO WAHR DER HERR LEBT,
DER MICH AUS ALLER NOT GERETTET HAT, ERKLÄRE ICH
HEUTE: DEIN SOHN SALOMO SOLL DER NÄCHSTE KÖNIG
WERDEN UND AUF MEINEM THRON SITZEN, WIE ICH ES DIR
VOR DEM HERRN, DEM GOTT ISRAELS, GESCHWOREN HABE."

1. KÖNIGE 1,1-53

Kann, soll, darf man sich zur Wehr setzen? Adonija greift un-
berechtigt nach der Macht. Ein politischer Umsturz droht. Er
hat Allianzen geschmiedet und alles in die Wege geleitet. Seine
Übermacht ist erdrückend. Was können Batseba, Nathan und Salomo dagegen tun? Da hilft nur noch beten.

Das Gebet ist wichtig, besonders, wenn es um Intrigen und politische Angelegenheiten geht. Gleichzeitig sollen wir nicht nur
untätig zusehen, wie andere ihre Fäden spinnen. Nathan gibt einen weisen Rat. Es wird keine Gegendemonstration in die Wege
geleitet. Sie sammeln nicht ihre Verbündeten, wohl wissend,
dass ein Konflikt zwischen ihnen in einen Bürgerkrieg münden
könnte. Sie bitten den König, seinen Nachfolger zu benennen
und zu installieren. Das war der offizielle und vom Volk erwartete Weg. Das weise Eingreifen Nathans regelt die Nachfolge und
verhindert großen Schaden.

Auch wir sind gefragt, nicht alles in der Gesellschaft und Gemeinde hinzunehmen und den Dingen ihren Lauf zu lassen, sondern weise einzugreifen, wo wir es können. Wo bin ich heute gefragt, aktiv zu werden?

Detlef Krause

JETZT NICHT EINKNICKEN!

DU ABER SEI MUTIG UND VERHALTE DICH WIE EIN MANN.
1. KÖNIGE 2,2

Es gibt Situationen, da bekommt man weiche Knie. Salomo war als Nachfolger benannt, aber noch war David da. Seine Autorität stand immer noch schützend vor ihm. Nach Davids Tod würde ihm der Wind direkt ins Gesicht blasen. Er musste damit rechnen, dass seine Gegner ihn nicht so einfach akzeptieren würden. Adonija probiert es gleich mit einem Schachzug, indem er versucht die Frau seines verstorbenen Vaters zu heiraten. Rechnete er damit, dann Anspruch auf den Thron stellen zu können? Auf dem Sterbebett nimmt David Salomo in die Pflicht, Altlasten zu bereinigen. Salomo sollte nicht nur für gute Stimmung sorgen, sondern Dinge ins Lot bringen.

Darum spricht er seinem Sohn zu: „Du aber sei mutig und verhalte dich wie ein Mann." Weiche den Problemen nicht aus. Gib nicht klein bei. Pack das an, was dir auf den ersten Blick unangenehm erscheint. Nimm Verantwortung wahr. Aber tu das alles im Auftrag Gottes. Richte dein Handeln an ihm und seinen Geboten aus.

Denn Gott hat uns nicht einen Geist der Ängstlichkeit gegeben, sondern den Geist der Kraft, der Liebe und der Besonnenheit (vgl. 2. Timotheus 1,7).

Vor was schrecken Sie gerade zurück? Was lässt Ihnen gerade die Knie weich werden? Ihnen gilt heute dieser Zuspruch, aber auch die Aufforderung: „Du aber sei mutig und verhalte dich wie ein Mann." Auch als Frau sollen Sie Ihren „Mann" stehen. Knicken Sie nicht ein.

Detlef Krause

SO EIN GLÜCK SOLLTE MAN HABEN

BITTE, WAS ICH DIR GEBEN SOLL!
1. KÖNIGE 3,5 (LU)

So ein Glück wie Salomo sollten wir mal haben! Warum erscheint uns Gott nicht im Traum und macht uns ganz persönlich dieses Angebot? Die Antwort ist einfach: Weil er uns dieses Angebot mehrfach schriftlich hinterlassen hat: „Bittet, und ihr werdet erhalten." (Matthäus 7,7). „Bittet, um was ihr wollt, in meinem Namen, und ich werde es tun!" (Johannes 14,13). „Alles, was ihr im Gebet erbittet – glaubt, dass ihr es bekommen habt, und ihr werdet es erhalten." (Markus 11,24).

Aber wir können von Salomo und seiner Erfahrung lernen.

Gott gibt denen, die ihn suchen: Salomo sucht Gott (Vers 4) und er sucht ihn auf. Das Brandopfer war ein Zeichen dafür, dass er Gottes Wohlgefallen und Vergebung suchte. In unseren Bitten sollten wir uns fragen, ob es uns nur um die Erfüllung unserer Wünsche oder um die Nähe zu Gott geht.

Gott gibt denen, die ihn brauchen: Salomo beschreibt sein Lebensgefühl in seiner neuen Aufgabe (V. 7; LU): „Ich aber bin noch jung, weiß weder aus noch ein."

Salomo ist sich seiner Bedürftigkeit bewusst. Wem Weisheit mangelt, der bitte Gott, der gern gibt, schreibt Jakobus (vgl. Jakobus 1,5).

Gott gibt denen, die gehorsam sind: Salomo bittet um ein gehorsames Herz. Er möchte auf Gott hören und ihm gehorchen.

Gott lädt Sie heute ein: Bitte, was ich dir geben soll.

Detlef Krause

SCHAFFE, SCHAFFE, HÄUSLE BAUE

UND SALOMO BAUTE DAS HAUS UND VOLLENDETE ES.
1. KÖNIGE 6,14 (LU)

„Schaffe, schaffe, Häusle bauen!" Das können Schwaben, aber nicht nur sie. Es wird für die Ewigkeit gebaut: solide, professionell, geschmackvoll und immer auf dem neuesten Stand der Technik. Unser Heim lassen wir uns etwas kosten.

Salomo baute ebenfalls. Ihm war es ein Anliegen, dass endlich Gottes Haus gebaut wurde.

Nach dem Motto „Nicht kleckern, nur klotzen" legte er sich ins Zeug. Ein für damalige Verhältnisse beindruckendes Gebäude wurde in Angriff genommen. Es wurden die besten Materialien verwendet und ganz nach göttlicher Bauvorschrift gebaut. Das war kein Fertighaus, das nach acht Tagen bezugsfertig war. Salomo und seine Leute brauchten einen langen Atem. Sieben Jahre dauerte es bis zur Fertigstellung.

Salomo investierte Hirnschmalz, Zeit und Geld für Gottes Sache.

Er fordert uns damit heraus, uns selbst zu fragen: Was sind wir bereit, in Gottes Bau zu investieren? Dabei kann es ganz konkret um unsere Kirche und alles, was mit den Räumlichkeiten zu tun hat, gehen. Lassen wir es uns etwas kosten? Sind wir bereit, mit anzupacken? Treiben wir die Sache voran oder lassen wir uns lieber von anderen treiben?

Gottes Bau besteht aber nicht nur aus Gebäuden, sondern aus Menschen. Ist uns der Bau dieser Gemeinschaft und der Einzelnen ein Anliegen? Lassen wir es uns etwas kosten, damit Menschen im Glauben wachsen und in den geistlichen Bau eingefügt werden?

Detlef Krause

WO IST GOTT ZU HAUSE?

TAG UND NACHT SOLLEN DEINE AUGEN ÜBER DIESEM HAUS WACHEN,
DENN DU HAST VERSPROCHEN: „HIER SOLL MEIN NAME WOHNEN."
BITTE ERHÖRE DIE GEBETE, DIE ICH HIER SPRECHE.

1. KÖNIGE 8,29

Wo ist Gott zu Hause? Wo sind wir bei Gott an der richtigen Adresse? Hat Gott überhaupt eine Adresse oder verändert er ständig seinen Wohnsitz? Darin sind wir mit Salomo einig: Wir können Gott nicht an ein Gebäude fixieren (V. 27). Der, der das Universum geschaffen hat und erhält, lässt sich weder in Stuttgart noch in Köln und auch nicht in Rom allein verorten. Wo ist Gott zu Hause?

Durch Jeremia fordert Gott die Israeliten einmal auf:

„Wenn ihr mich sucht, werdet ihr mich finden; ja, wenn ihr ernsthaft, mit ganzem Herzen nach mir verlangt, werde ich mich von euch finden lassen" (Jeremia 29,13-14).

Wenn Gott uns auffordert, ihn zu suchen, dann ist das keine Aufforderung zum Versteckspiel. Was hier gemeint ist, ist nicht das verzweifelte Tappen im Dunkeln. Es geht nicht um ein „Suchen", sondern vielmehr um ein „Aufsuchen" Gottes dort, wo er sich gezeigt hat.

Für die Israeliten war es klar: Gott war für sie im Tempel von Jerusalem zu finden. Gott hatte sich geografisch festgelegt. Im Tempel hatte er sich an einen Offenbarungsort gebunden. Dort sollten sie ihn aufsuchen. Dort wollte er sich ihnen zeigen. Der Tempel sollte ein Bethaus, d. h. ein Ort der Zuwendung zu Gott, sein. Hier wollte sich Gott Menschen zuwenden.

Detlef Krause

DER WEISE KÖNIG SALOMO

AUF DIESE WEISE ÜBERTRAF KÖNIG SALOMO ALLE ANDEREN KÖNIGE DER ERDE AN REICHTUM UND WEISHEIT.
1. KÖNIGE 10,23

Salomo steht im Alten Testament für die Weisheit. Es beginnt mit der Bitte Salomos, die Gott erfüllt, und zeigt sich sofort in einem weisen Urteil (1. Könige 3,16ff); es zeigt sich an der Organisation und Durchführung des Tempelbaus und anderer politischer, den noch jungen Staat ordnender Maßnahmen. Salomos Weisheit wurde auch im Ausland bekannt und er wurde als Gesprächspartner für andere Politiker interessant. Der Besuch der Königin von Saba ist ein Beispiel für das mit Salomo gesuchte Gespräch. Was die Königin wahrnimmt, ist zum einen die Beantwortung ihrer Fragen, zum anderen die Organisation des Königreichs. In der Konsequenz lobt sie den Gott Israels, der Salomo diese Weisheit gegeben hat.

Ein Volk steht und fällt mit der Weisheit seiner Regierenden. Weise Regenten, die ein Volk gut führen können, sind auch heute interessant und wegweisend für andere Politiker. Es ist Auftrag der Gemeinde Jesu, um solche Politiker zu beten.

Leider zeigt die Salomo-Biografie auch, dass Weisheit nicht vor Torheit schützt. Gerade bei Salomo zeigt sich dies auf tragische Weise – wiederum auch mit der tragischen Rückwirkung auf das Geschick seines Volkes. Eine Weisheit, die sich nicht bleibend am Willen Gottes orientiert, verliert letztlich ihre Vollmacht.

Hartmut Schmid

DAS GETEILTE HERZ

… NEIGTEN SEINE FRAUEN SEIN HERZ FREMDEN GÖTTERN ZU.
1. KÖNIGE 11,4 (LU)

Salomo – eine schillernde Persönlichkeit. Auf der einen Seite der König, der den Tempel in Jerusalem baute, der mit Weisheit gesegnet war, der Gott lieb hatte und dem Gott im Traum erschien.

Und nun erscheint Gott Salomo zum zweiten Mal. Zunächst bestätigt er seine Zusagen und Verheißungen, die er David gegeben hatte im Blick auf die Thronfolge, die auch Salomo und seinen Nachkommen gelten sollen. Sodann wird Salomo aber auch von Gott gewarnt. Sollte er und mit ihm Israel sich von Gott abwenden, so werden die von Gott gegebenen Gaben Israel genommen werden. Konkret werden das Land und der Tempel genannt.

Wie wichtig diese Warnung war, zeigt sich an Salomos Umgang mit den Göttern seiner ausländischen Frauen. Er ließ für sie Heiligtümer bauen und diente fremden Göttern. Sein Herz war nicht mehr ungeteilt beim Gott seiner Väter.

Die Konsequenz war klar und von Gott zuvor Salomo angekündigt: Nach Salomo wurde das Königreich geteilt. Den Nachkommen Salomos blieb der kleinere Teil Juda – um Davids willen. Später sollte sich aufgrund bleibender Sünde der nachfolgenden Könige auch das grundsätzliche Gerichtswort erfüllen und Israel Land und Tempel genommen werden.

Gott ist ganz gewiss gnädig. Aber Ungehorsam – vor allem wenn man so ausdrücklich gewarnt wird wie Salomo – hat auch Folgen. Deshalb ruft Gott zum ungeteilten Herzen.

Hartmut Schmid

ISRAEL AM TIEFPUNKT

DIE NÄCHSTEN JAHRE WIRD WEDER TAU NOCH REGEN FALLEN, ES SEI DENN, ICH ORDNE ES AN!
1. KÖNIGE 17,1

Die Regierungszeit Ahabs ist der Tiefpunkt in der Glaubensgeschichte Israels. Von königlicher Seite wird offiziell der Baalskult in der Hauptstadt Samaria eingeführt. Wesentlichen Einfluss auf diese Entwicklung dürfte schon Omri, der Vater Ahabs, aber vor allem Ahabs Frau Isebel gehabt haben. Der Glaube an den Gott Israels hatte offensichtlich ausgedient.

Wie reagiert Gott? Er beruft und sendet den Propheten Elia. Durch ihn kündigt er eine Trockenheit an. Warum? Weil Baal als Fruchtbarkeitsgott verehrt wurde, der auch für den Regen verantwortlich war. Der Gott Israels sucht die Auseinandersetzung mit Baal an dessen empfindlichstem Punkt.

Für Elia bedeutet das, dass er sich verstecken muss. Er wird zum Staatsfeind Nummer eins.

Aber Gott kümmert sich um den verfolgten Propheten. Er führt und bewahrt ihn: zunächst am Bach Krit, dann bei der Witwe zu Zarpat. Er erlebt das Wunder der lebensschaffenden Kraft Gottes, als das tote Kind der Witwe zu neuem Leben erweckt wird, und er erfährt das Wunder des Glaubens, als die Witwe im heidnischen Ausland in ihm den Propheten Gottes erkennt.

In der tiefsten religiösen Krise lässt Gott sein Volk nicht ohne Propheten und damit nicht ohne sein Wort. Dabei wirkt Gott zunächst im Kleinen und an einzelnen Personen, bevor er durch Elia an die große Öffentlichkeit tritt.

Hartmut Schmid

GLAUBENSPROBE

DER HERR IST GOTT, DER HERR IST GOTT!
1. KÖNIGE 18.39

Elia bekommt einen neuen Auftrag. Er soll sich Ahab zeigen. Damit wird eine Entscheidung eingeleitet. Die Begegnung mit Ahab ist gekennzeichnet durch gegenseitige Schuldzuweisungen, führt aber zur Versammlung Israels auf dem Karmel.

Die Eingangsfrage Elias auf dem Karmel – Baal oder der Gott Israels – wird mit Schweigen beantwortet. Dies zeigt die Glaubenssituation in Israel. Die Eindeutigkeit der Glaubensbeziehung ist verloren gegangen. Die zwischen Israel und Elia getroffene Absprache sowie die Opfer- und Feuerprobe führen dann zum eindeutigen Bekenntnis „Der Herr ist Gott".

Die Erfolglosigkeit der Baal-Propheten wird eindrücklich erzählt. Die Masse und der hohe Aufwand eines mehrstündigen Aktes bringen nichts und zeigen die Ohnmacht Baals gegenüber dem Gott Israels.

Die Tötung der Baals-Propheten wird oft hart kritisiert. Aber sie ist im Rahmen des Gesetzes konsequent (5. Mose 13,1-6), da die Verführung vom wahren Glauben weg eine schwere Sünde ist.

Der Gott Israels möchte die Eindeutigkeit der Glaubensbeziehung. Gott und … geht nicht. In derselben Weise ist Jesus in seiner Forderung der konsequenten Nachfolge eindeutig.

Nachdem Israel das Bekenntnis ausgesprochen hatte, waren auch die Voraussetzungen gegeben, dass es wieder regnet.

„Ich aber und mein Haus wollen dem Herrn dienen"– Josua 24,15 (LU).

Hartmut Schmid

DER VERZWEIFELTE PROPHET

DENN ICH BIN NICHT BESSER ALS MEINE VORFAHREN.

1. KÖNIGE 19,4

Wie kommt es zur Verzweiflung und Flucht Elias nach dem geistlichen Erfolg auf dem Karmel? Es ist die Todesdrohung durch Isebel. Und jetzt hat Elia kein Druckmittel mehr, denn es hat inzwischen geregnet. Jetzt ist er der Königin und ihrer Macht ausgeliefert. Vielleicht ist er auch von Ahab enttäuscht. Warum handelt dieser nicht, sondern erzählt seiner Frau alles und lässt diese wieder agieren?

Aber auch Elia versagt. Er kann nicht mehr vertrauen, dass ihn Gott auch jetzt schützen wird – menschlich nach allem, was Elia schon erlebt hat, durchaus verständlich. Er flieht und möchte nicht mehr leben.

Gott stärkt ihn und schenkt ihm eine Gottesbegegnung. Zuerst darf Elia zweimal klagen. Dann gibt Gott Elia einen neuen Auftrag. Er verwirft den verzweifelten Propheten nicht, sondern setzt ihn neu ein. Dies bedeutet aber eine Rückkehr an die alte Wirkungsstätte.

Die zwei ersten Aufträge, die Salbung Hasaels und Jehus, bedeuten Gericht für Israel bzw. das Haus Ahab. Nach dem Verhalten Ahabs und der Flucht Elias kann das Bekenntnis Israels vom Karmel letztlich nicht konkret umgesetzt werden. Der dritte Auftrag, die Berufung Elisas als Nachfolger, ist eine Antwort auf Elias Klage, dass er allein übrig geblieben ist.

Wenn auch Israel als Ganzes sich nicht von Baal oder anderen Göttern abwenden wird, so bleibt in Israel ein Rest von Gläubigen, die eindeutig zu Israels Gott stehen.

Hartmut Schmid

29. SEPTEMBER
1. KÖNIGE 21

UNGLAUBE UND UNRECHT

DANN SCHLEPPT IHN HINAUS UND STEINIGT IHN ZU TODE.
1. KÖNIGE 21,10

Der Bericht um Nabots Weinberg zeigt, wie Unglaube und Unrecht zusammenhängen. Isebel, die sich gegen den Gott Israels für Baal mit aller Kraft einsetzt, tritt auch das von Gott an Israel gegebene Recht mit Füßen. Sie missachtet das auf die Thora (Gesetz) gründende Erbrecht, Königsrecht und Zeugenrecht.

Nabot ist im Blick auf das Erbrecht im Recht, denn das Erbe soll nicht verkauft werden, um den Grundbesitz für jede Sippe zu erhalten. Isebel verletzt das Königsrecht Israels, weil der König wie jeder Bürger an das Recht Israels gebunden ist. Und Isebel verletzt das Zeugenrecht, indem sie falsche Zeugen bestellt, deren Aussagen letztlich zu Nabots Tod führen.

Der Gott Israels will mit seinen Geboten das Leben schützen.

Die Nabot-Erzählung und der Bericht vom Karmel machen deutlich, dass Elia das Erbe Moses vertritt. Er setzt sich für die Israel durch Mose gegebene Offenbarung ein. Diese Offenbarung regelt zunächst das Gottesverhältnis (Ich bin der Herr, dein Gott … keine anderen Götter neben mir, auch nicht Baal). Diese Offenbarung regelt aber auch das menschliche Miteinander, das ein Unrecht wie den Justizmord an Nabot ausschließt.

Elia wird zu Ahab gesandt, um ihm das Unrecht aufzuzeigen, und Ahab tut Buße. Was für ein Zeichen der Hoffnung, dass der Sünder umkehren kann.

„Wenn ihr mich liebt, werdet ihr meine Gebote halten" – Johannes 14,15.

Hartmut Schmid

30. SEPTEMBER

2. KÖNIGE 2,1-18

MIT DEM LEBEN BELOHNT

UND ELIA FUHR IM WETTERSTURM GEN HIMMEL.

2. KÖNIGE 2,11 (LU)

Elia wurde ein Lebensende geschenkt wie nur wenigen Menschen. In der Bibel erfahren wir dies nur noch von Henoch (1. Mose 5,24). Bei Jesus kam vor der Himmelfahrt der schwere Tod am Kreuz.

Was ist die Botschaft? In den Berichten von Elias Leben und Wirken geht es immer um Leben oder Tod. Gott versorgt Elia in der Hungersnot; Gott erweckt das tote Kind; Gott lässt regnen. Umgekehrt bedeutet die Hinkehr zu Baal letztendlich Tod. Baal hat keine Macht gegen die Trockenheit. Wer sich zu Baal wendet, findet nicht das Leben. Den stärksten Kontrast bilden 2. Könige 1 (Tod Ahasjas) und 2. Könige 2 (Entrückung Elias). Der Gott Israels will Leben und gibt Leben. Gegen ihn zu leben, bedeutet letztlich Tod. Mit dieser Bedeutung ist die Entrückung Elias ein Zeichen, ein einmaliges Geschehen mit einer Bedeutung für alle anderen Glaubenden, auch wenn ihnen nicht dasselbe Geschick zuteilwird.

Was bedeutet das Mit-Erleben für Elisa? Elisa ließ sich nicht abschütteln. Er erlebte die Entrückung Elias und bei der Entrückung wurde er Zeuge der göttlichen Macht. Die feurigen Wagen und Rosse repräsentieren das himmlische Heer. Durch das Teilen des Jordans wie Elia wird Elisa als dessen Nachfolger erkannt. In der schwierigen Zeit in Israel mit dem Abfall zu Baal lässt Gott auch nach Elia Israel nicht ohne Propheten und damit ohne sein Wort.

Hartmut Schmid

OKTOBER

1. OKTOBER

2. KÖNIGE 4,8-37

DER TOD HAT NICHT DAS LETZTE WORT!

DIESMAL NIESTE DER JUNGE SIEBEN MAL UND SCHLUG DIE AUGEN AUF.
2. KÖNIGE 4,35

Wenn es eine Sache gibt, die aus unserer menschlichen Sicht vor allem anderen den Himmel kennzeichnet, dann ist es die Abschaffung des Todes. Die Grenzen des Lebens werden aufgehoben.

Die Bibel gibt uns eine Perspektive auf ein Leben nach dem Tod! Auch wenn das Alte Testament erst im Lauf der Jahrhunderte heilsgeschichtlicher Offenbarung Gottes die allgemeine Auferstehung der Toten andeutet, so tut es doch immer wieder diese Perspektive auf: Wo gab es das denn, dass einer von den Toten zurückkommt, dass ein Toter zum Leben auferweckt wird? Bei Elisas Prophetenvater Elia kam das erstmalig in der Geschichte vor (1. Könige 17,17ff). Dreimal legte er sich auf den Jungen. Elisa auch, mit dem Unterschied, dass er beim ersten Mal seinen Stab vorausschickte und diesen auf das Kind legen ließ. Wir denken dabei an Paulus, dessen Taschentuch manchen Heilung brachte (Apostelgeschichte 19,11-12) – und verstehen, warum auch Paulus sich auf den vom dritten Stock abgestürzten Jüngling Eutychus geworfen hat (Apostelgeschichte 20,9ff).

Mit solchen Wundern will Gott uns Menschen eines klarmachen: Der Tod hat nicht das letzte Wort! Gott hat die Macht über Leben und Tod. Das wird hier angedeutet. In Jesus wird es vollends demonstriert. Wenn der auferstandene Herr wiederkommt, wird der Tod endgültig besiegt sein!

Paul Murdoch

2. OKTOBER

2. KÖNIGE 4,38-44

DER TOD IM TOPF UND
DIE WUNDERBARE BROTVERMEHRUNG

SIE WERDEN DAVON ESSEN UND
ES WIRD NOCH ETWAS ÜBRIG BLEIBEN!
2. KÖNIGE 4,43

Diese Geschichte lässt sich am besten als Teil der gesamten Erzählung der Wunder, die Elisa in der Kraft Gottes wirkte, verstehen. Gift und Brot, Leben und Tod, darum geht es hier. Im Garten Eden gab es zwar verbotene Früchte, aber keine giftigen. Der Hunger war unbekannt. Jetzt aber ist Hungersnot in Israel und die Menschen essen in ihrer Not unbekannte Früchte, die wie „wilde Gurken" (LU) aussahen (vermutlich Koloquinten), aber in Wirklichkeit giftig waren. Durch den Sündenfall ist die Schöpfung ambivalent geworden. Kurz vorher in den Elisa-Erzählungen (2. Könige 2,19-22) wird berichtet, wie Elisa eine Quelle, die Tod und Unfruchtbarkeit brachte, mit Salz reinigte. Es wird ausdrücklich als das Werk Gottes bezeichnet. Wer könnte auch sonst Leben statt Tod schenken? Wir denken an das durstende Volk Israel beim Exodus und wie Mose das Wasser von Mara genießbar machte. Gott will das Leben, nicht den Tod. Darum verbannt Elisa das Gift aus dem Topf und vermehrt das gespendete Brot, sodass alle satt werden und sogar übrig blieb. Wer könnte nicht an den denken, der 5000 von fünf Brötchen und zwei Fischen satt machte? Er sagte von sich, er sei das Brot des Lebens und die Quelle des lebendigen Wassers. Schon davon gekostet? Wie macht er Sie satt? Wie stillt er Ihren Durst? Hat er in Ihrem Leben schon das Gift entfernt?

Paul Murdoch

3. OKTOBER

2. KÖNIGE 5

GROSSES WIRD KLEIN UND KLEINES GROSS

„HERR", SPRACHEN SIE ZU IHM, „WENN DER PROPHET ETWAS GROSSES VON DIR VERLANGT HÄTTE, HÄTTEST DU ES DANN NICHT GETAN? WIE VIEL EHER SOLLTEST DU IHM GEHORCHEN, WENN ER DICH NUR AUFFORDERT: ‚BADE DICH, DAMIT DU WIEDER GESUND WIRST!'"

2. KÖNIGE 5,13

Ein großer Mann mit großen Sorgen sucht Hilfe beim Volk Gottes. Naaman, der mächtige Heide mit Leprakrankheit, hatte *von einem geringen Mädchen mit einem großen Herz und noch größerem Glauben* gehört, dass der Gott Israels ihn heilen kann. *Der große König Israels mit einem kleinen Glauben bekommt Angst* (2. Könige 5,7). Er meint, alles würde sich um ihn drehen, kommt gar nicht auf Gott, seinen Propheten und seine Möglichkeiten! Es gibt *viele Leute mit wenig zu tun* – jedenfalls geht die Nachricht durchs Volk bis hin zum Propheten wie ein Lauffeuer: Der König hat seine Kleider zerrissen!

Der Prophet lässt bitten, aber auch draußen stehen ... Er erscheint nicht einmal an der Tür. Nichts Außergewöhnliches wird vom Kranken verlangt, *nur ein kleiner Schritt mit großen Folgen.* Naaman will „mehr". Er will das Besondere – wie wir manchmal auch. Er soll sich aber nur siebenmal in den Jordan tauchen. *Die kleinen Gefolgsleute haben hier mehr Verstand als der große Naaman* und reden ihm gut zu. Den kleinen Schritt des Vertrauens wagen und „mein Stück vom Himmel heute erleben"!

Paul Murdoch

HIMMLISCHER SCHUTZ

DA ÖFFNETE DER HERR DEM DIENER DIE AUGEN, UND ALS ER AUFBLICKTE, SAH ER, DASS DAS BERGLAND UM ELISA HERUM VOLL FEURIGER PFERDE UND STREITWAGEN WAR.

2. KÖNIGE 6,17

Genauso wenig wie der Kopf einer Axt schwimmen kann, genauso wenig kann der König Israels oder das Volk Israel sich gegen die übermächtigen Aramäer zur Wehr setzen. Was uns als banales Wunder erscheint, ist der Auftakt zu ebenso unerklärlichen, existenzsichernden Wundern Gottes an seinem Volk. Was zunächst wie menschliche Schlauheit aussieht – die Warnung vor einem Hinterhalt –, ist in Wahrheit nur der Anfang von Gottes wunderbarem Handeln zum Schutz seines Volkes. Der Feind erkennt das Unerklärliche als Gottes Wirken, nicht das eines „Maulwurfs". Der „Mann Gottes" soll zur Rechenschaft gezogen werden, aber die himmlischen Heerscharen sind zu seinem Schutz abgestellt (V. 16): „Denn es sind mehr auf unserer Seite als auf ihrer."

Rechnen wir auch mit diesem „Stück Himmel heute", dass Gottes himmlischer Heerschar uns umgibt? Was für eine Gelassenheit gab dieses Bewusstsein dem „Mann Gottes"! Er kann Größe zeigen und die gefangenen Feinde bewirten lassen, bevor sie freigelassen werden. Das spätere Gebot Jesu, seine Feinde zu lieben, wirft hier seinen Schatten voraus. Beispielhaft wird hier, punktuell, die Feindschaft überwunden, die in Gottes ewigem Reich keinen Platz mehr haben wird.

Paul Murdoch

5. OKTOBER

2. KÖNIGE 6,24–7,20

MIT GOTT RECHNEN

**DER HERR HAT DIESES UNGLÜCK ÜBER UNS GEBRACHT!
WARUM SOLL ICH NOCH LÄNGER AUF DEN HERRN HOFFEN?**
2. KÖNIGE 6,33

Weder die wunderbare Heilung Naamans noch die gnädige Behandlung der Soldaten Arams durch Israel konnte auf lange Sicht das Machtbestreben und die Gier des Königs von Damaskus eindämmen. Er belagert Samaria so lange, dass der Kannibalismus in der Stadt ausbricht. Ein Eselskopf ist vier Menschenleben wert. Selbst „Taubenmist" ist unbezahlbar. Der König will Elisa, den Mann Gottes, an Gottes Stelle für das große Übel zur Rechenschaft ziehen. Endlich, müssen wir sagen, bringt er den Gott Israels ins Spiel (V. 33). Der Prophet überrascht mit der Verheißung von ausreichender Speise zu normalen Preisen noch am selben Tag.

Auch wo wir mit Gott „abrechnen" wollen, geben wir ihm die Chance, sich als gnädig und gütig zu erweisen. Gott selbst schlägt das feindliche Heer in die Flucht durch eine Audition der heranstürmenden himmlischen Heerscharen. Sie lassen ihre gesamte Kriegsbeute samt Proviant und Reserven bei der Flucht zurück. Aussätzige entdecken das in ihrer verzweifelten Suche nach Essbarem. Das Volk wird durch diese Unreinen gerettet. Gott hat schon immer diesen Weg bevorzugt: „Nicht durch Heer oder Macht" soll sein Wille geschehen, seine Kraft ist in den Schwachen mächtig! Selig sind …

Was erwarten wir vom Herrn heute – auch in unserer Schwäche? Vielleicht „mein Stück Himmel heute" durch Vertrauen auf ihn?

Paul Murdoch

6. OKTOBER
2. KÖNIGE 13,14-21

ZUVERSICHTLICH VERTRAUEN

DER KÖNIG NAHM SIE UND SCHLUG DREI MAL DAMIT AUF DEN BODEN, DANN HÖRTE ER AUF. DA WURDE DER MANN GOTTES SEHR ZORNIG MIT IHM.
2. KÖNIGE 13,18-19

Auch der Prophet, der Tote zum Leben erweckt hatte, muss sterben. Jedes noch so außergewöhnliche Leben im Dienst des Herrn geht zu Ende. Wie außergewöhnlich dieser Mann Gottes war, sehen wir auch an dem Wunder, das sich in seinem Grab ereignete. Die Israeliten haben ihre Toten in Sammelgräbern begraben. Zunächst wurde der Leichnam in eine Nische gelegt, bis die Verwesung geschehen war und nur die Knochen übrig blieben. Dann stapelte man die Gebeine hinten in der Grabeshöhle. In unserem Fall liegen die Gebeine Elisas offen im Grab und der Leichnam des eilends dort Abgelegten kommt in Berührung damit. Dadurch wird er zum Leben erweckt. Vorübergehend. Auch die Menschen, die Jesus zum Leben erweckte, mussten eines natürlichen Todes sterben. Erst am Ende der Zeit bei der allgemeinen Auferstehung der Toten werden wir Leben haben, das in Ewigkeit währt.

Bevor Elisa stirbt, führt er noch eine prophetische Zeichenhandlung durch. Der König weiß, dass das, wozu ihn der Prophet auffordert, große Bedeutung hat. Zaghaft schlägt er nur dreimal mit seinen Pfeilen auf den Boden. Das erzürnt den Mann Gottes. Hätte er mutiger geschlagen, wäre ihm ein umfassender Sieg geschenkt worden.

Wie viel trauen wir Gott zu? Wie groß und zuversichtlich sind unsere Bitten?

Paul Murdoch

7. OKTOBER

ESTER 9,17-32

FESTE FEIERN, WIE SIE FALLEN

DIE JUDEN SOLLTEN DIE BEIDEN TAGE GENAUSO FEIERN WIE DIE TAGE, AN DENEN SIE RUHE VOR IHREN FEINDEN HATTEN, UND WIE DEN MONAT, IN DEM SICH IHRE SORGE IN FREUDE UND IHRE TRAUER IN EINEN FESTTAG VERWANDELT HATTEN. DIE JUDEN ÜBERNAHMEN DIESEN BRAUCH SO, WIE MORDECHAI IHNEN AUFGETRAGEN HATTE UND WIE SIE BEREITS ZU TUN BEGONNEN HATTEN.

ESTER 9,22-23

Das Buch Ester erklärt umfassend und unbeschreiblich schön, wieso das Volk Judas am sogenannten „Losfest" Purim („Lose") Grund zum Feiern hat. Es hatte eine Zeit gegeben, zu der ihr Widersacher Haman so verachtend mit den Juden umgegangen ist, dass er das Los über sie warf. Er spielte sich zu Gott auf und entschied so über Leben und Tod.

Ester und Mordechai hatten in großem Gottvertrauen, Klugheit und Mut Rettung für die Juden im Persischen Reich gebracht. Sie schufen dem Volk Gottes eine Ruhe. So beschreibt es unser Text.

Wie wichtig ist es für das Volk Israel heute, dieses Buch zu haben! Viele moderne Israeliten feiern Purim als ausgelassenes säkulares Verkleidungsfest wie Fasching oder Halloween. Dass Gott, der Gott Israels, ihnen eine Ruhe schaffen will, ist nicht allen bekannt.

Bräuche können gut sein, aber nur wenn sie ihren Sinn behalten. Unsere in der Bibel begründeten Bräuche wollen uns auf die großen Taten Gottes ausrichten – und auf das kommende Gericht und Heil durch den wiederkehrenden Herrn –, eben ein Stück Himmel heute geben.

Paul Murdoch

BETEN UND LOSLEGEN!

ACH, HERR, ... LASS ES DEINEM KNECHT HEUTE GELINGEN!
NEHEMIA 1,11 (LU)

Nehemia ist Mundschenk des persischen Königs. Er erfährt, dass seine Heimatstadt Jerusalem in Schutt und Asche liegt. Die Elite der Stadt war einst gefangen weggeführt und versklavt worden. Zurückgeblieben ist das einfache Volk – ohne Stadtmauern, ohne Schutz, ohne Heimat. Nehemia spürt den Schmerz, weint und schreit zu Gott. Er beklagt nicht einfach das Elend, er sieht vielmehr die Schuld seines Volkes, das sich von Gott abgewandt hat. Er bekennt diese Schuld. Und er erinnert Gott an dessen eigenes Versprechen: „Wenn ihr euch bekehrt zu mir, will ich euch wieder sammeln." – So dürfen wir beten: Gott an seine Zusagen erinnern und sie für uns in Anspruch nehmen.

Dann geschieht etwas Unerwartetes: Der König gewährt ihm Zeit und Freiheit, um nach Juda zu ziehen und Jerusalem wieder aufzubauen. Mehr noch: Er gibt Nehemia Papiere mit, die ihn jede Grenze passieren lassen, und zu dessen Schutz noch eine ganze Reitertruppe. Den Feinden Israels schmeckt diese Gunst des persischen Königs überhaupt nicht. Aber Nehemia lässt sich nicht beirren: Er inspiziert die Stadt. Er gewinnt die Bewohner für den Wiederaufbau und macht sich an die Arbeit.

Von Nehemia können wir vieles lernen: 1. Auf die Knie gehen, Schuld bekennen und Gottes Gnade erbitten. 2. Aufstehen und über das reden, was uns bewegt. 3. Losgehen und konsequent den Weg gehen, den wir als Gottes Weg für uns erkennen.

Steffen Kern

9. OKTOBER

LUKAS 4,1-14

NEIN!

DA SAGTE DER TEUFEL ZU IHM: „WENN DU DER
SOHN GOTTES BIST, VERWANDLE DOCH DIESEN STEIN IN BROT."

LUKAS 4,3

Manchmal ist es nicht leicht, Nein zu sagen! Nein zu sagen und der Versuchung zu widerstehen. Nein zu sagen, wenn über einen Menschen gelästert wird. Nein zu sagen, wenn mich die Sorgen zerfressen wollen. Nein zu sagen, wenn ich durch ein wenig Unehrlichkeit einen Vorteil bekommen würde. Wir kennen die wunden Punkte in unserem Leben, die uns in Gefahr bringen, Gott den Rücken zu kehren.

Der Teufel versucht, Jesus aus der engen Beziehung mit seinem Vater im Himmel herauszulocken. Das griechische Wort für Teufel ist „diabolos", das bedeutet übersetzt: der Durcheinanderbringer. Das zeichnet die Macht des Bösen aus: dass sie Menschen durcheinanderbringt, sodass sie nicht mehr wissen, was sie glauben sollen und was richtig ist. Wir sind immer wieder in der Versuchung, die Grenzen zu überschreiten, an die wir uns eigentlich halten wollen. Die entscheidende Frage ist: Was hilft, Nein zu sagen?

Jesus macht es uns vor: Er kämpft nicht allein, sondern zieht sich zurück auf das, was ihm Halt gibt, wenn alles durcheinandergeworfen wird: Er beruft sich darauf, was Gott sagt. Nein sagen können wir, wenn wir etwas haben, woran wir uns festhalten können: Bibelworte, die tragen und Orientierung bieten. Wir können Nein sagen, weil Jesus uns nicht allein lässt mit dem, was uns von ihm abbringen will. Seine Kraft ist es, die hilft, Nein zu sagen.

Cornelius Kuttler

10. OKTOBER

LUKAS 5,1-11

WENN AUS ENTTÄUSCHUNG HOFFNUNG WIRD

MEISTER, WIR HABEN DIE GANZE NACHT GEARBEITET UND NICHTS GEFANGEN; ABER AUF DEIN WORT HIN WILL ICH DIE NETZE AUSWERFEN.

LUKAS 5,5 (LU)

Es war wahrlich kein guter Morgen. Wenn ein Fischer die ganze Nacht nichts gefangen hat und die ersten Sonnenstrahlen die Fische in die Tiefe des Sees treiben, dann ist es kein guter Morgen. Aber dann ist alles doch noch so anders gekommen. Es war eher so etwas wie eine „Bauchreaktion" gewesen: „... auf dein Wort hin will ich die Netze auswerfen." Aber dieser Satz hat das Leben von Petrus verändert. Jesus hat sein Leben verändert.

Vergeblich. Das war die enttäuschende Erfahrung von Petrus. Vielleicht kennen wir das auch: Vergeblich gehofft, vergeblich gearbeitet, vergeblich geliebt. Und es bleibt die Enttäuschung. Aber Jesus tritt hinein in die Enttäuschungen unseres Lebens wie damals bei Petrus. Er kommt hinein in unser Leben. In dem, was so vergeblich zu sein scheint, ist er da. Und er macht uns Mut, Neues zu wagen. Gerade da, wo wir in Enttäuschung gefangen sind, schenkt er neue Hoffnung! Es mag sein, dass wir wie Petrus spüren, wie wenig wir zu Jesus passen. Aber dies hält Jesus nicht ab, zu uns zu kommen. Weil er es gerade mit uns zu tun haben will. Solchen Menschen gibt er seinen Auftrag: Menschen, die meinen, dass alles vergeblich ist.

Jesus ist da. Und wir? Wagen wir es, ihm zu vertrauen und zu sagen: Auf dein Wort hin will ich die Netze auswerfen?

Cornelius Kuttler

11. OKTOBER

LUKAS 5,12-16

WER GLAUBT SCHON AN WUNDER?

„HERR", SAGTE ER, „WENN DU WILLST, KANNST DU MICH GESUND MACHEN."

LUKAS 5,12

Sind Wunder zu schön, um wahr zu sein? Riskieren wir es, an Wunder zu glauben? Ist das Leben wirklich so einfach? Es gibt doch Situationen, in denen wir auf Wunder hoffen und dann enttäuscht werden. Und dennoch: Die Geschichte des Aussätzigen macht Mut, alles von Jesus zu erhoffen. Dieser Mann damals legte sein ganzes Leben in seine Worte: „Herr, wenn du willst, kannst du mich gesund machen." Es war ein schweres Schicksal, das er zu tragen hatte: gezeichnet von einer Hautkrankheit und ausgeschlossen aus der Gesellschaft. Der Aussätzige wirft sein Leben mit aller Enttäuschung und allen ausgebliebenen Wundern Jesus vor die Füße. Das ist Glaube! Jesus zu vertrauen, bedeutet: alles von ihm zu erwarten und ihm dann alles zu überlassen. Vielleicht kann ich mir nicht vorstellen, dass Gott in meiner ausweglosen Situation ein Wunder tut. Aber beten heißt, „Gott den Sack vor die Füße zu werfen", wie Martin Luther sagt – den Sack mit unseren Zweifeln, unserer Unsicherheit und den Enttäuschungen. So zu beten, hat wirklich etwas mit Riskieren zu tun. Wir riskieren es, mit allen Zweifeln und allen unsicheren Gefühlen Jesus zu vertrauen. Was er dann daraus macht, können wir getrost ihm überlassen.

Cornelius Kuttler

12. OKTOBER

LUKAS 10.25-42

WORAUF KOMMT ES AN?

MEISTER, WAS MUSS ICH TUN, UM DAS EWIGE LEBEN ZU BEKOMMEN?

LUKAS 10.25

Vielleicht haben wir es ein Leben lang gelernt: Von nichts kommt nichts. Wenn ich etwas leiste, dann bin ich wer. Schon als Kind wussten wir: Wenn ich lieb bin, bekomme ich Schokolade. Wahrscheinlich sehnen wir uns alle danach, gelobt zu werden und anerkannt zu sein. So wie Marta sich anstrengte, eine perfekte Gastgeberin zu sein. Vielleicht ist auch unser Glaube davon geprägt, dass wir es „gut machen" und Gott zufriedenstellen wollen.

Jesus sieht uns an, wie er damals Marta ansah. Unser Herz sieht er. Wie gut, dass er uns kennt! Wie gut, dass er hinter unsere Geschäftigkeit sieht, hinter unsere vielleicht so scheinbar perfekte Fassade.

Jesus erwartet nicht, dass wir etwas für ihn tun. Gewiss, Jesus spricht im Gleichnis vom barmherzigen Samariter davon, dass wir uns für andere einsetzen sollen. Aber dieses Gleichnis und die Erzählung von Maria und Marta sind wie das Doppelbild eines Altars in einer mittelalterlichen Kirche: Beide Seiten gehören zusammen und ergeben erst gemeinsam das ganze Bild.

Für Jesus gehört zusammen, dass wir auf ihn hören, uns von ihm prägen lassen und uns dann zu unserem Nächsten aufmachen. Aber es geht nicht darum, dass wir etwas aus uns heraus für Jesus tun. Sondern Jesus will mit uns und durch uns etwas tun. Er fragt uns nicht: Was tust du für mich? Sondern er fragt: Vertraust du mir?

Cornelius Kuttler

13. OKTOBER

LUKAS 12,1-12

KEINE ANGST!

UND AUCH DIE HAARE AUF EUREM KOPF SIND ALLE GEZÄHLT. HABT DESHALB KEINE ANGST, DENN IHR SEID IHM WERTVOLLER ALS EIN GANZER SCHWARM SPATZEN.

LUKAS 12,7

Was hilft gegen Angst? Jesus spricht von Situationen, die Angst machen: dass Menschen verfolgt werden, weil sie an ihn glauben. Gegen Angst hilft nicht, sie zu beschönigen nach dem Motto: „Ist nicht so schlimm, wird schon alles gut!" Es wird eben nicht alles gut im Leben. Gegen Angst hilft nur Vertrauen.

Jesus malt uns vor Augen, wie wertvoll wir in Gottes Augen sind. Es ist ein emotionales Bild voller Wärme, das Jesus verwendet: So genau kennt uns Gott und so wichtig nimmt er unser Leben, dass er jedes einzelne Haar kennt. Wenn das stimmt, dann gibt es keinen Moment unseres Lebens, in dem wir allein sind. Weil Jesus da ist. Das kann die Angst nehmen. Ich denke an meine jüngste Tochter: Wenn in der Nacht die Angst in der Dunkelheit schlechter Träume aufkommt, dann hilft ihr nur dies: dass die Mama oder der Papa da sind und sie nicht allein ist mit der Dunkelheit.

Jesus spricht in deutlichen Worten von Gottes Macht. Der auf uns achthat, ist der Richter und Herr der Welt, vor dem wir unser Leben verantworten müssen. Wenn wir nicht ihm vertrauen, sondern auf anderes setzen im Leben, schließen wir uns aus dem Raum seiner Liebe und Geborgenheit aus. Es gibt Momente im Leben, in denen uns die Angst packt. Wie gut, wenn wir den kennen, der stärker als unsere Angst ist.

Cornelius Kuttler

14. OKTOBER

LUKAS 15.11-32

ENDLICH DAHEIM

VOLLER LIEBE UND MITLEID LIEF ER SEINEM SOHN ENTGEGEN, SCHLOSS IHN IN DIE ARME UND KÜSSTE IHN.

LUKAS 15.20

Wenn ich als Kind mit meiner Familie auf dem Heimweg vom Urlaub war, sind meine Geschwister und ich traditionell an einem Punkt der Autobahn in Jubel ausgebrochen: am Hinweisschild an der Landesgrenze, auf dem mit großen Lettern „Baden-Württemberg" zu lesen war. Wahrscheinlich hat dieses Schild uns Kindern gezeigt: Die Heimat ist nahe.

Eine Kindheitserinnerung mit tiefer Bedeutung: Jeder Mensch braucht eine Heimat für sein Herz, einen Ort der Geborgenheit, wo wir uns daheim fühlen.

Der Kirchenvater Augustinus formuliert sehr prägnant: „Unser Herz ist unruhig, bis es Ruhe findet bei dir, o Herr!" Gott ist die Heimat für unser manchmal so unruhiges, zerbrochenes und schuldiges Herz. Eine Heimat, die wir jetzt schon erleben können und die einmal eine Heimat für immer sein wird.

Die Geschichte vom Vater und den beiden Söhnen zeigt: Gott macht sich auf den Weg, uns entgegen. Ob wir nun dem verlorenen Sohn gleichen oder dem anderen Sohn, der nie verstanden hat, wie sehr sein Vater ihn liebt. Gott möchte uns im Bild gesprochen in die Arme schließen. Weil er will, dass wir bei ihm die Heimat für unser Herz finden. Heimat finden wir, wenn wir entdecken, wie über alles geliebt wir sind von diesem Vater im Himmel! Und das ist wirklich zum Jubeln – weit mehr als ein Schild auf einer Autobahn.

Cornelius Kuttler

15. OKTOBER
LUKAS 24,13-35

NICHT ALLEIN

WAR ES UNS NICHT SELTSAM WARM UMS HERZ, ALS ER UNTERWEGS MIT UNS SPRACH?
LUKAS 24,32

Alle Hoffnung umsonst. Alles, woran diese Jünger geglaubt hatten, ist mit Jesus am Kreuz gestorben. Jeder Schritt auf dem Weg nach Emmaus schmerzt.

Dass Hoffnungen zerbrechen können, wissen wir auch.

Damals auf dem Weg ist plötzlich Jesus da. Er fragt diese Männer nach ihrem Schmerz. Und sie erzählen ihm von ihrem Kummer. Erst im Nachhinein erkennen sie, wer mit ihnen unterwegs war.

Dies ist mehr als eine Geschichte aus vergangenen Tagen. Es ist unsere Geschichte. Weil wir wie diese Jünger mit den Scherben zerbrochener Hoffnungen unterwegs sind. Und es ist unsere Geschichte, weil sie davon erzählt, wie der auferstandene Jesus Christus auch uns begegnet. Jesus ist mit uns auf dem Weg, auch wenn wir nichts davon spüren. Selbst wenn wir das vielleicht nicht glauben können. Er ist da, auch wenn wir das Gefühl haben: Ich muss mich allein durchbeißen – im Beruf, in der Schule, in der Familie.

Jesus ist mit auf dem Weg, auch dann, wenn wir vielleicht sogar lieber allein wären: weil wir uns für uns selbst schämen.

Es ist das Entscheidende am christlichen Glauben, dass wir nicht den Ideen eines Religionsstifters folgen, sondern einen Gott haben, der lebt. Wo sollen wir denn hin mit unseren zerbrochenen Hoffnungen, den enttäuschten Wünschen und der eigenen Schuld? Wo sollen wir hin, wenn nicht zu ihm? Weil er doch längst mit uns auf dem Weg ist.

Cornelius Kuttler

BLICK AUFS ZIEL

CHRISTUS JESUS KAM IN DIE WELT, UM SÜNDER ZU RETTEN – UND ICH BIN DER SCHLIMMSTE VON ALLEN.
1. TIMOTHEUS 1.15

„Papa, mir wird schlecht!" Wohl dem, der in solchen Momenten die Chance hat, sein Auto rechts ranzufahren. Ein Tipp zur Vorbeugung: nach vorn geradeaus auf die Straße blicken. Dadurch wird verhindert, dass sich im Gehirn Auge und Bewegungsgefühl widersprechen.

Auch geistlich braucht es den klaren Blick auf das Ziel, damit es zu keinem frommen Magenkollaps kommt.

Paulus warnt Timotheus vor denen, die aus dem theologischen Seitenfenster schauen. Eine wahre Bilderflut stürzt auf sie ein, ohne dass sie diese recht verarbeiten könnten. Sie verlieren sich in Fabeln und Geschlechtsregistern, die keinen Alltagswert besitzen. Unnützes Geschwätz eben. Sie verschleiern die klaren, entlarvenden Worte des Gesetzes.

Er warnt aber auch vor der Haltung, die er selbst lange eingenommen hat. Vor denen, die sich, im Bild gesprochen, während der Fahrt in ihr frommes Buch vertiefen und die Welt ansonsten nicht mehr wahrnehmen. Ihre Selbstgerechtigkeit gaukelt ihnen vor, sie hätten mit der Welt da draußen nichts mehr zu tun.

Blick nach vorn! Da sehen Sie deutlich den Sünder, dem jegliche Ausrede genommen ist. Sie spüren aber auch die Bewegung Gottes, der in Jesus Christus in diese Welt kam. Das gehört zusammen. Das ist die Botschaft, um die es geht. Schauen Sie nach vorn – auf den Wesentlichen.

Günther Blatz

DANKE FÜR ALLE!

VOR ALLEM ANDEREN FORDERE ICH EUCH AUF, FÜR ALLE MENSCHEN ZU BETEN. BITTET BEI GOTT FÜR SIE UND DANKT IHM.

1. TIMOTHEUS 2,1

Dankt für alle Mitmenschen! Für alle? – Einspruch, lieber Paulus!

Du meinst sicher nicht die nörgelnde Nachbarin oder den Falschparker-Nachbarn. Und wahrscheinlich meinst du auch nicht die Politiker, die sich in den Talkshows gegenseitig beschimpfen.

„Doch!", würde Paulus sagen. „Damit fängt Fürbitte an, den Menschen mit Gottes Augen anschauen und achten. Betet für die Politiker, dass sie dazu beitragen, die Ordnung aufrechtzuerhalten."

Paulus schreibt von Männern und Frauen. Wieder Einspruch! So kann man das doch heute nicht sagen! Vielleicht hilft es uns, die Aussagen anders akzentuiert zu lesen.

Da ist die Bitte an die Frauen. Helft den Männern beim Beten, indem ihr im Gottesdienst eure weiblichen Reize nicht zur Schau stellt. Frauen sollen Rücksicht auf die Männer, das schwache Geschlecht, nehmen.

Frauen sollen lernen können. Bildung nicht nur für die Männer.

Mit den Versen 12-15, so sehe ich das, tritt Paulus dem Dianakult entgegen. Diesem geht es nicht um Gleichberechtigung, vielmehr darum, dass Frauen die Männer dominieren: eine einseitig patriarchale Ungerechtigkeit soll durch eine andere feministisch-dominante abgelöst werden.

Christus hingegen schafft Frauen und Männern den Raum, ihre Gaben zur Entfaltung zu bringen. Sicher ist nicht „alles" in Ordnung. Aber der Weg ist gewiesen, weil wir mit Dank beginnen.

Günther Blatz

VORBILD – KEIN IDOL

WENN DIAKONE IHRE AUFGABE GUT ERFÜLLEN, WERDEN SIE GEACHTET UND LEBEN IHREN GLAUBEN AN CHRISTUS JESUS MIT GROSSER ZUVERSICHT.

1. TIMOTHEUS 3,13

„Du kannst deine Kinder erziehen, wie du willst. Sie tun doch nur das, was sie sehen." Dieser Satz lässt jedes noch so gut gemeinte Erziehungsziel, das nicht vom eigenen Leben gedeckt ist, in sich zusammenfallen. Entscheidend ist, ob das, was man sagt, dem eigenen Lebensstil entspricht oder nicht.

Bei Bischöfen und Diakonen sollen Verkündigung und Leben im Einklang stehen. Ihnen wurden Leitungsaufgaben übertragen. Ihr Leben soll widerspiegeln, worum es in der Gemeinde Jesu Christi geht. Mit ihrer Lebensbotschaft können sie die Predigt des Evangeliums unter- oder durchstreichen.

Die beschriebenen Themen treffen zielgenau die neuralgischen Punkte des Lebens.

Es geht um Selbstdisziplin, Erfahrung im Glauben, Bewährung in anderen Feldern, wie z.B. der eigenen Familie, und nicht zuletzt um einen guten Ruf bei „denen, die draußen sind" (LU). Christen haben nicht nur einen Blick für die eigene Gemeinde, sondern auch für das Gemeinwohl. Insofern ist ein Bischof Brückenbauer in die Gesellschaft hinein.

Ein hohes Anforderungsprofil, das hier beschrieben wird. Anders kann ein Leiter jedoch nicht geistlich leiten. Das bedeutet nicht, dass ein Bischof oder Diakon perfekt ist, aber vertrauenswürdig. Kein Idol, aber Vorbild.

Günther Blatz

GLAUBE ZUM GEBRAUCH

WIR ARBEITEN HART UND LEIDEN DABEI VIEL, DENN UNSERE HOFFNUNG IST DER LEBENDIGE GOTT. ER IST DER ERLÖSER ALLER MENSCHEN, INSBESONDERE DER GLÄUBIGEN.
1. TIMOTHEUS 4,10

„So, die wird jetzt angezündet!" Mit diesen Worten nahm meine Frau eine wunderschöne Kerze aus der Vitrine und tat, was man mit Kerzen tut – anzünden. Haben Sie auch solche Kerzen, zu schön, um zu brennen?

Paulus mahnt Timotheus in diesem Kapitel, die Finger wegzulassen von einem Glauben, der lediglich für die Tribüne gelebt wird. Schauglaube – vollkommen untauglich für den Alltag. Viel zu schön, um wahr zu sein! Und deshalb durchsetzt von Heuchelei und Lüge. Man macht sich gegenseitig etwas vor, was nicht der Wahrheit entspricht.

Echte Frömmigkeit ist keine bigotte Anklage an „die Gesellschaft". Sie scheut nicht den Kontakt zur menschlichen Wirklichkeit. Vielmehr trägt sie eine Hoffnung in sich, die dem Alltag eine echte Perspektive gibt. Diese erzählt vom alltagstauglichen Gott, der der Heiland aller Menschen ist. Nein, er verspricht nicht den Himmel auf Erden. Aber er ist zu uns gekommen, um uns auf dem Weg dorthin zu begleiten.

Deshalb ist in der Frömmigkeit wachsen nicht die Leiter, die uns Sprosse für Sprosse der heiligen Perfektion näher bringt. Im Gegenteil! Diese Leiter führt abwärts – der menschlichen Wirklichkeit immer näher. Es ist Timotheus aufgetragen, Gemeinde als Hoffnungsträger auszurüsten.

Glaube ist für den Gebrauch bestimmt – wie die Kerze fürs Brennen.

Günther Blatz

20. OKTOBER

1. THESSALONICHER 5,16-24

VERGISS NICHT ...

GOTT, DER EUCH BERUFEN HAT, IST TREU; ER WIRD HALTEN, WAS ER VERSPROCHEN HAT.

1. THESSALONICHER 5,24

Die Türen des Zuges stehen noch offen. Auf dem Bahnsteig stehen meine Eltern, die mich zum Zug gebracht haben. Und während bereits die Durchsage im Hintergrund zu hören ist: „Bitte einsteigen, die Türen schließen selbstständig ...", ruft mir meine Mutter noch zu: „Vergiss nicht ..."

Momente des Abschieds, bei denen noch mal Wesentliches komprimiert gesagt wird. So kommt mir dieser Briefschluss vor. Paulus hat im Brief eben noch Rückschau gehalten, wie alles mit der Gemeinde begann. Man spürt, wie sehr er mit den Thessalonichern verbunden ist.

Und es ist fast so wie beim Schließen der Türen des Zugs, dass er noch hineinruft: „Vergesst nicht ...":

... seid fröhlich, betend und dankbar!

... seid eine Gemeinde mit Ausstrahlung!

... rechnet mit Gottes Geist, hört auf die Predigt und fragt, was davon euch gilt.

... seid eine Gemeinde mit Erwartung!

Und in allem haltet das fest: Gott, der euch berufen hat, ist treu. Seid eine Gemeinde, die sich gehalten weiß.

Keine langen Abhandlungen mehr. Das kann man sich merken.

Ich stelle mir vor, wie der Vorleser des Briefes zum Schluss die Rolle ablegt. In Gedanken noch verarbeitend, was er eben gelesen hat. Die letzten Sätze noch deutlich im Ohr.

Wie ich damals im Zug nach dem Schließen der Türen.

Günther Blatz

NOMEN EST OMEN

ONESIMUS WAR DIR IN DER VERGANGENHEIT NICHT VON NUTZEN, DOCH JETZT IST ER ES FÜR UNS BEIDE!
PHILEMON 11

Genau übersetzt heißt das: „Der Name deutet schon darauf hin." Mit anderen Worten, der Name sagt etwas über eine Person aus.

Doch Onesimus, „der Nützliche", ist alles andere als das, was sein Name hoffen lässt. Es gibt Grund anzunehmen, dass der Sklave vor seiner Flucht noch in die Kasse seines Herrn gegriffen hat. Onesimus ist nicht nützlich, sondern unnütz.

Wie der entlaufene Sklave bei Paulus in Rom gelandet ist, wissen wir nicht. Aber die Begegnung mit dem Apostel hat sein Leben grundlegend verändert. Paulus spricht von „seinem Sohn". Das heißt, durch Paulus ist Onesimus Christ geworden.

Und nun schickt ihn dieser zurück zu Philemon, seinem Herrn – jedoch nicht ohne ein Begleitschreiben. Paulus setzt sich darin für seinen Schützling ein und fordert auch Philemon heraus umzudenken. Doch den Weg zurück kann er „seinem Sohn" nicht ersparen. Dieser muss sich seiner Vergangenheit stellen.

Onesimus hat begriffen, dass Jesus ihn liebt und dass er angenommen ist. Für seine Taten muss er aber geradestehen. Deshalb muss er Philemon unter die Augen kommen.

Solche Wege sind schwer und viele weichen ihnen aus. Konflikte in Gemeinden bleiben ungeklärt und hemmen das persönliche und gemeindliche Wachstum. Indem Onesimus Philemon nicht aus dem Weg geht, wird er Onesimus, „der Nützliche".

Günther Blatz

DENNOCH-GLAUBE

UND DER HERR GAB JOJAKIM, DEN KÖNIG VON JUDA, IN SEINE HAND ...
DANIEL 1,2 (ELB)

Das darf doch wohl nicht wahr sein: Gott selbst liefert sein Volk an die Babylonier aus!? So etwas passt eigentlich nicht zu meinem Gottesbild. Gott hat doch dafür zu sorgen, dass es uns gut geht – oder etwa nicht?

Damals war es so: In den Jahrzehnten vorher hatte Gott durch Propheten wie Jeremia unentwegt gerufen und gewarnt. Wollte sein Volk zum neuen Hören auf ihn und damit zur Umkehr bewegen – alles vergeblich. Jetzt werden die angekündigten Konsequenzen wahr. Denn Gott will offensichtlich weit mehr, als dass es uns irgendwie gut geht ...

Da sind Daniel und seine Freunde, ein paar junge Männer inmitten all des Schrecklichen, das gerade geschieht. Sie haben vermutlich ebenfalls ihre Fragen an Gott und sein Handeln. Und halten dennoch an ihm fest. Wollen ihm und seinen Geboten treu bleiben, auch im total gottlosen Umfeld. Sie erleben das Wunder, dass Gott den obersten Hofbeamten gnädig stimmt, sodass er ihnen die erbetene Chance gibt (V. 9). Daniel und seine Freunde schreiben so ein Stück Geschichte, während man von ihren „Kollegen" kein Wort mehr hört.

Ich merke: Dennoch-Glaube ist gefragt. „Dennoch bleibe ich stets an dir; denn du hältst mich bei meiner rechten Hand, du leitest mich nach deinem Rat und nimmst mich am Ende mit Ehren an" (Psalm 73,23f.; LU).

Marianne Dölker-Gruhler

23. OKTOBER

DANIEL 2

WAHRE FREUNDSCHAFT

DANIEL EILTE NACH HAUSE UND BERICHTETE SEINEN FREUNDEN ... WAS GESCHEHEN WAR. ER FORDERTE SIE AUF, DEN GOTT DES HIMMELS ZU BITTEN, DASS ER ERBARMEN MIT IHNEN HABE UND IHNEN DAS GEHEIMNIS OFFENLEGE.

DANIEL 2,17-18

Was der babylonische König Nebukadnezar von seinen Beratern und Weisen verlangt, ist ganz unmöglich: Sie sollen ihm sagen, was er in der Nacht geträumt hat – und ihm den Traum auch gleich erklären. Können sie das nicht, ist das ihr Todesurteil. Was tun? Daniel reagiert betroffen, aber nicht kopflos. Erst einmal zieht er genaue Erkundungen ein. Dann weiß er: Hier braucht es ein Wunder von Gott – und Gebetsunterstützung. Nach seinem Gespräch mit dem Beauftragten des Königs geht er schnurstracks zu seinen Freunden. Gemeinsam bringen sie die Sache vor Gott. Und Gott schenkt das Wunder: In der folgenden Nacht offenbart er Daniel den Traum und seine Bedeutung. Vor dem König macht Daniel dann klar und unverhohlen deutlich: Kein Mensch konnte den Befehl des Königs erfüllen – „aber es gibt einen Gott im Himmel, der das Verborgene ans Licht bringt" (V. 28). Ihm allein gehört die Ehre.

Welch ein Geschenk, wenn man Gott zum Freund hat – und auch menschliche Freunde, mit denen man gemeinsam auf dem Weg mit Gott ist. Jeder von uns kann solch ein Freund / eine Freundin sein, wie z.B. Jonathan es für David war, von dem es in 1. Samuel 23,16 heißt: „Da suchte Jonatan David auf und ermutigte ihn in seinem Glauben an Gott ..."

Marianne Dölker-Gruhler

315

STANDFESTIGKEIT

WENN DER GOTT, DEN WIR VEREHREN, ES WILL, KANN ER UNS GANZ BESTIMMT RETTEN ... ABER SELBST WENN ER ES ANDERS BESCHLOSSEN HAT, SOLLST DU, O KÖNIG, ES MIT SICHERHEIT WISSEN: WIR WERDEN DEINE GÖTTER NIEMALS VEREHREN UND DIE GOLDENE STATUE, DIE DU HAST AUFSTELLEN LASSEN, NIEMALS ANBETEN.

DANIEL 3,17-18

Viel gelernt scheint der babylonische König nicht zu haben – trotz seines Bekenntnisses am Ende von Kapitel 2. Jetzt lässt er ein riesiges Götter-Standbild anfertigen, vor dem jeder auf Kommando sich niederwerfen und ihm huldigen soll. Alle tun es. Alle – bis auf drei jüdische Männer, die sich dadurch wieder einmal zu Außenseitern machen. Daniels Freunde wissen und leben es: Anbetung gebührt nur Gott allein. Gott, dem Allmächtigen, dem Schöpfer von Himmel und Erde und auch ihres Lebens. Also bleiben sie stehen. Dabei haben sie keine Garantie, dass das Ganze gut ausgehen wird. Im Gegenteil. Vor den König zitiert, droht der ihnen nochmals lautstark die Feuerstrafe an und endet mit den höhnischen Worten: „Wer ist der Gott, der euch vor meiner Strafe retten könnte?!" Ihre Antwort (s.o.) ist wirklich beeindruckend: Egal was passiert – wir werden unserem Gott nicht untreu! Diese Entscheidung ist offensichtlich schon vorher gefallen.

Ich frage mich, wie man solch ein „Rückgrat" bekommt, und kann mir nur eines denken: Wer vor Gott kniet, kann vor Menschen stehen. Und das kann man auch in einer weniger feindlichen Umgebung einüben.

Marianne Dölker-Gruhler

25. OKTOBER

DANIEL 3,31–4,34

 GEFÄHRLICHE EINBILDUNG

DIE GANZE WELT SOLL ERKENNEN, DASS DER HÖCHSTE
DIE HERRSCHAFTSGEWALT ÜBER ALLE
KÖNIGREICHE DER WELT INNEHAT!

DANIEL 4,14

Hochmütige leben gefährlich. Das muss König Nebukadnezar erfahren. Er lebt sorglos und glücklich in seinem Palast (V. 1) und regiert über ein beeindruckendes Riesenreich. Das wird ihm in einem Traum auch bestätigt, für den er allerdings einmal mehr die Deutung durch Daniel braucht: Da ist ein Baum mit grünen Blättern und Früchten, riesengroß und mächtig – ein Bild für den König. Wirklich beeindruckend. Aber der Baum wird gefällt und nur ein Stumpf bleibt übrig.

Der Traum stellt sich als Warnung für Nebukadnezar heraus: Gib Gott die Ehre – und höre auf, egoistisch nur für dich zu leben (V. 24)! Aber der König lässt sich nicht warnen und der Traum bewahrheitet sich: Nebukadnezar verliert für Jahre alles, was ihn so gut dastehen ließ. Wahnsinnig geworden vegetiert er wie ein Tier dahin. Erst, als er in einem lichten Moment tatsächlich Gott die Ehre gibt, findet er zurück zu seinem Reich und seiner Macht.

Jetzt endlich spricht er deutlich aus, wem er das zu verdanken hat: „Ich dankte dem Höchsten, lobte ihn und gab dem, der ewig lebt, die Ehre. Seine Herrschaft ist eine Herrschaft für alle Zeiten" (V. 31).

Hochmütige leben gefährlich. – Wie wird bei mir deutlich, wem ich die Geschenke meines Lebens zu verdanken habe?

Marianne Dölker-Gruhler

GEWOGENES LEBEN

DU HAST DIES ALLES GEWUSST UND WARST DENNOCH NICHT DEMÜTIG VOR GOTT, SONDERN WARST ÜBERHEBLICH GEGEN DEN HERRN DES HIMMELS.

DANIEL 5,22-23

Blankes Entsetzen: Eine geheimnisvolle Hand schreibt das sprichwörtlich gewordene „Menetekel" an die Wand. Dabei ist Belsazar, der inzwischen in Babylon regiert, eben dabei, ein rauschendes Fest mit seinen Mächtigen zu feiern. Ein Fest zu Ehren der Götter Babylons, während der Gott Israels gelästert wird, indem aus den entwendeten Tempelgefäßen von Jerusalem höhnisch Wein getrunken wird.

Manchmal wünscht man sich, dass Gott direkt eingreift – hier tut er es. Er redet. Diesmal nicht durch einen Traum, sondern durch die geheimnisvolle Schrift. Entsetzen macht sich breit. Wer kann die Schrift deuten? Die „Königinmutter" meldet sich zu Wort: Daniel muss her! Dieser erinnert den König an das, was er doch bei Nebukadnezar hatte sehen können – leider ohne Konsequenzen (V. 22f.). Dann folgt die Deutung, die nicht dazu angetan ist, den König zu beruhigen: Unter anderem ist die Rede von „gewogen und zu leicht befunden ...". Das Urteil Gottes über Belsazar und Babylon ist gefallen. Noch in derselben Nacht wird der König ermordet und eine neue Weltmacht tritt auf den Plan: die Meder und Perser.

Was zeigt die Waage an, wenn es um mein Leben geht? Ich weiß es nur zu gut: Meine „guten Taten" wiegen die Trennung von Gott nicht auf. Das tut allein mein Herr Jesus Christus. Sein Tod wiegt mehr als all meine Schuld. Gott sei Dank!

Marianne Dölker-Gruhler

HELDENMUT?

ER, DER RETTET UND BEFREIT UND ZEICHEN UND WUNDER IM HIMMEL UND AUF DER ERDE TUT, ER HAT DANIEL AUS DER GEWALT DER LÖWEN GERETTET!

DANIEL 6,28 (ELB)

Daniel ist schon ein Besonderer. Einer mit „überragendem Geist" (LU) oder „besonders scharfem Verstand" (NLB). Auch König Darius merkt das rasch und plant, ihn zum Bevollmächtigten über sein ganzes Reich zu setzen. Das wiederum gefällt Daniels persischen Kollegen gar nicht. Neid und Missgunst entfalten ihre Wirkung. Nachdem sich in Daniels Amtsführung und seiner Arbeitsmoral keinerlei Angriffsfläche finden lässt, entwickeln sie einen perfiden Plan. Mit Schmeicheleien locken sie den König in ihre Falle. Daniel allerdings tappt nicht blindlings hinein. Er geht einfach weiter gradlinig seinen Weg wie bisher und betet trotz Verbot weiter zu seinem Gott – und das bei offenem Fenster. Für ihn ist klar: Er gehorcht Gott mehr als den Menschen. Es folgt, was folgen muss: Nachdem auch der König selbst ihn nicht retten kann, wird Daniel in die Grube zu den hungrigen Löwen geworfen. Zitternd und staunend lässt der König ihn am Morgen wieder wohlbehalten herausziehen. Sein Resümee ist der Vers oben. Diesem Gott allein gebührt Furcht und Ehre!

Daniel ist wirklich ein Besonderer. So besonders wie alle Menschen, die unbeirrt auf Gott sehen, ihm vertrauen und nach seinen Weisungen leben. Ich will mich davon anstecken lassen.

Marianne Dölker-Gruhler

28. OKTOBER

DANIEL 7

GOTT REGIERT!

UND SIEHE, MIT DEN WOLKEN DES HIMMELS KAM EINER
WIE DER SOHN EINES MENSCHEN … SEINE HERRSCHAFT
IST EINE EWIGE HERRSCHAFT, DIE NICHT VERGEHT.

DANIEL 7,13-14 (ELB)

Gott redet, auf ganz unterschiedliche Art und Weise. Im Buch Daniel immer wieder durch Träume. Spannend, dass wir Ähnliches in unseren Tagen auch von Menschen aus der muslimischen Welt hören! Hier gewährt Gott Daniel einen Blick in die Zukunft, enthüllt Dinge vor ihm, die Menschen ansonsten verborgen sind.

Ganz ähnliche Bilder tauchen auf, wie sie Jahrhunderte später Johannes in seiner Apokalypse (= Enthüllung, Offenbarung) gezeigt werden. Gewaltige Raubtiere sieht Daniel aus dem (Völker-) Meer aufsteigen, Bilder für Weltmächte und ihre Herrscher, die scheinbar willkürlich agieren. Erst auf den zweiten Blick entdeckt man Worte wie „wurde gegeben … genommen … vernichtet". Und es wird deutlich: Der Herr hinter und über aller Geschichte ist Gott, der Ewige, „alt an Tagen" (V. 9). Auf ihn, von dem alles ausging, läuft alles zu. Und er ist der Richter, vor dem sich auch Weltherrscher verantworten müssen. Wenn Daniel dann noch einen sieht „wie der Sohn eines Menschen" – dann kann man vom Neuen Testament her nur an Jesus Christus denken, der von sich selbst geheimnisvoll als „Menschensohn" sprach. Er ist der, dem „alle Macht im Himmel und auf Erden" übertragen wurde (vgl. Matthäus 28,18) und dessen Reich nie enden wird. Diesem Herrn und seinem Volk will ich jetzt schon angehören!

Marianne Dölker-Gruhler

29. OKTOBER
DANIEL 8

GOTT HAT ALLES IN DER HAND

SIEHE, ICH WILL DIR KUNDTUN, WIE ES SEIN WIRD ZUR LETZTEN ZEIT.
DANIEL 8,19 (LU)

Daniel hat Visionen. Er ist ein Prophet und sieht Bilder vor seinem inneren Auge. Sie verstören ihn zutiefst. Er versteht sie nicht. Aber er weiß: Sie sind ihm von Gott gegeben. Es sind nicht die Träume eines Wahnsinnigen, sondern einzigartige Aussichten, die Gott ihm schenkt. Darum hält er sie fest. Auch wir sollen sie lesen und sehen. Wie gut, dass ein Engel ab Vers 16 erklärt, wie die skurrilen Bilder einzuordnen sind.

Es geht um die letzte Zeit, bevor die Geschichte an ihr Ziel kommt. Herrscher werden auftreten und abtreten. Dafür stehen die Ziegen, Widder und ihre Hörner. Am Ende kommt ein schrecklicher Regent, der viel Unheil bringt. Der Tempel, Gottes Heiligtum in Jerusalem, ist verwüstet. Alles ganz furchtbar. Die gute Nachricht: Diese Zeit des Schreckens ist begrenzt auf 2300 Tage. Dann hat der Spuk ein Ende. – Was sagt uns dieses Bild, das Daniel so belastet hat, dass er tagelang krank war?

Wir sollten uns vor Spekulationen hüten. Immer wieder haben Christen versucht, einzelnen Königen Namen der je aktuellen Politik zuzuschreiben. Das scheitert in aller Regel. Wir dürfen vielmehr wahrnehmen: Gott ist Herr der Geschichte. Was auch immer geschieht – er kommt zu seinem Ziel. Das macht uns gelassen und getrost. Auch die größten Schreckensherrschaften zerbrechen. Was auch passieren wird: Wir sind in Gottes guter Hand.

Steffen Kern

 ## SCHONUNGSLOS EHRLICH

DENN WIR LIEGEN VOR DIR MIT UNSERM GEBET UND VERTRAUEN NICHT AUF UNSRE GERECHTIGKEIT, SONDERN AUF DEINE GROSSE BARMHERZIGKEIT.

DANIEL 9,18 (LU)

Daniels Gebet gehört zu den großen Schätzen der Bibel. Alles beginnt damit, dass Daniel erkennt: 70 Jahre soll Israel zerstört bleiben. Das ist geschehen. Aber jetzt ist diese Zeit vorbei. Ein Neuanfang ist dran. Darum bittet Daniel Gott um einen neuen Anfang. In seinem Gebet spricht er die ganze Schuld seines Volkes an. Er benennt und bekennt das ganze Unrecht und die Untreue. Schonungslos ehrlich. Gott hat recht, wenn er uns straft. Daniel weiß: Unsere Chance liegt nicht darin, dass wir doch auch gute Seiten hätten. Nein, wir können nie vor Gott bestehen, auch wenn wir vieles gut gemeint haben … Unsere einzige Hoffnung ist Gottes Barmherzigkeit. Daraufhin betet Daniel aus tiefstem Herzen: „Ach, Herr, höre!"

So dürfen wir beten. So öffnet sich uns der Himmel. Denn Gott ist gnädig. Er will uns retten. Er will Gutes für uns. Er liebt uns von Herzen. Daniel bekommt das auf den Kopf zugesagt. Ein Engel sagt es ihm (V. 22): „Ich komme, um dir's kundzutun; denn du bist von Gott geliebt." – Das dürfen auch Sie hören: Sie sind von Gott geliebt. Beten Sie wie Daniel. Bekennen Sie Ihre Schuld. Gott hört Sie und nimmt Sie an. – Genau dieser Engel Gabriel kündigt später Maria an, dass sie Gottes Sohn zur Welt bringen wird. Ihr Kind soll Jesus heißen. Dieser Jesus zeigt, wie sehr uns Gott liebt und wie ernst es ihm mit seiner Barmherzigkeit ist.

Steffen Kern

 GELASSEN LEBEN UND GETROST STERBEN

UND VIELE, DIE IM STAUB DER ERDE SCHLAFEN, WERDEN AUFWACHEN, DIE EINEN ZUM EWIGEN LEBEN, DIE ANDERN ZU EWIGER SCHMACH UND SCHANDE.

DANIEL 12,2 (LU)

Ein letzter Ausblick Daniels auf die letzte Zeit. Vieles bleibt verborgen und geheimnisvoll. Und doch spüren wir beim Lesen: Das Ende aller Zeiten ist mit Schrecken verbunden. Wie in den Kapiteln zuvor lesen wir: Die Macht und die Zeit der antigöttlichen Mächte sind begrenzt. Eines ist damit klar: Gott bleibt Herr der Geschichte. Und am Ende werden die Menschen auferstehen. Wir alle werden einmal vor Gott stehen. Was wird dann sein?

In Daniel 12 ist formuliert, was Jesus später aufnehmen wird: Es gibt die, die zu Gott gehören, und die anderen, die ihn ablehnen. Es gibt die, die leben, und die, die verloren gehen. Entscheidend ist, ob unsere Namen im Buch des Lebens stehen. Gott will, dass alle Menschen gerettet werden. Dazu kommt er in die Welt. Er liebt uns. Er gibt alles für uns. Er vergibt jede Schuld. Er wartet nur, dass wir ehrlich werden und sie bekennen. Wer ihn so bittet, der wird gerettet. Das hat er fest versprochen.

Heute ist Reformationstag. Martin Luther hat vor über 500 Jahren neu entdeckt, was uns bis heute trägt und hält: Es sind nicht unsere guten Werke, sondern allein die Gnade Gottes. Allein Jesus macht uns gerecht. Allein der Glaube genügt. Wer Jesus vertraut, kann gelassen leben und getrost sterben.

Steffen Kern

NOVEMBER

1. NOVEMBER

PSALM 130

AUS DER TIEFE GEHOLT, DAMIT ICH LEBE!

BEI DEM HERRN IST DIE GNADE UND VIEL ERLÖSUNG BEI IHM.
PSALM 130.7 (LU)

Er ist ganz unten, der Psalmbeter. In einer Tiefe, die aus seiner Sicht für Gott unerreichbar scheint. Seine Sünden stellen ihn ins Abseits der Aufmerksamkeit Gottes. Seine Last drückt ihn zu Boden. Und dennoch: Dort unten beginnt der Psalmbeter zu sprechen. Er sucht die Zuwendung Gottes und will die Beziehung zu ihm wieder erfahren.

An dieser Stelle befindet sich immer wieder auch unser Leben. Und unsere Tiefen können viele Namen haben: Schuld, die uns Angst macht; Streit, der uns einsam macht; Hass, der Beziehungen zum Stillstand bringt. Aber auch uns gilt, dass bei Gott die Vergebung ist (V. 4). Und diese Hoffnung auf Gott ist nicht vergeblich. Er hört unser Schreien aus der Tiefe und wendet unsere Nacht in den Tag (V. 6). Schon in der Schöpfung war Gott der, der die Nacht in den Tag und das Chaos in Ordnung gewendet hat. Gott wartet nicht, bis wir aus der Tiefe zu ihm kommen, sondern er kommt zu uns. In Jesus, unserem Herrn, schenkt er die Wende sogar aus der letzten Tiefe unseres Lebens, dem Tod. Nichts kann das Leben mehr aufhalten. Gott darf ich sagen, was mich bedrängt. Er will Leben – für mich und alle, die verzweifeln. Und er wird meine Tiefen unaufhaltsam in Leben und Segen wandeln, bis ich sagen und singen kann: „Ich lobe meinen Gott, der aus der Tiefe mich holt, damit ich lebe" (EG 611).

Siegfried Jahn

 WIR SIND NICHT RUMPELSTILZCHEN

VON ALLEN SEITEN UMGIBST DU MICH.
PSALM 139,5 (LU)

„Ach wie gut, dass niemand weiß, dass ich Rumpelstilzchen heiß", so kennen wir es schon von Kindesbeinen an. Aber wäre das wirklich gut und erstrebenswert? Es macht doch gerade das Leben lebenswert, dass Menschen uns kennen. Darum sind wir von allem Anfang an auf Beziehungen zu anderen Menschen angewiesen. Wir brauchen andere und freuen uns, wenn diese uns kennen, zum Geburtstag gratulieren, nach dem Wohlergehen fragen und einem helfen, wo man selbst zu schwach dazu ist.

Einer aber kennt uns bis ins Innerste. Ach, wie gut, dass *einer* weiß, wer ich bin. Er kennt uns mit Namen. Er kennt uns in- und auswendig. Psalm 139 erzählt mit wunderbaren Gedanken: Gott ist überall da, ihm kann ich nicht entfliehen (V. 1-12). Er ist mir weit voraus, denn er ist mein Schöpfer; er kennt selbst die Tage, die noch nicht sind. Und ihm bin ich Rechenschaft schuldig, ihm kann ich nichts vormachen (V. 19-24). Deshalb kann ich nur einstimmen in die Ergebenheit gegenüber meinem Schöpfer (V. 17). Gott ist hier nicht der Orwell'sche „Big Brother", der alles ausspioniert. Er ist der Gott, dem ich mein Leben in allen seinen Facetten hinlegen darf. Wir können nur sagen: „Gott im Himmel hat an allen seine Lust, sein Wohlgefallen; kennt auch dich und hat dich lieb, kennt auch dich und hat dich lieb."[15] Letzteres sei betont und darum gleich zweimal gesagt!

Siegfried Jahn

DIE BLICKRICHTUNG MACHT'S

JA, AUF DICH, HERR, MEIN HERR, SEHEN MEINE AUGEN.
PSALM 141,8 (LU)

„Wenn der Hanns zur Schule ging, stets sein Blick am Himmel hing" – so wird es vom sprichwörtlichen Hanns Guck-in-die-Luft erzählt. Dieser Hanns verkörpert Menschen, die nicht recht auf den Weg schauen und über alles hinwegstolpern.

„Ja, auf dich, Herr, mein Herr, sehen meine Augen" – das ist die Blickrichtung, mit der der Psalmbeter im Leben unterwegs ist. Er schaut nicht zum Himmel, um über alles hinwegzustolpern, sondern um den Durchblick zu bekommen. Im Ringen um ein Gott wohlgefälliges Leben schaut er nicht auf Menschliches, sondern wendet sich Gott selbst zu. Dieses gerechte Leben kann sehr wohl auch durch Menschen befördert werden, aber letztlich sind auch sie nur Gehilfen und Werkzeuge in der Hand Gottes (V. 5).

Nicht was Menschen können und wollen, nicht was unsere Zeit für gut hält, nicht was unsere Selbstverwirklichung oder meine Vernunft sagt, ist wichtig, sondern der Blick auf Gott allein. Der Blick hinein in sein Wort und das Gebet zu ihm, wohl auch ein gutes Gespräch mit Schwestern und Brüdern und manch aufbauender, vielleicht auch zurechtbringender Gottesdienst. Die Blickrichtung macht's, denn von Gott her bekommt alles im Leben seinen Platz. Ein Lied sagt es so: „Ewigkeit, in die Zeit leuchte hell hinein, dass uns werde klein das Kleine / und das Große groß erscheine, sel'ge Ewigkeit!"[16]

Siegfried Jahn

4. NOVEMBER

PSALM 143

DIE SÜNDE IN GOTTES GNADE UNTERGEHEN LASSEN

**LASS MICH AM MORGEN HÖREN DEINE GNADE;
DENN ICH VERTRAUE AUF DICH.**

PSALM 143,8 (LU)

Psalm 143 ist ein Gebet aus der Reihe der sogenannten sieben Bußpsalmen. Der Beter ringt um seine Gerechtigkeit vor Gott, die durch Anfechtungen infrage gestellt ist. Böses stellt sich diesem Beter entgegen, Anfeindungen machen ihm das Leben schwer und bringen es selbst vor Gott ins Wanken. Was tun in einer Zeit solcher Anfechtungen?

Er geht auf Gott, den Richter, zu, denn er weiß, dass von ihm allein das letzte und wahrhaftige Urteil zu erwarten ist. Und ihm sind alle Menschen unterworfen, vor ihm ist kein Lebendiger gerecht (vgl. V. 2). Deshalb hält der Beter auch nichts von seiner eigenen Gerechtigkeit (V. 1). Er hofft auf einen Morgen, der die erlösende Gnade aufkommen lässt und der Nacht der Anfechtungen ein Ende bereitet.

Seien wir dankbar, dass Gott diesen Morgen in Jesu Auferweckung ans Licht gebracht hat (vgl. Markus 16,2). Denn mit ihm ist der gerechte Gott auch in seiner Liebe am Werk. Es ist in unseren Gottesdiensten nicht nur wichtig, was wir aus ihnen mitnehmen, sondern in ihnen auch dalassen können, gerade in der Feier des heiligen Abendmahls und im Zuspruch der Gnade Gottes. Denn Gottes Gnade hat einen Namen: Jesus. Und durch seine Gnade dürfen wir es ganz mit den Worten meiner Urgroßmutter halten: „Was Gott ins Meeres Tiefe geworfen hat, das sollst du nicht mehr heraufholen."

Siegfried Jahn

5. NOVEMBER

PSALM 146

GROSSES LOB!

DER HERR WIRD REGIEREN IN EWIGKEIT.

PSALM 146,10 (ELB)

„Es wird regiert", sagte Karl Barth am Vorabend seines Todes seinem Freund Eduard Thurneysen. Und ergänzte: „Nur ja die Ohren nicht hängen lassen."[17]

Es wird regiert: „Und wie!", möchte man sagen, wenn man sich unsere Zeit vor Augen hält und einem manchmal das Blut in den Adern gefriert, was da alles von Regierungen und Regenten verlautbart wird.

Die Psalmen 146 bis 150 bilden das sogenannte „Kleine Hallel", weil alle diese Lieder mit einem „Halleluja" beginnen und auch enden. Und Psalm 146,10 bekennt felsenfest: „Der Herr wird regieren in Ewigkeit." So beten es Juden jeden Morgen!

Am Ende aller Psalmen also ein großer Lobpreis auf Gottes Regentschaft. Er bleibt seinem Bund mit den Menschen treu. Ja, er hat diesen für alle Menschen noch einmal unverbrüchlich bestätigt in Jesus, unserem gekreuzigten und auferstandenen Herrn. Und sein Name ist Programm, denn Jesus heißt übersetzt: Retter. Jesus hat gerettet. Genau jene Menschen, die im Psalm erwähnt werden: Gefangene, Blinde, Niedergeschlagene, Fremdlinge, Waisen, Witwen (vgl. Lukas 4,18-21). Sein Wille zur Gerechtigkeit nimmt auch uns in Verantwortung für diese Welt.

Lassen Sie uns das Evangelium von Jesus weitersagen und uns einsetzen für Gottes Gerechtigkeit!

Ja, es wird regiert – das kann man von allen Regierungen dieser Welt sagen. Aber – Gott sei Dank – nur von einer bis in Ewigkeit!

Siegfried Jahn

GOTT LOBEN: DAS IST UNSER AMT

ALLES, WAS ODEM HAT, LOBE DEN HERRN.
PSALM 150,6 (LU)

Alle 150 Psalmen münden in einen großen Lobpreis, sozusagen in ein „großes Halleluja", ähnlich dem in Georg Friedrich Händels Oratorium „Messias". Angeblich soll sich bei der Uraufführung dieses Werkes im März 1743 König Georg II. beim großen Halleluja erhoben haben und so blieb seinen Untertanen nichts anderes übrig, als es ihm gleichzutun.

Psalm 150 ist ein großes Halleluja, ein großes Lob auf Gott. Es bleibt uns nichts übrig, als uns zu erheben und Gott zu loben.

In 150 Psalmen blieb keine menschliche Situation ausgespart: Leiden, Verfolgung, Tod, Betrübnis, Ärger über andere, Enttäuschung, Freude, Jubel und Schuld – alles, wirklich alles, darf vor Gott zur Sprache kommen. Aber am Ende bleibt das Lob auf Gott, der unser Leben in alledem erhält, liebt und stärkt.

Gott hat uns „Odem" gegeben, dass wir ihn loben (V. 6)! Odem ist mehr als Atem. Odem ist Leben und Seele, die Gott dem Menschen in der Schöpfung in die Nase eingeblasen hat (vgl. 1. Mose 2,7). Mit dieser seelischen Beatmung wird aus Erde geistvolles, sinnvolles Leben. Wir sind als Geschöpfe Gottes bestimmt, Gott zu loben, das heißt: ihn gut zu nennen. Das ist die ursprüngliche Bedeutung von loben. Und wo wir Gott loben, wird das Einfluss haben auf andere Menschen und sie aufmerksam machen auf ihren Schöpfer. Darum: Gott loben ist unser Amt. Das schönste Amt der Welt!

Siegfried Jahn

7. NOVEMBER

 ## ALLES HAT SEINE ZEIT

UND FÜR JEDES VORHABEN UNTER DEM HIMMEL GIBT ES EINE ZEIT.
PREDIGER 3.1 (ELB)

Es ist ja mitunter schon so: Wer heute nicht unter Zeitknappheit leidet, glaubt etwas falsch gemacht zu haben. Denn der Satz „Ich habe keine Zeit" ist fast zum Bekenntnis unserer Zeit geworden. Aber wir sind es selbst, die sich solchen Zeitdruck machen. Solange wir meinen, alles mitnehmen zu müssen, steigern wir nur das Tempo, treten aber immer auf der Stelle. Und solange ein Wunsch immer schon den nächsten hervorbringt, kann sich kein Genuss einstellen. Wir sind Getriebene unseres eigenen Zeitgefühls, unserer inneren Uhr, der wir selbst den Takt vorgeben.

Der Prediger macht es anders: Er lässt den Dingen ihre (!) Zeit. Und das ist jene Zeit, die Gott den Dingen gewährt. Es hat alles seinen Platz in unserem Leben, meint er – und denkt dabei nicht an das Nächste, sondern was heute und jetzt dran ist. Er denkt auch nicht an Gleichzeitigkeit, sondern eins kommt nach dem anderen – wie früher! Denn am Ende ist alles vergänglich und keiner nimmt etwas von dem mit, was er auf Erden erhaschen zu müssen glaubt.

Ob sich nicht Gelassenheit einstellen würde, wenn wir Gott in aller Offenheit fragen: Was ist *heute* dran? Und wenn wir dann entschlossen tun, was er uns aufs Herz legt! Denn auch das gilt es zu bedenken: „Wenn die Zeit kommt, in der man könnte, ist die vorüber, in der man kann" (Marie Freifrau von Ebner-Eschenbach).[18]

Siegfried Jahn

 VERTRÖSTUNG AUFS JENSEITS?

GELOBT SEI GOTT, DER VATER UNSERES HERRN JESUS CHRISTUS, DER UNS NACH SEINER GROSSEN BARMHERZIGKEIT WIEDERGEBOREN HAT ZU EINER LEBENDIGEN HOFFNUNG DURCH DIE AUFERSTEHUNG JESU CHRISTI VON DEN TOTEN.

1. PETRUS 1,3 (LU)

Himmlisch gesinnt, aber alltagsuntauglich! So meint es der Philosoph Ludwig Feuerbach: Religion sei die Vertröstung aufs Jenseits und damit Weltflucht.

Wer so argumentiert, muss sich fragen lassen, ob die Alternative wirklich im Diesseits liegen. Wenn Leben nur im Diesseits stattfindet, dann muss man es bis zum letzten Atemzug auskosten. Ein Blick in unsere Freizeitkultur lässt erahnen, dass es viele so versuchen. Das Leben gleicht so einer Zahnpastatube. Am Schluss kannst du drücken, wie du willst, sie ist leer. Ganz abgesehen davon, dass Menschen, die nicht auf der Sonnenseite des Lebens geboren wurden, keine Antwort für ihr Leben zu erwarten haben.

Martin Luther wird der Satz zugeschrieben: „Wenn morgen die Welt unterginge, dann würde ich heute noch ein Apfelbäumchen pflanzen!" Die Hoffnung auf die Auferstehung ist keine Vertröstung auf später. Gerade weil Leben nicht nur zwischen Geburt und Sterben stattfindet, macht die lebendige Hoffnung lebenstauglich. Wer Lebenszeit die Fülle hat, kann seine Zeit her schenken, ohne zu verarmen. Viele soziale Einrichtungen gehen auf Christen zurück, die sich in diesem Sinne verschenkten. Wer die Hoffnung auf die Auferstehung hat, für den hat Leben kein Ende, sondern ein Ziel.

Günther Blatz

9. NOVEMBER

1. PETRUS 1,13-25

AUF HOFFNUNG GEEICHT

**DESHALB UMGÜRTET DIE LENDEN EURER GESINNUNG,
SEID NÜCHTERN UND HOFFT VÖLLIG AUF DIE GNADE,
DIE EUCH GEBRACHT WIRD IN DER OFFENBARUNG JESU CHRISTI.**

1. PETRUS 1,13 (ELB)

In den heißen Gefilden des Orients bietet ein weites Gewand entscheidende Vorteile: Lockerer Stoff bedeutet Aircondition direkt am Körper. Doch zur Arbeit und beim Aufbruch gilt es, den weiten Umhang zu fassen und zu raffen. Darum bindet der Orientale sein beinlanges Gewand mit einem Gürtel kurzerhand hoch. Sonst droht Stolpergefahr.

So ordnete es Gott seinem Volk Israel an, als sie sich für den Aufbruch aus Ägypten vorbereiteten (2. Mose 12,11). Genauso hatte es Jesus seinen Jüngern geraten, als er sie auf das überraschende Ende der Welt vorbereitete (Lukas 12,35).

Der 1. Petrusbrief motiviert Christen zur entschlossenen Nachfolge, gerade in schweren Zeiten. Nüchternheit ist angesagt. Und biblisch gegründete Hoffnung.

Die Pessimisten sehen die Welt nur grau. Utopisten malen sich alles rosig. Aber Christusleute sind geistliche Realisten. Sie sehen die Farben des neuen Morgens, denn mit Jesus geht für sie die Sonne auf.

Sie lassen das Weite und Beliebige los, was sie auf dem Weg zum Ziel hindert. Sie binden fest, worauf es wirklich ankommt.

Das Ziel aller Wege Gottes heißt *Gnade* – wir könnten auch sagen: neues Leben aus Jesus. Und die Landkarte für diese Wege ist das Wort Jesu.

Wo möchte ich heute für Jesus „den Gürtel enger schnallen"?

Jochen Hägele

CHRISTUS IST KOSTBAR – DIE CHRISTEN AUCH

[ER IST DER] LEBENDIGE STEIN, VON MENSCHEN ZWAR VERWORFEN, BEI GOTT ABER AUSERWÄHLT, KOSTBAR; LASST EUCH AUCH SELBST ALS LEBENDIGE STEINE AUFBAUEN, ALS EIN GEISTLICHES HAUS.

1. PETRUS 2,4-5 (ELB)

„Kostbar" – zweimal wird Jesus, der Christus, mit diesem besonderen Attribut bezeichnet (V. 4, 6). Doch der Gottessohn ist so wertvoll, dass unsere Beschreibungen immer nur Stückwerk bleiben. Jesus ist für Glaubende der unvergleichliche Schatz. Denn er hat uns durch sein Leben, Leiden und Sterben eine Wohltat von unvorstellbarem Wert geschenkt: ewige Hausgemeinschaft.

„Kostbar" – Gleiches wird nun von den Christen gesagt: „Ihr aber seid ein auserwähltes Geschlecht, ein königliches Priestertum" (V. 9). Wir sind kostbar, wie er es ist. Aber nicht, weil wir von uns aus wertvoll wären. Im Gegenteil, was wir bringen, hat keinen Wert! Kostbar sind wir, weil Jesus seine Gemeinde erwählt hat. Vorher ein angstvoller Haufen, aber durch ihn eine heilige Nation. Das gilt schon damals am Berg Sinai, wenn Gott über Israel ausruft: Ihr sollt mein auserwähltes Eigentumsvolk sein, ein Königreich von Priestern und ein heiliges Volk (vgl. 2. Mose 19,6).

Durch Jesus sind auch wir, die wir aus den Völkern hinzugekommen sind, Teil seines Hauses. Welch ein Vorrecht: Er macht aus uns Filialen des Himmels mitten in der Welt.

Impuls: Ich formuliere laut ein tiefes Dankgebet für die kostbare Gemeinde, in die er mich berufen hat.

Jochen Hägele

11. NOVEMBER
1. PETRUS 3

EIN ERINNERER SEIN

SEID ABER JEDERZEIT BEREIT ZUR VERANTWORTUNG, JEDEM GEGENÜBER, DER RECHENSCHAFT VON EUCH ÜBER DIE HOFFNUNG FORDERT, ABER MIT SANFTMUT UND EHRERBIETUNG! UND HABT EIN GUTES GEWISSEN.

1. PETRUS 3,15-16A (ELB)

Heute haben viele Menschen um uns herum vergessen, dass sie Gott vergessen haben. Wenn es um den Glauben an den gekreuzigten und auferstandenen Christus geht, sind sie sprachlos, oft gedankenlos. Gott bleibt für sie eine unscharfe und beziehungslose Größe.

Lamentieren hilft nicht weiter. Ein hoffnungsvolles Bekenntnis zu Jesus Christus ist gefragt. Ein Lebensstil voller Jesus-Leidenschaft. Worte, die vom Geist Gottes gewirkt sind. Nicht verkrampft, sondern be-*Geist*-ert.

Dabei müssen wir den Namen Jesus nicht immer an erster Stelle im Mund führen. Aber wir müssen in allen Lebensbezügen von ihm her und auf ihn hin denken. Reden und handeln, dass andere den Unterschied entdecken, den Jesus ausmacht. Und vorbereitet sein, wenn wir gefragt werden.

Aber wie antworten?

Sanftmütig: nicht weichlich, aber freundlich und doch verstehbar.

Mit Gottesfurcht: nicht mit Angst vor Menschen, sondern mit Gott im Rücken.

Mit gutem Gewissen: also wahrhaftig und authentisch.

Gebet: Herr Jesus Christus, mach mich achtsam, damit ich heute einen „vergesslichen" Menschen an deine Hoffnung erinnern kann.

Jochen Hägele

12. NOVEMBER
1. PETRUS 4

GLAUBE MIT LEIDENSCHAFT

WENN IHR IM NAMEN CHRISTI GESCHMÄHT WERDET, GLÜCKSELIG SEID IHR. DENN DER GEIST DER HERRLICHKEIT UND GOTTES RUHT AUF EUCH.
1. PETRUS 4,14 (ELB)

Was kann alles geschehen, wenn Christen für Jesus Christus leiden? Petrus, der Nachfolger und Bekenner, gibt auf diese besorgte Frage eine tröstliche Antwort: Dann ist Gott ganz persönlich bei ihm, bei ihr. Das Alte Testament hat für den leuchtenden Glanz der Gegenwart Gottes ein besonderes Wort: die Schechina. Damit wird die Herrlichkeit Gottes bezeichnet, verzehrend und heilsam zugleich. Diesen wunderbaren Lichtglanz Gottes bringt Jesus für uns fassbar in unsere Herzen.

Über denen, die für Jesus leiden, geht in besonderem Maße das Strahlen unseres himmlischen Herrn auf. Ob es sichtbar wahrgenommen wird wie bei Stephanus (Apostelgeschichte 6,15) oder nicht: Kinder Gottes sind im Leiden eingehüllt vom Lichtglanz Gottes. Seine Gegenwart und Herrlichkeit umhüllt sie. In der Unruhe, die äußerlich um sie tobt, sind sie umschlossen von der Macht ihres Herrn, der immer noch stärker ist. Im Leiden ist ihnen der leidende Christus mit seinem Frieden besonders nahe.

Selig sind sie, weil sie Leidenschaft und Leidensbereitschaft für Jesus leben. Selig sind sie, weil der Bergprediger sie adelt (Matthäus 5,11f.).

Impuls: Wenn ein Glied leidet, leiden alle Glieder mit. Darum flehen wir für unsere leidenden Glaubensgeschwister. „O Heiland, reiß den Himmel auf!"

Jochen Hägele

DE-MUTIG GLAUBEN

DEMÜTIGT EUCH NUN UNTER DIE MÄCHTIGE HAND GOTTES, DAMIT ER EUCH ERHÖHE ZUR RECHTEN ZEIT.
1. PETRUS 5,6 (ELB)

Ein Kapitel voller Ermahnungen zum Abschuss des Briefes. Hätte es das wirklich gebraucht? Wäre Ermutigung nicht besser für schwierige Zeiten im Glauben? Helfen Appelle in Anfechtung wirklich weiter?

Petrus zeigt auf, wie wichtig unser Verhalten ist: mit Jesus im Dienst der Gemeinde (V. 1-4). Aber er sagt auch, dass es dazu die dahinterliegende Haltung braucht: demütig unter Gott (V. 5). Und er bestätigt, dass Jesusleute vor allem anderen einen machtvollen Halt haben: den starken Gott der Gnade (V. 10).

Dabei werden wir konfrontiert mit einer gänzlich unpopulären Forderung: „Demütigt euch!" Wer will das schon? Wer braucht das schon?

Entscheidend ist jedoch, dass wir den Satz weiterlesen: „Demütigt euch unter die mächtige Hand Gottes." Wer sich unter Jesus beugt, wird nicht schwach, sondern stark. Wer bereit ist, dass Gottes Wille in seinem Leben geschehe, geht nicht unter, sondern wird gehalten. Wer sich der Erhabenheit Gottes ganz und gar unterstellt, wird erhoben. Und wer alle seine Sorgen in seine Hand legt, der gewinnt neuen Mut.

Mutig glauben heißt de-mutig glauben. So mutig, dass sogar der brüllende Feind Gottes zahnlos werden muss (V. 8).

Impuls: Gott hat uns in Jesus erhöht! An welcher Stelle will ich mich darum heute beugen?

Jochen Hägele

14. NOVEMBER

1. JOHANNES 1,1–2,6

LICHTGEBURTEN

WENN WIR ABER IM LICHT WANDELN, WIE ER IM LICHT IST, HABEN WIR GEMEINSCHAFT MITEINANDER, UND DAS BLUT JESU, SEINES SOHNES, REINIGT UNS REIN VON JEDER SÜNDE.

1. JOHANNES 1,7 (ELB)

Es war nicht einfach für uns, in der umtriebigen Stadt Rom mit so vielen katholischen Kirchen einen evangelischen Gottesdienst in englischer Sprache zu finden. Aber welch eine wunderbare Erfahrung stand am Ende einer verworrenen Bustour: Mit Menschen unterschiedlicher Herkunft, Hautfarbe und Kultur gemeinsam Lobpreislieder singen. Keinen von ihnen hatten wir zuvor gesehen, wohl keinem würden wir nach unserem Städtetrip je wieder begegnen. Doch beim Singen, beim Beten, beim Hören auf Gottes Wort waren wir uns vertraut – Gemeinschaft der höheren Dimension. Die wurde anschließend bei einer gemütlichen Tasse Tee noch begossen.

Jesus Christus vermag Brücken zwischen Menschen und zwischen Herzen zu bauen. Seine Gegenwart macht aus Fremden Freunde und Geschwister – ohne Anlaufzeit.

Mehr noch: Jesu Vergebungswort baut auch die Brücken über unsere inneren Entfremdungen, über die Gräben unserer Schuld. Er macht uns rein. Wie sollten wir dann unsere Verhältnisse nicht bereinigen. Er lässt es hell werden. Wie sollten wir dann anderen noch mit dunklen Gedanken begegnen?

Johannes verpflichtet uns: Wer A hört, muss auch B sagen; wer Vergebung erfährt, muss auch Versöhnung leben.

Impuls: Welche dunklen Ecken und Beziehungen in meinem Leben müssen heute ins Licht?

Jochen Hägele

STUNDENSCHLAG

KINDER, ES IST DIE LETZTE STUNDE.
1. JOHANNES 2,18 (ELB)

Emmi ist sechs. Seit einem halben Jahr geht sie zur Schule. Als an einem Februarsonntag der Vater wie gewohnt die Familie zusammenruft, um die Gemeinschaftsstunde zu besuchen, wehrt sich Emmi entschieden. Die Eltern sind irritiert, war sie doch sonst immer willig.

Emmi klärt auf: „Letzten Sonntag konnte ich zum ersten Mal buchstabieren, was auf dem Bild im Gemeinschaftshaus steht: *Kinder, es ist die letzte Stunde!* Also fällt die Stunde ab heute aus."

Kinderlogik? Nein: sondern Haltung vieler Menschen um uns herum. Als ob die letzte Stunde Jesu im Lauf der Kirchengeschichte ausgefallen wäre.

Darum als Erinnerung an alle Emmis: Jesus kommt wieder. Dies erkennt jeder, der sich umsieht: Die selbst ernannten „Gegen-Jesusse" haben scheinbar das Sagen. Gesetzlosigkeit treibt schrille Blüten. Das gehört leider dazu.

Wie aber reagiert die Gemeinde Jesu? Sie lässt sich nicht betören. Vielmehr bleibt sie unter der Leitung des Heiligen Geistes (V. 20). Bei einem glasklaren Jesus-Bekenntnis (V. 23). Und bei seinem grundlegenden Wort (V. 24). Und sie bleibt in gespannter Erwartung, bis er kommt.

Bedenkenswert: „Wir warten, beten und bereiten uns, wie wenn morgen der Herr käme. Aber wir bauen, pflanzen und wirken auf Erden, als wenn es noch tausend Jahre so weiterginge" (Gottlieb-Wilhelm Hoffmann, Gemeindegründer der Evangelischen Brüdergemeinde Korntal).[20]

Jochen Hägele

16. NOVEMBER

1. JOHANNES 3

 ## KINDER GOTTES!

SEHT, WAS FÜR EINE LIEBE UNSER HIMMLISCHER VATER UNS GESCHENKT HAT, NÄMLICH, DASS WIR SEINE KINDER GENANNT WERDEN – UND DAS SIND WIR AUCH!

1. JOHANNES 3,1

Haben Sie sich schon einmal unter Beobachtung gefühlt? Ich bin als Pfarrerskind aufgewachsen und kenne dieses Gefühl gut. Da schaut das Dorf mit drauf, wie sich die Pfarrerskinder verhalten. Und wenn bei meinen beiden Brüdern und mir mal etwas schieflief, dann fiel öfters der Satz: „Pfarrers Kinder, Müllers Vieh geraten selten oder nie."

Unter Beobachtung ... Wir alle stehen täglich unter Beobachtung, sei es durch die Lehrerin, den Chef, die Nachbarn oder die anderen Mütter. Was denken die von mir? Wie beurteilen sie mich und meine Leistung? Dazu kommen noch unsere eigenen Ansprüche an uns selbst.

Das kann Druck aufbauen. Genüge ich den Erwartungen? Bin ich mit mir selbst zufrieden? Unser Vers erinnert uns daran, dass wir mehr sind als die Summe unserer Leistungsfähigkeit.

Menschen, die Jesus vertrauen, sind *geliebte Kinder Gottes*. Egal, was mir in nächster Zeit gelingt oder misslingt, ob ich Erwartungen anderer genüge oder Erwartungen enttäusche, ich bin und bleibe ein geliebtes Kind Gottes. Gott sieht mich mit liebenden Augen an. Und das ist mir das Wichtigste. Das entlastet mich sehr.

PS: Hören Sie sich doch mal das Lied „No longer Slaves"[19] an. Da wird Ihnen die Gotteskindschaft direkt ins Herz gesungen.

Markus Krimmer

17. NOVEMBER

1. JOHANNES 4

DIENENDE LIEBE

DENN GOTT IST LIEBE.

1. JOHANNES 4,8

Die beste Definition von Liebe, die ich kenne, lautet: Ich will Gutes für den anderen. Liebe als dienende Liebe, die das Gute für den anderen sucht. Das sehen wir besonders bei Gott.

Gott beweist seine Liebe zu uns Menschen dadurch, dass er seinen Sohn Jesus für uns gab. Jesus, der für uns gelebt, für uns gewirkt und gepredigt hat. Jesus, der für unsere Schuld am Kreuz starb und für uns an Ostern auferstanden ist. Jesus, die dienende Liebe in Person.

Aber wir lernen hier nicht nur etwas über Gott, sondern ein paar Verse später (V. 19) bekommen wir auch praktische Anweisungen für unser Leben: „Wir wollen lieben, weil er uns zuerst geliebt hat."

Wer Gottes Liebe in seinem Leben erkannt und erfahren hat, kann bewusst in den Tag gehen und mit Gottes Liebe seine Mitmenschen lieben. Das wäre doch wunderbar, wenn wir uns heute bei jeder Begegnung mit einem Menschen fragen würden: Wie kann ich Gutes für ihn/sie tun? Wie kann ich ein Segen für den anderen sein? Und dann betend Gott bitten, dass wir es auch durch seine Kraft tun können.

Wer mit dieser Grundeinstellung der dienenden Liebe lebt, der wird einen segensreichen Unterschied in seinem Umfeld machen, sei es im Büro, in der Familie, im Verein oder in der Schule.

Hinter einem solchen Lebensstil der dienenden Liebe steckt eine große Verheißung (V. 12): „Aber wenn wir einander lieben, dann bleibt Gott in uns, und seine Liebe kommt in uns zur Vollendung."

Markus Krimmer

GANZ ODER GAR NICHT

**WER AN DEN SOHN GOTTES GLAUBT, HAT DAS LEBEN;
WER ABER AN DEN SOHN GOTTES NICHT GLAUBT,
HAT AUCH DAS LEBEN NICHT.**

1. JOHANNES 5,12

Ein glasklarer Vers. Wer an Jesus glaubt, hat das ewige Leben. Wer nicht an Jesus glaubt, der hat es nicht. Klar!

Die entscheidende Frage: Was heißt glauben? Ist es ein Für-wahrhalten von Glaubenssätzen über Jesus? Oder ein vages Glauben: Ich denke schon, dass es Jesus gab ...?

Ich hörte von einem Missionar, der dabei war, das Neue Testament in die Sprache des Stammes zu übersetzen, bei dem er lebte. Als es daranging, das Wort „glauben" zu übersetzen, fand er einfach kein passendes Wort in der Stammessprache. Eines Tages beobachtete er einen Mann, der auf einem selbst gemachten Liegestuhl saß. Sein ganzes Körpergewicht lastete dabei letztlich auf einem einzigen Stock. Nur wenn er sich mit seinem ganzen Körpergewicht auf diesen Stock zurücklehnte, saß er sicher. Für diesen Vorgang des Hinsetzens auf den Stuhl gab es ein Wort und dieses Wort nahm der Missionar, um zu erklären, was es heißt zu glauben.

Christen sind Menschen, die sich in ihrem Leben und Sterben mit allem, mit ihrem ganzen Gewicht, auf Jesus zurücklehnen, sich auf ihn verlassen.

Der Glaube an Jesus ist nicht nur ein kleines Stützrad des Lebens, sondern die tragende Grundlage. Je mehr wir unser ganzes Leben auf Jesus zurücklehnen, umso mehr werden wir erfahren, dass Jesus unser Leben sicher trägt und hält, sogar bis in alle Ewigkeit.

Markus Krimmer

19. NOVEMBER

2. JOHANNES

KURZ UND KNACKIG

UND NUN IST MEINE BITTE AN DICH, LIEBE HERRIN, DASS WIR EINANDER LIEBEN. DAS IST KEIN NEUES GEBOT, SONDERN EINES, DAS WIR VON ANFANG AN HATTEN.

2. JOHANNES 5

Aufs Wichtige konzentrieren. An diesen Spruch meines Lehrers erinnere ich mich. Wenn die Prüfung ansteht, dann konzentriere dich aufs Wichtigste, verzettele dich nicht bei Nebensächlichkeiten.

In Zeiten von WhatsApp, Facebook und Twitter muss man sich kurzfassen können. Was ist denn wirklich wichtig?

Johannes hat nur eine Seite Zeit, um einer angesehenen Christin ein paar Zeilen zu schreiben. Er möchte sie bald besuchen und über viel mehr reden, aber jetzt erst mal nur das Wichtigste.

Wie könnte es bei Johannes auch anders sein: Die Liebe untereinander ist ihm am wichtigsten. Das ist nichts überraschend Neues, kein komplett neues Konzept. Das hat Jesus schon gesagt und Johannes redet immer wieder davon in seinen drei Briefen. Gottes Liebe und Nächstenliebe, darauf kommt es an. Wer liebt, der erfüllt Gottes Gebote.

Manchmal kann man die Sache mit Jesus auch kompliziert machen, muss man aber nicht.

Auf was sollte ich heute achten? Auf die Liebe zu den Mitmenschen und zu Gott, darauf kommt es an. Kurz und knackig, Social-Media-tauglich. Liebt einander. Na dann los.

Markus Krimmer

20. NOVEMBER

3. JOHANNES

AUSSEN HUI – INNEN PFUI?

LIEBER FREUND, ICH BETE, DASS ES DIR IN JEDER HINSICHT GUT GEHT, UND DASS DEIN KÖRPER SO GESUND IST, WIE ICH ES VON DEINER SEELE WEISS.

3. JOHANNES 2

Wir leben in einer Zeit, in der das Äußere unglaublich wichtig ist: Schönheits-OPs, Fitnessstudio, Bikinifigur, Six-pack. Schlank, sportlich, braun gebrannt – so sollen wir heute sein. Wir leben gesund, Bio- und Vollwertkost ist in. Sünde ist zu viele Kalorien, weil man ja zunehmen könnte. Wir tun viel, damit der Körper gut dasteht. *Der Mensch sieht, was augenscheinlich ist …*

Es ist gut, wenn wir gesund leben, auf unseren Körper achten. Dieser Vers erinnert uns aber daran, dass es auch einen inneren Menschen gibt. *Gott sieht das Herz an …* Wir Menschen haben auch eine Seele. Die Seele ist unser Sein vor Gott. Ist unsere Seele gesund? Wie sind unser Glaube, unsere Gottesbeziehung und Gottesliebe?

So wie wir unseren Körper trainieren, so sollen wir auch unsere Seele trainieren und gesund halten. Vier kurze Übungen (wenn möglich täglich): 1. In der Bibel lesen: Gott redet durch sein Wort. 2. Gebet: Gott ehrlich sagen, was uns wirklich auf dem Herzen liegt. 3. Christliche Gemeinschaft: Wir brauchen Gemeinschaft mit unseren Glaubensgeschwistern. 4. Dienst: Ich bringe meine Gaben in Gottes Reich ein. Ich werde zum Segen für meine Mitmenschen.

Wir werden merken: Wer die Seele so trainiert, da bleibt die Seele gesund. Es wäre doch schade, wenn auf uns der Spruch zutrifft: Außen hui – innen pfui.

Markus Krimmer

DAS LETZTE WORT

NACHDEM GOTT VIELFÄLTIG UND AUF VIELERLEI WEISE EHEMALS ZU DEN VÄTERN GEREDET HAT IN DEN PROPHETEN, HAT ER AM ENDE DIESER TAGE ZU UNS GEREDET IM SOHN.
HEBRÄER 1,1-2A (ELB)

In unserer Familie hört man viele Worte. Einige werden erzählt, manche gesungen und andere vorgelesen. Es herrscht selten Stille, denn meine Kinder haben mir immer viel zu sagen und wollen alles erklärt bekommen. Doch es gibt Situationen, in denen brauchen meine Kinder eine einzige klare Ansage – ein letztes Wort, das gilt. Das gibt ihnen Sicherheit, Orientierung und die Gewissheit, dass ich als ihr Vater für sie das Ruder im Griff habe.

Der Autor des Hebräerbriefes erinnert am Anfang seines Schreibens genau daran: Gott hat sich im Lauf der Geschichte immer wieder den Menschen dieser Welt mitgeteilt. Abraham, Mose, Josua, Gideon, David, Jeremia oder Johannes – viele haben ihn gehört und selbst darüber gesprochen, was er ihnen gesagt hatte. Doch in seinem Sohn Jesus Christus hat Gott sein letztes Wort gesprochen. Das Leben, Lehren und Wirken Jesu gelten für diese Welt. So will Gott verstanden werden.

Doch mit seinem letzten Wort widerspricht Gott nicht einfach allem Zuvorgesagten. Es ist die Essenz aller anderen Worte und zugleich ihr Höhepunkt. Wie Lichtstrahlen in einer Linse gebündelt werden, so strebt alles Reden Gottes mit seiner Schöpfung auf sein Reden im Sohn zu und strahlt von dieser Linse aus weiter. Jesus ist das letzte Wort Gottes. Das gilt.

Andreas-Christian Heidel

DIE ERINNERUNG

WIE WERDEN WIR ENTFLIEHEN, WENN WIR EINE SO GROSSE RETTUNG MISSACHTEN? SIE IST JA, NACHDEM SIE IHREN ANFANG DAMIT GENOMMEN HATTE, DASS SIE DURCH DEN HERRN VERKÜNDET WURDE, UNS GEGENÜBER VON DENEN BESTÄTIGT WORDEN, DIE ES GEHÖRT HABEN.

HEBRÄER 2,3 (ELB)

Die Rettungsaktion Gottes in Jesus groß zu machen – das ist das Hauptanliegen des Hebräerbriefes. Doch manchmal verbergen sich zwischen den Zeilen dieser Botschaft auch noch andere besondere Gedanken: Haben Sie sich je gefragt, warum das Neue Testament entstehen musste? Der Hebräerbrief gibt eine Antwort.

Gott hat in seinem Sohn nicht nur sein letztes Wort gesprochen. Er hat auch dafür gesorgt, dass sich dessen Klang nicht im Fluss der Zeit auflöst. Begonnen hatte alles mit diesem Jesus aus Nazareth, dessen Worte und Taten aus einer anderen Wirklichkeit stammen mussten. Und dieser Jesus hatte seinen Jüngern versprochen, dass er ihnen den Heiligen Geist schicke, sobald er unsere Welt verließe. Er sollte sie an alle Worte Jesu erinnern (Johannes 14,26). Der Heilige Geist ist nicht vergesslich, aber wir Menschen sind es. Deshalb wählte er eine besondere Form der Erinnerung. Die Menschen, die Jesus von Angesicht zu Angesicht gesehen und gehört hatten, verbürgten sich für das letzte Wort Gottes in seinem Sohn, solange sie lebten. Und als es die Zeit erforderte, wurden ihre Erinnerungen aufgeschrieben und für alle Generationen festgehalten.

Danken Sie Gott heute für diese Erinnerung! Was wären wir ohne sie?

Andreas-Christian Heidel

DAS HÖRBUCH

> DESHALB SPRICHT DER HEILIGE GEIST: „HEUTE SOLLT IHR AUF SEINE STIMME HÖREN. VERSCHLIESST EURE HERZEN NICHT GEGEN IHN, WIE DIE ISRAELITEN ES TATEN, ALS SIE SICH AUFLEHNTEN AM TAG DER VERSUCHUNG IN DER WÜSTE."
> HEBRÄER 3,7-8

Viele neutestamentliche Autoren untermauern ihre Erzählungen und Anliegen mit Zitaten aus dem Alten Testament, wie hier aus Psalm 95. Doch eines ist im Hebräerbrief dabei besonders. Für ihn ist die Heilige Schrift nicht geschriebenes Wort, sondern stets gesprochenes. Und entscheidend ist vor allem, wer spricht: der dreieinige Gott selbst, und zwar „heute", jetzt aktuell an uns, seine Gemeinde. Für den Hebräerbrief spielt es keine Rolle, wie alt diese biblischen Texte sind. Er ist überzeugt: Erklingt ein Bibelwort, gesprochen oder in meinem Kopf, höre ich die Stimme Gottes.

Das Wort Gottes ist ein Hörbuch. Es will gehört werden und es erweckt das, was bereits vergangen ist, zum Leben. Psalm 95 ist ein Wort, das Gott lange vor der Abfassung des Hebräerbriefes und noch länger vor unserer Zeit an die Israeliten gerichtet hatte. Es sollte sie daran erinnern, dass sie nicht wie ihre Vorfahren zur Zeit des Auszugs aus Ägypten ihre Herzen vor Gottes Plan für ihr Leben zumauern sollen. Und mit demselben Wort mahnt der Heilige Geist die Gemeinde Gottes immer wieder neu, „heute" nicht dasselbe zu tun.

Ist der biblische Text für mich (nur) geschriebenes Wort? Oder lasse ich mich „heute" von der Stimme Gottes ansprechen?

Andreas-Christian Heidel

DIE LEBENSVERSICHERUNG

**DA WIR NUN EINEN GROSSEN HOHENPRIESTER HABEN,
DER DURCH DIE HIMMEL GEGANGEN IST, JESUS,
DEN SOHN GOTTES, SO LASST UNS DAS BEKENNTNIS FESTHALTEN!**

HEBRÄER 4,14 (ELB)

Der Hebräerbrief beschreibt das, was Jesus für uns getan hat, mit dem Dienst der levitischen Hohepriester. Ihre Aufgabe bestand seit Aaron (2. Mose 29) darin, zwischen Gott und Mensch zu vermitteln. Denn seit dem Sündenfall (1. Mose 3) klafft ein unüberwindbarer Riss zwischen uns und unserem Schöpfer. Doch Jesu Mittlerschaft ist größer als jeder Dienst aller bisherigen Hohepriester. Sein Opfer überbrückt den Riss zwischen uns und Gott ein für alle Mal, ohne dass wir dafür etwas aus eigener Kraft beitragen müssten. Er hat uns den Eintritt in Gottes Gemeinschaft ermöglicht.

Wir sind herausgefordert: In unserem Leben soll der Dank für Jesu hochpriesterlichen Dienst unermüdlich sichtbar werden – ein lebendes Bekenntnis. Doch was ist, wenn ich in Verhalten zurückfalle, die mich ja gerade von Gott getrennt hatten? Hier gilt der heutige Zuspruch: Unser Mittler ist niemand Geringeres als der Sohn Gottes selbst. Er steht im Himmel vor Gottes Thron und betet für uns, damit unser Glaube niemals aufhöre (Hebräer 7,25). Wer daran festhält, dass nur Jesus der Weg zu Gott ist, der darf sich gewiss sein, niemals von ihm fallen gelassen zu werden – egal, ob ich diese Gewissheit gerade spüre oder nicht. Jesus ist meine Lebensversicherung. Mit ihm kann ich zuversichtlich nach vorn blicken.

Andreas-Christian Heidel

DAS SCHLÜSSELLOCH

WERFT NUN EURE ZUVERSICHT NICHT WEG, DIE EINE GROSSE BELOHNUNG HAT.
HEBRÄER 10.35 (ELB)

Als Vierjähriger stand ich am Heiligabend auf meinem Kinderstuhl vor der Tür zum Wohnzimmer. Ich versuchte durchs Schlüsselloch zu erspähen, welche Geschenke meine Eltern zur Bescherung bereitgestellt hatten. Sie hätten meine Geschwister und mich ohnehin bald hereingerufen. Und doch konnte ich nicht anders, als alles daranzusetzen, jetzt schon einen Blick darauf zu erhaschen.

Was treibt einen kleinen Jungen dazu an, sich seine Nase an der Tür platt zu drücken? Es ist das feste Vertrauen, dass seine Eltern etwas Wunderbares bereithalten. Es ist die entschlossene Gewissheit, dass dieses Wunderbare, das da auf ihn wartet, jede Anstrengung wert ist. Es ist das elektrisierende Verlangen, dieses Wunderbare endlich in den Händen halten zu können, zumal die Zeit bis dahin in Zeitlupe zu vergehen scheint.

Wir können eines von den ersten Christen, wie dem Autor des Hebräerbriefes, besonders lernen oder wiederentdecken: Wie ich als Vierjähriger auf meinem Stuhl sehnten sie sich danach, endlich das haben zu dürfen, was auf sie wartet, wenn Jesus einst auf diese Welt wiederkommen und das Geschenk seiner Herrlichkeit überall sichtbar sein wird. Was wir bisher nur wie durch ein Schlüsselloch erahnen können, gehört dann endlich uns: die ungetrübte Gemeinschaft mit Gott. Stimmen wir in den sehnsüchtigen Ruf der ersten Christen ein: „Maranatha! Unser Herr, komm!"

Andreas-Christian Heidel

DAS WARUM-SPIEL

DURCH DEN GLAUBEN VERSTEHEN WIR, DASS DIE WELT AUF GOTTES BEFEHL HIN ENTSTAND UND DASS ALLES, WAS WIR JETZT SEHEN, AUS DEM ENTSTANDEN IST, WAS MAN NICHT SIEHT.
HEBRÄER 11,3

Egal, was meiner dreijährigen Tochter so alles über den Weg läuft, jedes Mal lautet die Frage an mich: „Warum ist das so?" Und dann spielen wir jenes Warum-Spiel, das Eltern nur zur Genüge kennen. Der Kuchen kommt vom Bäcker, das Mehl dafür vom Müller, das Getreide für das Mehl vom Bauern, der Samen für das Getreide aus der Erde, der Regen für den Samen vom Himmel und so weiter. Wissbegierig hört sie sich alles an, fragt unermüdlich „Warum?" und wartet begeistert, was es als Nächstes zu entdecken gibt.

Weder kann meine Tochter alles überprüfen, was ich ihr sage, noch verlange ich von ihr, dass sie sich beim ersten „Warum?" mit einem einfachen „Ist halt so" zufriedengibt. Sie glaubt mir, weil sie mich in der Gewissheit fragt, dass ich ihr Vater bin und es gut mit ihr meine. Zugleich darf sie in diesem Glauben tiefer nachhaken und mehr und mehr verstehen.

Gott hält eine wunderbare Welt für uns bereit und alles hat eine Geschichte, die wir neugierig erforschen dürfen. Er zieht sich nicht zurück, aber er zwingt sich uns auch nicht auf. Er spielt mit. Gott möchte, dass nicht nur unser Herz, sondern auch unser Verstand Futter bekommt. Um sein Wirken zu verstehen, bedarf es des Vertrauens darauf, dass er es endlos gut mit uns meint. Auch darum können Sie ihn heute bitten!

Andreas-Christian Heidel

27. NOVEMBER
HEBRÄER 12

DER EISBRECHER

DESHALB LASST NUN AUCH UNS, DA WIR EINE SO GROSSE WOLKE VON ZEUGEN UM UNS HABEN, JEDE BÜRDE UND DIE UNS SO LEICHT UMSTRICKENDE SÜNDE ABLEGEN UND MIT AUSDAUER LAUFEN DEN VOR UNS LIEGENDEN WETTLAUF, INDEM WIR HINSCHAUEN AUF JESUS, DEN ANFÄNGER UND VOLLENDER DES GLAUBENS.
HEBRÄER 12,1-2A (ELB)

Auf den Polarmeeren unserer Welt kämpfen sich gigantische Schiffe durch das Eis. Diese Eisbrecher bahnen einen Weg, um den Weg in bisher unerreichte Gefilde frei zu machen. Wie Schiffe auf der Spurrinne eines solchen Eisbrechers, so folgen Christen Jesus. Er ist der Erste und Einzige, der einen Weg durch die kalte, unüberwindbare und todbringende Trennung zwischen Gott und Mensch gebahnt hat. Deshalb erinnert uns der Hebräerbrief: Das Ziel der Gemeinschaft mit Gott erreichen wir allein im Schauen auf Jesus.

Darin steckt zunächst ein großer Anspruch. Jeder andere Versuch, zu Gott zu gelangen, führt nicht ans Ziel, sondern bleibt in der „umstrickenden Sünde" stecken. Darin steckt aber auch ein großer Zuspruch. Für diejenigen, die ihren Blick niemals von Jesus abwenden und seinem Weg unermüdlich folgen, führt die Route sicher durch das Wirrwarr dieser Welt.

Schaue ich im Angesicht der Eismassen auf das, was sich mir in den Weg stellt, oder konzentriere ich mich allein auf den, der mir vorangegangen ist und mich mit sich zieht? Suche ich verzweifelt nach einem eigenen Weg oder stelle ich mich zuversichtlich in die Reihe derer, die mit mir Jesus folgen?

Andreas-Christian Heidel

28. NOVEMBER

JAKOBUS 1,1–12

VORSICHT – BETEN KANN (IHR) LEBEN VERÄNDERN!

ABER WER IHN FRAGT, SOLL AUCH WIRKLICH MIT SEINER ANTWORT RECHNEN! DENN EINER, DER ZWEIFELT, IST SO AUFGEWÜHLT WIE EINE MEERESWOGE, DIE VOM WIND GETRIEBEN UND HIN- UND HERGEWORFEN WIRD.

JAKOBUS 1,6A

Was für eine Zusage – ich kann Gott schlicht darum bitten, wie ich handeln soll, was dran ist. Tue ich das tatsächlich? Vertrauensvolles Gebet hat schließlich Konsequenzen.

Ein Teenager erzählte mir einmal, dass er Gott nur um Dinge bitten würde, die dieser auch erfüllen könnte. Dinge, die menschlich gesehen möglich seien. Er wollte von Gott schließlich nicht enttäuscht werden.

Glaube mit angezogener Handbremse? Nein – ich möchte von Gott wirklich etwas erwarten! Zugegeben – es gibt Tage (und Gebetsanliegen), mit denen ich Gott manchmal fast stündlich die Tür einrenne. Da fühle ich mich eher wie „eine Meereswoge, die vom Wind getrieben hin- und hergeworfen wird". Gewissheit sieht anders aus. Dabei habe ich es doch schon so oft erlebt, dass Gott kann!

Aus diesen Erfahrungen heraus möchte ich Gott vertrauensvoll auch um Dinge bitten, die zunächst unmöglich scheinen. Und vor allem möchte ich dranbleiben, bis ich eine Antwort bekomme. Auch wenn diese vielleicht so ganz anders ausfällt, als ich es mir vorgestellt habe.

Ute Mayer

29. NOVEMBER

JAKOBUS 1,13–27

NACH DEM HÖREN KOMMT DAS HANDELN

**ABER ES REICHT NICHT, NUR AUF DIE BOTSCHAFT
ZU HÖREN — IHR MÜSST AUCH DANACH HANDELN!
SONST BETRÜGT IHR EUCH NUR SELBST.**
JAKOBUS 1,22

Die Predigt am Sonntag war klasse. Und auch die Andacht, die ich als Podcast gehört habe. Ich könnte mich stundenlang darüber mit anderen austauschen oder darüber weiter nachdenken …

Doch der Alltag fordert mich heraus, das Gehörte auch umzusetzen: Was hindert mich daran, dem Bettler in der Stadt einen Euro zu geben? Es ist seine Entscheidung, was er damit macht. Manchmal reichen bereits ein Lächeln und ein paar freundliche Worte, um den Alltag meines Gegenübers etwas aufzuhellen. Es kostet mich jedoch Zeit und den Blick für meinen Nächsten.

Mag sein, dass es ab und zu auch anstrengend und unbequem wird.

Mark Twain (1835–1910), einem US-amerikanischen Autor, wird der Satz zugeschrieben: „Ich habe keine Schwierigkeiten mit dem, was ich in der Bibel nicht verstehe. Probleme machen mir die Stellen, die ich sehr gut verstehe."[21]

Das schlicht zu leben, was ich gehört und verstanden habe, wäre schon viel. Darum möchte ich Gott heute bitten, um andere auf Gott hinzuweisen. Machen Sie mit?

Ute Mayer

GANZHEITLICHE HEILUNG

UND DAS GEBET DES GLAUBENS WIRD DEN KRANKEN RETTEN, UND DER HERR WIRD IHN AUFRICHTEN, UND WENN ER SÜNDEN BEGANGEN HAT, WIRD IHM VERGEBEN WERDEN.

JAKOBUS 5,15 (ELB)

Jemand erkrankt, die Ältesten der Gemeinde kommen, beten und salben ihn – und er wird wieder gesund. Wie schön wäre es, wenn es so leicht wäre. Aber was ist, wenn der Kranke nicht gesund wird? Wer hat dann versagt? Die, die gebetet und gesalbt haben? Der Kranke selbst, weil er nicht genug geglaubt hat? Wie unbarmherzig ist das denn! Als ob wir uns Gesundheit „verdienen" könnten.

Luther übersetzt den Vers etwas anders: „Und das Gebet des Glaubens wird dem Kranken *helfen,* und der Herr wird ihn aufrichten; und wenn er Sünden getan hat, wird ihm vergeben werden."

Darin liegt wohl der Schlüssel – Heilung geschieht nicht nur körperlich. Auch wenn die Weltgesundheitsorganisation (WHO) Gesundheit als einen „Zustand des vollständigen körperlichen, geistigen und sozialen Wohlergehens ..." definiert: Ein Mensch, der trotz (lebensverkürzender) Krankheit Heilung seiner Seele erlebt und sich bei Gott geborgen weiß, hat sein Stück Himmel bereits erreicht.

Also beten wir weiterhin vertrauensvoll füreinander und für Menschen in unserem Umfeld, die krank sind.

Ute Mayer

DEZEMBER

1. DEZEMBER

OFFENBARUNG 1,1-8

CHRISTUS, DER KOMMENDE

SELIG IST, DER DA LIEST UND DIE DA HÖREN DIE WORTE DER WEISSAGUNG UND BEHALTEN, WAS DARIN GESCHRIEBEN IST.

OFFENBARUNG 1,3 (LU)

Die Offenbarung ist ein Trostbuch, auch wenn wir das im ersten Moment oft anders empfinden. Gott zeigt uns darin das Ende der Zeit und bereitet uns auf das Kommende vor.

Die Verse 4 und 8 spannen einen weiten Bogen: vom Anfang der Schöpfung, vom Wirken Gottes heute bis zu seiner Wiederkunft. Dies im Blick zu haben und sich selbst unter diesen Bogen Gottes zu stellen, kann eine sehr hilfreiche Perspektive sein: Ich bin Teil seiner Geschichte und ich werde durch die Wirren der Zeit bis zum Ende in seiner neuen Welt geführt.

Johannes sieht schon am Anfang zum Thron Gottes. Dies geschieht in der Offenbarung immer wieder. Das bedeutet: Es wird regiert! Da ist im Hintergrund eine unsichtbare Wirklichkeit, die gilt und an die ich mich halten kann.

Sieben Seligpreisungen durchziehen die Offenbarung (1,3; 14,13; 16,15; 19,9; 20,6; 22,7; 22,14). Die beiden Seligpreisungen am Anfang und am Schluss sind wie eine Klammer um das ganze Buch. Vom Lesen und Bewahren des geschriebenen Wortes Gottes werden Menschen selig. „Worte bewahren" wir am besten im Auswendiglernen, damit wir sie verinnerlichen und in uns wohnen lassen (vgl. Lukas 2,19.51; Kolosser 3,16f.). So öffnen wir uns dem verheißenen Glück, der Seligkeit. Denn Worte Gottes entfalten in unserer Seele Gottes tröstende, heilende Gegenwart.

Cornelia Mack

CHRISTUS DER MÄCHTIGE

UND ALS ICH IHN SAH, FIEL ICH ZU SEINEN FÜSSEN WIE TOT; UND ER LEGTE SEINE RECHTE HAND AUF MICH UND SPRACH: FÜRCHTE DICH NICHT! ICH BIN DER ERSTE UND DER LETZTE UND DER LEBENDIGE. ICH WAR TOT, UND SIEHE, ICH BIN LEBENDIG VON EWIGKEIT ZU EWIGKEIT UND HABE DIE SCHLÜSSEL DES TODES UND DER HÖLLE.

OFFENBARUNG 1,17-18 (LU)

Ein gewaltiger Text, ein Schlüsseltext für unser Leben und für die Welt. Johannes begegnet dem Auferstandenen in seiner Macht und Pracht. Christus erscheint ihm in hohepriesterlicher Kleidung. Von seinem Körper werden sieben eindrückliche Einzelmerkmale beschrieben. Dies alles geschieht an einem Tag des Herrn, also am Sonntag, dem Auferstehungstag.

Jesus überwindet alles Finstere. Er hat die Macht über die Hölle, darum auch über alle finsteren Mächte meines Lebens, über Sorgen, Süchte, Ängste, Zweifel, Verletzung und Trauer.

Johannes ist so überwältigt von der Erscheinung Christi, dass er nicht mehr stehen oder sitzen kann. Alle menschliche Macht und Stärke vergehen vor der Erscheinung des Auferstandenen.

Christus legt seine rechte Hand auf ihn, berührt ihn und spricht ihm Trost zu. Damit verweist er auf seine allumfassende Macht.

Alles wird von Christus umfasst – Anfang und Ende. Er ist und bleibt lebendig. Nichts kann ihn mehr zu Tode bringen. Denn er war ja bereits tot und ist zu neuem Leben durchgedrungen. Der Tod ist besiegt und hat darum für uns und für die Gemeinden seinen Schrecken für immer verloren.

Cornelia Mack

ZURÜCK ZUR ERSTEN LIEBE

ABER ICH HABE GEGEN DICH, DASS DU DEINE ERSTE LIEBE VERLASSEN HAST.

OFFENBARUNG 2,4 (LU)

In Offenbarung 2 und 3 lesen wir Briefe an sieben Gemeinden, genannt Sendschreiben, diktiert vom erhöhten Christus. Sie zeigen, worum es eigentlich in unserem Christsein und in unserem Gemeindeleben gehen soll.

Christus zeigt, wo sich jede einzelne Gemeinde von ihrer ursprünglichen Berufung entfernt hat. Dabei wird deutlich: Jesus kennt seine Gemeinden und damit auch uns durch und durch (V. 2-3). Er weiß um Werke, Mühsal, Geduld, aber auch um Anfechtungen und Versagen.

Der Schlüssel für ein erfülltes, geborgenes und gehaltenes Leben findet sich in den Versen 4 und 5: die Liebe zu Christus. Wenn wir Christus lieben, dann brennt ein Feuer der Begeisterung für Jesus in uns. Dann lässt der Name „Jesus" unser Herz höherschlagen wie bei Verliebten. Wenn dies nicht (mehr) so ist, erleben wir einen schweren Verlust. Darum ist dieser Aufruf zur Buße, also zurück zum Ursprung, so wichtig. Wir sollten uns immer wieder neu fragen: Hat Christus meine erste Liebe? Freue ich mich auf seine Wiederkunft und die Ewigkeit bei ihm? Ist er mein „Ein und Alles"? Und wenn nicht? Dann kehre um und tue die ersten Werke.

Ähnlich formuliert das Sendschreiben an Pergamon (Vers 13): Wer sitzt auf dem Thron des Lebens? Wer oder was beherrscht mich?

Jede Gemeinde und somit auch uns fordert Christus am Ende auf, zu hören. Ihn zu hören, ist immer das Beste.

Cornelia Mack

4. DEZEMBER

OFFENBARUNG 2,18–3,6

REALISTISCHE ZIELE

**WERDE WACH UND STÄRKE DAS ANDRE,
DAS SCHON STERBEN WOLLTE.**
OFFENBARUNG 3,2 (LU)

Zwei Schreiben für Gemeindeleiter sind heute in unserer Hand. Der himmlische Herr, Jesus, ließ sie niederschreiben und an die richtige Adresse leiten. Der Inhalt gilt allerdings für alle Christen.

Das erste Schreiben ist alles andere als ein Loblied. Was sich scharf abzeichnet, sind die Worte „dass du duldest". Allerdings: Er-dulden muss ich viel und ich bete immer wieder: Herr, gib mir Gedulds-Kraft. Aber alles dulden: das ist etwas anderes. Auch wenn wir als Christen eine Vorliebe für Liebeserklärungen haben, müssen wir an manchen Stellen sagen: Hier habe ich kein Ja, das kann ich nicht übernehmen, das lehne ich für mich und meine Gemeinde ab. Jesus führt in Klarheit, dazu gehört aber auch die Wahrheit. Die Frage ist nicht, ob wir Mehrheit oder Minderheit sind, sondern ob wir mit Jesus und seinem Gebot übereinstimmen.

In dem zweiten Schreiben ist so vieles, an dem man in der heutigen Situation hängen bleiben kann. Hier seien nur die Worte unterstrichen: „Stärke das andre, das schon sterben wollte." Gibt Gott mir nicht auch heute die Gelegenheit, andere Leute Gottes zu stärken? „Was schon sterben wollte", kann in Gottes Augen der Anfang neuen Lebens sein.

Jesus festhalten dürfen, eine Grenze aller Last erleben, im Bund des Lebens bleiben, am ewigen Leben teilnehmen: was für einmalige und zugleich realistische Ziele hat die Gemeinschaft mit Jesus!

Gerhard Maier

ICH WILL MICH ÖFFNEN

ICH KENNE DEINE WERKE.
OFFENBARUNG 3,8 (LU)

Uns erschüttern die Gegensätze, auf die wir im täglichen Leben treffen. Noch stärker beunruhigen uns die Gegensätze im eigenen Herzen. Und in der Gemeinde Jesu? Es lässt sich kaum ein größerer Gegensatz denken als der zwischen den beiden Gemeinden Philadelphia und Laodizea, die in der Luftlinie nur ca. 100 Kilometer auseinanderliegen.

Philadelphia: im Sendschreiben kein Wort des Tadels! Mich hat es immer verwundert, dass der auferstandene Jesus in zwei von sieben Sendschreiben, also bei ca. 30 Prozent der Gemeinden, keinen Tadel ausspricht! Der barmherzige Jesus kann also auch zu mir schwachem Menschen einmal sagen: „Du hast es recht gemacht." In Philadelphia kommt beides zusammen: „Du hast eine kleine Kraft", und: „Du hast mein Wort bewahrt" (3,8). Lassen wir heute beides zusammenkommen.

Das nächste Sendschreiben, Laodizea: offenbar kräftiger als Philadelphia. Aber nun kommt der entscheidende Satz: „Ich brauche nichts" (V. 17). Ist das nicht das Ende einer lebendigen Gottesbeziehung? Eines Gesprächs mit Gott? Danach kommt hier etwas völlig Unerwartetes: Jesus klopft noch an, Jesus will noch hineingehen, Jesus will noch Gemeinschaft („das Abendmahl mit ihm halten"; V. 20).

Ich nehme das persönlich für mich. Ich will Jesus öffnen, wo ich auch bin.

Gerhard Maier

6. DEZEMBER

JESAJA 40,1-31

STÄRKUNG

ER GIBT DEM MÜDEN KRAFT
UND STÄRKE GENUG DEM UNVERMÖGENDEN.

JESAJA 40,29 (LU)

Man wacht auf und ist wie gerädert. Statt erholt fühlt man sich leergebrannt. Am liebsten würde man sich die Decke über den Kopf ziehen und gar nicht erst aufstehen. Müde und kraftlos fühle ich mich.

Aber im Auftrag Gottes schlägt der Prophet Jesaja einen ganz anderen Ton an: „Gott gibt dem Müden Kraft und Stärke genug dem Unvermögenden." Da reißt die helle Sonne den düsteren Horizont auf. Es ist, als ob ein frischer Wind mein dürres, ausgemergeltes Leben durchweht. Wie kommt es dazu?

Zunächst brauche ich Gott und meinen Mitmenschen nichts vorzuspielen. Ich bin ein Unvermögender. Daran ist nichts zu deuteln. Gott sei Dank, das Prophetenwort fordert nichts von mir. Kein: Kopf hoch! Kein: Reiß dich zusammen! Sondern ganz schlicht die Einsicht „unvermögend". Mehr braucht Gott nicht, um Neues zu schaffen. Er schenkt neue Energie, um einen ersten mutigen Schritt zu gehen.

„Stärke genug" wird da verheißen. Keine Garantie für die nächsten Wochen. Kein Kraftpaket, mit dem man Bäume ausreißen kann. Aber es ist genug für diesen Tag. Die Kraft von oben darf ich spüren, wenn ich jetzt für meine Familie sorge, wenn ich zuversichtlich zur Arbeit fahre, wenn ich getrost zum Arzt gehe.

Mitten in Müdigkeit und Unvermögen merke ich die Stärke Gottes. Des Gottes, der mich durch sein Wort aufrichtet und mit seinem Geist erfüllt. Das ist genug. Es ist „mein Stück Himmel für heute".

Rolf Hille

7. DEZEMBER

JESAJA 41,1-16

 ## GÖTTLICHE HILFE

FÜRCHTE DICH NICHT, DU WÜRMLEIN JAKOB, DU ARMER HAUFE ISRAEL. ICH HELFE DIR, SPRICHT DER HERR, UND DEIN ERLÖSER IST DER HEILIGE ISRAELS.

JESAJA 41,14 (LU)

So fühlen sie sich, die Menschen in Israel: „du Würmlein Jakob, du armer Haufe Israel". Schmeichelhaft ist diese Anrede an das Volk gewiss nicht. Ein Würmlein übersieht man gern. Und wenn man es doch entdeckt, etwa in einem Apfel, dann beseitigt man es. Dazu kommt die Beschreibung „du armer Haufe". Das ist auch nicht besser. Man hat ausgemergelte Gestalten und Leute in abgerissenen Kleidern vor Augen. Die Lage ist alles andere als rosig. Zu einem solchen Haufen möchte niemand gehören.

In den Versen davor schildert der Prophet, wie sich die heidnischen Nachbarn ins Fäustchen lachen. Sie sind stolz auf ihre militärische Stärke und ihre Finanzkraft. Das unscheinbare Würmlein Israel haben sie gar nicht auf der Rechnung.

Aber damit haben sie die Rechnung ohne den Wirt gemacht. Gott sagt zu dem winzigen Würmlein: „Ich helfe dir!" Die Größenverhältnisse werden auf den Kopf gestellt. Wenn Sie sich gelegentlich klein vorkommen, dann brauchen Sie sich in kein Mauseloch verkriechen. Angesichts eines unausgewogenen Kräfteverhältnisses gibt am Ende immer und allein Gott den Ausschlag. Er macht sein Volk stark, mit inneren und äußeren Bedrohungen fertig zu werden. Wenn Sie nach Ihrem „Stück Himmel für heute" Ausschau halten – hier ist es. Gott hat eine Leidenschaft für die Kleinen und Verlorenen.

Rolf Hille

8. DEZEMBER

JESAJA 42,1-9 (10-25)

KURZER PROZESS?

SIEHE, DAS IST MEIN KNECHT, DEN ICH HALTE, UND MEIN AUSERWÄHLTER, AN DEM MEINE SEELE WOHLGEFALLEN HAT. … DAS GEKNICKTE ROHR WIRD ER NICHT ZERBRECHEN, UND DEN GLIMMENDEN DOCHT WIRD ER NICHT AUSLÖSCHEN. IN TREUE TRÄGT ER DAS RECHT HINAUS.

JESAJA 42,1.3 (LU)

Jesaja, der Prophet, stimmt Lieder vom leidenden Gottesknecht an. Er sieht weit über den Horizont hinaus auf Jesus, an dem Gott seine helle Freude hat. Alle Menschen haben gegen Gott rebelliert. Doch bei dem Gottesknecht ist alles anders. An ihm hat der Vater uneingeschränktes Wohlgefallen.

Der verheißene Messias scheint schwach zu sein. Er macht keinen Lärm. Er stimmt kein Kriegsgeschrei an. Ganz im Gegenteil: „Das geknickte Rohr wird er nicht zerbrechen und den glimmenden Docht wird er nicht auslöschen."

Das soll heute „mein Stück vom Himmel sein": Der Gottesknecht stößt mich nicht zurück. Er verachtet mich nicht wegen meiner Schwachheit. Er macht nicht kurzen Prozess mit mir, weil ich schuldig bin. Ein Rohr kann zum Gehstock werden. Er ist eine hilfreiche Stütze. Aber wenn das Rohr gebrochen ist, kann man es wegwerfen. Es gibt keinen Halt mehr. Oder wie ist es mit einem Teelicht? Das wärmt die Kanne und das Getränk. Aber wenn es nur noch glimmt, kann man es ausblasen. Es bringt nichts mehr.

Was seine Aufgabe nicht mehr erfüllt, das entsorgen wir. Gott sei Dank, der Gottesknecht verfährt nicht nach dieser Methode. Er bringt zurecht, er heilt, er entzündet neu durch seinen Geist.

Rolf Hille

GOTTES TREUE

> SO FÜRCHTE DICH NUN NICHT, DENN ICH BIN BEI DIR. ICH WILL VOM OSTEN DEINE KINDER BRINGEN UND DICH VOM WESTEN HER SAMMELN, ICH WILL SAGEN ZUM NORDEN: GIB HER!, UND ZUM SÜDEN: HALTE NICHT ZURÜCK! BRING HER MEINE SÖHNE VON FERNE UND MEINE TÖCHTER VOM ENDE DER ERDE.
>
> JESAJA 43,5-6 (LU)

1948 hat Gott Geschichte geschrieben. Israel konnte in sein Land zurückkehren. Die Zeit von 2000 Jahren Zerstreuung wurde beendet. Tatsächlich „vom Osten vom Westen her": Juden aus Osteuropa, den USA und Kanada, die äthiopischen dunkelhäutigen Israelis aus dem Süden sowie aus Sibirien im Norden sind der Verheißung Gottes gefolgt.

Es ist ein großes Wunder, das sich im 20. Jahrhundert nach langer Verbannung ereignet hat. Und Gott wird nicht müde, sein Volk zu trösten und wieder aus dem Exil nach Hause zu bringen. Wir dürfen Gott beim Wort nehmen. Seine Zusagen gelten: zur Zeit des Jesaja und in der modernen Geschichte.

Als der spöttische Preußenkönig Friedrich der Große seinen frommen General von Zieten herausforderte: „Nenne er mir einen Beweis für Gott", da antwortete dieser: „Majestät – die Juden!"[22] Mehr braucht man gar nicht zu sagen, obwohl die Bibel noch unendlich viel mehr erzählt. Für uns genügt es, heute zu vertrauen. Das, was Gott in der Vergangenheit für sein Volk Israel getan hat, das tut er gewiss auch in der Zukunft für seine Gemeinde. Die Freude an Gottes Treue ist heute „mein Stück Himmel".

Rolf Hille

10. DEZEMBER

JESAJA 43,22–44,8

OHNE VORBEHALT

ABER MIR HAST DU ARBEIT GEMACHT MIT DEINEN SÜNDEN UND HAST MIR MÜHE GEMACHT MIT DEINEN MISSETATEN. ICH, ICH TILGE DEINE ÜBERTRETUNGEN UM MEINETWILLEN UND GEDENKE DEINER SÜNDEN NICHT.

JESAJA 43,24–25 (LU)

Jetzt kommt es zur Abrechnung. Israel ist stolz auf seine Leistungen und rühmt sich seiner festlichen Gottesdienste. Schafe, Brandopfer und Schlachtopfer, Goldmünzen und wohlriechenden Weihrauch – das alles summiert sich zu einer ansehnlichen Bilanz. Gott hat allen Grund, mit seinem Volk zufrieden zu sein. Doch hier haben sich die scheinbar so frommen Leute gehörig verspekuliert. Gott macht die Gegenrechnung auf. Alles, was Israel vorbringt, schmilzt zusammen wie Schnee in der Sonne.

Statt sich über sein Volk zu freuen, hat Gott Grund zu großer Klage. Er muss sich abrackern angesichts der Sünde, er muss schwer schuften wegen all der Missetaten. Jetzt sollte er den Schlussstrich ziehen. Ende einer unglücklichen Beziehung. Gott hat alles getan für das Volk. Er hat ihnen das Land, den Frieden und fruchtbare Zeiten geschenkt. Für ihn ist dabei nichts herausgekommen außer Ärger und Mühsal. Warum sollte er sich weiter quälen?

Aber Gott zieht ganz andere Schlüsse als wir. „Ich, ich tilge deine Übertretungen." Das ist ein unglaublicher Freispruch. Hier leuchtet das Evangelium im Jesajabuch auf.

Wir machen Gott das Leben schwer und er vergibt uns ohne Vorbehalt. Wir enttäuschen Gott fortwährend und er gedenkt unserer Sünde nicht.

Rolf Hille

GOTT WIRKT ALLES

SO SPRICHT DER HERR, DEIN ERLÖSER UND DER DICH VOM MUTTERLEIB AN GEBILDET HAT: ICH, DER HERR, BIN ES, DER ALLES WIRKT.

JESAJA 44,24 (ELB)

Kostet ein schwäbischer Weingärtner einen herausragenden Weinjahrgang, goutiert er voll Stolz: „Des isch halt au a oigas Gwäx!" (zu Deutsch: „Es sind ja auch meine eigenen Reben!"). Ist hingegen ein ganzer Jahrgang völlig verhunzt, meint er voll Selbstmitleid: „So hat's halt dr Herrgott wella!" (zu Deutsch: „Gott wollte es so!").

Wir sind im Grunde genommen nicht anders als ein Weingärtner: Wir führen gerne unseren gesunden Lebensstil oder Fleiß an, um unsere Gesundheit oder Schaffenskraft zu begründen. Werden diese durch Unfall oder Krankheit beeinträchtigt, blicken wir theatralisch in den Himmel und fragen: „Warum nur?", oder wenden uns ganz von Gott ab, weil wir an einen Gott nicht glauben wollen, der Schlimmes zulässt. Gott wirkt beides, so heißt es immer wieder in der Bibel und ganz deutlich bei Jesaja. Wir sollen unser ganzes Leben, das Gute wie das Schlechte, aus seiner Hand nehmen, weil er der Schöpfer ist. Diese Lebenshaltung führt uns in die Anbetung Gottes: in Lob und Dank wegen des Guten und in Klage und Bitte wegen des Schlechten – aber immer ins Gebet hin zu Gott.

Johannes Reinmüller

GOTT IST ÜBER MIR, UNTER MIR UND IMMER BEI MIR

WENDET EUCH ZU MIR UND LASST EUCH RETTEN, ALLE IHR ENDEN DER ERDE! DENN ICH BIN GOTT UND KEINER SONST.
JESAJA 45,22 (ELB)

„Dann bist du nicht mehr mein Freund!" So drohen manchmal kleine Kinder ihren Eltern. Wie lächerlich – ist doch eine Mutter oder ein Vater viel mehr beziehungsweise etwas ganz anderes als ein Kumpel oder ein BFF (best friend forever). Auch unsere Beziehung zu Gott ist eine eigene Kategorie: Gott ist unser Schöpfer, Vater, Herr, Erlöser und nur dann unser Freund, wenn wir ihn fürchten (vgl. Psalm 25,14). Gott steht damit über uns, über allen Mächtigen und über allen anderen Göttern.

Diese Position scheint in unsere heutige Zeit nicht zu passen, die nach Relativierung und Hierarchielosigkeit strebt. Wenn wir uns aber diese Position unseres Gottes bewusst machen, ist es für uns heilsam und befreiend. Nicht ich bin es, der oder die sich einen Wert, ein Ziel und eine Hoffnung gibt. Und nicht ich bin es, der oder die alles Verhunzte, Unfertige und Beschämende mit sich herumtragen und mit sich selbst ausmachen muss. Denn der Gott aus der Höhe hat sich dafür erniedrigt. Deshalb ist Gott über mir und unter mir und immer bei mir.

Johannes Reinmüller

AUF GOTTES STIMME HÖREN

SO SPRICHT DER HERR, DEIN ERLÖSER, DER HEILIGE ISRAELS: ICH BIN DER HERR, DEIN GOTT, DER DICH LEHRT ZU DEINEM NUTZEN, DER DICH LEITET AUF DEM WEG, DEN DU GEHEN SOLLST.
JESAJA 48,17 (ELB)

Ich mag mein Auto. Es hat eine tolle Form, einen spritzigen Motor und trotzdem einen niedrigen Verbrauch. Doch das Beste an meinem Auto ist sein Navi. Ich weiß: Es lotst mich an allen Sperrungen und Staus vorbei ans Ziel. Und das immer auf dem besten Weg: schnell, spritsparend und sicher. Dem Weg zu folgen und das Ziel zu finden, ist einfach. Man folgt den Pfeilen auf dem Display oder hört der angenehmen Stimme zu. Der Haken an der Sache ist nicht das Navi, sondern sind die Fahrer, also ich. Immer wieder ertappe ich mich, die Stimme meines Navis zu ignorieren und meinem Willen und Kleingeist zu folgen. Und was macht mein Navi? Es könnte sich beleidigt ausklinken oder den Motor abschalten. Tut es aber nicht. Was es tut, ist, neue Routen zu berechnen, die mir den Weg aus dem selbst produzierten Schlamassel hin zum Ziel weisen.

Ich weiß, der Vergleich hinkt. Aber ein wenig stelle ich mir Gott so vor. Beten ist nicht nur zu reden, sondern auch zu hören. Deshalb: Hören wir auf ihn. Denn er kennt das Ziel und weiß den besten Weg dorthin.

Johannes Reinmüller

14. DEZEMBER
JESAJA 52.13–53.12

WISSEN MACHT SCHÖN

SO ENTSTELLT WAR SEIN AUSSEHEN, MEHR ALS DAS IRGENDEINES MANNES, UND SEINE GESTALT MEHR ALS DIE DER MENSCHENKINDER.
JESAJA 52.14 (ELB)

Es ist schon merkwürdig: Als Christ lebt man mit Jesus. Man kennt seinen Werdegang. Man unterhält sich über ihn mit Gleichgesinnten. Man liest seine Worte. Man redet zu ihm und hört auf ihn – manchmal mehrmals am Tag. Und dennoch weiß niemand, wie er aussah. Die Bibel schweigt darüber. Einzig und allein im Jesajabuch liefert uns die vierte Prophezeiung über den Gottesknecht, also über Jesus, einen vagen Hinweis. Dort heißt es: Er war entstellt, also hässlich.

Lagen damit alle Passionsspielintendanten, Regisseure, Maler und Kinderbibel-Illustratoren falsch, wenn sie einen Beau als Jesus casteten oder vor Augen hatten? Wie Jesus als Zimmermann aussah und wie Jesus als der Auferstandene und beim Vater Thronende aussieht, mag uns nicht interessieren. Aber im Moment seines Leidens, seines Sterbens und seines Todes war er der hässlichste Mensch, weil er sich in diesem Moment für alle bisherige und alle zukünftige Hässlichkeit der Welt ans Kreuz schlagen ließ. Alle Hässlichkeit, aller Hass und alle Gehässigkeit der Welt kamen auf Jesus und starben mit ihm am Kreuz. Wer dies erkennt, weiß um seine Erlösung. Und dieses Wissen macht schön.

Johannes Reinmüller

NACH SEINEM ERMESSEN

DENN DIE BERGE MÖGEN WEICHEN UND DIE HÜGEL WANKEN, ABER MEINE GNADE WIRD NICHT VON DIR WEICHEN UND MEIN FRIEDENSBUND NICHT WANKEN, SPRICHT DER HERR, DEIN ERBARMER.

JESAJA 54,10 (ELB)

Als der Dichter und Schriftsteller Heinrich Heine im Sterben lag, lauteten seine letzten Worte: „Dieu me pardonnera, c'est son métier"[23] („Gott wird mir vergeben, das ist schließlich sein Job"). Muss Gott dem Menschen tatsächlich vergeben? Nein! Gott müsste ihn eher verurteilen. Verurteilen wegen seines Geschwätzes, wegen seiner Überheblichkeit und wegen vieler Dinge mehr. Aber Gott tut es nicht. Und warum nicht? Nach menschlichem Ermessen ist das nicht zu erklären. Nach göttlichem Ermessen ist das Gnade. Gottes Gnade ist, wenn ich etwas nicht verdient habe und es dennoch und damit unverdient von Gott bekomme.

Das Volk Israel hat trotz vieler Irrwege Gottes Gnade erlebt. Und auch ich erlebe Gottes Gnade, wenn ich mich seinem Sohn anvertraue. Seine Gnade zeigt sich in vielen Stationen meines Lebens: in meiner Geburt, in unzähligen Momenten, in denen ich dem Tod von der Schippe gesprungen bin, und auch im Sterben. Und auch darin erlebe ich seine Gnade: Ich muss nicht im Leben und im Sterben verzweifelt fragen: „Ist Gott mir auch wirklich gnädig?", sondern ich weiß, dass ich einem gnädigen Gott gehöre, der nicht von mir weicht und zu seinem Versprechen steht.

Johannes Reinmüller

GREIFEN SIE ZU, ES IST KOSTENLOS!

AUF, IHR DURSTIGEN, ALLE, KOMMT ZUM WASSER! UND DIE IHR KEIN GELD HABT, KOMMT, KAUFT UND ESST! JA, KOMMT, KAUFT OHNE GELD UND OHNE KAUFPREIS WEIN UND MILCH!
JESAJA 55,1 (ELB)

„Nur 1 € das Smartphone!" „Nur 99 Cent der Flug nach Berlin!" „Unglaubliche 0 € die Kreditkartengebühr!" Wir bleiben beim Lesen solcher Angebote hängen. Es sind im wahrsten Sinne des Wortes Eyecatcher. Wir sind fasziniert und zugleich sagt uns eine innere Stimme: „Stopp! Die Sache hat einen Haken!" Der Haken an der Sache ist meist eine Fußnote am Preis, die beim genaueren Lesen die Lockvogelangebote sehr teuer werden lassen.

Im Jesajabuch, Kapitel 55, preist ein orientalischer Händler seine Waren als kostenlos an. Warum sollten wir ausgerechnet ihm vertrauen? Weil er uns Gott anpreist. Gott ist unser Wasser, er rettet uns vom Tod. Gott ist unser Wein, er gibt uns Lebensfreude. Gott ist unsere Milch, er gibt uns Kraft. Und Gott ist kostenlos. Wir können ihn uns nicht erarbeiten, sondern nur schenken lassen. „Kostenlos ist wertlos!", so lautet als Einwand ein Sprichwort. Und viele kurzlebige Werbegeschenke bestätigen uns dies. Wäre eine hart erarbeitete Gottesbeziehung uns nicht lieber? Würden wir nicht Gott als wertvoller schätzen? Doch es bleibt dabei: Gott gibt sich nur kostenlos, unverdient ohne Leistung. Er hat auf Golgatha den Preis bezahlt. Deshalb: Greifen Sie zu!

Johannes Reinmüller

17. DEZEMBER

JESAJA 60,1-3

ZUM AUFBRUCH EINGELADEN

MACHE DICH AUF, WERDE LICHT; DENN DEIN LICHT KOMMT, UND DIE HERRLICHKEIT DES HERRN GEHT AUF ÜBER DIR! DENN SIEHE, FINSTERNIS BEDECKT DAS ERDREICH UND DUNKEL DIE VÖLKER; ABER ÜBER DIR GEHT AUF DER HERR, UND SEINE HERRLICHKEIT ERSCHEINT ÜBER DIR.

JESAJA 60,1-2 (LU)

Diese persönliche Aufforderung wird durch den Propheten Jesaja zunächst dem Volk Israel in schwieriger Zeit zugesprochen. Aber es ist eine Aufforderung, die auch für uns heute ganz persönlich gilt.

Machen Sie sich auf – aus Ihren dunklen Gedanken, die immer nur um sich selbst kreisen. Machen Sie sich auf – hin zu dem Licht, das Jesus Christus heißt. Er sagt von sich selbst: „Ich bin das Licht der Welt." Das bedeutet, er will Ihr ganz persönliches Licht sein inmitten aller Dunkelheit der Völker und Ihres kleinen Lebens.

So, wie die Sonne jeden Morgen aufgeht und ihre Bahnen zieht, so geht der Herr über Ihnen auf, und seine Herrlichkeit erscheint über Ihnen. Die Worte Jesajas richten sich auf eine Zeit Jerusalems, die damals noch in der Zukunft lag. Und auch heute ist Jerusalem noch nicht der Wallfahrtsort der ganzen Welt geworden, an dem Christus alle Völker willkommen heißt. Aber Gottes Zusage gilt für uns heute, weil uns Jesus durch seinen Geist erfüllt und erhellt und an seiner Hand führt.

Dorothea Hille

18. DEZEMBER

MICHA 5,1-4

ÜBERRASCHENDE WEGE

UND DU, BETHLEHEM EFRATA, DIE DU KLEIN BIST UNTER DEN TAUSENDEN IN JUDA, AUS DIR SOLL MIR DER KOMMEN, DER IN ISRAEL HERR SEI, DESSEN AUSGANG VON ANFANG UND VON EWIGKEIT HER GEWESEN IST.

MICHA 5,1 (LU)

Diese Verse klingen wohlbekannt. Beim ersten Lesen wird eventuell keinerlei überraschendes Moment hervorgebracht worden sein. Und dennoch wird in diesen Zeilen wieder einmal deutlich, dass Gottes Handeln anders ist, als wir oft vermuten. Bethlehem, nicht Jerusalem, wurde als der Ort auserwählt, an dem der „neue Herrscher" – wie es in der Lutherbibel überschrieben wird – geboren werden soll. Wo sind solch überraschende Wege in unserem Leben? Wo lassen wir uns heute von Gott überraschen?

Immer wieder denke ich über vergangene Pläne nach. Pläne, die nicht so funktioniert haben, wie ich wollte. Oft beginne ich zu schmunzeln. Wie klein denke ich doch manchmal! Gott hat so viel Größeres vor. Und dennoch: Halte ich nicht oft meine Pläne für die „besseren"? Wären sie vielleicht nicht sogar leichter zu bewältigen?

Doch ich kann gewiss sein: Bei all den Überraschungen, die Gott für mich bereithält, auch bei den unangenehmen, bin ich nicht allein. Und das Beste ist: Gott handelt nicht über-rasch – Gott ist bedacht bei dem, was er tut. Bin ich davon auch heute überzeugt?

Prisca Steeb

FRIEDEN OHNE ENDE

DU, TOCHTER ZION, FREUE DICH SEHR, UND DU TOCHTER JERUSALEM, JAUCHZE!

SACHARJA 9.9 (LU)

Es klingt, wie wenn ein Popstar sein Publikum anfeuert, die Stimmung anheizt und in die Menge schreit: „Berlin, seid ihr gut drauf? Jetzt ist Partytime!" – Aber Sacharja geht es nicht um Partylaune, sondern um großartige Perspektiven: ein doppelter Aufruf zur Freude. Jerusalem ist angesprochen. Und der Grund für all den Jubel: Dein König kommt zu dir.

Jetzt würde man erwarten, dass ein großer Feldherr angekündigt wird, der mit Prunk und Getöse, mit Furcht einflößenden Waffen auf einem hohen Ross daherreitet – aber das Gegenteil ist der Fall: Er kommt arm und reitet auf einem Esel. Er kommt nicht als Kriegsherr, sondern als Helfer. Und was tut er? Er zerstört alle Waffen und Wagen, den ganzen Kriegswahnsinn schafft er ab. Stattdessen schafft er Frieden. Umfassend! Für alle Völker. Von einem Meer bis zum andern. Frieden ohne Einschränkung. Frieden ohne Ende. Wenn das kein Grund zur Freude ist!

Genau diese Vision des Sacharja hat Jesus erfüllt. Er zieht in Jerusalem auf einem Esel ein. Damit macht er deutlich: Ich bin dieser Friedenskönig. Ich schaffe Frieden. An Weihnachten ist er geboren. An Karfreitag dafür gestorben. An Ostern auferstanden. Nichts kann diesen Frieden mehr hindern. Jesus ist der einzigartige Star, der nicht auf Stimmung macht, sondern seine Stimme erhebt und vollmächtig sagt: „Friede sei mit euch!"

Steffen Kern

GESAGT – GETAN!

UND ER WINKTE IHNEN UND BLIEB STUMM.
LUKAS 1,22B (LU)

Lukas hat genau recherchiert. Wie ein guter Journalist hat er die Berichte der Augenzeugen gehört, gelesen und sorgfältig aufgeschrieben. Die Bibel ist nicht einfach vom Himmel gefallen, aber sie ist verlässlich und gewiss. So berichtet Lukas seinem Adressaten Theophilus gewissenhaft, wie die Geschichte des Jesus von Nazareth beginnt. Und diese beginnt mit einem Paukenschlag, dass es einem die Sprache verschlägt.

Ein Engel betritt die Bühne. Er tritt in das Leben eines alten Ehepaars: Elisabeth und Zacharias sollen Eltern werden. Hochbetagt, wie sie sind, ist das eigentlich unglaublich. Der Priester Zacharias kann es nicht fassen und bekommt neun Monate Redeverbot. Eine ganze Schwangerschaft lang Auszeit für den Gottesmann, der doch Gottes Wort sagen soll. Kann er aber nicht. Er soll erst wieder reden, wenn er sieht, wie Gott handelt. Davon wird dann zu reden sein. Vorerst kann Zacharias nur still staunen, was Gott tut. Etwas, was vielleicht auch wir neu entdecken könnten: still staunen ...

Gott redet bis heute zu uns. Das Entscheidende aber hat er durch Jesus gesagt und getan. Die Versprechen der Vergangenheit gehen in Erfüllung. Vor Jesus wird ein Vorläufer geboren: Johannes der Täufer. Er wird Jesus ankünden. Er wird zur Umkehr rufen. Er wird das Volk vorbereiten auf den, der nach ihm kommt. Er wird das Vorwort sprechen zu dem, was Jesus sagen und tun wird. Es lohnt sich, auf dieses Wort zu hören.

Steffen Kern

NICHTS IST UNMÖGLICH

SIEHE, DU WIRST SCHWANGER WERDEN UND EINEN SOHN GEBÄREN, DEM SOLLST DU DEN NAMEN JESUS GEBEN.
LUKAS 1,28

Der Engel fällt mit der Tür ins Haus. Schon sein Gruß verblüfft Maria total (V. 28): „Sei gegrüßt, du Begnadete!" Die junge Frau aus der Provinz ist doch keine Prinzessin, aber sie ist eine besonders Erwählte. Gabriel kündigt der jungen Frau das Gleiche an wie zuvor der alten Elisabeth – nur dass es jetzt noch unglaublicher ist: Dieses Mal soll die Frau schwanger werden, ohne dass ein Mann im Spiel ist. Ein Sohn soll es werden. Und schon vor der Schwangerschaft steht der Name des Sprösslings fest: Jesus.

Man kann diese Ansage als Unsinn abtun. Man kann alles für ein Märchen oder einen Mythos halten. Man kann aber auch einfach hören und es geschehen lassen – wie Maria (V. 38): „Mir geschehe, wie du gesagt hast." Nur wer hört und sich auf das Gehörte verlässt, entdeckt das größte Geheimnis der Weltgeschichte: Gottes Sohn wird Mensch. Er wird König sein. Seine Regierung hat kein Ende. Alles entscheidet sich an diesem Kind. Und nichts muss bleiben, wie es zuvor war.

Maria kann nicht fassen, was sie hört. Wer könnte das schon? Aber sie lässt es geschehen. Sie vertraut. Sie glaubt. Und sie erlebt das Wunder, das wir bis heute an Weihnachten feiern. Dabei ist der Heilige Geist am Werk. Und das ist er bis heute, wenn wir anfangen, Gott zu vertrauen und mit ihm zu leben. Es wird Weihnachten, Wunderzeit in unserem Leben. Denn nichts ist diesem Gott unmöglich.

Steffen Kern

SING DEN JESUS-SONG

MEINE SEELE ERHEBT DEN HERRN, UND MEIN GEIST FREUT SICH GOTTES, MEINES HEILANDES.
LUKAS 1,46F. (LU)

Es ist eine Schwangerschaftsgymnastik ganz eigener Art: Maria macht sich auf den Weg ins Gebirge. Die Mehrtagestour von Galiläa nach Judäa schreckt sie nicht. Sie besucht ihre Verwandte Elisabeth, die auch schwanger ist und deren Geburt schon in drei Monaten bevorsteht. Beide Frauen freuen sich. Ihr Treffen wird zum Fest. Selbst die Babys im Bauch strampeln vor Freude. Und Maria beginnt zu singen.

Sie singt von der Barmherzigkeit Gottes. Weil er sich über die Armen erbarmt, ist sie schwanger. Weil Gott diese Welt liebt. Ihr Sohn wird tun, was Gott will: Er macht Hungrige satt, Schwache stark; die Reichen und Stolzen setzt er ab. Maria singt von dem, was erst noch geschehen wird. Sie weiß, wer Jesus ist und was er tun wird. Darum kann sie nicht anders, als Gott zu loben. Ein Song, der von dem Segen singt, für den das Sagen allein zu wenig ist: Worte reichen nicht, um auszudrücken, was Gott durch Jesus tut. Darum singt Maria.

Wir stimmen ein, wenn wir Weihnachtslieder singen. Wir haben es leichter als Maria, denn wir können die Geschichte ihres Sohnes nachlesen. Für uns sind seine Wunder schon Teil der Geschichte. Es kommt nur darauf an, dass sie ein Teil unserer Lebensgeschichte werden. Dass wir Jesus an uns das tun lassen, von dem Maria schon gesungen hat: Er macht uns satt. Er macht uns stark. Er erbarmt sich über uns und vergibt unsere Schuld.

Steffen Kern

23. DEZEMBER

LUKAS 1,67-80

BESUCH IST DA!

GELOBT SEI DER HERR, DER GOTT ISRAELS! DENN ER HAT BESUCHT UND ERLÖST SEIN VOLK.

LUKAS 1,68 (LU)

Zacharias kann nicht nur wieder reden – er singt sogar. Der alte Priester kennt die alten Schriften. Er weiß, was die Propheten angekündigt haben: Gott lässt uns nicht allein. Er besucht seine Menschen. Er kommt, um vor Feinden zu retten und alle zu erlösen. Darauf hat sich Gott festgelegt. Er hat einen Bund geschlossen, ein Versprechen abgegeben: dass er diese Welt nicht loslässt, sondern loslöst von dem, was sie kaputt macht. Jesus wird dieser Erlöser sein.

Als Zacharias wieder bei Stimme ist, singt er von den Taten Gottes. Und er singt seinem Sohn ein Willkommenslied: „Du Kindlein wirst ein Prophet des Höchsten sein." Sein Sohn Johannes wird zum Vorläufer für Jesus. So wie ein großer Weltstar eine Vorgruppe auftreten lässt, bevor er bei einem Konzert die Bühne betritt, wird Johannes der Vorbote sein. Er geht Jesus voraus. Er spricht von Umkehr und Neuanfang. Jesus wird nicht nur davon sprechen, sondern vergeben, sich selbst den Menschen zuwenden und einen Neuanfang schaffen. Mit Weihnachten fängt die Weltgeschichte noch einmal neu an.

Das neue Leben beginnt in der Wüste. Wie einst der Weg Israels aus Ägypten. Johannes wird ein Wüstensohn werden, bescheiden leben und weise lehren. Er wird den großen Besuch ankünden. Entscheidend ist, dass wir uns von Jesus besuchen lassen. Nicht nur einmal im Leben. Jeden Tag neu. Auch heute am Vortag vor Heiligabend.

Steffen Kern

24. DEZEMBER

LUKAS 2,1-20

WEIHNACHTEN RIECHT NACH WINDELN

EUCH IST HEUTE DER HEILAND GEBOREN.

LUKAS 2,11 (LU)

Es ist die wertvollste Geschichte aller Zeiten. Geschehen in Bethlehem, in der Stadt Davids. Dort, wo einst der große König Israels geboren wurde, kommt tausend Jahre später Jesus auf die Welt. Auch er wird wie der alte David ein Hirte sein und ein König. Zuerst erfahren das die Hirten. Wieder treten Engel auf. Dieses Mal nicht nur einer wie bei Zacharias und bei Maria. Dieses Mal sind es unzählbar viele, sie singen (V. 14): „Ehre sei Gott in der Höhe und Friede auf Erden bei den Menschen seines Wohlgefallens."

Seitdem ist klar: Wir finden Gott nicht in den hohen Gedanken. Wir finden ihn nicht in den tiefen Gefühlen. Wir finden ihn in der Krippe im Stall. Gott wird Mensch. Jesus ist geboren. Fünfzig Zentimeter groß, drei Kilo schwer – und doch ganz Gott. Das ist das Wunder: Weihnachten riecht nicht nach Zimt, Plätzchen, Punsch und Glühwein. Weihnachten riecht nach vollen Windeln! „Ihr werdet finden das Kind in Windeln gewickelt." (V. 12). So nah kommt uns Gott. Nichts Menschliches ist ihm fremd.

Die Hirten erzählen diese Geschichte weiter. Maria bewegt die Worte in ihrem Herzen. Und was tun Sie heute an Heiligabend? – Wenn Sie sich wie die Hirten zum Stall aufmachen und an der Krippe niederknien, wird es Weihnachten in Ihrem Leben. Wagen Sie es. Heute ist der beste Tag dafür.

Steffen Kern

25. DEZEMBER

LUKAS 2,21-40

ZWEI ZEUGEN ZEIGEN, WAS ZÄHLT

MEINE AUGEN HABEN DEINEN HEILAND GESEHEN.
LUKAS 2,30 (LU)

Es ist eher eine Randnotiz der Weihnachtsgeschichte. Zwei alte Menschen tauchen auf, ein Mann und eine Frau, Simeon und Hanna. Beide warten in Jerusalem auf ein Wunder. Schon jahrelang. Darüber sind sie alt geworden, faltig, grau, fast blind. Sie haben nur noch den Tod vor Augen – und sehen doch noch das Leben. Es geschieht, als Maria und Josef mit ihrem Baby nach Jerusalem kommen. Kurz nach der Geburt ist das damals üblich: Für neugeborene Jungen wird ein Opfer gebracht. Das ist gute Gewohnheit in Israel. Aber dieser Junge ist alles andere als gewöhnlich.

„Herr, nun lässt du deinen Diener in Frieden fahren, wie du gesagt hast, denn meine Augen haben deinen Heiland gesehen." (V. 29). Simeon ist eine Art Zeuge des Heiligen Geistes. Er erkennt, wer Jesus ist, und spricht es aus. Jetzt kann er in Frieden sterben, weil dieses Kind Frieden schaffen wird. Simeon ahnt auch das Leiden, das dem Jungen bevorsteht und einst Marias Herz zerreißen wird. Der Weg zum Frieden wird durch den Tod hindurch führen. Gleich nach der Krippe taucht das Kreuz auf.

Die alte Prophetin Hanna stimmt mit ein. Zwei menschliche Zeugen bestätigen, was die Engel angekündigt haben. Sie zeigen uns, auf wen es wirklich ankommt. Alles ist uns berichtet und überliefert, damit wir glauben, uns Jesus anvertrauen und den Frieden erleben. Nur er schenkt uns Frieden, denn nur er schafft Frieden. Dazu ist er geboren. Es geht ihm von Anfang an um uns.

Steffen Kern

26. DEZEMBER

LUKAS 2,41-51

DIE VERZWEIFELTE SUCHE

WARUM HABT IHR MICH GESUCHT?
LUKAS 2,49 (LU)

Jesus ist zwölf Jahre alt, als er mit seinen Eltern nach Jerusalem reist. Alle Jahre wieder, denn dort wird das Passahfest gefeiert. Massen pilgern aus dem ganzen Land dorthin. Da fällt es nicht auf, dass Jesus auf dem Nachhauseweg nicht dabei ist. Vermutlich denken die Eltern, der Junge sei bei seinen Kumpels irgendwo weiter vorn oder weiter hinten in der großen Wandergruppe auf dem Rückweg nach Nazareth. Aber nach einer Tagesreise bemerken sie: Jesus ist nicht da. Keiner hat ihn gesehen. Panik kommt auf. Er muss in der Stadt geblieben sein.

Die Eltern jagen zurück. Sie suchen ihren Sohn. Verzweifelt. Es dauert Stunden. Tage. Unerträglich lange. An Schlaf ist nicht zu denken. Erst nach drei Tagen finden sie ihn. Er ist im Tempel. Er sitzt seelenruhig unter den Lehrern. Er hört zu, stellt Fragen. Er saugt Gottes Wort in sich auf, die Worte der hebräischen Bibel, die Verheißungen, die Gebote. Das ist seine Welt. Dort gehört er hin.

Alle staunen über ihn. Über seine Fragen und seine Weisheit. Wie kann ein angehender Teenager so vertraut sein mit den Worten Gottes? – Es sind die Worte seines Vaters. Darum versteht er die schmerzliche Suche seiner Eltern kaum: „Wusstet ihr nicht, dass ich sein muss in dem, was meines Vaters ist?" Jesus gehört nicht nach Nazareth, er gehört zu seinem Vater im Himmel. Und er ist gekommen, um uns den Weg in dieses Zuhause zu bahnen. Denn dort sind auch wir zu Hause.

Steffen Kern

27. DEZEMBER
OFFENBARUNG 19,1-10

GOTTES RETTERHANDELN

LOBT UNSERN GOTT, ALLE SEINE KNECHTE UND DIE IHN FÜRCHTEN, KLEIN UND GROSS!
OFFENBARUNG 19,5 (LU)

Wenn irgendetwas ein „Stück Himmel für heute" ist, dann dieses Erlebnis des Johannes in Offenbarung 19,1-10.

„Im Himmel" sind es zahllose Stimmen, die ein unendlich großes Lob Gottes aussprechen! Denn er ist der Retter der Seinen und derjenige, der allem Bösen in der Geschichte ein Ende macht. Viermal ertönt das „Lobet Gott" (Halleluja) als Hinweis auf die Universalität, das Schöpfungsumspannende des Geschehens.

Babylon, der Inbegriff des Bösen, ist gefallen. Wird das Böse, das Sie quält, auch einmal fallen? Sicherlich. Es kann nur wirken innerhalb der Frist, die ihm Gott gesetzt hat.

Aber Offenbarung 19,1-10 bleibt nicht zu lange beim Bösen stehen. Es zieht unseren Blick mit aller Macht auf die Herrlichkeit Gottes: sein Retterhandeln, seine Kraft, seine Allmacht, seine Worte. Selbst der Engel, der gewissermaßen die Aufgabe des Dolmetschers übernommen hat, verblasst neben ihm. Er wehrt jede Engelverehrung ab: „Tu es nicht!" Nur eins soll geschehen: „Bete Gott an!" Wer das Zeugnis Jesu hat, also Jesus im Glauben bezeugt, der tut das auch.

Wer „ein Stück Himmel" in diesen Tag mitnimmt, der vollzieht auch seinen Blickwechsel hin zum dreieinigen Gott, der trägt in sich, dass er durch Jesus zum Hochzeitsmahl des Lammes berufen ist, der vollzieht mit allen Gläubigen „das gerechte Tun": das Lob unseres gnädigen Gottes.

Gerhard Maier

DAS LETZTE WORT GEHÖRT IHM

UND SEIN NAME IST: DAS WORT GOTTES.
OFFENBARUNG 19,13 (LU)

Was hat diese Botschaft von der Wiederkunft Jesu mit einem „Stück Himmel für heute" zu tun? Kurz gesagt so viel: Ich weiß, worauf unsere ganze Geschichte hinausläuft. Ich weiß, wer das letzte Wort hat – und ich kann zu dem beten, der das letzte Wort hat.

Jesus erscheint nach diesen Worten in Macht und Herrlichkeit. Er wird fortan alle Herrschaft über alle Völker der Erde ausüben. Aber nicht egoistisch, wie die bisherigen Herren in dieser Welt. Sondern gerecht und makellos.

Das Böse muss weichen. Sein Wort, das hier mit einem scharfen Schwert verglichen wird, spricht das Urteil. Er führt das Gebot des dreieinigen Gottes aus. Das letzte Wort gehört ihm. Es ist keine blutige Schlacht, die am Ende steht. Vielmehr wird der Antichrist („das Tier") und derjenige, der die ganze falsche Prophetie verkörpert, „ergriffen, erhascht" (V. 20), wie man eine Fliege mit einem Griff erhascht. Das Ende dieser Mächte, die bewusst gegen Gott agieren, ist das ewige Gericht. In der Bibel steckt ein Ernst, den niemand oberflächlich wegreden kann. Dafür ist sie auf der anderen Seite absolut zuverlässig.

Ich denke an das Plakat am Rand von Stuttgart-Ost: „Jesus kommt wieder. Bist du bereit?" Ich bin dankbar, dass ich auch heute zu ihm beten kann und unter seinem Schutz stehe.

Gerhard Maier

KLARE BOTSCHAFTEN

SELIG IST DER UND HEILIG, DER TEILHAT AN DER ERSTEN AUFERSTEHUNG.

OFFENBARUNG 20,6 (LU)

In den 15 Versen von Offenbarung 20 werden nicht weniger als drei Großereignisse vom Ende der Weltgeschichte zusammengefasst: das Tausendjährige Reich – die letzte Rebellion – das Jüngste Gericht.

Ich nehme ganz bestimmte klare Botschaften mit.

Ich werde leibhaft auferstehen und in der Segenszeit des Tausendjährigen Reiches an Jesu Seite sein. Alle Gläubigen erleben diese erste Auferstehung. Wenn wir mit Jesus zum Wohl der dann auf der Erde befindlichen Menschen wirken, hat jeder Streit und jeder Neid unter Gläubigen aufgehört.

Am Ende des Tausendjährigen Reiches wird der Satan beweisen, dass er sich nicht geändert hat. Er verführt die dann lebenden Menschen ebenso, wie er Adam und Eva verführte. Noch einmal kommt es zu einer Scheidung unter den Menschen: solche, die dann dem Bösen folgen, und solche, die sich zur „heiligen Gemeinde Jesu" halten. Am Ende werden diese Gläubigen bewahrt. Der Satan muss sein Gericht tragen.

Das Jüngste Gericht schließt die sogenannte Weltgeschichte ab. Auch Himmel und Erde selbst werden gerichtet, dazu alle Menschen, die in den vorausgegangenen Gerichten Gottes noch nicht gerichtet wurden. Es wird ein absolut gerechtes Gericht stattfinden, über das sich niemand beschweren kann.

Wie staune ich am Ende dieses Kapitels über Gottes Gnade! Dass ich kleiner Mensch Jesus begegnen und in seine Nachfolge treten konnte!

Gerhard Maier

DAS ERBE IM HIMMEL

UND DER AUF DEM THRON SASS, SPRACH: SIEHE, ICH MACHE ALLES NEU!
OFFENBARUNG 21,5 (LU)

Unleugbar, das ist wirklich ein „Stück Himmel", das wir hier vor uns sehen.

Johannes betont in seiner prophetischen Schau, es sei alles „neu" gewesen: ein neuer Himmel und eine neue Erde. Anstelle einer von Sünde zerfressenen, in Gottlosigkeit erstarrten Welt kommt der Glanz einer neuen. Eine neue Gemeinschaft entsteht, herrlich wie eine Braut, himmlischer Herkunft, dargestellt durch ein neues Jerusalem.

„Von Gott" (V. 2) heißt es ausdrücklich. Jeder Irrtum, als ob wir Menschen eine neue Welt schaffen könnten, wird ausgeschaltet. Kein Islam, kein Buddhismus, weder Schamanen noch Atheisten noch Marxisten werden sie schaffen, nicht einmal die Gläubigen selbst. Ich kann nur sagen: Gott sei Dank. Was würde das sonst für einen Pfusch geben!

Im Mittelpunkt steht, dass Gott jetzt bei den Menschen wohnt. Der Vorhang zwischen Diesseits und Jenseits fällt. Ich sehe Gott!

Damit ist alles Leid nur noch Vergangenheit. Keine Tränen, kein Sterben, kein stilles Leiden, kein Schrei einer gequälten Seele, kein Schmerz tief innen und am Leib existiert noch fort.

Jeder kann dorthin. Gott selbst öffnet jedem, der es will („dem Durstigen"), den Weg. Wie er das fertigbringt, ist sein Geheimnis. Schade, wenn man seinem Angebot „feige" ausweicht!

Mein Erbe im Himmel wartet – das nehme ich mit in den Tag.

Gerhard Maier

GOTT WILL UNS DABEIHABEN

UND DER GEIST UND DIE BRAUT SPRECHEN: KOMM!
OFFENBARUNG 22,17 (LU)

Die letzte Seite der Bibel – das ist schon ein eigenartiges Gefühl. Ist deine Offenbarung, Herr, wirklich abgeschlossen? So ist es.

Drei Worte nehme ich besonders mit. Zuerst die heilige Zusicherung: Was in dieser Offenbarung steht, ist „gewiss und wahrhaftig" (V. 6). Es ist wahrhaftige Gottesbotschaft und eine unumstößliche, gewisse Lebensgrundlage. Fantastisch, dass es so etwas gibt!

Das zweite Wort schenkt den Blick nach vorn: „Ich komme bald", sagt Jesus, „und mein Lohn mit mir" (V. 12). Auf Gottes Uhr ist diese Zeit „bald" da. Das genügt uns zu wissen. Terminangaben sind überflüssig. Aber gehört mir ein „Lohn"? Wenn ich meine „Kleider wasche" (V. 14), also die Erlösung durch Jesus annehme, unbedingt. Er wird schöner und größer sein, als ich heute denke.

Das dritte Wort ist das dreimalige, dringliche „Komm!" (V. 17). Die Johannesoffenbarung endet mit einer Evangelisation! So sehr liebt mich der dreieinige Gott – Vater, Sohn und Heiliger Geist –, dass er mich unbedingt drinhaben will im neuen ewigen Leben. Mein heutiger Gang durch den Tag soll ein Teil meines Kommens sein. „Führe mich, o Herr, und leite meinen Gang nach deinem Wort; sei und bleibe du auch heute mein Beschützer und mein Hort. Nirgends als von dir allein kann ich recht bewahret sein."[24]

Gerhard Maier

ANHANG

ANMERKUNGEN

[1] Johannes Nitsch: Lebenslieder. Musikalbum von Andreas Volz, Dania König, Johannes Falk und Sarah Kaiser. Holzgerlingen: SCM Hänssler 2012.

[2] Eigene Übersetzung.

[3] Dieter Trautwein: Komm, Herr, segne uns. Ev. Gesangbuch. Stuttgart: Gesangbuchverlag Stuttgart GmbH 1996, 170,2.

[4] Quelle: https://de.statista.com/statistik/daten/studie/596669/ umfrage/bedeutung-von-glueck-in-deutschland/; Zugriff: 03.12.2018.

[5] Helmut Thielicke: Das Gebet, das die Welt umspannt. Stuttgart: Quell-Verlag der Ev. Gesellschaft 1949.

[6] Helmut Thielicke: Das Gebet, das die Welt umspannt. Stuttgart: Quell-Verlag der Ev. Gesellschaft 1949.

[7] Helmut Thielicke: Das Gebet, das die Welt umspannt. Stuttgart: Quell-Verlag der Ev. Gesellschaft 1949.

[8] Vgl. Gary Chapman: Die fünf Sprachen der Liebe. Marburg: Francke 1994/2003.

[9] Karl Johann Philipp Spitta: Bei dir, Jesu, will ich bleiben. Ev. Gesangbuch. Stuttgart: Gesangbuchverlag Stuttgart GmbH 1996, 406,4.

[10] Dietrich Bonhoeffer: Nachfolge, DBW Band 4, S. 84.

[11] Link mit Video: https://www.welt.de/politik/ausland/article 58326034/Wie-Alex-Brief-Obama-und-die-Welt-verzaubert. html; Zugriff: 29.10.2018.

[12] Quelle: https://www.daserste.de/sport/sportschau/videos/wir-sind-zusammen-eins-100.html; Zugriff: 27.03.2019.

[13] Quelle: http://www.spiegel.de/panorama/gesellschaft/ kanadier-tom-crist-spendet-lottogewinn-40-millionen-dollar-a-939803.html; Zugriff: 8.11.2018.

[14] Illegale Theologenausbildung: Sammelvikariate 1937-1940, DBW, Band 15, S. 272.

[15] Wilhelm Hey: Weißt du, wieviel Sternlein stehen. Ev. Gesang-buch. Stuttgart: Gesangbuchverlag Stuttgart GmbH 1996, 511,3.

[16] Marie Schmalenbach: Brich herein, süßer Schein. Evang. Gesangbuch. Stuttgart: Gesangbuchverlag Stuttgart GmbH 1996, 680,4.

[17] Quelle: https://www.ewaldkeck.de/2018/10/27/letzte-worte-von-karl-barth/; Zugriff: 18. März 2019.

[18] Marie von Ebner-Eschenbach: Aphorismen. Frankfurt am Main: Insel-Verlag, 23. Aufl., 2015, S. 34.

[19] Fritz Grünzweig: Die Evangelische Brüdergemeinde Korntal – Weg, Wesen und Werk, Metzingen 1957, S. 215.

[20] Brian Johnson / Joel Case / Jonathan David Helser. © 2014 Bethel Music Publishing.

[21] Quelle: https://www.aphorismen.de/suche?f_autor=3827_Mark+Twain&f_thema=Bibel; Zugriff: 29.12.2018.

[22] Quelle: https://www.erf-melodie.com/radio/details/article//Die-Bedeutung-der-Juden-in-der-Heilsgeschichte-Gottes.html; Zugriff: 27.03.2019.

[23] Alfred Meißner: Heinrich Heine. Erinnerungen. Hamburg: Hoffmann und Campe 1856, S. 259.

[24] Heinrich Albert: Gott des Himmels und der Erden. Evang. Gesangbuch. Stuttgart: Gesangbuchverlag Stuttgart GmbH 1996, 445,5.

AUTOREN

Christa Albrecht, glücklich verheiratet, drei Kinder, Pfarrerin in Ober- und Unterschwandorf, Pfarrerin für Kirchenmusik, Referentin.

Ralf Albrecht, Jg. 1964, verheiratet mit der besten Pfarrerin der Welt – die derzeit im Gemeindepfarramt in Ober- und Unterschwandorf im Nordschwarzwald tätig ist; drei Kinder im Alter von 20, 18 und 14 Jahren. Seit 2007 evangelischer Pfarrer und Dekan an der Stadtkirche in Nagold, Vorsitzender der „Lebendigen Gemeinde. ChristusBewegung" sowie Mitglied der Württembergischen Landessynode und dort Sprecher der „Lebendigen Gemeinde", Mitglied Hauptvorstand der Ev. Allianz.

Günter Blatz, Ehemann, Vater, Schwiegervater und Opa, Ausbildung zum Maschinenschlosser, 1982-1986 Besuch des Missions- und Predigerseminars St. Chrischona / Basel, Dienst als Prediger und Verbandsjugendarbeit des CJB (Christlicher Jugendbund in Bayern), 2004 bis September 2009 beim Evangelischen Gemeinschaftsverband Württemberg – die Apis.

Marianne Dölker-Gruhler, Dornhan-Marschalkenzimmern, verheiratet mit Rainer, seit vielen Jahren Diakonin und Referentin der Apis, erzählt mit Vorliebe Geschichten der Bibel.

Pfr. Dr. Tobias Eißler, verh. mit der Diakonin Andrea Eißler, fünf Kinder. Studium der Ev. Theologie in Tübingen und Erlangen, dann als Studienassistent am Albrecht-Bengel-Haus, Tübingen, tätig. Er arbeitete als Gemeindepfarrer in Mundelsheim und als theologischer Referent am Diakonissenmutterhaus Hensoltshöhe, Gunzenhausen. Seit 2016 ist er Gemeindepfarrer in Ostfildern-Ruit und erster Vorsitzender der Pfarrarbeitsgemeinschaft Confessio e.V.

Bernhard Elser, Jg. 1981, verh., drei Kinder. Studium Ev. Theologie in Heidelberg und Tübingen. Pfarrer in Waiblingen-Hegnach.

Sr. Gabriele Goseberg lebt im Diakonissenmutterhaus Aidlingen. Als Theologin steht sie im Verkündigungs- und Seelsorgedienst und arbeitet mit an der Aidlinger Bibellesehilfe „Zeit mit Gott".

Pfr. Jochen Hägele, Evangelische Brüdergemeinde Korntal, beglückt durch Gudrun, beschenkt mit drei Söhnen und einer Schwiegertochter, Pfarrer mit Begeisterung, Radler aus Leidenschaft, Gärtner zum Hausgebrauch.

Matthias Hanßmann, verh. mit Isolde, drei Kinder. Der gelernte Krankenpfleger und Diakon war 16 Jahre als Musik- und Familienreferent im Evangelischen Gemeinschaftsverband Württemberg – die Apis tätig. Nach einem Musikstudium (Popularmusik) und Studium der Theologie wechselte er 2010 in den Pfarrdienst der württembergischen Landeskirche.

Andreas-Christian Heidel, verheiratet mit Babette, Vater von zwei Kindern, ist Pfarrer der Ev. Landeskirche in Württemberg. Er lebt und arbeitet derzeit als Studienassistent im Albrecht-Bengel-Haus in Tübingen. Zugleich promoviert er an der Universität Zürich mit einer wissenschaftlichen Arbeit zum Hebräerbrief, seiner großen Liebe im Neuen Testament.

Anne Hettinger, Referentin für Frauen- und Gemeindearbeit, lebt mit ihrem Mann und ihren vier Kindern in Schorndorf. Sie gehört zur ev. Landeskirche (Versöhnungskirche, Schorndorf) und arbeitet ehrenamtlich in der Ev. Mission im Tschad e.V.

Dorothea Hille, verheiratet mit Rolf, drei Kinder, fünf Enkel; Referentin bei Frauenfrühstücken, wohnt in Heilbronn.

Dr. Rolf Hille, Jg. 1947, Pfarrer der Evangelischen Landeskirche in Württemberg, langjähriger Rektor des Albrecht-Bengel-Hauses in Tübingen und Direktor für ökumenische Angelegenheiten der Weltweiten Evangelischen Allianz (2008-2018), jetzt im Ruhestand als Referent, Prediger und Professor an der Freien Theologischen Hochschule in Gießen aktiv. Verheiratet mit Dorothea, drei Kinder und fünf Enkel.

Gottfried Holland, Jg. 1965, verh., fünf erwachsene Kinder, wohnt in Schwieberdingen, ist Pfarrer und Geschäftsführer der Gnadauer Brasilien-Mission., Mitglied im Landesgemeinschaftsrat der Apis, im Leitungskreis ChristusBewegung, im Kuratorium der Freien evangelischen Schule Stuttgart, Mitglied im Albrecht-Bengel-Haus.

Rainer Holweger, Jg. 1974, verh., drei Kinder, Pfarrer der Evangelischen Landeskirche in Württemberg, ab 2009 Geschäftsführer der ChristusBewegung Lebendige Gemeinde, seit 2019 Gemeindepfarrer in Gäufelden-Öschelbronn. Seine große Leidenschaft sind Cartoons rund um Bibel und Kirche.

Siegfried Jahn, verh., vier Töchter und sieben Enkelkinder, wohnt in Blaufelden und ist Dekan im Kirchenbezirk Blaufelden. In seiner Freizeit ist er gerne Modellbauflieger und Posaunenchorbläser, er liest und reist sehr gerne.

Dr. Hanna Josua, verh., fünf Kinder, Leiter des Evang. Salam-Center e.V. Der im Libanon geboren und aufgewachsene württembergische Pfarrer studierte an der American University of Beirut Islam- und Politikwissenschaft und lebt seit 1980 in Deutschland. Der promovierte Theologe ist tätig unter Arabischsprechenden, leitet vier arab. evang. Gemeinden und ist für die Seelsorge an Arabischsprechenden in der Evang. Landeskirche in Württemberg zuständig.
Sein Buch „Ibrahim, der Gottesfreund. Idee und Problem einer abrahamischen Ökumene" (Mohr/Siebeck, 2016), gewann den Johann-Tobias-Beck-Preis im Jahr 2017. Dr. Josua ist Mitglied in mehreren Gremien zum christlich-islamischen Dialog auf deutscher Ebene.

Heidi Josua, verh., fünf Kinder, Weissach im Tal, Religionspädagogin und Orientalistin, Arabische Evang. Gemeinde Stuttgart

Steffen Kern, Pfarrer und Journalist, Vorsitzender des Evangelischen Gemeinschaftsverbandes Württemberg e.V., die Apis, lebt mit seiner Familie in Walddorfhäslach (bei Reutlingen). Er ist Mitglied der EKD-Synode, Redner bei proChrist und Radiopfarrer bei Antenne 1.

Harald Klingler, Jg. 1950, verh., vier erwachsene Kinder; Theologiestudium in Tübingen und Göttingen, „Bengel" der ersten Generation; Pfarrer in Ruit und Renningen, Leitender Referent des Evang. Jugendwerks in Württemberg, Dekan in Bad Urach, Mitglied der 13. und 14. Landessynode, lebt im Ruhestand in Renningen.

Detlef Krause war bis zum 31.12.2017 Direktor der Liebenzeller Mission und lebt mit seiner Frau Beate in Maisenbach in der Nähe von Bad Liebenzell. Sie haben vier Söhne und einen Enkel. Seit dem 1.1.2018 befindet er sich im aktiven Ruhestand.

Markus Krimmer, Jg. 1980, verh. mit Tracey, drei Kinder, Studium Ev. Theologie in Tübingen, Vikariat in Eningen unter Achalm, seit 2010 Pfarrer in Sulgen.

Johannes Kuhn, verh., drei Töchter, wohnt mit seiner Familie in Walddorfhäslach. Er arbeitet als Referent für Medien- und Männerarbeit im Evang. Gemeinschaftsverband Württemberg e.V. (Die Apis). Seit Kindesbeinen ist er Anhänger des VfB Stuttgart und genießt zu jeder Tages- und Nachtzeit gerne einen guten Kaffee.

Cornelius Kuttler wohnt mit seiner Frau und den vier Kindern in Herrenberg-Kuppingen, er ist Pfarrer und leitet das Evangelische Jugendwerk in Württemberg (EJW). Er liest gerne Krimis, bei denen das Ende nicht absehbar ist.

Dr. Friedemann Kuttler, Jg. 1980, verh., ein Kind, Jurist und Pfarrer in Großbottwar. Mitglied der EKD-Synode und ehemaliges Mitglied der Landessynode; davor beruflich tätig als persönlicher Referent der Direktorin im Oberkirchenrat, Leiter Geschäftsstelle Kollegium, Koordination und Planung.

Cornelia Mack, Jg. 1955, verh. mit Ulrich Mack, evang. Theologin und Prälat i.R., vier erwachsene Kinder, acht Enkelkinder, Studium der Diplom-Sozialpädagogik mit Schwerpunkt Psychiatrie, tätig als Autorin, zahlreiche Buchveröffentlichungen.

Ulrich Mack, Jg. 1951, verh. mit Cornelia, vier Kinder, einige Enkel. Bis 2016 Prälat (Regionalbischof) von Stuttgart, davor Dekan in Freudenstadt und Pfarrer auf den Fildern und im Remstal. Ehrenamtlich u.a. im CVJM, Landessynode, Diakonie und Dt. Bibelgesellschaft aktiv. Er macht gern Lust auf Bibel, denn es gibt noch so viel zu entdecken im Schatz des Evangeliums.

Dr. Gerhard Maier, Jg. 1937, Landesbischof i.R., verh. mit Gudrun Maier, vier Söhne, u.a. Herausgeber der Wuppertaler Studienbibel (AT) und Herausgeber des Edition C-Bibel-Kommentars NT. Er besucht gerne Ausstellungen, Kirchen und Bauwerke der Antike – insofern ist Italien sein bevorzugtes Reiseland.

Ute Mayer, Jg. 1966, verw., zwei erwachsene Kinder, lebt in Weil der Stadt und ist seit ihrem Studienabschluss freiberuflich als Verlagslektorin tätig. Sie ist u.a. Trauerbegleiterin, Mitglied von „Moms in Prayer International e.V. – Gebet für Kinder und Schulen" sowie Mitglied der 15. Landessynode der Evang. Kirche in Württemberg.

Tobias Merckle, gründete nach 13 Jahren Vorbereitung das Seehaus Leonberg als Jugendstrafvollzug in freien Formen. Dort leben straffällige Jugendliche in familiären Wohngemeinschaften, beginnen eine Lehre und bereiten sich auf ein Leben ohne Straftaten vor. 2013 gründete Merckle die Hoffnungsträger Stiftung. Damit werden Modellprojekte für Flüchtlinge, bei denen Deutsche und Flüchtlinge zusammenwohnen, entwickelt, Kinder von Gefangenen im Ausland durch Patenschaften unterstützt und Präventionsprojekte gefördert. www.seehaus-ev.de; www.hoffnungstraeger.de.

Stefan Mergenthaler ist mit Freude Pfarrer in einer lebendigen Gemeinde auf der Schwäbischen Alb. In seiner Freizeit ist er immer wieder mit seiner Band unterwegs. Außerdem ist er leidenschaftlicher Fan des KSC und der Seattle Seahawks.

Traugott Messner, Jg. 1965, verh., zwei Kinder (16 und 18), Studium der Theologie in Tübingen und Münster, Studienassistent im ABH in Tübingen, Pfarrer in Schönaich, seit 2013 geschäftsführender Pfarrer in Holzgerlingen.

Susanne Mockler ist systemische Paar-Therapeutin, Autorin und Referentin bei Gemeindeveranstaltungen. Zusammen mit ihrem Mann Marcus engagiert sie sich für gelingende Ehen. www.geliebtes-leben.de.

Paul Murdoch, verh. mit Regine Murdoch-Nonnenmacher, sechs Kinder und neun Enkel, kam 1970 von Kanada nach Deutschland. Studium Ev. Theologie und Slawistik in Tübingen, Helsinki und Erlangen, nach dem Vikariat bei Herrenberg war er Studienassistent im ABH. Nach seiner Promotion in Erlangen 1982 war er für zwei Jahre mit der Liebenzeller Mission am Seminar und in einer Bibelschule in Chuuk tätig. Nach dem unständigen Pfarrdienst in Urbach war er zehn Jahre lang im Dienst der Finnischen Evangelisch-Lutherischen Mission in Pakistan, dann 14 Jahre Gemeindepfarrer in Hohenhaslach, 2009-2018 Studienleiter im ABH. In seinem Ruhestand leitet er den Arbeitskreis Religionsfreiheit der Deutschen Evangelischen Allianz, die Internationale Informationsstelle für Religionsfreiheit e.V. und ist engagiert in den Vorständen von verschiedenen Werken und Vereinen.

Dr. Johannes Reinmüller, Jg. 1976, verh., drei Kinder, Pfarrer für Innovatives Handeln und Neue Aufbrüche bei der Evangelischen Landeskirche in Württemberg.

Christiane Rösel ist Gemeinde- und Diplompädagogin und arbeitet als Landesreferentin beim Ev. Gemeinschaftsverband Württemberg – die Apis.

Angelika Rühle, Jg. 1961, verh., Religionspädagogin und Pfarrerin in Rutesheim.

Maike Sachs, Jg. 1960, Studium der Theologie und einige Lehr- und Wanderjahre in der evangelischen Kirche, dann Zeit für vier

Kinder und einige Jahre mit OM in Albanien. Seit 2012 Pfarrerin auf der Schwäbischen Alb und Landessynodale. Entspannung findet sie bei einem guten Buch, in der Natur und mit ihrer inzwischen 12-köpfigen Familie.

Dr. Hartmut Schmid, Holzgerlingen, ist seit September 2009 Vorsitzender des Liebenzeller Gemeinschaftsverbandes und Honorarprofessor für Altes Testament an der Internationalen Hochschule Liebenzell (IHL).

Andreas Schmierer studiert Evangelische Theologie auf Pfarramt (Greifswald / Tübingen) und lebt im Albrecht-Bengel-Haus. Ehrenamtlich engagiert er sich u.a. im Redaktionsteam der Lebendigen Gemeinde. In seiner Freizeit ist er gerne draußen in der Natur, fotografiert dabei und freut sich über tief gehende Gespräche.

Corinna Schubert ist Theologin und wohnt mit ihrer Familie in Lenningen, wo ihr Mann Pfarrer ist. Sie engagiert sich im Netzwerk churchconvention und begleitet Veranstaltungen durch die Visualisierung von Vorträgen und Diskussionen. Auf ihrem Blog gibt sie Einblicke in ihre Arbeit: www.corinna-schubert.de.

Jürgen Schwarz, verh., drei erwachsene Kinder, ein Enkelkind, lebt in Stuttgart, Dozent für Biblische Theologie und Griechisch an der Evangelischen Missionsschule Unterweissach (seit 2005), zugleich Landesmännerpfarrer und Leiter der Fachstelle Männerarbeit in der Evangelischen Landeskirche in Württemberg (seit 2016). Zuvor Gemeindepfarrer bei der Evangelischen Brüdergemeinde in Wilhelmsdorf sowie in Stuttgart-Mitte und in Kleinbottwar.

Martin Siehler, Jg. 65, verh. mit Esther, drei erwachsene Kinder, Personalvorstand im Liebenzeller Gemeinschaftsverband (LGV). Theologisches Studium in Bad Liebenzell, Master in der Middlesex University London. Erfahrungen als Jugendreferent und als Gemeinschaftspastor in den Bezirken Stuttgart und Dinkelsbühl. Er ist im Vorstand des Gnadauer Gemeinschaftsverbandes, außerdem leitet er den Arbeitskreis Interkulturelle Arbeit unter

Arabern im LGV. Sein Herz schlägt für kreative Formen von Gemeindegründung und lebensnahe Verkündigung.

Pfarrer Dr. Rolf Sons, verh., fünf Kinder, Gemeindepfarrer in Flein bei Heilbronn. Hobbys: alles, was man draußen machen kann: Gartenarbeit, Wandern, Radfahren.

Prisca Steeb, Jg. 1993, gymnasiale Lehrerin für die Fächer Evangelische Religion, Chemie und NWT (Naturwissenschaft und Technik), aufgewachsen als zweitjüngstes von zehn Geschwistern wurden ihr vor allem die Begegnungen mit Menschen als ein Herzensanliegen quasi in die Wiege gelegt. Sie liebt guten Kaffee, Fotografien und das Staunen in der Natur.

Pfarrerin Franziska Stocker-Schwarz, verh. mit Jürgen T. Schwarz, drei erwachsene Kinder. Gemeinsam arbeiteten sie zuerst in Wilhelmsdorf als Pfarrer der Evangelischen Brüdergemeinde, dann in Stuttgart-Mitte an der Ludwig-Hofacker-Kirche. Seit 2015 Leiterin der Württembergischen Bibelgesellschaft (regionaler Partner der Deutschen Bibelgesellschaft) und Direktorin des „bibliorama – das bibelmuseum stuttgart". Die Bibel kreativ und überraschend zu den Menschen zu bringen macht sie voller Leidenschaft. Als Mitglied in der Württembergischen Landessynode ist es ihr möglich, viele Menschen und Projekte miteinander zu verbinden. Gerne ist Franziska Stocker-Schwarz zu Gottesdiensten und Vorträgen „im Ländle" unterwegs.

Claus-Dieter Stoll, verh., lebt in Mötzingen. Dekan im Ruhestand, engagiert als Bibelschullehrer und Verkündiger mit dem Anliegen, die Bibel als Gottes Wort in die Gegenwart zu vermitteln.

Gerdi Stoll, verh., drei Kinder, elf Enkel, Lehrerin, Pfarrfrau, Autorin und Referentin, lebt in Mötzingen.

Marlene Trick, Jg. 1957, verh., vier erwachsene Kinder, wohnt in Freudenstadt. Nach dem Abitur Studium der Ev. Theologie in Tübingen und Erlangen, Vikariat in Steinenberg bei Schorndorf, Pfarrerin, aber aus familiären Gründen aus dem kirchlichen

Dienst ausgestiegen, als Referentin bei verschiedenen Veranstaltungen unterwegs und ehrenamtlich in der Kirchengemeinde (Glaubenskurse, Stufen des Lebens, Zweitgottesdienst, Seniorenarbeit, Diakonischer Besuchsdienst und Diakonietelefon) und im Kirchenbezirk Freudenstadt tätig.

Werner Trick, Jg. 1957, verh. mit Marlene Trick, vier erwachsene Kinder, vier Enkelkinder. Nach dem Abitur in Balingen und dem Sprachenkolleg in Stuttgart Studium der Theologie in Tübingen und Heidelberg, ab 1982 Vikar in Schorndorf. 1985 bis 1988 Studienassistent im Albrecht-Bengel-Haus in Tübingen. Von 1988-2000 Gemeindepfarrer in Wittendorf und Lombach (Dekanat Freudenstadt). Von 2000-2012 Dekan in Neuenbürg, seit 2012 Dekan in Freudenstadt. Mitglied der Landessynode seit 1996 (mit Unterbrechung von sechs Jahren).

Gustavo Victoria, Jg. 1967, in Argentinien geboren, in Spanien aufgewachsen und zum Glauben gekommen, in Deutschland zum Maschinenschlosser und Theologen ausgebildet, in Deutschland geheiratet, in Ecuador Missionar gewesen und zweimal Vater geworden, in Deutschland als Pastor und Fernsehmoderator gearbeitet, in den USA Promotion abgeschlossen, in Deutschland Rektor der ITA, ab 2020 Vorstand für Personal und Gemeindebau im SV-Verband.

Ulrich Weinhold, Jg. 1972, gebürtiger Vogtländer, ist seit 2006 nach dem Gründer Pfarrer Winrich Scheffbuch Gesamtleiter von „GOTTES Liebe weltweit", bestehend aus Hilfe für Brüder, Christliche Fachkräfte und Co-Workers International. Er verantwortet die Jugendmissionskonferenz JUMIKO mit bis zu 5000 Besuchern und ist Mitglied der Christus-Bewegung in Württemberg.

Ernst Günter Wenzler, glücklich verheiratet, wohnhaft in Bad Cannstatt, Gemeinschaftsinspektor / Personalvorstand im Süddeutschen Gemeinschaftsverband. Hobbys: Feiern, Fotografieren, historische Romane.

Pfr. Udo Zansinger, verh., zwei Kinder, Studienleiter am Friedrich-Hauß-Studienzentrum und Religionslehrer in Heidelberg, fährt gerne Fahrrad und freut sich, wenn er Berge erklimmen kann, um sich die Welt von oben anzuschauen.

BIBELSTELLENVERZEICHNIS

1. Mose 35: 18. März, Udo Zansinger
1. Mose 37,1-11: 21. April, Udo Zansinger
1. Mose 37,12-36: 22. April, Udo Zansinger
1. Mose 39,1-23: 23. April, Udo Zansinger
1. Mose 40: 24. April, Udo Zansinger
1. Mose 41,1-36: 25. April, Udo Zansinger
1. Mose 41,37-57: 26. April, Werner Trick
1. Mose 42: 27. April, Werner Trick
1. Mose 43: 28. April, Werner Trick
1. Mose 44: 29. April, Werner Trick
1. Mose 45: 30. April, Werner Trick
1. Mose 46: 1. Mai, Werner Trick
1. Mose 47,1-12: 2. Mai, Werner Trick
1. Mose 47,13-31: 3. Mai, Claus-Dieter Stoll
1. Mose 48: 4. Mai, Claus-Dieter Stoll
1. Mose 49: 5. Mai, Claus-Dieter Stoll
1. Mose 50: 6. Mai, Claus-Dieter Stoll

2. Mose 1:13. Juni, Claus-Dieter Stoll
2. Mose 2: 14. Juni, Claus-Dieter Stoll
2. Mose 3,1-15: 15. Juni, Claus-Dieter Stoll
2. Mose 4,18-31: 16. Juni, Matthias Hanßmann
2. Mose 7,1-24: 17. Juni, Matthias Hanßmann
2. Mose 11: 18. Juni, Matthias Hanßmann
2. Mose 12: 19. Juni, Matthias Hanßmann
2. Mose 13: 20. Juni, Matthias Hanßmann
2. Mose 14: 21. Juni, Matthias Hanßmann
2. Mose 15,1-21: 22. Juni, Matthias Hanßmann
2. Mose 16: 23. Juni, Rainer Holweger
2. Mose 19: 24. Juni, Rainer Holweger
2. Mose 20: 25. Juni, Rainer Holweger
2. Mose 24: 26. Juni, Rainer Holweger
2. Mose 26: 27. Juni, Rainer Holweger
2. Mose 31,18–32,29: 28. Juni, Rainer Holweger
2. Mose 32,30–33,23: 29. Juni, Rainer Holweger

Josua 1: 31. Juli, Sr. Gabriele Goseberg

Rut 4,13-22: 1. August, Sr. Gabriele Goseberg

1. Samuel 1,1-28 (2,1-11): 2. August, Sr. Gabriele Goseberg
1. Samuel 2,12-36: 3. August, Sr. Gabriele Goseberg
1. Samuel 3: 4. August, Sr. Gabriele Goseberg
1. Samuel 8: 5. August, Sr. Gabriele Goseberg
1. Samuel 15: 6. August, Sr. Gabriele Goseberg
1. Samuel 16: 7. August, Martin Siehler
1. Samuel 17: 8. August, Martin Siehler
1. Samuel 24: 9. August, Martin Siehler

2. Samuel 5: 10. August, Martin Siehler
2. Samuel 6: 11. August, Martin Siehler
2. Samuel 7: 12. August, Martin Siehler
2. Samuel 9: 13. August, Martin Siehler
2. Samuel 11: 14. August, Detlef Krause
2. Samuel 12,1-25: 15. August, Detlef Krause

1. Könige 1,1-53: 19. September, Detlef Krause
1. Könige 2,1-12: 20. September, Detlef Krause
1. Könige 3: 21. September, Detlef Krause
1. Könige 6,1-14: 22. September, Detlef Krause
1. Könige 8,1-30: 23. September, Detlef Krause
1. Könige 10,1-13.23-25: 24. September, Hartmut Schmid
1. Könige 9,1-9; 11,1-13: 25. September, Hartmut Schmid
1. Könige 16,29–17,24: 26. September, Hartmut Schmid
1. Könige 18,1-2a.17-46: 27. September, Hartmut Schmid
1. Könige 19: 28. September, Hartmut Schmid
1. Könige 21: 29. September, Hartmut Schmid

2. Könige 2,1-18: 30. September, Hartmut Schmid
2. Könige 4,8-37: 1. Oktober, Paul Murdoch
2. Könige 4,38-44: 2. Oktober, Paul Murdoch
2. Könige 5: 3. Oktober, Paul Murdoch
2. Könige 6,1-23: 4. Oktober, Paul Murdoch
2. Könige 6,24–7,20: 5. Oktober, Paul Murdoch

2. Könige 13,14-21: 6. Oktober, Paul Murdoch

Ester 9,17-32: 7. Oktober, Paul Murdoch

Nehemia 1–2: 8. Oktober, Steffen Kern

Psalm 1: 10. Februar, Jürgen Schwarz
Psalm 2: 11. Februar, Jürgen Schwarz
Psalm 6: 12. Februar, Jürgen Schwarz
Psalm 13: 13. Februar, Jürgen Schwarz
Psalm 22: 14. Februar, Jürgen Schwarz
Psalm 23: 29. Februar, Jürgen Schwarz
Psalm 30: 2. April, Jürgen Schwarz
Psalm 32: 3. April, Franziska Stocker-Schwarz
Psalm 38: 4. April, Franziska Stocker-Schwarz
Psalm 41: 5. April, Franziska Stocker-Schwarz
Psalm 42–43: 6. April, Franziska Stocker-Schwarz
Psalm 46: 21. Mai, Franziska Stocker-Schwarz
Psalm 47: 22. Mai, Franziska Stocker-Schwarz
Psalm 51: 23. Mai, Franziska Stocker-Schwarz
Psalm 62: 24. Mai, Heidi Josua
Psalm 72: 25. Mai, Heidi Josua
Psalm 73: 26. Mai, Heidi Josua
Psalm 84: 25. Juli, Heidi Josua
Psalm 86: 26. Juli, Heidi Josua
Psalm 91: 27. Juli, Heidi Josua
Psalm 92: 28. Juli, Heidi Josua
Psalm 96: 29. Juli, Traugott Messner
Psalm 100: 30. Juli, Traugott Messner
Psalm 102: 29. August, Traugott Messner
Psalm 103: 30. August, Traugott Messner
Psalm 104: 31. August, Traugott Messner
Psalm 121: 1. September, Traugott Messner
Psalm 126: 2. September, Traugott Messner
Psalm 130: 1. November, Siegfried Jahn
Psalm 139: 2. November, Siegfried Jahn
Psalm 141: 3. November, Siegfried Jahn
Psalm 143: 4. November, Siegfried Jahn

Psalm 146: 5. November, Siegfried Jahn
Psalm 150: 6. November, Siegfried Jahn

Prediger 3: 7. November, Siegfried Jahn

Jesaja 1: 3. September, Gottfried Holland
Jesaja 2: 4. September, Gottfried Holland
Jesaja 5: 5. September, Gottfried Holland
Jesaja 6: 6. September, Gottfried Holland
Jesaja 7: 7. September, Gottfried Holland
Jesaja 8,23–10,4: 8. September, Gottfried Holland
Jesaja 10,5-34: 9. September, Gottfried Holland
Jesaja 11,1-10: 10. September, Rolf Hille
Jesaja 12: 11. September, Rolf Hille
Jesaja 40,1-31: 6. Dezember, Rolf Hille
Jesaja 41,1-16: 7. Dezember, Rolf Hille
Jesaja 42,1-9 (10-25): 8. Dezember, Rolf Hille
Jesaja 43,1-21: 9. Dezember, Rolf Hille
Jesaja 43,22–44,8: 10. Dezember, Rolf Hille
Jesaja 44,24-28; 45,1-8: 11. Dezember, Johannes Reinmüller
Jesaja 45,9-25: 12. Dezember, Johannes Reinmüller
Jesaja (47,1-15); 48,1-22: 13. Dezember, Johannes Reinmüller
Jesaja 52,13–53,12: 14. Dezember, Johannes Reinmüller
Jesaja 54,1-17: 15. Dezember, Johannes Reinmüller
Jesaja 55,1-13: 16. Dezember, Johannes Reinmüller
Jesaja 60,1-3: 17. Dezember, Dorothea Hille

Daniel 1: 22. Oktober, Marianne Dölker-Gruhler
Daniel 2: 23. Oktober, Marianne Dölker-Gruhler
Daniel 3,1-30: 24. Oktober, Marianne Dölker-Gruhler
Daniel 3,31–4,34: 25. Oktober, Marianne Dölker-Gruhler
Daniel 5: 26. Oktober, Marianne Dölker-Gruhler
Daniel 6: 27. Oktober, Marianne Dölker-Gruhler
Daniel 7: 28. Oktober, Marianne Dölker-Gruhler
Daniel 8: 29. Oktober, Steffen Kern
Daniel 9: 30. Oktober, Steffen Kern
Daniel 12: 31. Oktober, Steffen Kern

Amos 1,1–2,16: 27. Mai, Rolf Sons
Amos 3,1-8: 28. Mai, Rolf Sons
Amos 4,1-13: 29. Mai, Rolf Sons
Amos 5,1-27: 30. Mai, Rolf Sons
Amos 7,1-17: 31. Mai, Rolf Sons
Amos 8,1-14: 1. Juni, Rolf Sons
Amos 9,1-15: 2. Juni, Rolf Sons

Micha 5,1-4: 18. Dezember, Prisca Steeb

Sacharja 9,9-10: 19. Dezember, Steffen Kern

Matthäus 5,1-12: 19. März, Johannes Kuhn
Matthäus 5,13-26: 20. März, Johannes Kuhn
Matthäus 5,27-48: 21. März, Johannes Kuhn
Matthäus 6,1-4: 22. März, Johannes Kuhn
Matthäus 6,5-15: 23. März, Christiane Rösel
Matthäus 6,5-15: 24. März, Christiane Rösel
Matthäus 6,5-15: 25. März, Christiane Rösel
Matthäus 6,5-15: 26. März, Christiane Rösel
Matthäus 6,5-15: 27. März, Christiane Rösel
Matthäus 6,5-15: 28. März, Christiane Rösel
Matthäus 6,5-15: 29. März, Christiane Rösel
Matthäus 6,19-34: 30. März, Johannes Kuhn
Matthäus 7,7-12: 31. März, Johannes Kuhn
Matthäus 7,15-28: 1. April, Johannes Kuhn
Matthäus 14,22-33: 16. August, Stefan Mergenthaler
Matthäus 18,1-9: 17. August, Stefan Mergenthaler
Matthäus 18,15-20: 18. August, Stefan Mergenthaler
Matthäus 19,1-12: 19. August, Stefan Mergenthaler
Matthäus 19,16-26: 20. August, Stefan Mergenthaler
Matthäus 19,27-30: 21. August, Stefan Mergenthaler
Matthäus 20,1-16: 22. August, Stefan Mergenthaler
Matthäus 24,1-14: 23. August, Cornelia Mack
Matthäus 24,15-31: 24. August, Cornelia Mack
Matthäus 24,32-51: 25. August, Cornelia Mack
Matthäus 25,1-13: 26. August, Cornelia Mack

Matthäus 25,14-30: 27. August, Tobias Merckle
Matthäus 25,31-46: 28. August, Tobias Merckle
Matthäus, 28,1-15: 19. April, Friedemann Kuttler
Matthäus 28,16-20: 20. April, Friedemann Kuttler

Markus 1,1-15: 7. Mai, Friedemann Kuttler
Markus 1,16-45: 8. Mai, Friedemann Kuttler
Markus 2,1-12: 9. Mai, Friedemann Kuttler
Markus 2,13-17: 10. Mai, Friedemann Kuttler
Markus 2,18-28: 11. Mai, Friedemann Kuttler
Markus 3,1-21: 12. Mai, Anne Hettinger
Markus 3,22-35: 13. Mai, Anne Hettinger
Markus 4,1-20: 14. Mai, Anne Hettinger
Markus 4,21-41: 15. Mai, Anne Hettinger
Markus 5,1-20: 16. Mai, Anne Hettinger
Markus 5,21-34: 17. Mai, Anne Hettinger
Markus 6,1-13: 18. Mai, Anne Hettinger
Markus 6,14-29: 19. Mai, Susanne Mockler
Markus 6,30-44: 20. Mai, Susanne Mockler
Markus 8,22-33: 30. Juni, Susanne Mockler
Markus 8,34–9,1: 1. Juli, Susanne Mockler
Markus 9,2-13: 2. Juli, Susanne Mockler
Markus 9,14-29: 3. Juli, Susanne Mockler
Markus 9,30-41: 4. Juli, Susanne Mockler
Markus 11,1-11: 5. Juli, Harald Klingler
Markus 11,12-25: 6. Juli, Harald Klingler
Markus 12,28-34: 7. Juli, Harald Klingler
Markus 13: 8. Juli, Harald Klingler
Markus 14,1-9: 9. Juli, Harald Klingler
Markus 14,10-31: 10. Juli, Harald Klingler
Markus 14,32-65: 11. Juli, Harald Klingler
Markus 14,66–15,5: 12. Juli, Prisca Steeb
Markus 15,6-20a: 13. Juli, Prisca Steeb
Markus 15,20b-41: 14. Juli, Prisca Steeb
Markus 15,42-47: 15. Juli, Prisca Steeb
Markus 16,1-8: 16. Juli, Prisca Steeb
Markus 16,9-20: 17. Juli, Prisca Steeb

Lukas 1,1-25: 20. Dezember, Steffen Kern
Lukas 1,26-45: 21. Dezember, Steffen Kern
Lukas 1,46-66: 22. Dezember, Steffen Kern
Lukas 1,67-80: 23. Dezember, Steffen Kern
Lukas 2,1-20: 24. Dezember, Steffen Kern
Lukas 2,21-40: 25. Dezember, Steffen Kern
Lukas 2,41-51: 26. Dezember, Steffen Kern
Lukas 4,1-14: 9. Oktober, Cornelius Kuttler
Lukas 5,1-11: 10. Oktober, Cornelius Kuttler
Lukas 5,12-16: 11. Oktober, Cornelius Kuttler
Lukas 10,25-42: 12. Oktober, Cornelius Kuttler
Lukas 12,1-12: 13. Oktober, Cornelius Kuttler
Lukas 15,11-32: 14. Oktober, Cornelius Kuttler
Lukas 24,13-35: 15. Oktober, Cornelius Kuttler

Johannes 1,1-14: 12. Januar, Andreas Schmierer
Johannes 1,19-34: 13. Januar, Andreas Schmierer
Johannes 1,35-51: 14. Januar, Andreas Schmierer
Johannes 2,1-12: 15. Januar, Andreas Schmierer
Johannes 3,1-21: 16. Januar, Andreas Schmierer
Johannes 4,1-42: 17. Januar, Andreas Schmierer
Johannes 5,1-18: 18. Januar, Andreas Schmierer
Johannes 6,22-59: 19. Januar, Maike Sachs
Johannes 8,12-20: 20. Januar, Maike Sachs
Johannes 10,1-30: 21. Januar, Maike Sachs
Johannes 11,1-45: 22. Januar, Maike Sachs
Johannes 13,1-30: 23. Januar, Maike Sachs
Johannes 14,1-14: 24. Januar, Maike Sachs
Johannes 14,15-31: 25. Januar, Maike Sachs
Johannes 15,1-17: 15. Februar, Gustavo Victoria
Johannes 15,18–16,4: 16. Februar, Gustavo Victoria
Johannes 16,5-33: 17. Februar, Gustavo Victoria
Johannes 17: 18. Februar, Gustavo Victoria
Johannes 20,24-30: 19. Februar, Gustavo Victoria

Apostelgeschichte 1: 3. Juni, Gustavo Victoria
Apostelgeschichte 2,1-36: 4. Juni, Gustavo Victoria
Apostelgeschichte 2,37-47: 5. Juni, Marlene Trick

Apostelgeschichte 3: 6. Juni, Marlene Trick
Apostelgeschichte 4,1-22: 7. Juni, Marlene Trick
Apostelgeschichte 7: 8. Juni, Marlene Trick
Apostelgeschichte 8,26-40: 9. Juni, Marlene Trick
Apostelgeschichte 9,1-31: 10. Juni, Marlene Trick
Apostelgeschichte 10: 11. Juni, Marlene Trick
Apostelgeschichte 16,11-40: 12. Juni, Marlene Trick

Römer 1,1-17: 20. Februar, Ulrich Mack
Römer 1,18-2,16: 21. Februar, Ulrich Mack
Römer 2,17-3,20: 22. Februar, Ulrich Mack
Römer 3,21-31: 23. Februar, Ulrich Mack
Römer 4: 24. Februar, Ulrich Mack
Römer 5,1-11: 25. Februar, Ulrich Mack
Römer 5,12-21: 26. Februar, Ulrich Mack
Römer 6: 27. Februar, Tobias Eißler
Römer 7,7-25: 28. Februar, Tobias Eißler
Römer 8,1-17: 1. März, Tobias Eißler
Römer 8,18-39: 2. März, Tobias Eißler
Römer 12: 3. März, Tobias Eißler
Römer 13: 4. März, Tobias Eißler
Römer 14: 5. März, Tobias Eißler
Römer 15: 6. März, Ulrich Weinhold
Römer 16: 7. März, Ulrich Weinhold

1. Korinther 1,1-9: 7. April, Ulrich Weinhold
1. Korinther 1,10-17: 8. April, Ulrich Weinhold
1. Korinther 1,18-2,5: 9. April, Ulrich Weinhold
1. Korinther 5: 10. April, Ulrich Weinhold
1. Korinther 6,12-20: 11. April, Ulrich Weinhold
1. Korinther 8: 12. April, Corinna Schubert
1. Korinther 11,2-16: 13. April, Corinna Schubert
1. Korinther 11,17-34: 13. April, Corinna Schubert
1. Korinther 12: 15. April, Corinna Schubert
1. Korinther 13: 16. April, Corinna Schubert
1. Korinther 14: 17. April, Corinna Schubert
1. Korinther 15,1-49: 18. April, Corinna Schubert

2. Korinther 3: 12. September, Gerdi Stoll
2. Korinther 4: 13. September, Gerdi Stoll
2. Korinther 5: 14. September, Gerdi Stoll
2. Korinther 12: 15. September, Gerdi Stoll

Galater 1: 18. Juli, Angelika Rühle
Galater 2: 19. Juli, Angelika Rühle
Galater 3: 20. Juli, Angelika Rühle
Galater 4: 21. Juli, Angelika Rühle
Galater 5: 22. Juli, Angelika Rühle
Galater 6: 23. Juli, Angelika Rühle

Epheser 6,10-20: 24. Juli, Angelika Rühle

Philipper 2,1-18: 16. September, Gerdi Stoll
Philipper 3: 17. September, Gerdi Stoll
Philipper 4: 18. September, Gerdi Stoll

1. Timotheus 1: 16. Oktober, Günter Blatz
1. Timotheus 2: 17. Oktober, Günter Blatz
1. Timotheus 3: 18. Oktober, Günter Blatz
1. Timotheus 4: 19. Oktober, Günter Blatz

1. Thessalonicher 5,16-24: 20. Oktober, Günter Blatz

Philemon: 21. Oktober, Günter Blatz

1. Petrus 1,1-12: 8. November, Günter Blatz
1. Petrus 1,13-25: 9. November, Jochen Hägele
1. Petrus 2,1-17: 10. November, Jochen Hägele
1. Petrus 3: 11. November, Jochen Hägele
1. Petrus 4: 12. November, Jochen Hägele
1. Petrus 5: 13. November, Jochen Hägele

1. Johannes 1,1–2,6: 14. November, Jochen Hägele
1. Johannes 2,7-29: 15. November, Jochen Hägele
1. Johannes 3: 16. November, Markus Krimmer
1. Johannes 4: 17. November, Markus Krimmer

1. Johannes 5: 18. November, Markus Krimmer

2. Johannes: 19. November, Markus Krimmer
3. Johannes: 20. November, Markus Krimmer

Hebräer 1,1-14: 21. November, Andreas-Christian Heidel
Hebräer 2: 22. November, Andreas-Christian Heidel
Hebräer 3: 23. November, Andreas-Christian Heidel
Hebräer 4,14–5,10: 24. November, Andreas-Christian Heidel
Hebräer 10,19-39: 25. November, Andreas-Christian Heidel
Hebräer 11: 26. November, Andreas-Christian Heidel
Hebräer 12: 27. November, Andreas-Christian Heidel

Jakobus 1,1-12: 28. November, Ute Mayer
Jakobus 1,13-27: 29. November, Ute Mayer
Jakobus 5,13-18: 30. November, Ute Mayer

Offenbarung 1,1-8: 1. Dezember, Cornelia Mack
Offenbarung 1,9-20: 2. Dezember, Cornelia Mack
Offenbarung 2,1-17: 3. Dezember, Cornelia Mack
Offenbarung 2,18–3,6: 4. Dezember, Gerhard Maier
Offenbarung 3,7-22: 5. Dezember, Gerhard Maier
Offenbarung 19,1-10: 27. Dezember, Gerhard Maier
Offenbarung 19,11-21: 28. Dezember, Gerhard Maier
Offenbarung 20: 29. Dezember, Gerhard Maier
Offenbarung 21,1-8: 30. Dezember, Gerhard Maier
Offenbarung 22,6-21: 31. Dezember, Gerhard Maier

Steffen Kern

Mein Gott, Jesus!

Seine Wunder bewegen die Welt

Es sind die faszinierendsten Wunder, die diese Welt je gesehen hat: Wenn aus Wasser Wein wird, wenn ein Mann übers Meer geht, wenn ein Toter aus seiner Grabhöhle tritt – dann wundern wir uns nur: „Mein Gott, Jesus!" Dieser Mann sorgt für Schlagzeilen. Wer ist dieser Jesus eigentlich? Er ist einzigartig eigenartig, er ist Mensch – und noch mehr.

Steffen Kern lädt ein, anhand des Johannesevangeliums in die Geschichte von Jesus einzutauchen und vom Wundern zum Staunen zu finden: „Mein Gott, Jesus!"

Gebunden, 14 x 21,5 cm, 240 S.
ISBN 978-3-7751-5664-6
Auch als E-Book

SCM

Hänssler

Mein Stück Himmel für heute –
366 Schätze der Bibel

Die Bibel zu lesen, ist wie eine Entdeckungsreise zu den größten Schätzen dieser Welt. Bibelworte für einen guten Start in den Tag.

Passend zum gleichnamigen Andachtsbuch enthält diese Box 366 Kärtchen mit Bibelversen für jeden Tag des Jahres und ergänzenden Angaben zum Weiterlesen. Eine ungezwungene Art, um neue Freude am Bibellesen zu finden, und eine gute Möglichkeit, um sich von Gottes Wort durch den Tag begleiten zu lassen.

Box: 10 x 10 cm,
366 Kärtchen
Nr. 623.444